징병제와 근대 일본

징병제와 근대 일본

徵兵制と近代日本

1868 – 1945

가토 요코 加藤陽子

박 완 옮김

KU PRESS
고려대학교
출판문화원

한국의 독자 여러분에게

이러한 책을 쓰고자 한 이유는, 일본이라는 국가가 그 구성원에게 병역 의무를 강제할 수 있는 관계에 설 경우에 어떠한 긴장을 사회에 초래할까 하는 '물음'를 줄곧 마음속에 품어 왔기 때문입니다. 한국은 현시점에서도 성인 남성에게 병역 의무를 부과하고 있는, 세계에서도 손꼽히는 나라입니다. 따라서 한국의 독자 여러분으로서는 징병제가 초래하는 사회의 긴장이라는 문제는 무관심할 수 없는 테마가 될지도 모르겠습니다.

앞서 말한 제 물음은, 아시아·태평양전쟁 시기 일본이 '내지(內地)'에서 병사를 징집할 뿐만 아니라 식민지에서도 병사를 징집해야 하게 되었을 시점에서 징집병에게 전투를 계속하도록 할 조건을 국가가 마련할 수 없게 된 경우에는, 국가로서의 일본은 전장의 장병들에게 항복을 명해야 하지 않았을까 하는 의구심과 함께 제 마음속에 남아 있었습니다. 지원병제가 아니라 공민(公民)을 병사로 징집한다면 국가 측에도 해야 할 의무가 있었을 터라는 생각에 섰던 것입니다.

어째서 그렇게 생각하였는가 하면 저는 문학을 좋아해서 아시아·태평양전쟁을 테마로 삼은 문학을 닥치는 대로 읽었기 때문입니다. 그중 몇 가지를 들자면 이 책에서도 인용한 오오카 쇼헤이(大岡昇平)의 《들불(野火)》(新潮文庫, 1954)이나 《레이테 전기(レイテ戰記)》 총 4권(中央文庫, 2018), 또 전쟁 문학의 명작을 다수 모은 《선집 전쟁과 문학(セレクション 戰爭と文學)》 총 8권(集英社文

庫, 2019) 등입니다. 오오카처럼 필리핀에서 종군한 경험이 있고 구사일생으로 살아 돌아올 수 있었던 작가의 작품, 혹은 1944년에 중·일 양측에 심대한 희생을 낳은 '대륙 타통(打通) 작전'에 장교로 종군하였고 복원(復員)한 뒤에는 역사학자가 된 후지와라 아키라(藤原彰)의 《굶어 죽은 영령들(餓死した英靈たち)》(ちくま學藝文庫, 2018)을 읽으면, 일본군 전사자 230만 명 중 절반 이상이 넓은 의미에서 굶어 죽은 자들이었다는, 섬뜩할 정도인 일본군의 전쟁 형태를 알 수 있습니다.

1946년에 공포된 일본국헌법(日本國憲法)의 전문(前文)에는 "정부의 행위로 인해 재차 전쟁의 참화가 일어나는 일이 없도록 할 것을 결의하여"라고 되어 있는데, 그야말로 자국 정부의 행위로 인해 자국민이 존망의 위기에 서야 했던 것이 지난 대전이었습니다. 1995년의 이른바 무라야마(村山) 담화 〈전후 50주년 종전 기념일에 즈음하여〉에서 "우리 나라는 머지않은 과거의 한 시기에 국책을 그르쳐 전쟁으로의 길로 나아가서 국민을 존망의 위기에 빠뜨렸고"라고 표현된 그대로입니다. 아시아·태평양전쟁 막바지에 일본이라는 국가가 자국민에게 저지른 잘못에 대한 저의 분노는, 마찬가지로 무라야마 담화에 "식민지 지배와 침략으로 인해 많은 나라, 특히 아시아 각국 사람들에게 다대한 손해와 고통을 주었"던 점에 대해 깊이 반성하는 마음과 같은 무게로 항상 가슴속에 있습니다.

이 책에서 저는 메이지(明治) 초기부터 쇼와(昭和) 전중(戰中) 시기를 관통하여 정부, 육군 당국, 의회, 국민 여론이 '바람직한 징병제'에 관해 어떻게 논하였는지를 징병령·병역법 개정의 시간 축에 따라 서술하였습니다. 또한 정치 주체로서 육군이 국민에 대해 어떠한 설득 논리를 가지고 병역 의무를 논하였는지에 관해서도 그리고 있습니다. 징병 검사라는 절차나 기회를 통해 30만 명 남짓의 성인 남성과 비할 데 없는 접점을 지닐 수 있었던 육군이 징병령·병역법의 거듭된 개정에서 공평·평등이라는 이념을 어떻게든 실현해 간다면 성인 남성에 대한 육군의 영향력은 커지지 않았을까 하는 가설 아래에서 그려 냈습니다.

전쟁이라는 것의 본질을 상대국 권력의 정통성 원리인 헌법을 공격 목표로 하여 최종적으로는 상대국의 헌법을 고쳐 쓰는 것이라고 간파한 것은 18세기 사상가 루소(Jean-Jacques Rousseau)였습니다(하세베 야스오[長谷部恭男], 《헌법이란 무엇인가[憲法とは何か]》, 岩波新書, 2006, pp. 36, 39, 40). 제2차 세계대전에서 패한 일본은 대일본제국헌법(大日本帝國憲法)의 전면 개정이라는 형식으로 1946년 11월 3일에 일본국헌법을 공포하였습니다. 대일본제국헌법 제20조 "일본 신민은 법률이 정하는 바에 따라 병역 의무를 지닌다"라는 규정은 없어졌고 제20조에 규정된 법률인 병역법도 1945년 11월 17일에 폐지되었습니다.

일본국헌법에는 제18조 "누구라도 어떠한 노예적 구속도 받지 않는다. 또한 범죄로 인한 처벌의 경우를 제외하면 그의 의사에 반하는 고역에 복무당하지 않는다"라는 규정이 있습니다. 현재 일본 정부는 징병제가 위헌인 근거를 이 제18조의 '의사에 반하는 고역'에 해당하기 때문이라는 견해를 택하고 있고, 다수의 학설도 같은 입장을 택하고 있습니다(하세베 야스오 엮음, 《주석 일본국헌법[注釋日本國憲法] 2》, 有斐閣, 2017, p. 259).

이렇게 본다면 전쟁에서 패하여 헌법을 고쳐 쓴 일본의 전전과 전후를 비교할 때 가장 큰 차이는 징병제의 유무가 됩니다. 근대 일본을 고찰하는 데 징병제는 적절한 지표가 되지 않을까요.

이 책이 박완이라는, 제가 가장 신뢰하고 경애하는 연구자에 의해 번역되는 것은 더할 나위 없는 기쁨입니다. 다만 이 책을 완성한 지 상당한 시간이 지난 것도 사실입니다. 여기서는 최소한으로 두 가지 새로운 연구의 흐름을 소개해 두고자 합니다. 저는 일본 육군의 징병제를 다루었지만, 마지막까지 별개의 조직 원리와 행동 양식을 지닌 일본 해군에서는 원칙적으로 징병 검사 때 희망자가 해군을 선택하는 지원제를 택하고 있었습니다. 해군에 관한 뛰어난 연구를 한 가지 든다면 기무라 미유키(木村美幸)의 《일본 해군 지원병과 지역 사회(日本海軍の志願兵と地域社會)》(吉川弘文館, 2022)일 것입니다.

이 책에서 저는 메이지 초기의 정부 내에서 병제 문제에 관해 출신 계층으로 말하자면 90%를 사족층이 차지한 육군성(陸軍省)에서 어째서 옛 사족으로 이루어진 지원병제가 아닌 징병제 군대가 선택되었는가 하는 문제를 오무라 마스지로(大村益次郎)의 징병제 이론 등에서 설명하고 있습니다. 하지만 당시 몇몇 정치 주체들 사이에서 어떠한 병제가 적합한지에 관한 구상을 둘러싸고 경합이 있었음을, 오시마 아키코(大島明子)가 일련의 연구에서 밝혔습니다(① 〈어친병 해체와 정한론 정변[御親兵の解隊と征韓論政變]〉, 犬塚孝明 編, 《明治國家の政策と思想》, 吉川弘文館, 2005 ② 〈1873년의 문민 통제[1873(明治6)年のシビリアンコントロール]〉, 《史學雜誌》 117編 7號, 2008).

1872년 7월부터 8월에 걸쳐 사쓰마번(薩摩藩) 출신의 근위도독(近衛都督) 사이고 다카모리(西鄉隆盛)와 구마모토 진대(熊本鎭臺) 가고시마 분영(鹿兒島分營)의 가바야마 스케노리(樺山資紀)에 더하여 사가번(佐賀藩) 출신의 외무경(外務卿) 소에지마 다네오미(副島種臣) 사이에서 '대만 출병'론이 우세해졌습니다. 사쓰마+히젠(肥前) 세력에 의해 옛 사족으로 이루어진 지원병제가 외정을 구실로 하여 형성되고 마는 것을 우려한 것은 육군성과 태정관(太政官) 좌원(左院, 입법 심사 기관) 사람들이었습니다. 그들은 대항책으로 1872년 11월 28일(양력 12월 28일)에 징병령을 서둘러 포고합니다. 당시 태정관 좌원은 급진적인 사민평등 및 질록(秩祿) 폐지론자가 많았던 것으로 알려졌고 도사번(土佐藩) 출신의 고토 쇼지로(後藤象二郎)와 요네자와번(米澤藩) 출신의 미야지마 세이이치로(宮島誠一郞) 등이 있었습니다. 좌원의 미야지마 등이 기초(起草)한 징병령 초안에 육군성이 찬성하면서 징병령이 급거 선택되는 단계에 이른 것이 아닌가 하고 분석한 것입니다. 징병령이 어떠한 병제 구상과의 경합 과정에서 탄생해 왔는가 하는 분석 시각은 중요하다고 생각합니다.

2024년 8월 19일

가토 요코(加藤陽子)

차례

일러두기

1 저자 주는 아라비아 숫자, 옮긴이 주는 로마 숫자로 표기하였다.

2 한자의 경우, 본문과 옮긴이 주는 한국 상용한자체, 각주와 참고 자료·문헌은 일본 상용한자체로 표기하였다.

3 일본 인명·지명 등의 한국어 발음은 국립국어원 외래어 표기법에 따라 표기하였다.

4 본문 내 일본 연호로 표기된 연도는 서력으로 통일하였다. 또한 메이지 정부는 1872년 음력 11월 9일에 기존의 음력을 폐지하고 양력을 채용하며 그해 12월 3일을 1873년 양력 1월 1일로 한다는 천황의 조서를 내렸다. 따라서 본문 내 1872년 12월 3일 이전은 음력, 그 이후는 양력에 따른 것이다.

5 간행 사료, 도서, 정기 간행물, 신문 제목은《 》, 미간행 사료, 문서, 논문 제목은〈 〉로 표기하였다. 또한 인용문 내 생략(…), 고딕체(원서의 방점), 밑줄 등은 인용자인 저자에 의한 것이다.

6 근대 일본의 내셔널리즘이나 타자에 대한 편견 등이 반영된 역사적 용어는 ' '로 표기하였다. 또한 사료 인용문이나 도서 제목 등에 나올 경우에는 순화한 표현으로 고친 뒤 초출에 한하여 원래 용어를 병기하였다. 예: '내지', '외지', '대만 출병', '시베리아 출병', 중국(支那), 중일전쟁(支那事變), 태평양전쟁(大東亞戰爭).

들어가며

국가가 그 구성원에 대해 병역 의무를 강제할 수 있는 관계에 있을 때, 이러한 관계는 어떠한 긴장을 사회에 강요하는 것일까. 태평양전쟁의 개설서를 쓰는 일을 하면서도 내 마음은 언제나 이러한 의문에 사로잡혀 왔다. 당연한 귀결로 개설서는 지지부진하지만, 국민에게 병역 의무를 부과하기 위한 법, 즉 징병령(徵兵令, 1927년부터는 병역법[兵役法])을 통해 근대 국가의 특질을 살펴보는 것도 재미있지 않을까, 또 그리하는 것은 태평양전쟁의 본질 중 어느 부분과 직결하지 않을까 하고 생각하게 되었다.

태평양전쟁에 관한 개설서는 다음 과제로 하고 우선 1873년의 징병령[1] 성립부터 개정 과정에 초점을 맞추어 메이지(明治)[i]의 건군기(建軍期)에서 패전에 이르는 해체기까지 전체상을 그리는 것을 이 책의 목적으로 하고자 한다. 다만 징병제를 거론한다는 시각 자체는 조금도 새롭지 않다. 그렇다면

---

1 메이지 헌법은 호적법이 적용되는 성년 남자에게는 병역 의무가 있다고 규정하였다(제20조). 20세가 된 건강한 남자는 징병 검사를 받은 뒤 합격한 경우에는 현역병으로 입영하거나 보충병에 편입되었다. 근간이 되는 규정은 처음에는 태정관 포고, 나중에는 법률 형식을 띠었고 징병령(1927년부터는 병역법)이라고 불리었다. 그 외의 세부 규정은 칙령으로 정해졌다.

어째서 징병제는 거론된 적이 많은 과제일까. 그 배경과 이유를 세 갈래로 설명하고자 한다.

징병제 군대와 국가의 책임

첫 번째는 평범한 시민 생활을 하던 자가 징집이나 소집에 의해 갑자기 병사가 되어 전장으로 가서 사람을 죽이고 자신도 죽임을 당하며 다른 나라 사람들을 굶주리게 하고 자신도 굶주리면서 허허벌판을 헤매야 했다는 점의 중대함 자체이다. 이처럼 당사자로서는 실로 부조리한 일이 중일전쟁을 포함하는 태평양전쟁에서는 600만 명대(최대 동원 수)로 일어났다. 그중 약 200만 명이 사망하고 60만 명이 치명적인 부상을 입었다(〈도표 1〉). 미드웨이(Midway), 과달카날(Guadalcanal), 임팔(Imphal), 레이테(Leyte), 오키나와(沖縄) 등 태평양전쟁 중 격전지의 이름은 일일이 들 수도 없지만 실은 이에 못지않게 중일전쟁 개시부터 패전까지 중국 대륙에서 전사한 일본 군인도 약 40만 명에 달한다. 그리고 8년간 중국 측에 가한 참화는 이보다 훨씬 더 크다. 군인 전사·부상자는 약 331만 명, 민간인 전사·부상자는 842만 명[2]이라고 여겨진다.

이러한 부조리한 감정이 사람들의 관심을 징병제로 향하도록 한 것은 당연할 것이다. 이는 전후에 태평양전쟁을 소재로 한 소설이나 기록 문학의 상당 부분이, 나에게만큼은 돌아오지 않았으면 좋겠다고 몰래 생각하고 있던 징집·소집에 대한 분노와 공포와 체념, 죽은 전우에 대한 진혼, 자신이 저지른 무도함에 대해 속죄하는 마음에서 비롯하여 쓰여 있다는 점을 보

---

2 1937년 7월 7일부터 1945년 8월 15일까지 군인·군속 전몰자 수에 관해서는 ① 174만 955명이라고 보는 설(経済安定本部総裁官房企画部調査課 編刊, 《太平洋戦争による我国の被害総合報告書》, 1949, p. 8) ② 219만 5,647명이라고 보는 설(冨永謙吾 編, 《現代史資料 太平洋戦争 5》, みすず書房, 1975, p. 821) 등 수치에 상당한 차이가 있다. 중국에 관한 수치는 中国国民党中央委員会党史委員会 編印, 《中華民国重要史料初編 対日抗戦時期 第2編 作戦経過(4)》(1981)에 수록된 〈国内財産的損失〉에 의거하였다. 공산당 측의 전사·부상자 수는 포함되어 있지 않다.

도표 1　전사자 수

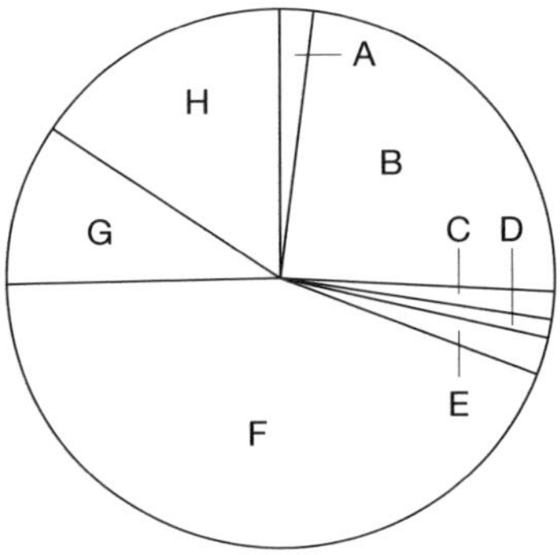

	(명)	(%)
A 영국	271,311	2.0
B 독일	3,300,000	24.1
C 프랑스	205,707	1.5
D 이탈리아	162,000	1.2
E 미국	292,131	2.1
F 소련	6,000,000	43.9
G 중국	1,328,501	9.7
H 일본	2,121,000	15.5
합계	13,680,650	

(주) A-F: *Encyclopedia of the Second World War*를 참고하였다.
G:《중국 대일 항전 손실 조사 사술(中國對日抗戰損失調査史述)》에 의거하였다.
H:《일본의 전쟁 도해와 데이터(日本の戰爭 圖解とデータ)》에 의거하였다.

더라도 알 수 있다. 식량이 떨어져 가는 표류하는 배 안과 같은 상황 속에서 이제는 비현실적이 된 목적을 수행하기 위해 희생을 강요당하여서는, "유구한 황운(皇運)을 보필하여 태연하고 침착하게 황국(皇國)의 희생이 되어라"라고 제14 방면군 사령관 야마시타 도모유키(山下奉文)[ii]가 훈시하더라도, 병사의 심정으로는 차분하게 들을 수 없었을 것이다.

오오카 쇼헤이(大岡昇平)[iii]는《레이테 전기(レイテ戰記)》(中央公論社, 1971)에서 다음과 같이 말하였다고 생각한다: '근대 국가는 일반 국민을 징집한 군대에 의존해야 한다. 하지만 국민은 국가의 이익 외에 개인적·가족적 행복을 추구할 권리가 있다. 따라서 징집병으로 하여금 계속 싸우도록 할 조건을 국가가 유지할 수 없게 되었을 때, 군은 항복을 명해야 했다'. 패전하기 전 1년간의 전사자 수가 태평양전쟁의 모든 전사자의 상당 부분을 차지한다는 사실을 떠올리면 역시 이 말은 가슴에 와닿는다. 일본이 패전 후 50년이 지나서도 여전히 중일전쟁이나 태평양전쟁을 침략 전쟁이라고 인정하지 못하고 사죄하지 못하는 심정은 상당 부분 이 지점에 그 요인이 있는 것처럼 보인다.

징병과 지원병

다음으로 똑같이 죽어야 하는 자라도 강제적 징병에 의한 자와 스스로 지원하여 나라에 목숨을 바치는 자와는 차이가 있을 것이다. 미국의 경우 제2차 세계대전에는 1,600만 명이 참가하였는데 그중 40%가 지원병이었다.[3] 일본이 장기간에 걸쳐 적으로 삼은 주요 국가는 중국·미국·영국이었는데, 이들 국가의 병사 모집 방법은 실질적으로는 지원제였다(전시에는 변경됨). 따라서 징병제를 살펴보는 것은 각국의 병제(兵制)와 비교하여 일본의 특이성을 보는 데 편리하다는 점을 두 번째 이유로 들 수 있다.

참고로 징병제와 지원제에 관해 일반적으로 생각되는 장점을 들도록 하겠다. 징병제는 다수의 병사를 얻을 수 있고 유사시에도 병사 수를 늘리거나 보충하기 쉽다. 더 나아가 군기를 엄격하게 유지하기 쉽고 또 재정적으로도 유리하다. 지원제는 동일한 구성원으로 장기 복역하기에 군대의 성숙도가 높아지고 병사의 사상·소질을 선택할 자유를 국가가 가질 수 있으며 국민의 부담도 적다는 등의 이점이 있다고 여겨진다.

국민 그 자체

태평양전쟁과 같은 총력전의 경우에는 추가적인 의미가 있다. 개전 후에는 만 20세 남성으로서 징병 검사에 임한 인원('수검 장정[受檢壯丁]'이라고 함)의 50-70%가 전장으로 갔다.[4] 1942년의 〈전국 징병 사무 상황〉[5]을 통해 당시 징집률이 79% 이상에 달하였음을 알 수 있다. 이는 이 시기의 일본군이 보다 평균적인 국민층을 반영한 집단으로 이루어졌음을 보여 준다. 즉 징병제 군대를 살펴보는 것은 국민 그 자체를 살펴보는 것으로도 이어지는 것이다.

---

3 Bryan Perrett & Ian Hogg, *Encyclopedia of the Second World War*(Longman, 1989). 지원병은 38.8%, 징병은 61.2%였다.

4 大濱徹也, 《天皇の軍隊》(教育社, 1978), p. 163.

5 〈陸密第1644号 全国徴兵事務状況ノ件報告〉(〈公文雑纂 昭和十八年〉, 2A/15/纂2911, 国立公文書館所蔵).

또한 징병령은 전시가 아니더라도 20-40세 남성으로서는 항상 의식 속에 남아 있는 법 중 하나였을 것이다. 이만큼의 인원을 포괄하는 법은 그리 많지 않다. 이를 세 번째 이유로 들 수 있다.

앞서 첫 번째 이유를 설명할 때, 징병제 군대를 보유하는 국가의 책임에 관해 언급하였다. 하지만 이는 국민과 무관한 상태로 징병제 군대가 존재함을 뜻하지는 않는다. 군대를 구성하는 국민의 의사나 특질도 군 상층부나 국가 지도자의 의사 결정을 좌우하는 요소인 것이다. 프랑스에 장기간 주재한 경험이 있고 '다이쇼(大正) 데모크라시'[iv] 시기에 군의 적극적 개혁을 제창한 육군 중장 사토 고지로(佐藤鋼次郎)[v]는 그의 저서인《군대와 사회 문제(軍隊と社會問題)》(成武堂, 1922)에서 다음과 같은 흥미로운 이야기를 하고 있다.

> 우리 나라 현재의 사회생활은 일반적으로 너무 방종하고 속박받지 않는다. 이와는 정반대로 병영 생활은 세계 각국에서 거의 찾아볼 수 없을 만큼 속박받고 자유롭지 못하다. (…) 우리 병영 생활이 극단적으로 속박되고 자유롭지 못하게 된 것은 우리 육군이 획일주의를 채택하여 쓸데없이 겉모습으로 군기의 엄숙함을 과시하고자 한 죄이기도 하다. (…) 많은 외국군에서는 군대 교육으로서 전투 동작 훈련에는 힘을 들이지만 우리 나라처럼 군인 정신과 군기 함양에 그다지 눈에 띄게 노력하는 흔적은 보이지 않는다. 이는 결국 우리 국민 일반이 국가·사회의 공동 목적을 이해하지 못하고 공동생활의 일원으로서 완전한 개성을 발휘하는 노력이 결여되어 있기 때문이다.

군대 밖 국민 생활의 질이나 사회성의 수준에 의해 군대의 특징도 규정된다는 것이겠다. 시미즈 이쿠타로(淸水幾太郞)는 이를 단적으로 "군대는 각국 문화·사상의 색인(index)이다"(《思想の科學》 5卷 1號, 1949)라고 표현하였다. 그렇다고 한다면 국민의 사회성이나 생활 습관에 대한 고찰도 국가의 책임을 운운할 때는 불가결하게 되는 것이다.

지금까지의 기술을 통해 징병제의 중요성을 알 수 있었다. 그렇다면 어째서 새롭지도 않은 시각을 끄집어내었는지 묻는다면 다음과 같은 세 가지 의문이 있기 때문이라고, 또 어떠한 새로운 점을 덧붙일 수 있는지 묻는다면 다음과 같은 가능성이 있다고 대답하고자 한다.

지금까지의 연구에 대한 의문

첫 번째는 훗날 메이지 원훈(元勳)[vi]이라고 불리게 된 이들이나 에도 막부(江戸幕府)[vii] 말기에 막부 주도의 군제 개혁을 담당한 뒤 그 지식을 신정부에 전달하는 역할을 한 전문가들이 건군 초기에 어떠한 생각으로 징집할 인원을 정하고 현역 병역 연한을 결정하며 어떠한 병사를 모으고자 하였는가 하는, 징병제의 첫걸음에 관한 역사적 평가가 아직 확정되지 않은 게 아닌가 하는 의문이다. 아무래도 병역 면제 조항에 해당하는 사람들이 많았다는 점에 연구자들이 현혹되어 면제 조항의 측면에서 징병제를 검토하는 경우가 많았다. 다시 말하자면 국가 의사의 그물망을 빠져나가는 만만찮은 인민과 국가 의사 관철에 차츰 성공해 가는 군 당국을 단순히 대립하는 것으로 파악해 온 것이다.

이 점을 조금 더 부연 설명하겠다. 캐나다인 역사가이자 외교관인 노먼(Egerton Herbert Norman, 미국에서 매카시즘이 맹위를 떨치고 있을 무렵에 이집트에서 투신자살함)은 일본 군국주의의 특성을 다음과 같이 설명하였다: '노예 신분에 있는 자는 타자에게 그 족쇄를 강요하는 가장 잔인한 대리인이 될 수 있다. 징병제를 설정한 동기가 농민 반란의 진압 수단으로서 반혁명 군대를 창설하는 데 있었으므로, 일본의 군대는 본질적으로 대외 침략을 향해 갈 수밖에 없는 것이다'.[6] 태평양전쟁 중인 1943년에 쓰인 논문은 일본인의 국민성을 속속들이 알고 있던 노먼(나가노현[長野縣]에서 선교사의 아들로 태어남)이 자신

6 E·H·ノーマン, 《日本における兵士と農民》(白日書院, 1947), p. 114. 훗날 大窪愿二 編訳, 《ハーバート・ノーマン全集》(岩波書店, 1978) 수록.

이 잘 알고 있는 얌전한 다수의 일본인과 난징(南京) 대학살을 일으킨 일본군 병사를 동일한 존재라고 내재적으로 이해할 방법을 찾다 못해 지친 나머지 도달한 결론이라고 읽을 수 있다.

50년도 더 된 저작에 관해 노먼을 예로 드는 것은 다소 가혹하기도 하고 또 노먼이 쓴 내용에 문제가 있는 것도 아니다. 노예 신분 운운은 칸트(Immanuel Kant)의 《영구 평화론(永久平和論)》에도 마찬가지 주장이 이미 존재한다. 다만 노먼의 이 명제는 전후 얼마 지나지 않아 번역되어 강좌파(講座派)[viii]적인 메이지유신(明治維新)[ix] 이해가 뿌리 깊었던 일본에서 널리 영향을 미쳤다. 노먼을 강좌파식으로 이해하면 다음과 같은 사고방식이 된다. '메이지유신은 절대주의 혁명이었으므로 부르주아 혁명 후 비로소 탄생할 터일 '해방된 농민'은 존재하지 않는다. 그런데도 메이지 정부는 부르주아 혁명인 프랑스 혁명에 의해 창출된 국민군 제도=징병제를 도입하였다. '해방되지 않은 농민' 병사에 크게 의존할 수밖에 없는 징병제, 여기에 메이지 정부가 안고 있는 모순(즉 정부를 계급의 적으로 간주하는 계층에 무기를 주고 훈련을 실시하며 그 계급에 국가 방위를 맡겨야 한다는 모순)이 존재하였다. 따라서 정부는 군 내부에서 양성될지도 모르는 혁명을 압살하기 위해 군기로서 엄격한 규율과 징벌을 갖출 필요에 쫓겼다'. 간단히 말하자면 엄격한 군기에 속박된 참담한 농민 병사가 대외 침략으로 내몰렸다는 명제이다.

한때 연구자가 병역 면제 조항 연구에 집중한 것은 정부가 조세 부담자로서 '해방되지 않은' 농민을 토지에 묶어 둘 필요가 있었기에 면제 조항을 많이 만들 수밖에 없었다고 논증하고 싶었기 때문일 것이다. 의외로 알려지지 않은 점이지만 면제 조항에는 관·공립 학교 생도나 외국에 유학 중인 자 등 명백히 유산 계급 보호에 상당하는 조항도 있으나, 예컨대 재산의 유무와는 상관없이 대를 이을 아들, 독자(獨子)·독손(獨孫), 양자, 아버지나 형이 병약하기에 집안을 다스리는 자 등을 면제로 하는 조항도 포함되어 있었다. 즉, 이러한 조항들을 조세 부담 확보를 위한 조항으로 읽어 가는 것이다.

이를 논증하면 '해방되지 않은' 농민의 존재를 증명할 수 있고 메이지유신의 절대주의 혁명으로서의 성격이 재확인되며 일본군의 특이성으로 여겨지는 군기의 엄격함도 증명할 수 있다는 전망이 있었기 때문이라고 보인다.

이러한 해석의 문제점은 논의를 진행하면서 바로잡아 갈 것이다. 다만 '엄격한 군기에 속박된 참담한'이라는 부분은 패전 직후 국민들의 전쟁 체험에서 오는 실제 감각에 딱 들어맞는 설명이었을 것이다. 오오카 쇼헤이의 《들불(野火)》(1951 발표)에 묘사된 것처럼 아사할 지경에서의 패주를 거쳐 일본으로 귀환한 사람들은 적지 않았을 것이고, 입대한 거의 모든 사람들이 노마 히로시(野間宏)[x]의 《진공 지대(眞空地帶)》(1952 발표)에 묘사된 군대의 일상생활의 비합리성에는 눈물을 흘릴 수밖에 없었을 터이다. 근대사의 어려운 점은 여기 있는데, 산증인의 존재가 종종 객관적으로 관찰하는 안목을 흐리게 한다는 것이다. 어쨌든 각 시기의 징병령을 잘 읽어 이해한다는 가장 기본적인 작업을 통해 징병제 창설 시부터 패전기까지 징병령·병역법에 관해 육군성(陸軍省)[xi]의 입안, 정부 각 기관 내 조정, 의회 심의 과정을 재구성하는 것부터 시작하고자 한다.

정부나 의회 각파가 '바람직한 징병제'를 둘러싸고 다툰 발자취를 더듬거나 국민이나 세간의 평가가 희망한 '바람직한 징병제'란 어떠한 것이었는지를 찾아내 감으로써, 역사를 감상하는 안목을 다소나마 견뎌 낼 수 있는 객관성을 부여할 수 있지 않을까 하고 생각한다.

육군과 국민과의 관계

두 번째는 군부의 정치적 발언력 확대를 논한 것은 많지만, 국민과 군부를 이어 주는 창구로서의 징병제라는 점에서 이를 고찰한 것은 의외로 없다는 느낌이 들기 때문이다. 군부의 정치적 진출 및 발언력 확대에 관해서는 다양한 방향에서 파악할 수 있는데 예컨대 나가이 가즈(永井和)[7] 등은 중앙 정

7 永井和, 《近代日本の軍部と政治》(思文閣, 1993).

치 단계에서 현역 군인이 문관 자리에 침투한 정도를 수치로 명시함으로써 '정치적 진출'이라는 애매한 개념에 일정한 정의를 내리는 데 성공을 거두었다. 나 역시 일찍이 군부대신 현역 무관제 부활이나 대본영(大本營)[xii] 설치를 다루어서 역시 중앙 정치 단계에서 법이나 제도 창설을 둘러싼 군부와 그 외 세력 간의 공방을 논한 적이 있다.[8]

하지만 이를 집필하면서 군의 힘이 커지는 것은 확실하다고 느낄 수 있었으나, 이를 명시적으로 논증하는 데까지는 미치지 못하였다는 아쉬움이 남아서 무언가 좋은 방법이 없을까 하고 생각하고 있었다. 그 과정에서 인상에 남는 두 가지 사고방식과 마주쳤다. 첫 번째는 우가키 가즈시게(宇垣一成)[xiii]가 육군대신이었던 시기인 1925년 5월 13일부 일기에 제시한 것이다.[9]

> 지방(地方)['지방'이란 군 측의 용법에서는 군 이외의 일반 사회를 뜻함—저자 주]에 대한 국방·군사 선전은 물론 필요하다. 하지만 매년 바로 곁에서 가르쳐 기르는 십 수만 명의 사졸에 대한 선전, 즉 그들로 하여금 진정한 의의를 이해하도록 한 뒤 고향으로 돌려보내는 것이 선결 과제이자 또 효과가 큰 방법이다. 바깥만 보고 안을 돌아보지 않는 흔한 폐단에 빠지지 않는 것이 매우 중요하다.

여기서 깨닫게 되는 것은 육군이란 매년 이처럼 10만 명 정도의 장정들을 현역병으로 군대에 수용함으로써 비로소 성립하는 것이고 그 외에 징집이 아니더라도 징병 검사나 재향 군인 점호·소집을 통해 국민과 닿는 접촉면이라 할 것을 해군 등에 비해 광범위하고 지속적으로 지니고 있던 조직이라는 점이다.

두 번째는 《일본의 군대》[10]라는 책에서 마루야마 마사오(丸山眞男)가 대

---

8 졸저, 《模索する一九三〇年代 日米関係と陸軍中堅層》(山川出版社, 1993), 제2부.

9 角田順 校訂, 《宇垣一成日記 I》(みすず書房, 1968), p. 465.

10 飯塚浩二, 《日本の軍隊》(岩波書店同時代ライブラリー版, 1991. 초판은 東大協同組合出

담 중의 발언이라면서 말하는 부분인데, 대체로 다음과 같은 내용이었다: '1933년의 '고 스톱(go stop)' 사건[xiv] 당시 '경찰과 군대의 대립'이라면서 세간은 시끌시끌하였다. 그런데 사건의 경과를 관찰하고 있던 마루야마로서는 당연히 여론은 병사의 난폭한 행동에 주의를 준 순사 쪽을 응원하리라 생각하였는데 예상과는 달리 세인들은 압도적으로 병사 편을 들었다. 군대는 싫은 곳이지만 일단 안에 들어가면 군대 내 계급만이 남고 시민 사회에서의 계급·신분·출신과는 무관하게 평등해진다. 이 지점에서 민중의 미묘한 감정이 '경찰인가 군대인가' 하면 두말할 것 없이 군대를 택하는 이유가 될 것이다'.

위의 두 가지 이야기를 합쳐서 생각해 보면 비길 데 없는 국민과의 접점을 지니고 있던 육군이 '공평·평등'이라는 점으로 국민에게 잘 호소한다면 당연히도 상당한 힘을 가질 수 있으리라는 예측에 도달하게 된다. 그리고 징병령은 군이 '공평·평등'이라는 점으로 국민의 지지를 조달할 수 있는지 없는지를 좌우하는 중대한 법이었다고 생각한다.

시대를 대표하는 사상과 징병제의 변천

한편 메이지 시대의 징병령에 관해서는 마쓰시타 요시오(松下芳男)의 《메이지 군제사론》[11]이나 후지타 쓰구오(藤田嗣雄)의 《메이지 군제》[12] 등 구 일본군 관계자, 고야마 히로타케(小山弘健)의 《근대 일본 군사사 개설》[13] 등의 연구에 의해 상당히 밝혀져 있다. 징병 기피라는 문제에서 독창적이고 끈질

版部, 1950).

11 松下芳男, 《明治軍制史論 上·下巻》(国書刊行会, 1978. 有斐閣, 1956의 복각판). 마쓰시타는 1913년에 육군 사관 학교를 졸업한 뒤 1920년에 보병 중위로 군 경력을 마쳤다.

12 藤田嗣雄, 《明治軍制》(信山社, 1992. 限定版, 1951의 복각판).

13 小山弘健, 《近代日本軍事史概説》(伊藤書店, 1944); 大江志乃夫, 《徴兵制》(岩波書店, 1981); 同, 《天皇の軍隊》(小学館, 1982); 松下芳男, 《徴兵令制定史》(五月書房, 1981. 内外書房, 1943의 복각판); 吉田裕, 〈日本の軍隊〉(《岩波講座 日本通史17 近代2》, 岩波書店, 1994) 등 참조할 것.

긴 논증을 펼친 기쿠치 구니사쿠(菊池邦作)의 《징병 기피 연구》도 있다.[14] 또한 우메타니 노보루(梅溪昇)의 초기 징병제에 관한 일련의 논고나 특히 엔도 요시노부(遠藤芳信)의 《근대 일본 군대 교육사 연구》는 통찰력으로 가득 찬 연구로서[15] 근대 중·고등 교육의 제도적 정비와 징병제와의 관계에 관해 가능한 한 1차 사료를 섭렵하여 논하고 있으며 이 분야의 표준을 구축하였다.

하지만 이러한 몇 가지 예외를 제외하면 징병제가 실제로 다이쇼 시대, 쇼와(昭和)[XV] 초기, 개전 후에 겪은 변화에 관한 충분한 연구는 이루어지지 않은 듯하다. 이것이 종래의 연구 시각에 대한 세 번째 불만이다. 메이지 시대에서 설명이 끝나거나 징병제 확립에서 곧바로 태평양전쟁의 패색이 짙어진 무렵의 '싹쓸이(네코소기[根こそぎ]) 동원'으로 이야기가 건너뛰는 것에는 납득할 수 없다. 병사 혹은 구 일본군 관계자의 회상에 지나치게 의존하거나 메이지유신의 성격 규정에서 일본군이 근거한 국민적 기반의 협소성을 언급하는 것으로 충분하다고 보는 연구는 이만 끝냈으면 한다. 또 군대 생활을 사회사적으로 파악하여 기록으로 남기는 것 자체는 중요한 일이다. 다만 예를 들어 어떤 병사가 중국 대륙에서 죽음에 직면한 채 종사한 작전이 1호 작전의 양동 작전의 한 장면에 불과하였음은 전체상을 크고 넓게 바라보는 시선을 통해 비로소 알 수 있는 것이다. 그리고 이처럼 대상화·객관화하여 얻은 결과 또한 당사자로서도 의미가 있지 않을까.

청일·러일 전쟁, 제1차 세계대전, 만주사변 등 연이은 실전 경험에 근거하여 변혁된 군대 편제 관념 및 용병 사상 변화는 어떠한 장정을 택할 것인가 하는 징병제의 기본 사상에도 영향을 미쳤을 것이다. 국민과 징병제가 밀접하다는 전제에 선다면, 최초의 총력전인 제1차 세계대전의 경험을 반영한 1918년 및 1927년의 징병령 개정이야말로 중시하여도 좋을 터이다.

---

14 菊池邦作, 《徵兵忌避の研究》(立風書房, 1977).

15 梅溪昇, 〈我が国初期徵兵令に対するフランスの影響〉(《軍事史学》 第12巻 2号, 1976); 遠藤芳信, 《近代日本軍隊教育史研究》(青木書店, 1994).

또한 내무성(內務省)[xvi]이나 문부성(文部省)[xvii] 관할하에 있던 청년단(青年團), 청년 훈련소(青年訓練所), 학교 교련 등 각종 시책 정비, 그리고 지방 제도 정비와도 징병령 개정은 관련되어 있다.

제국의회(帝國議會)[xviii] 심의 기록, 방위성(防衛省) 방위연구소 전사연구센터나 국립공문서관(國立公文書館) 소장 사료 등을 이용하여 군이 어떠한 생각에서 이러한 제도 개정을 하였는지를 정확히 파악함으로써 징병제를 역사 속에 자리매김하여 보겠다.

마지막으로 이 분야 특유의 용어에 관해 간단한 설명을 달아 보았다. 돌을 하나하나 쌓아 올리듯이 이해의 순서를 밟고자 하는 분들은 이를 읽은 뒤 본론으로 나아가길 바란다. 처음부터 딱딱한 용어를 접하면 본론을 읽을 기력마저 잃어버린다는 분들은 건너뛰어도 무방하다. 징병령 개정을 다룬 V장 이하의 각 장에서는 개정 경과, 지방의 상황, 징병제에 대한 논의에 관해 반드시 언급하기로 하였다. 따라서 각 시기의 개정 경과만, 혹은 바람직한 징병제의 논의에 관해서만 쭉 읽어 내려갈 수도 있다.

장정 전해 12월 1일부터 그해 11월 30일까지 만 20세가 된, 호적법을 적용받는(일본 제국 신민이라는 뜻) 남성.

복역 연한 현역·예비역·후비역(後備役)·보충병역 등의 병역에 복무하는 기간.

재영(在營) 군무를 영위할 장소에 있는 상태. 상비 군대에 소속되거나 편입되는 것. 육해군 학교나 해병단(海兵團)[xix]에 있는 것도 재영이라고 한다.

입영 현역을 맡은 자를 군대에 들어가게 하는 행정 처분. 해병단에 들어가는 것도 원래는 입영이라고 한다.

징병구(徵兵區) 어떤 군대와 해당 군대의 병사를 징집할 지역과의 관계를 질서 있게 처리하기 위해 설치된 군사 행정 구역.

징모구(徵募區) 징병구 내에서 병사 징집 사무를 실행할 단위 구역. 시 또는 군(郡) 구역이 하나의 징모구가 되는 경우가 많았다.

징집 지원이 아닌 국가 권력에 의해 현역 또는 보충병역을 맡도록 하는 행정 처분. 간단히 말하자면 징병 검사에 합격한 자를 현역병 또는 보충병으로서 병역 의무를 맡도록 하는 조치. 형식 면에서 파악하면 만 17세부터 편입되어 있던 국민병역이라는 처분이 현역·보충병역으로 올라가는 조치.

소집 이미 병적(兵籍)이 있는 귀휴병(歸休兵)·예비병·보충병 등을 전시·사변 및 평시 교육 등의 경우에 군대에 편입하기 위해 불러들이는 조치. 소집에서는 역종(役種, 현역인가 보충병역인가 하는 것)은 변하지 않는다. 보충병은 소집되더라도 보충병이라고 불린다. 보충병이 보결로서 현역병으로 올라가서 군대에 불려 들어가는 경우는 입영이라고 한다. 1927년 11월 30일의 육군 소집 규칙(육군성령[陸軍省令][xx] 제25호)에 따르면 충원 소집, 임시 소집, 국민병 소집, 연습 소집, 교육 소집, 보결 소집이 있다.

보충병 현역에 적합한 자로서 그해에 필요한 현역 인원수를 넘긴 자들 중에서 선발된 소요 인원.

귀휴병 현역으로 선발된 자의 입영 전(미입영) 상태를 가리킨다. 또한 현역병 중 재영 후 복역 기간이 줄어서 사회로 돌아가 있는 경우도 이렇게 부른다.

예비역 현역을 마친 자가 복무한다. 충원 소집, 임시 소집, 연습 소집에 응할 의무가 있다.

충원 소집 전시 또는 사변시의 동원에 즈음하여 각 부대에 필요한 인원을 충족하기 위해 재향 군인(대명[待命]·휴직·정직 또는 예비역·후비역 장교[xxi][간부 후보생으로서 예비역에 있는 자를 포함함]·준사관[xxii], 예비역·후비역 하사관[xxiii]·병졸[xxiv], 귀휴병, 보충병)을 소집하는 것.

임시 소집 충원 소집 실시 후의 결원을 보충하기 위해 재향 군인을 소집하는 것. 경비(警

備) 등의 필요에 따라 귀휴병 또는 복역 1년 차 예비병을 소집한다. 보충 소집이라고도 한다. 제2차 세계대전 초기 독일의 경험을 감안하여(비밀 동원 방식 채용) 충원 소집이라는 용어를 폐지하고 이를 사용하게 되었다. 관특연(關特演, 관동군[關東軍] 특별 연습) 당시가 그 대표적인 사례이다.

연습 소집 근무 연습을 위해 재향 군인을 소집하는 것. 정기와 임시의 두 종류가 있다. 임시 연습 소집은 충원 소집을 연습할 목적으로 충원 소집 절차에 준하여 실시한다.

간열(簡閱) **점호** 예비역·후비역 하사관·병졸 및 제1 보충병을 점검·사열·교도(教導)하기 위해 집합시키는 것이다.

교육 소집 교육을 위해 제1 보충병을 소집하는 것이다.

보결 소집 재영병의 보결이 필요할 때 임시로 귀휴병을 소집하는 것이다.

지원 ① 군인을 직업으로 삼기 위한 지원과 ② 법률상의 병역 의무를 채우는 방법으로서의 지원이 있다. ①에는 현역 장교·하사관·헌병 상등병·군악 상등병 등에 지원하는 자나 군인이 되기 위해 육해군 학교에 들어가는 자가 포함된다. ②의 경우는 다시 세 가지로 구분된다. 첫 번째는 지원에 의한 보통 현역병(나이가 만 17세 이상 20세 미만으로 현역병을 지원하는 자들 중에서 선발), 두 번째는 해군 지원병(채용하는 해의 12월 1일 시점에서 나이가 15세 이상 21세 미만인 자에 대해 지원에 의해 해군병으로 채용하는 자), 세 번째가 1년 지원병·간부 후보생 제도에서 예비역 장교가 되기 위한 코스이다.

배부(配賦) '배당 부과'라는 뜻이다. 병사 수의 지역적 부담을 균등하게 하기 위해 육군대신은 그해에 필요한 병사 수를 상주(上奏)하여 천황의 재가를 거친 뒤, 그 수를 사관(師管)에 분배한다. 사단장은 사관에 배분된 병사 수를 연대구(聯隊區)에, 연대구 사령관은 이를 징모구에 배분한다.

동원 군대를 평시 상태에서 전시 상태로 이행시키는 모든 업무를 말한다. 전쟁에 필요한 인마·재료를 군대에 충족·구비시키는 것이다. 동원 군대의 성립에 따라 각종 부대·단대(團隊)를 편성하는 것이다.

국민 동원 전쟁 수행에 가장 유효하게 국민을 통일적으로 '사용하는' 것으로서, 인원 배부를 적절히 하여 국군의 전투 능력을 향상하고자 하는 것이다.

I

무사는 무엇이 문제였는가

무사에 대한 비난

메이지유신 시기 인구의 93.4%를 차지하고 있던 평민으로서는 일찍이 지배 계급이었던 무사(전 인구의 5.7%)를 쇼군(將軍)[i]이나 번주(藩主)[ii]의 장병, 직업 군인=무관이라는 이미지로 받아들이고 있었다기보다 오히려 막부나 번의 행정에 종사하고 있던 관료=문관이라고 실감한 듯하다. 따라서 사람들이 무사에게 많든 적든 적대감을 품는 경우가 있었다면 이는 그들이 폭력을 독점적으로 보유하고 있었기 때문이 아니라 그들을 양성해 온 것이 얼마나 비경제적이었는지를 알게 되었기 때문이라고 생각하고자 한다.

무사의 경제적 특권을 정리한 질록 처분(秩祿處分)[iii]은 1873년부터 1875년에 걸쳐 이루어졌지만 징병 고유(徵兵告諭, 1872년 11월 28일 태정관 고유[太政官告諭])에는 이미 "세습하여 놀고먹는 무사는 그 녹봉을 줄이고"라는 문구가 보여서 당시 무사에 대한 비난이 어떠한 점에 있었는지를 엿볼 수 있다.

무사와 메이지유신

그렇다면 5.7%에 해당하는 무사 자신들은 그들의 장래를 어떻게 생각하고 있었을까. 지금 와서 생각하면 이상하리만큼 자신들이 속한 계급의 과거 특권을 자기 손으로 없애는 데 조급하였던 것 같다. 유신의 변혁자나 위정자들의 70% 이상[1]은 출신 신분이 무사였고 사족(士族)[iv]에게 원한을 불러일으켰다고 여겨지는 징병제를 추진한 병부성(兵部省)[v] 관리의 무려 91%(1871년의 경우)가 예전에는 무사 신분에 속해 있었다. 비경제적이거나 쓸데없거나 이기적인 소행은 나라에 큰일이 일어났을 때는 용납되지 않는다. 이 점에서의 합의가 이처럼 드문 현상을 낳은 것으로 보인다.

무사는 어째서 이리도 간단하게 자신들의 특권을 포기하였는가 하는 흥미로운 문제를 제기하고 이에 대해 처음으로 설득력 있는 해답을 제시한 것이 비토 마사히데(尾藤正英)의 〈메이지유신과 무사(明治維新と武士)〉[2]이다. 애초에 무사는 13세기 무렵에 신흥 세력으로 발생하였을 당시의 성격, 즉 "공동체적 성격에서 유래하는 평등 의식"을 짙게 띤 집단이었다. 무사의 소임=직분(職分) 의식(그 신분 고유의 소임을 중시하고 이를 수행하는 데 전력을 다하는 것)에서는 공론(公論)이 호소하는 바가 있을 경우에 무사란 자신의 이해관계를 초월하여 움직이는 것이라는 명석한 통찰력으로 가득 찬 설명을 통해 비토는 메이지유신의 특색을 어느 정도 설명하였다.

이 성과에 이어지는 것으로서 소노다 히데히로(園田英弘)가 엮은 《사족의 역사사회학적 연구》[3]가 있다. 이 책도 매력이 넘치는 어조로 비토가 설정한 문제에 접근하고 있다. 이에 따르면 개국에 의해 근대 구미 각국의 전투 방법을 알게 된 무사들 중에서는 군사적 기능 및 군사적 공헌도가 균일하다면 이에 대한 보수인 '녹(祿)'도 동일해야 한다는 국가에 대한 개인의 기능을 중시하는 관념이 먼저 생겨났다. 뒤이어 무사의 '직(職)'을 수행할 수 있는 인물을 무사 신분만이 아닌 서민으로부터도 발탁하고 반대로 무사 신분

---

1 小山, 《近代日本軍事史概説》, p. 111.

2 《思想》 1985年 9月号. 훗날 尾藤, 《江戸時代とはなにか》(岩波書店, 1992)에 수록.

3 園田英弘 編, 《士族の歴史社会学的研究》(名古屋大学出版会, 1995).

중에서 뒤떨어지는 인물은 서민 속에 매몰해 가면 된다는 능력주의적 재편이 진행되었다고 설명하고 있다.

이는 다음에 말하는 것처럼 병(兵)-민(民) 사상이 뿌리 깊은 유럽 각국이나 미국과는 크게 다른 점일 것이다. 시민전쟁을 거쳐 온 국가에서는 상비군=용병(고용된 직업 군인)에 의한 국왕의 군대는 평화를 위협하고 인민의 자유와는 양립하지 않는다는 사상이 존재하였다. 예를 들어 프랑스 혁명기의 군사사상에 영향을 미친 마블리(Gabriel Bonnot de Mably)는 "상비군은 비난받아야 할 존재이다. 즉, 필요로 하는 경비가 클 뿐만 아니라, 평화를 위협하고 내치에서 정부는 이것을 가지고 인민의 자유를 침해한다. 용병에 의한 상비군은 자유와 양립하지 않는 것"[4]이라고 하였다.

병사 수와 경비

하지만 일본의 경우는 다소 양상이 달랐다. 상비군에 대한 공포와 증오가 결여된 사회에서 무사에 대한 비난이란 200년에 한 번 있는 유사시에 정작 외적을 격퇴하지 못하다니 한심하다는 감정일 뿐이었다. 5.7%로는 수가 부족하고 나이 든 무사도 먹여 살려야 한다니 돈이 든다. 그렇다면 사민(四民)으로 이루어진 군대 편제에서 발견되는 의의란 병사 수와 예산이라는 점에 집약되어 갈 터였다.

여기서 도쿠가와(德川) 시대[vi]의 경제력으로 얼마만큼의 무사 계급을 양성해 왔는지를 보도록 하겠다. 1881년의 조사에서 사족 계급의 호주는 42만 5,658명[5]이라는 수치가 존재한다. 장교인 자가 40만 명이고 처자식을 포함하면 대략 200만 명이 될 것이다. 신분제 사회에서는 계급 간 이동은 제한되었으므로 40만이라는 선을 위로 올리기는 어렵다. 하지만 국민개병 군대

---

4 藤田嗣雄, 《欧米の軍制に関する研究》(有斐閣出版サービス, 1991), p. 55.

5 〈兵制に係る条項〉(伊藤博文 編, 尾佐竹猛 校訂, 《秘書類纂 兵政関係資料》, 秘書類纂刊行会, 1935).

도표 2 현역 징집 인원(육군)

연차	상비병 (현역병)=A (명)	징병 상당 인원 (장정 수)=B (명)	A / B (%)
1873년	2,300(1)		
1874년	14,461(1)	273,293(2)	5.3
1875년	7,503(1)	309,737(2)	2.4
1876년	9,405(1)	296,083(2)	3.2
1877년	10,688(1)	302,953(2)	3.5
1878년	9,819(1)	325,154(2)	3.0
1879년	8,605(3)	321,622(3)	2.7
1880년	19,885(3)	273,281(3)	7.3
1881년	18,391(3)	306,686(3)	6.0
1882년	19,780	280,813	7.0
1883년	23,609	298,723	7.9
1884년	19,637	320,070	6.1
1885년	27,389	388,389	7.1
1886년	17,963	421,278	4.3
1887년	33,808	777,972	4.3
1888년	19,865	427,846	4.6
1889년	18,477	360,357	5.1
1890년	19,119	350,369	5.5
1891년	20,254	361,422	5.6
1892년	19,962	392,763	5.1
1893년	20,166	432,340	4.7
1894년	21,407	436,246	4.9
1895년	21,662	449,834	4.8
1896년	42,886	489,895	8.8
1897년	45,791	477,555	9.6
1898년	52,040	502,924	10.3
1899년	51,090	511,045	10.0
1900년	52,725	515,055	10.2

(주) 1882년까지의 수치에 관해서는 (1)은 소네 아라스케(曾禰荒助), 〈병제에 관한 조항(兵制ニ係ル條項)〉, (2)는 〈태정유전(太政類典)〉(2A/9/太653), (3)은 《일본 제국 통계 연감(日本帝國統計年鑑)》, 그 이후는 전부 《육군성 통계 연보(陸軍省統計年報)》 각 회에 의거하였다. 장정 수에는 그해 적령자뿐만 아니라 전년도 미결자도 포함되어 있다.

도표 3　육해군 군사비가 일반 회계 세출에서 차지하는 비율

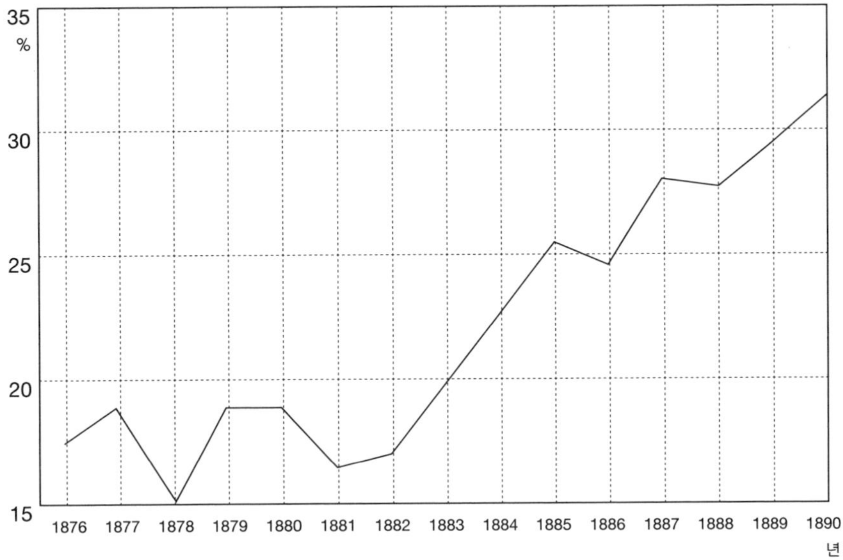

(주)《근대 일본의 군사와 재정(近代日本の軍事と財政)》에 의거하여 작성하였다.

라면 병사 수의 상한은 올라간다. 후쿠자와 유키치(福澤諭吉)[vii]는 〈전국 징병론(全國徵兵論)〉(1884)에서 "징병은 병사를 취하는 구역을 넓게" 하는 것이라고 정확하게 논하였다. 1873년 징병령을 기초(起草)하는 데 관여한 소가 스케노리(曾我祐準)[viii]는 "전국 징병법을 택할 때는 전시 즉 필요한 시기에는 평시 병사 수의 4-5배 혹은 6-7배라는 다수의 병사를 낼 수 있을 것이고 평시 즉 불필요할 때는 전시보다 몇 배 적은 병사를 양성하여 비용을 절약할 수 있을 것이다. 이것이 전국 징병제의 큰 주안점이다"라고 해설하고 있다.[6]

더 나아가 후쿠자와는 〈병론(兵論)〉(1882)에서 도쿠가와 시대는 봉건제에서의 낮은 경제력으로 메이지 시대보다 훨씬 무거운 조세, 촌역(村役)[ix]·군역(郡役) 등의 비용·노역을 다 치르고 나서도 200만 명의 무사 계급을 양성하였는데, 현재는 7만 4,000명의 육군을 양성하고 있을 뿐이다. 이래서는 병제 개혁을 한 의미가 없지 않은가 하면서 군비를 확장하라고 정부를 질타한

6　松下,《明治軍制史論 上卷》, p. 64.

것이다. 이 후쿠자와의 군비 확대론은 전근대 군대에서 동원의 의미와 상설 군에서 동원의 의미를 일부러 혼동하는 경향도 있지만 확실히 메이지 초기의 병사 수는 실제로 적었다는 점을 깨닫게 된다.

확인을 위해 1900년까지의 인원수(〈도표 2〉)를 제시해 두겠다. 또한 무로야마 요시마사(室山義正)의 《근대 일본의 군사와 재정》(東京大學出版會, 1984)에 의거하여 육해군 군사비 및 그것이 세출에서 차지하는 비율을 보도록 하겠다(〈도표 3〉). 애초에 재정이 불충분하고 사족 반란, 대외 배상, 정화(正貨) 유출로 고생하고 있던 정부로서는 1년간 양성하고 교육할 병사 수를 그리 많이 잡을 수 없었음은 쉽게 상상이 간다. 또한 근대적 병기 구입에 군사비의 대부분이 소비된 것도 사실일 것이다. 다만 여기서는 일부러 병사 수에 집중하여 이야기를 진행해 보겠다.

독일과의 비교

엥겔스(Friedrich Engels)의 〈프로이센의 군사 문제와 독일 노동자당〉[7]에 실려 있는 수치에 따르면 1861년도 프로이센의 현역 징집 인원수는 5만 9,459명이므로 이를 일본 측의 1875년도의 7,503명과 비교하면 대략 8배이다. 또한 다른 자료에는 1875년부터 이후 7년간 독일 상비병은 40만 1,659명[8]이라는 수치가 존재하므로 이를 7로 나누어서 1년당 징집 인원을 구하면 5만 7,379명이라는 수치를 얻을 수 있다. 즉 같은 해의 독일과 일본을 비교하면 독일 쪽이 훨씬 많았음을 알 수 있다.

국고로 양성할 수 있었던 신병 수는 1879년 무렵까지는 대략 1년당 1만 명에 조금 못 미쳤고 1880년부터 1889년에 헌법이 제정될 무렵까지는 대략 2만 명으로 보면 될 것이다. 메이지 초기의 장정 인원을 30만 명 전후로 본다면 30만 명이라는 잠재적 병사의 인재 풀(pool)에서 1만 명의 병사를 채

---

7 《マルクス·エンゲルス全集 16巻》(大月書店, 1966), p. 41.

8 小松宮彰仁親王, 《欧国軍事見聞録》(陸軍省, 1888), p. 233.

용하였다는 것이 된다. 즉 당시 징병은 단순화하면 남성 동일 연령 인구 대비 30명당 1명의 비율로만 걸리는 의무였다고 할 수 있다.

기록에 남아 있는 한 1877년도 육군 경비는 679만 엔(圓)이고 1876년부터 1880년까지 5년간 평균 육해군 군사비는 1,041만 엔으로 이 무렵 일반회계 세출 평균의 약 18%를 차지하고 있었다. 이는 확실히 적은 지출인 것처럼 생각할 수 있다. 참고로 가토 히로유키(加藤弘之)[x]의 〈서구 각국 성쇠 강약 일람표(西歐各國盛衰强弱一覽表)〉(1867)[9]에 따르면 군사비가 세출에서 차지하는 비율은 영국은 44%, 러시아는 40.2%였다.

대량의 병사와 저예산을 보증하는 제도, 그것이 처음에 무사 신분을 부정하였을 때 보이던 앞으로 다가올 제도였다. 그중 저예산이라는 항목은 확실히 실현되고 있다. 아니, 그보다는 그렇게 할 수밖에 없었을 것이다. 하지만 지금까지 봐 온 것만으로도 병사 수라는 점에서는 유신 정부가 택한 길은 아무래도 달랐던 것처럼 보인다. 아까 1875년의 일본과 독일의 1년당 징집 인원수를 비교해 보았다. 그때 현명한 독자라면 국력 발전이 다른 두 나라를 견주어 본들 별로 비교가 되지 않는다고 느꼈을 것이다. 어떤 같은 금액의 예산으로 양성할 수 있는 병사 수를 비교해 보지 않으면 그 나라 병제의 특징은 알 수 없는 것이다.

아오키 슈조의 서한

그런데 당시 독일 공사로서 베를린(Berlin)에 있던 아오키 슈조(靑木周藏)[xi]가 야마다 아키요시(山田顯義)[xii]에게 보낸 서한이 한 가지 힌트를 주고 있다. 아오키는 "프로이센과 비교한다면 800만 엔의 상비 병력이므로, 적어도 4만 2,666-4만 2,667명 정도의 병사는 있어야 한다는 비율이 아니겠습니까?"[10] 라고 쓰고 있다. 서한 중의 '800만 엔'이라는 수치는 1873년에서 1874년 무

9 田中彰·宮地正人 校註, 《日本近代思想大系 歷史認識》(岩波書店, 1989), pp. 66-69.

10 1875년 2월 23일부 서한(日本大学 編刊, 《山田伯爵家文書 1巻》, 1991), p. 241.

렵의 일본 육군 예산을 말한 것으로 보인다. 800만 엔을 독일 화폐 가치로 환산한 뒤 그 금액과 독일 육군 예산을 비교하여 그 비례에서 생각한다면 징병 인원은 4만 명이 넘어도 된다고 하는 것이다.

당시 독일에서는 병사 1명당 국가 예산을 1년마다 예컨대 225탈러 등으로 정하고 있었기에 800만 엔에 상당하는 금액을 225 등으로 나누어서 4만 2,666명이라고 하였을 것이다. 동일한 예산이라고 가정한 계산에서도 일본의 병사 수는 적었음을 엿볼 수 있다. 어째서 이렇게 되었을까.

II

징병제 확립 전의 병제

앞 장에서 이어지는 점에서 보면, 징병제를 도입한 오무라 마스지로(大村益次郎)[i]나 야마가타 아리토모(山縣有朋)[ii]의 사고방식에 관한 설명으로 곧바로 나아가야 할지도 모른다. 하지만 정부가 메이지 초기에 걸어온, 실제로 징병제가 확정될 때까지 우왕좌왕하는 과정에 관해서도 간단히 봐 둘 필요가 있을 것이다. 병사 수를 적은 수준으로 억제한 징병제가 된, 적어도 두 가지 요인이 이러한 과정에 배태되어 있기 때문이다.

1. 무진전쟁(戊辰戰爭, 1868년 1월 3일–1869년 5월 18일)[iii] 무렵의 병제

석고에 상응하는 병사

1868년 1월 3일(이하, 특별히 단서를 달지 않는 한 음력)에 도바(鳥羽)·후시미(伏見)에서 구 막부군(아이즈번[會津藩]·구와나번[桑名藩] 군대)과 신정부 측에 선 사이고 다카모리(西鄉隆盛)[iv] 등이 지휘하는 가고시마번(鹿兒島藩)·하기번(萩藩) 군대(약 4,000명)가 충돌하여 구 막부군은 패주하였다. 대규모 전투는 아니었지만 군사력 행사에 주저하는 기도 다카요시(木戶孝允)[v]나 에치젠(越前)·도사(土佐) 등 유화파를 떠안고서 신정부는 전시라는 특별한 상황 속에서 새로운 병제 창설의 첫걸음을 내디딜 수밖에 없었다. 이때 대총독(大總督)으로 아리스가와노미야 다루히토 친왕(有栖川宮熾仁親王)[vi], 선봉 총독(先鋒總督) 겸 진무사(鎭撫使)로 3명의 공경(公卿)[vii], 참모로 사쓰마(薩摩)·조슈(長州)·도사 번사(藩士)가 발탁되었다.[1] 이 무렵 정국의 중심에 있던 것은 의정(議定)[viii] 산조 사네토미(三條實美)[ix]와 이와쿠라 도모미(岩倉具視)[x], 사쓰마번 참여(參與) 사이고 다카모리와 오쿠보 도시미치(大久保利通)[xi], 조슈번 징사(徵士)[xii] 기도였다.

《육군성 연혁사》[2] 등을 참조하면서 그동안의 정부 시책을 추려 보도록 하자. 2월(날짜 불명)에 총재국(總裁局)은 각 번에 대해 석고(石高)[xiii]에 상응한 병사(이 경우는 교토[京都] 수호를 위한 친병[親兵])을 내도록 하였다.[3] 3월 7일에는 조슈와 사쓰마가 연명하여 '출원(願)'이라는 형태로 군무관(軍務官)[xiv]에 제출한 '어친병·향사 급양 규칙(御親兵鄕士給養規則)' 및 '어친병·상비병 급양 규칙(御親兵常備兵給養規則)'[4]이 이튿날인 8일에 허가되어, 각 번병(藩兵)에 공급할 양식에 관한 규칙이 되었다. 이는 소집된 각 번병의 급료·피복·양식이 일정하게 정해졌다는 것일 뿐이고, 정부에 의해 일원적으로 지급된 게 아니라 각 번에 의해 지급되었다. 사쓰마·조슈가 군무관을 주도하여 규칙으로 삼는 모습을 알 수 있다.

---

1 西岡香織, 〈建軍期陸軍士官速成に関する一考察〉(《軍事史学》第25巻 1号, 1989). 니시오카의 논문은 1872-1876년의 사관 대량 육성에 관해 체계적으로 서술하고 있다. 서남전쟁 시기 정부군 사관의 능력에 관한 재평가나 건군기 사관 등용 기준의 엄격함 등에 관해 흥미로운 논점을 제시하고 있다.

2 堀内文次郎·平山正 編,《陸軍省沿革史》(陸軍省, 1905). 이 시기의 정치 과정에 관해서는 坂野潤治, 〈維新政権の成立〉(《日本歴史大系4 近代1》, 山川出版社, 1987, 第2編 第1章), 坂野·宮地正人 編,《日本近代史における転換期の研究》(山川出版社, 1985).

3 藤田,《明治軍制》, p. 32.

4 〈明治元年三月 諸願窺届留〉(軍務官/雑/M元~4,防衛省防衛研究所戦史研究センター所蔵); 〈明治元年従正月至閏四月 諸達書留〉(軍務官/雑/M元~14).

히로시마번의 예

확실히 이 무렵부터 지역에 따라서는 번 측이 연해 지방의 군(郡)에 농병(農兵)을 설치하거나 농민 측도 민병 교련을 군청(郡役所)에 신고하는 등 상당히 활발한 움직임이 있었음을 현사(縣史) 등의 간행 성과물을 통해 알 수 있다. 히로시마번(廣島藩)은 무진전쟁에서 신정부 측 주력 병력 중 하나였는데 1868년 1월 8일에 연해 지방인 가모군(賀茂郡)에 농병을 설치하여 일단 유사시에는 번병이 출동할 때까지는 농병이 해당 지역을 방어하도록 하였다.[5] 한편 그해 2월에는 농민 측에서도 민병 교련을 개시하기로 하였는데 흥미로운 점은 군청에서 농민들에게 내린 주의 사항에서 "조련 시에는 농민 신분이라도 마침 가지고 있다면 짧은 칼을 차는 것은 무방하다", "마침 가지고 있다면 무릎까지 오는 짧은 바지 같은 것을 입는 것은 무방하다"[6] 등의 허가를 내리고 있다는 점이다. 농병으로서는 칼을 차고 바지를 입는 것이 허가된다는 점은 상당히 매력적이었을 것이다.

오무라의 등장

4월 27일에 오무라 마스지로가 군방사무국(軍防事務局)[xv] 판사(判事, 윤[閏] 4월 이후에는 군무관 판사)로서 닌나지노미야 요시아키 친왕(仁和寺宮嘉彰親王)[xvi]을 보좌하게 되었다. 이를 계기로 윤 4월 20일에는 '육군 편제법(陸軍編制法)', 윤 4월 24일에는 '징병 세칙(徵兵細則)'이 제정되었다. 정체서(政體書)[xvii] 공포(윤 4월 21일)와 같은 시기의 개혁의 일환이었다. 천하의 권력은 태정관(太政官)[xviii]에 귀속되는 한편, 공의소(公議所)라는 '공의여론(公議輿論)'의 대표 기관도 만들어졌다. 공의소(공의소란 의정관[議政官]=입법 기관의 하국[下局]에 해당하고 정부 직할인 부[府]·현[縣] 및 각 번에서 선발된 공의인[公議人]이 모이는 장소라는 뜻) 일기에 따르면 그해 윤 4월에 "군비는 백성의 안녕을 유지하는 바이니, 병제

---

5 〈賀茂郡へ農兵を設置〉(《広島県史 近代現代資料編 1》, 広島県, 1973), p. 68.

6 〈辰二月 態申遣す〉(위의 책), p. 73.

를 정하고 해군을 일으키는 계책은 무엇인가?"[7]라는 의사 책문(策問)이 각 번의 공사(貢士)[xix]에 대해 이루어졌다. 따라서 이에 대한 오무라 나름의 첫 번째 방책이 앞서 말한 두 가지 법이었을 것이다.

육군 편제법은 게이키(京畿)[xx] 및 기나이(畿內)[xxi]의 요충지 경비를 위해 게이키 상비병을 1만 석(石)당 병사 10명(당분간은 3명), 지방(在所)의 상비로 번지(藩地) 상비병을 1만 석당 50명 갖추도록 명하고 있다. 또한 정부에의 상납금으로 1만 석당 300량(兩)[xxii]을 1년에 세 번 분할하여 내도록 한다는 구상이었다. 징병 세칙은 육군 편제법에서 말하는 게이키 경호를 위한 병사 차출 세칙을 정한 것으로 만 17·18세부터 35세까지 강건한 자를 선발하도록 명하고 있다. 당분간은 소총, 필요한 도구, 이불을 지참하고 군복이나 월급은 조정에서 내리도록 되어 있었다. 《메이지 군제사론》에 따르면, 5월 1일 현재 군무관이 사쓰마번·구마모토번(熊本藩)·오카야마번(岡山藩)을 주로 하는 번병을 6개 부대로 편성하고 있음을 알 수 있다.[8]

게이키 상비병을 차출하라는 명령에 대해 각 번으로부터는 '유예를 청한다'는 내용의 회답만 빠르게 도착하였다.[9] 군무관에는 4월 25일부터 회답이 도착하기 시작하였는데 하나같이 '영지에서 조사한 뒤 회답하겠다', '다른 소임을 명받았으므로 유예해 주길 바란다'며 발뺌하는 말이 눈에 띈다.

그러한 가운데 유신 정부는 1868년 8월 2일에 교토에 병학교(兵學校)를 개설하고 사관 육성을 목표로 공경 및 여러 관인(官人)[xxiii]의 자제를 입학시켜 육군 병학, 연병(練兵), 건축학을 배우도록 하였다. 이듬해에는 오사카(大阪)로 옮겨서 병학료 청년사(兵學寮青年舎)라고 하였는데[10] 이 오사카 병학료도 오무라의 아이디어였다.

---

7 〈公議所日記 前編上 自明治元年二月至同九月〉(《明治文化全集 第1巻 憲政篇》, 日本評論社, 1967), p. 127.

8 藤田, 《明治軍制》, p. 33; 松下, 《明治軍制史論 上巻》, p. 22.

9 〈明治元年従閏四月至十二月 諸藩徴兵一件〉(軍務官/雑/M元~22).

10 福地重孝, 《軍国日本の形成》(春秋社, 1959), p. 29.

육군 편제법 실시 상황을 후쿠야마번(福山藩)의 사례에서 확인해 보겠다. 이 번은 석고가 10만 석이었으므로 지방 상비병은 500명이 되는데, 과연 1868년 10월의 '향사·향병에 관한 신청(郷士·郷兵につき申入れ)', '상비병에 관한 주의 사항(常備兵につき心付)'에 따르면 농민들로부터 500명분의 상비병을 선발하고 있음을 알 수 있다.[11] 전시 중이었기에 번도 나름의 위기감을 가지고 신속하게 반응한 것이다. 게이키는 몰라도 지방에 대한 명령은 지켜지고 있었다. 17세부터 25세까지 힘센 젊은이들로부터 선발되었고 상비병이 되면 "긴급 어용 부역(急速御用人夫)", "파견 부역(旅役)", "촌역"은 면제되고 근무 기간 중에는 "성(姓)을 쓰고 칼을 차는 것"이 허용되었다. 히로시마와 후쿠야마의 사례에서 보는 한 각 번은 정부가 지시한 '지방 상비병'에 관해서는 각종 조세를 어느 정도 감면하고 경비가 필요하지 않은 '명예를 수여'함으로써 잘 대응하고 있던 듯하다.

도호쿠 평정

이 무렵의 상황으로는 5월 3일에 오우에쓰 열번 동맹(奥羽越列藩同盟)[xxiv]이 성립하였고 10월 16일에는 도호쿠(東北) 지방이 평정되었다. 막부 직할지인 덴료(天領)를 몰수하여 부·현으로 삼은 것에 응하여 1868년 10월 28일에 부·번·현 삼치제(三治制)를 실시하였다. 내란을 평정한 뒤에는 오히려 무진전쟁을 위해 각 번이 징집한 병사들을 어떻게 원만하게 돌려보낼 수 있는지의 여부가 중요해지기에 정부는 각 번에 대해 "토벌군을 해임하고 부대장은 이들을 인솔하여 돌아가는 길에 도쿄(東京)를 거쳐 가도록" 하라고 명하였다. 더 나아가 1869년 4월 8일에는 '부·현병 규칙(府縣兵規則)'이 정해질 때까지는 병사를 새로 만들지 말라고 명하고 있다. 그리하여 5월 18일에 고료카쿠(五稜郭) 전투가 끝나고 평화가 회복되자 게이키 경비를 위한 상비병 선발 및 군자금 상납은 점점 더 이루어지기 어렵게 되어 갔다.

---

11 《広島県史 近代現代資料編 1》, pp. 77-78.

2. 각 번(藩)에 의한 개혁기(1869년 7월-1870년 11월)의 병제

병사 수 보고

1869년 6월 17일에는 판적봉환(版籍奉還)[xxv]이 이루어졌고 그해 7월 8일에 정부는 병부성을 설치하였다. 이날 군무관 부지사(副知事) 오무라 마스지로가 병부대보(兵部大輔)로 취임하였다. 오무라가 암살자의 칼에 쓰러지는 것은 그해 9월 4일에 교토 산조(三條) 기야마치(木屋町)의 여관에서였는데 그의 중앙 직할군 구상은 다음과 같이 정리할 수 있다: '번병 중 25세부터 35세 사이의 신체 강건한 자를 선발하여 이들을 요충지에 상비병으로 둔다. 월급의 2분의 1에서 3분의 1을 그때그때 지급하고 나머지는 5년의 복역 기한을 채웠을 때 일괄 지급하여 생업을 꾸릴 밑천으로 한다. 사령이나 장관은 부대 내에서 교대로 선출한다'. 하지만 잘 알려진 바와 같이 이 병제는 실현되지 않았다.

신정부가 무진전쟁이 끝난 뒤 실행한 첫 번째 일은 지번사(知藩事)에게 명하여 각 번의 번사·병졸 수를 상신하도록 하는 것이었다. 이는 각 번의 상황을 파악하기 위해 불가결하였을 것이다. 번사 수는 아니지만 히로시마번 등은 7월 4일에 농병 정리에 착수하여 합계 2,000명 남짓의 11개 단체로 이루어진 농병을 900명 정도로 정리·통합하여 협화군(協和軍)이라는 것을 하나 만들고 있다. 히로시마번에는 협화군 외에도 농병 단체로서 응변대(應變隊)·신대(新隊)·신기대(神機隊)의 3개가 있었는데, 이들은 질서가 잡혀 있고 전공도 세웠기에 개별적으로 그대로 존속시키기로 하였다고 〈게이한지(藝藩誌)〉[12]에 나와 있다. 이리하여 각 번의 상비·비 상비 병사 수가 정부에 보고되어 갔다. 예를 들어 그해 12월 시점에서 고치번(高知藩)의 병사 수는 상비병 6,080명, 비상병(非常兵) 3,000명이었음을 알 수 있다.[13]

---

12 〈諸隊の再編成〉(위의 책), p. 154.

13 佐佐木高行, 《保古飛呂比 4巻》(東京大学出版会, 1973), p. 229. 참고로 고치번의 인구는

'초빙 외국인'

집의원(集議院, 1869년 7월 8일의 개혁에 의해 공의소를 개칭함. 의안[議案]은 태정관으로부터 내려졌음) 일지에 따르면 그해 9월 19일의 하문은 "지금 이군(二軍)[해군 및 육군을 뜻함—저자 주]을 크게 발전시킬 방책은 무엇인가?"라는 것이었다. 애초에 이러한 하문이 이루어지게 된 이유 중 하나로서 오무라가 7월에 올린 건의가 있을 것이다. 즉 "황국(皇國)의 병식(兵式)을 일정하게 하는 것은 논하기는 쉬워도 급속하게 이루어지기는 어려우니, 이를 일정하게 하고자 한다면 가장 먼저 그 사범이 될 인재"가 필요하다고 설명하고 있다.[14] 천황, 우대신(右大臣) 산조 사네토미, 대납언(大納言)[xxvi] 이와쿠라 도모미, 상동 도쿠다이지 사네쓰네(德大寺實則), 상동 나베시마 나오마사(鍋島直正), 병부성·형부성(刑部省)[xxvii]·민부성(民部省)[xxviii]·외무성(外務省)[xxix]의 각 경(卿)[xxx], 참의(參議) 오쿠보 도시미치, 상동 히로사와 사네오미(廣澤眞臣)[xxxi], 상동 소에지마 다네오미(副島種臣)[xxxii], 상동 마에바라 잇세이(前原一誠)[xxxiii] 등이 임석한 9월 27일부 답의(答議)의 주된 내용은 해군 진흥, 각 번으로부터의 병부(兵賦), 군대의 서양식 훈련, 부국(富國)에 힘쓸 것 등의 네 가지로 정리할 수 있다.

예를 들어 "각 번의 실제 석고(實高)[xxxiv]를 검사하여 병부를 내도록 해야 한다", "각 번 및 중대부(中大夫)[xxxv]·하대부(下大夫)[xxxvi]로부터 병사를 바치도록 하여 군비에 충당하고 해군은 각 번에서 그 비용을 처리하도록 해야 한다", "1만 석당 100명을 상비병으로 삼아 해군 및 육군에 충당해야 한다. 그 외에 농병 및 정병(町兵)[xxxvii]을 두어야 한다" 등 각 번을 대표하는 의관(議官)들이 표명한 의견을 보면 해군 창설을 위해 실제 조세 수입(現米高)[xxxviii]에 따라 할당하여 비용을 갹출하는 것에 대해서는 각오하고 있었던 듯하다. 하지만 육군에 관해서는 병부에 의해 모은 병사들을 어디에 둘 것인가(지방[國元]인가 중앙인가) 등에 관한 구체적인 그림은 아직 없었음을 알 수 있다.

51만 2,803명이어서 병사 수는 전 인구의 약 1.8%가 된다.

14 渡辺幾治郎, 《基礎資料 皇軍建設史》(共立出版, 1944).

집의원에서는 각 번 대표를 모아서 시간을 들인 논의가 끝없이 이어졌기에[15] 선견지명이 있던 번에서는 일찌감치 독자적인 병제 개혁에 착수하기 시작하였다. 히로시마번의 경우는 영국 사관 블랙모어 형제(John Blackmore, James Blackmore)를 초빙하여 병사들을 교습하도록 하였고 1867년식 보병 조련 호령(號令)을 번역·발췌하여 《서양 총대 호령(西洋銃隊令詞)》이라는 제목으로 발간하였다고 기록되어 있다.[16] 와카야마번(和歌山藩)의 경우는 우메타니 노보루와 마거릿 멜(Margaret Mehl)에 의한 카를 쾨펜(Carl Köppen)에 관한 소개가 있어서 개혁 상황이 상세히 알려져 있다.[17] 와카야마번은 전국에서 가장 먼저 사민개병(四民皆兵)의 징병제, 특히 프로이센식 병제를 도입한 것으로 유명하다. 쾨펜은 프로이센인은 아니었지만 독일 연방에서 두 번째로 작은 제후국인 샤움부르크리페(Schaumburg-Lippe)에서 태어나 프로이센 군대와 함께 군무에 종사하여 상사까지 진급한 군인이었다. 1867년에 군대를 떠나 고국에 머무르고 있었는데 에도 막부 말기에 와카야마번에 무기를 팔던 상인이 이듬해 오사카에 레만-하르트만(Lehmann-Hartmann) 상회를 설립한 것을 계기로 총기 사용법 및 탄약 제조 교사로 초빙되었다. 쾨펜은 1869년 11월부터 1871년 5월까지 병사 6,000명을 와카야마에서 교련하고 군 학교 및 탄약 제조소 설립에 힘썼다.

병학료

앞서도 말하였다시피 오무라 마스지로는 사민개병을 제창하는 한편 사관 양성의 필요성도 자각하고 있어서 '해륙군 건설 요강(海陸軍建設要綱)'에 따라

---

15 〈集議院日誌 第三 明治二年〉(《明治文化全集 第1巻 憲政篇》), p. 178.

16 《広島県史 近代現代資料編 1》, p. 159.

17 梅溪昇, 《日本近代化の諸相》(思文閣, 1984), p. 589; マーガレット·メール, 〈和歌山藩におけるお雇い外国人 カール·ケッペン〉(《日本歴史》 488号, 1989). 또한 본고를 탈고한 뒤 山田千秋, 《日本軍制の起源とドイツ—カール·ケッペンと徴兵制および普仏戦争》(原書房, 1996)이 출판되었다는 소식을 접하였다. 나로서는 그 성과를 흡수할 시간적 여유가 없었지만, 이 책도 참조하길 바란다.

해륙 병학료(海陸兵學寮)를 건설할 것을 주장하였지만[18] 11월 5일에 암살자의 칼에 입은 부상이 원인이 되어 그 생애를 마감하였다. 그로부터 얼마 되지 않은 11월 18일에 병부성 내에서 오무라의 의견에 동조하던 자들을 중심으로 군무의 대강에 관해 상신하여 해륙 연병소(海陸練兵所) 및 병학료를 오사카에 세우기로 결정되었다. 중앙 직할군 구상이 좌절되고 유력 번들의 개별적인 병제 개혁이 앞서가는 가운데 장교 교육부터 착수하고자 하였을 것이다. 막부의 옛 제도에 근거하여 프랑스식을 채용하고 변칙 속성으로 사관을 양성하였다. 이것이 병학료 청년사이다.

이러한 움직임은 반대로 각 번의 병학교 열기 및 병제 정비를 자극하게 되었다. 1869년 11월 23일의 집의원에서도 '해군 창설이 급무임은 알고 있지만, 그렇다면 해군 교육장을 만든다면 그 장소는 어디로 할 것이며 교사 인선은 어떻게 할 것인가' 등에 관해 하문이 이루어지고 있다.[19] 12월 2일에 올린 답의의 주된 내용은 외국인에 의한 교습, 교육장은 오사카, 인재는 "구 막부 신하 중에 쓸 만한 자가 있을 것입니다"라는 것이었다.

시즈오카번(靜岡藩)에서는 그해 11월 17일에 '누마즈 병학교(沼津兵學校) 생도 모집의 건 시달(示達)'을 번사들에게 제시하였다. 즉, ① 나이는 17세부터 23세까지 ② 사서오경(四書五經)·십팔사략(十八史略)·원명사략(元明史略)·국사략(國史略)[xxxix] 정도의 글을 음독할 수 있는 자 ③ 음독하지 못하더라도 "서양 산법(算法)의 제곱근 및 세제곱근 풀이를 한 자릿수까지" 할 수 있는 자 등 상당히 두뇌를 중심으로 모집하기 시작하였다.[20]

고치번에서도 이 무렵 사민으로 이루어진 모병 선거법을 정하였다. 모병은 480명으로 6개 소대분으로 간주되었다. 즉, 1개 소대는 80명이다. 조건

---

18 福地, 《軍国日本の形成》, p. 30. 1870년 4월 3일부 '병학료 학사 규칙(兵學寮學舍規則)'에는 대번은 4명, 중번은 3명, 소번 5만 석 이상은 3명, 소번 5만 석 이하는 1명의 생도를 내게 되어 있었다.

19 〈集議院日誌 第七 明治二年〉(《明治文化全集 第1巻 憲政篇》), p. 195.

20 《静岡県史 資料編16 近現代1》(静岡県, 1989), p. 201.

은 ① 17세부터 30세까지 ② 키는 5척(尺) 이상이고 ③ 힘은 24관(貫, 90kg)을 들어 올릴 수 있으며 ④ 성(城) 아래 2리(里)[xl] 이내에 거주하는 자로서 ⑤ 입대하는 자에게는 1년에 쌀 3석 1두(斗)를 지급하고 특전으로 입대하면 칼 한 자루를 차도 된다고 되어 있었다.[21]

오무라를 잃은 정부에는 새로운 방침을 책정할 힘이 없었고 그동안 각 번은 자체 예산을 사용하면서 어디까지나 번 단계에서 능력주의에 의한 인재 양성에 각각 자유롭게 대처하게 되었다. 농·공·상민의 입장에서는 근무 기간 중에는 무사와 맞먹는 대우(라고는 해도 성을 쓰고 칼을 차는 정도이지만)가 허용되거나 급료로 쌀이 지급되는 데다가 고향의 농민 병사로 지위가 올라가는 것은, 지원제인 이상에는 유쾌한 일이 아니었을까 한다.

다만 이러한 혼란 속에서 마음대로 이루어진 시행착오도 나중에 보게 될 것처럼 신정부가 각 번에 대해 실제 조세 수입에 비례하여 해군 및 육군비를 배분하여 상납하도록 명한 뒤로는(1870년 6월) 이루어지지 않게 된다. 사쓰마·조슈·도사 등 유력 번 현지(國元) 등에서는 에도 막부 말기의 훈공이나 무진전쟁에서 입은 피해 차이를 방패로 삼아 석고에 비례하는 균등한 상납에 반대하고 있었다. 예를 들어 무진전쟁에서 히젠번(肥前藩)은 암스트롱(Armstrong) 포나 후장식(後裝式) 라이플 등 신식 총포를 다수 동원하여 공헌하였고 사쓰마·조슈 두 번의 사상자는 1,000명 전후에 달하여 나머지 번의 사상자 200명대와는 큰 차이가 있었다.[22] 이러한 번이 균등한 부담에 반대하는 것도 무리는 아닐 것이다. 다시 말해 오무라식의 급진적 징병론, 오사카를 중심으로 한 사관 교육론에 대한 반대는 막부 토벌에 힘썼던 바로 이들 웅번(雄藩)[xli] 중에 있었다고 보인다.

---

21 《保古飛呂比 4巻》, p. 211.

22 石井寛治, 《大系 日本の歴史 12巻》(小学館ライブラリー版, 1993), p. 245.

상비 편대 규칙

병사 수 보고를 명한 정부는 뒤이어 부대 편성 및 병사 수 통일에 착수하였다. 1870년 2월 20일에 병부성은 '상비 편대 규칙(常備編隊規則)'을 각 번·현에 반포하였는데 그 내용은 다음과 같다.

① 보병대의 경우는 1개 소대를 60명으로 하고 1개 중대는 2개 소대분으로 120명, 1개 대대는 5개 중대분으로 600명으로 한다.
② 병졸의 나이는 18세부터 30세까지로 한다. 하지만 지금까지 부대에 있으면서 강건한 자라면 37세 이상도 채용한다.
③ 석고 1만 석당 1개 소대를 준비한다. 사족·졸족(卒族)[xlii] 외에 새로 병사를 징집하는 것은 금지한다. 1개 소대에 미치지 못할 경우에는 병부성의 지시를 받도록 한다.

이것이 얼마나 전국적으로 행해졌는지는 불명확하다. 신정부 측의 방침을 비교적 유순하게 실행하고 있던 히로시마번 등에서는 3월에 상비 편제법(常備編制法)에 따라 사족을 대대로 편성하는 모습을 엿볼 수 있다.[23] 내용은 반드시 정부의 규칙 그대로는 아니어서 나이는 17세부터 49세까지, 1개 중대의 인원수는 100명에 6개 중대를 1개 대대로 하고 있기에 결과적으로 대대의 인원수가 600명이라는 점에서는 동일하였다. 또한 이곳에서는 3월 13일에 졸족으로 5개 대대를 편성하였는데 농민 병사들로 이루어진 협화군도 거기에 그대로 편입되었다.[24]

이지치 마사하루의 반론

지금까지《육군성 연혁사》등을 중심으로 봐 왔기에 아무래도 조슈계 논객

23 《広島県史 近代現代資料編 1》, p. 160.

24 위의 책, p. 161.

의 의견을 뒤쫓아 가는 꼴이 되고 말았다. 따라서 에도 막부 말기에 사쓰마번의 군부교(軍奉行)xliii이자 도바·후시미 전투에서는 군야쿠부교(軍役奉行)를 맡은 이지치 마사하루(伊地知正治)xliv의 의견을 참조해 두겠다. 이지치는 1870년 4월 3일부로 오쿠보 이치조(大久保一藏, 곧 오쿠보 도시미치), 요시이 고스케(吉井幸輔, 곧 요시이 도모자네[吉井友實]xlv)에게 보낸 서한[25]에서 상비 편대 규칙을 비판하면서 다음과 같이 말하고 있다.

> 병제에 관한 관견
>
> 각 번 군대의 분수(分數) 및 상비병 등에 관해 분부가 내려졌음은 잘 알겠습니다. 하지만 병사 60명으로 1개 소대를 편성하는 것은 덴쇼(天正)·게이초(慶長)xlvi 무렵의 서양에 그러한 제도가 있었지만, 황송하오나 오늘날의 총대(銃隊)에는 부적당하다고 생각합니다.
>
> 이는 틀림없이 병법에 어두운 자가 당장의 요령에서 헌책하였을 것입니다.
>
> 자세히 말씀드리자면 최근 서양 각국의 병제는 분수와 운동이 죄다 산술(算術)의 사리에 근거하여, 수만 명의 대군에서 2인 1로트(lot, 오[伍])에 이르기까지 전부 나누고 합치는 데 조리가 있습니다.

1개 소대를 60명으로 하는 것은 현재 유럽의 방식도 아니고 군제를 알지 못하는 자가 입안한 게 아닌가 하고 있다. 인용한 부분 뒤에 이어지는 의견 부분에서는 1개 소대를 절반으로 나눈 반대(半隊)가 30명인 것은 괜찮지만 그 절반인 분대가 15명이 되어 버려서 2인 1조의 로트로 헤아리면 7개 반이라는 어중간한 숫자가 되고 만다. 따라서 48명, 64명, 80명 등이 소대의 인원수로 적당하다고 하는 것이다.

이러한 부분만 놓고 본다면 병부성의 개혁에 대해 사소한 점을 들추면서 반론하는 것처럼 보이기도 한다. 하지만 때때로 오쿠보에게 보낸 이지치의

---

25 大久保利謙 編, 《大久保利通関係文書 1巻》(吉川弘文館, 1965), pp. 84-87.

서한을 읽는 한, 인정과 의리가 두터운 현실주의자이자 폭넓은 지식이 뒷받침된 군제 전문가인 듯한 느낌이 든다. 예를 들어 같은 서한에서도 예전의 하타모토(旗本)[xlvii]·요리키(與力)[xlviii]·도신(同心)[xlix] 등에 대한 봉록 지급이 신정부의 재정으로는 경시할 수 없는 문제라면 "이들로 하여금 충분한 규칙과 조련으로 병사로 만들어서" 그 조련 성적이 좋은 자에게는 봉록을 늘려 주고 성적이 부진한 자나 병사가 될 수 없는 자로부터는 봉록을 몰수하면, 그들에 대한 봉록 증감 및 여탈 권한을 조정이 장악하게 된다는 점에서도 좋다고 하고 있다. 다만 결국 무사 외의 계급에서 병사를 채용한다는 발상은 없었다.

집의원

다음으로 신정부가 착수한 것은 번의 실제 조세 수입(現石高)과 인구, 병사·대포·소총 수를 확정하는 것이었다. 집의원 일지에 따르면 5월 28일부 하문의 사본으로 제시된 정부 방침은 ① 번을 실제 조세 수입(現米)에 따라 대·중·소로 나누고(대는 15만 석 이상, 중은 5만 석 이상, 하는 5만 석 이하), ② 번 석고의 용도는 그 10분의 1은 지사(知事)의 가록(家祿),[l] 나머지 10분의 9 가운데 5분의 1은 해군 및 육군비, 나머지 전부는 번의 행정비 및 가신의 가록으로 쓰라는 것이었다.[26] 특히 번 석고의 50분의 9에 상당하는 해군 및 육군비를 정부에 상납할 것인지 아니면 번에 남겨 둬서 그 자유재량에 맡길 것인지가 태정관과 각 번 사이에서 큰 문제가 되었다.

번 측은 당연히 자유재량을 희망하였다. 하지만 1870년 6월 2일에 제출한 품의(稟議)에 대한 정부의 회답은 50분의 9 가운데 절반은 해군비로 정부에 상납하고 나머지 절반은 육군비로 번에 남겨 둬도 된다는 것이었다.[27] 이 점에 관해 집의원에서는 7월 12일에 "중론(衆論)에서 이견 없음"이라고 봉답하였지만 이와 동시에 번의 상황은 제각각이므로 배려해 주길 바란다고

26 〈集議院日誌 第一 明治三年〉(《明治文化全集 第1卷 憲政篇》), pp. 200-201.
27 〈集議院日誌 第二 明治三年〉(위의 책), pp. 202-203.

덧붙이는 것도 잊지 않았다. 해군은 중앙에서 일률적으로 건설하지만 육군은 변함없이 각 번의 자유에 맡겼다고 할 수 있다.

사사키 다카유키의 관점

고치번에서 참의로 출사한 사사키 다카유키(佐佐木高行)[li]는 이 군자금의 건에 관해 1870년 4월 시점의 정보와 이에 대한 자기 생각을 글로 남기고 있다. 중요한 부분을 제시해 보겠다.[28]

> [지금 문제가 되는 것은—저자 주] 해군 및 육군 군자금으로 5분의 1을 상납하는 것과 사족 등급이 없는 것이다. 다만 대번(大藩) 쪽에도 군자금을 속히 상납한다는 설도 있지만, 번 현지(藩元)에는 출장지(出先)의 예상과는 다른 점도 있다. 가고시마번은 해군도 번에서 징수해야 한다는 의견이고, (…) 야마구치번(山口藩)도 군자금 상납을 관대하게 해야 한다는 의견이다. 우리 고치번은 군자금 상납을 각 번에 하명한다면 천하가 어지러워질 것이라고 하고, 또 사족 등급을 통일하는 것은 도저히 이루어지지 않을 것이라고 하여 (…) 우리들은 크게 의견이 엇갈리고 있다. 해군은 물론 육군도 조정에 어서 귀속되도록 하지 않는다면 일본의 국위(國威)를 크게 발전시킬 전망은 없다.

가고시마번=사쓰마의 권대참사(權大參事)[lii] 이지치 마사하루는 육군은 물론 해군도 자기 번에서 확장해야 한다고 주장하면서 집의원의 논의에 분개하여 번으로 돌아가 버렸다고 한다. 야마구치번=조슈는 군자금 액수를 낮춰야 한다고 하였고 고치번=도사에서도 이타가키 다이스케(板垣退助)[liii]나 고토 쇼지로(後藤象二郎)[liv] 등이 군자금 상납에 반대하며 특히 무사 계급을 '사족'으로 통일해 버리는 것은 언어도단이라고 느끼고 있었던 듯하다. 사사키의 경우는 당시 사람으로서는 드물게 고치번보다 국가의 입장에서 군

---

28 《保古飛呂比 4巻》, p. 331(1870년 4월 날짜 불명).

비가 시급함을 이해하고 있었던 것처럼 보인다. 사사키의 판단에 따르면 이러한 정부 방침에 적극적으로 찬성한 번은 가나자와번(金澤藩)·구마모토번·돗토리번(鳥取藩)·오카야마번이었고, 사쓰마·조슈·도사를 제외하면 오히려 각 번들은 그다지 이론이 없다고 알리는 모습이 주목된다.[29]

경비 정칙과 상비 정원

1870년 8월 28일에 야마가타 아리토모는 병부소보(兵部少輔)로 취임하였다. 1869년 6월부터 병제 조사를 위해 사이고 쓰구미치(西鄕從道)[lv]와 함께 유럽으로 건너가서 프로이센·프랑스 양국의 병제뿐만 아니라 영국·러시아·미국도 관광한 뒤 이듬해 8월 2일에 귀국하였다. 1870년 2월에 내려진 상비 편대 규칙과 7월에 집의원에서 승인된 군자금 상납에 관한 정부 나름의 개정안이, 9월 25일의 '경비 정칙(經費定則)' 및 9월 29일의 '상비 병사 수'일 것이다. 7월의 집의원 단계에서는 석고의 100분의 9, 즉 9%를 해군비로 상납하게 되어 있었지만 여기서는 20분의 1, 즉 5%를 해군비로 상납하면 된다고 하고 있다. 약 절반으로 줄어든 셈인데, 사사키가 말한 야마구치번의 주장이 가미된 것일지도 모른다. 상비 병사 수는 실제 조세 수입 1만 석당 사관을 제외하고 60명을 정원으로 한다는 것이고, 2월의 상비 편대 규칙과 달라진 점은 없다. 또한 각 번에 위임된 육군에 관해서도 세입의 20분의 1의 비용으로 병사를 양성하라는 포고(布告)[lvi]가 내려져서 여기서도 9%에서 5%로 낮아졌다.

병부성 간부

《육군성 연혁사》에는 1870년 윤 10월 10일의 일로서 "성(省) 내에 분과를 정하였다. 병부대승(兵部大丞) 야마다 아키요시, 병부권대승(兵部權大丞) 후나코시 마모루(船越衛), 상동 사쿠라이 신페이(櫻井愼平)"의 발령이 기록되어 있

29 위의 책, p. 332(1870년 4월 날짜 불명).

다. 그런데 이는 여기 나오는 세 사람이 육군을 담당하고 있음을 보여 주기 위한 것으로서 1869년 7월 8일에 병부성이 설치됨과 동시에 야마다는 병부대승으로 취임해 있었다. 한편 권대승 후나코시(1869년 7월 18일 취임)가 병부성 오사카 출장소에 있던 야마다(5월에 오사카에 도착해 있었음) 및 사쿠라이에게 보낸 9월 5일부 서한[30]에는 "이번에 각 번 석고의 20분의 1을 해군비"로 정부에 바치게 되었다고 적혀 있다. 9월 25일의 정식 발표보다 앞선 정보이다. 또한 흥미로운 점은 병부성 내에서 육군을 담당하고 있던 세 사람(전부 오무라와 같은 의견이었음) 사이에서 육군 중앙의 예산에 관한 문답이 이루어지고 있다는 것이다. 육군의 경우는 해군과는 달리 병사의 대부분을 각 번이 독자적으로 교련하는 것으로 상정하고 있었다.

따라서 육군비를 각 번의 상납금으로 조달할 수 없다면 오사카 병학료 등 중앙의 육군 학교 비용 등이 문제가 될 것이다. 이 서한에서 알 수 있는 것은 5월 20일 단계[31]에서는 30만 석 치를 그해의 해륙군 비용으로 분배한다는 논의가 있었다는 점으로 9월 단계에서 해군에 대해서는 번의 쌀 상납 및 20분의 1이라는 원칙이 생겼으니 육군은 이 30만 석을 받기로 하자고 야마다에게 쓰고 있다. 병부성의 기록에는 1870년 9월 29일에 "실제 조세 수입 30만 석 및 각 번에서 상납한 해군 자금을 병부성에 내려서 해륙군 제반 용도에 충당한다"라는 결정이 내려져 있으므로 이 30만 석은 육군 경비가 된 것으로 보인다.[32] 《공작 야마가타 아리토모전》에도 9월에 육해군 군자금 정액을 정하여 당분간 육군 정액을 800만 엔, 해군을 50만 엔으로 하였다고 되어 있고, 그 당시 30만 석이 800만 엔에 상당하였다는 야마가타의 회상[33]

---

30 1870년 9월 5일부 야마다 아키요시·사쿠라이 신페이 앞 후나코시 마모루 서한(《山田伯爵家文書 1巻》), p. 135.

31 1870년 5월 20일부 야마다 아키요시 앞 후나코시 마모루 서한(위의 책), p. 140.

32 1870년 10월 23일부 야마다 아키요시 앞 후나코시 마모루 서한(위의 책), pp. 136-137. 이에 따르면 30만 석을 1석당 7량으로 환산하는 부분이 있기에 육군 측에서 사용한 것으로 보인다.

33 德富蘇峰 編, 《公爵 山県有朋伝 中巻》(原書房, 1969), p. 68.

도 고려한다면 이는 확실할 것이다. 또한 각 번의 병식을 통일해야 한다는 야마가타의 건의가 받아들여져서 10월 2일에 해군은 영국식, 육군은 프랑스식으로 통일되었다.

징병 규칙

신정부가 택한 육군에 관한 정책에서 주목되는 것은 1870년 10월 20일에 육군 생도를 오사카 병학료에 차출하도록 한 포고와 11월 13일에 부·번·현에 명한 '징병 규칙(徵兵規則)'일 것이다. 이는 정부 직할군을 보유하기 위한 준비였다. 전자는 대번(실제 조세 수입[現石] 15만 석 이상)은 9명, 중번(中藩, 5만 석 이상)은 6명, 소번(小藩, 1만 석 이상)은 3명을 육군 사관으로 삼기 위해 병학료에 차출하도록 하였다. 병학료는 해륙군 사관을 교육·양성하는 곳으로 청년 학사(靑年學舍)와 유년 학사(幼年學舍)로 나뉘어 있었다. 청년 학사는 속성 중심으로 기예(技藝)를 우선시하여 곧바로 쓸 만한 사관을 만드는 것, 유년 학사는 충분히 학과를 습득시켜 훗날 큰일에 쓸 수 있도록 하는 것을 목적으로 하였다.

징병 규칙에서는 병부성 오사카 출장소에 1만 석당 5명씩 신정부를 위해 징병을 차출하라고 명하고 있다. 그 내용을 아래에 제시해 보겠다.

① 신체가 강건하여 병졸의 임무를 감당할 수 있는 자.
② 20세부터 30세까지인 자.
③ 5척 이상으로 신체가 강건한 자.
④ 복역 연한은 4년.
⑤ "사족·졸(卒)·서인(庶人)"을 불문함.
⑥ "일가의 주인 또는 외아들로서 노부모가 있는 자나 불구인 부모가 있는 자"는 피함.

오무라의 구상이 나이는 25-35세, 복역 연한은 5년으로 하고 있음은 앞서 살펴보았다. 여기서는 20-30세에 신분을 불문하고 복역 연한을 4년으로 하고 있으며 키는 5척 이상에 일가의 주인과 부양해야 할 부모가 있는 자를 피하고 있는 점은 훗날의 병역 면제 규정과 통하는 바가 있다. 이때 각지에서 실시된 실제 징병 인선도 흥미롭다. 1871년 1월에 우라와현(浦和縣)의 사례를 보면 36명분의 징병을 선발하는 데 가와구치조합(川口組合)에서 1명, 하뉴조합(羽生組合)에서 4명, 오미야조합(大宮組合)에서 2명 등 징병 조합촌(組合村)[lvii]에 할당하고 있다.[34]

이러한 직할군 구상과 병행하여 번의 방비를 맡을 번병 편성에 관한 규칙도 내려졌다. 12월 22일의 '각 번 상비병 편성법(各藩常備兵編成法)'에는 상비병의 정원·계급·직무·임명 방법이 정해져 있다. 이 징병 규칙에 따른 징병으로 1871년 봄까지 900명을 모았지만 어친병(御親兵) 육성 재원을 염출하기 위해 중단되었다.

어친병

1870년 12월 18일에 이와쿠라·오쿠보·야마가타 등 칙사 일행(시마즈 나리아키라[島津齊彬][lviii]·모리 모토나리[毛利元就][lix]에 대한 조정의 신호[神號][lx]를 내리는 것을 핑계로 사쓰마·조슈에 칙사로 파견되었지만 실제로는 사이고 다카모리에게 상경을 권유하기 위함이었음)이 가고시마를 방문하자 이에 느낀 바가 있던 사이고는 상경을 수락하였다. 친병 조직에 관한 결정은 1871년 2월 8일에 산조의 저택에 이와쿠라·사이고·기도·오쿠보·이타가키 등이 모인 회의에서 결정되었다. 2월 22일에 정부는 병부성에 대해 가고시마번 보병 4개 대대 및 포병 4개 부대, 야마구치번 보병 3개 대대, 고치번 보병 2개 대대, 기병 2개 소대 및 포병 2개 부대를 어친병으로 불러들여 병부성이 관할하도록 시달하였다.《공작 야마가타

34 《新編 埼玉県史 資料編19》(埼玉県, 1988), p. 205.

아리토모전》은 그 수를 1만 1,600명이라고 하고 있다.[35]

보병 9개 대대(나중에는 7개 대대)를 기간으로 하는 어친병을 도쿄에 둔 뒤, 1871년 7월 14일에 폐번치현(廢藩置縣)[lxi]이 이루어졌다. 8월 20일에는 각 번 상비병이 해산되고 도쿄·오사카·진제이(鎭西)·도호쿠 4개 진대(鎭臺)[lxii]의 본영(本營) 및 분영(分營) 상비병으로 흡수되었다. 이로써 어친병과 합쳐서 보병 30개 대대를 기간으로 하는 정부 직할군이 생겨날 터였지만 진대에 23개 대대가 예정된 것에 반해 이를 소대 수로 환산하면 1871년에는 약 절반, 1872년에는 약 80%가 완성되는 데 그쳤다.[36]

그리하여 오무라가 사망한 뒤 약체화한 병부성과 집의원의 연계에 의해 추진된 획일적인 중앙 직할군 구상은 일단 중단되었고 1870년 8월에 귀국한 야마가타의 주선으로 태정관과 타협한 사쓰마·조슈·도사 3개 번을 중핵으로 삼은 군대가 탄생하였다. 하지만 이 어친병은 폐번치현에 반대하는 구세력에 대항하기 위한 것이라기보다는 신정부 안에 품은 가장 과격한 대외 강경 세력을 중앙군이라는 명목으로 권력 내에 수용한 것으로 자리매김할 수 있다. 각 번의 실제 조세 수입에 비례하여 배분한 육군 및 해군비를 정부에 상납하도록 하는 것, 즉 국가가 상비군을 독점적으로 편성할 수 있음을 사쓰마·조슈·도사로 하여금 양해하도록 하는 대가로 1만 명 남짓의 어친병을 '근위 경비'라는 명예를 수여하면서 정부 예산으로 떠안은 것이다.

징병 규칙에 따른 징병을 900명 모았으면서도 어친병을 양성할 예산을 염출하기 위해 이를 희생시켰다는 점에서도 알 수 있듯이 어친병 및 각 번 상비병으로 이루어진 진대병을 한 번에 흡수해야만 하게 되었다. 바로 여기에 징병을 극히 적은 인원으로 시작할 수밖에 없었던 잠재적인 요인 중 하나가 존재하였다.

게다가 오무라파인 야마다·후나코시·사쿠라이 등은 원래대로라면 획일

---

35 《公爵 山県有朋伝 中巻》, p. 109.

36 西岡, 〈建軍期陸軍士官速成に関する一考察〉, p. 22.

적인 징병론을 대담하게 논하여도 좋을 인물들이었지만 사쓰마·조슈·도사 3개 번과의 갈등에 진절머리가 났는지 오히려 오사카 병학료에서의 장교 교육에 힘을 쏟기 시작하고 있었다. 야마가타의 1873년 징병령에 대해 야마다가 시기상조라고 판단하고 있었음은 후술하겠지만, 징병령의 중핵을 담당할 그룹이 병졸의 획일적인 징집보다는 우선 장교·하사관 교육을 중시하였다는 점의 의의는 작지 않다. 근대 일본 징병제의 상비병 수를 적게 만든 요인은 이러한 점에서도 확인할 수 있다.

다만 사실은 병사 수가 적었던 것에 관한 설명으로서 지금까지 서술해 온 바는 어디까지나 외재적 요인이고 내재적으로는 추가 설명이 가능하다. 이에 관해서는 다음 장에서 살펴보도록 하겠다.

III

징병제 도입 당시의 논리와 병사 수

1871년 12월 24일에 병부대보 야마가타는 병부소보 가와무라 스미요시(川村純義)[i], 상동 사이고 쓰구미치와 연명으로 건의하여 국내 수비 및 연해 방어가 급무라고 하면서, 각 부·현의 크고 작음에 따라 장정을 선발하여 상비병과 예비병을 둘 것을 주장하였다. 하지만 일은 그렇게 간단히 돌아가지는 않았다. 《메이지 천황기》 2권[1]에 기록된 바에 따르면, 사민개병에 대해서는 반대론도 많았음을 알 수 있다. 이는 예컨대 다음과 같은 반대론이었다. "무(武)에 관한 일을 알지 못하는 농·공·상의 자제로 하여금 병역에 복무하도록 하더라도 그 임무를 감당할 수 없다", "우리 나라의 지위와 형세는 완전히 유럽 대륙 각국과는 종류가 다르기에, 반드시 독일·프랑스·러시아 각국처럼 징병제를 채용하여 대군을 갖출 필요는 없다. 마땅히 영국·미국 등을 본떠 지원병 제도로 해야 한다". 서민 출신 병사는 쓸모가 없고 지원병으로 하는 게 좋지 않은가 하는 의견이다. 이에 대해 야마가타 등은 지원병으로 한다면 이에 응하는 것은 사쓰마·조슈·도사 등 "예전의 여러 강한 번"의 병사들이고 패전한 도호쿠 각 번의 병사들은 이를 기피하여 대립이 발생할

1 宮内庁 編, 《明治天皇紀 2巻》(吉川弘文館, 1969), p. 798.

것이며 또 지원병으로 하면 경비도 많이 든다고 반론하고 있다.

이러한 반대론은 존재하였지만, 1872년 11월 28일에 "우리 나라의 옛 제도에 근거하고 해외 각국의 방식을 참작"한 병제를 수립한다고 표명한 '전국 징병의 조(詔)', 또 같은 날에 "세습하여 놀고먹는 무사는 그 녹봉을 줄이고 칼을 풀어 놓는 것을 허락하여 사민이 점차 자유의 권리를 얻도록 하고자 한다"라고 표명한 태정관 고유가 내려졌다. 이듬해 1월 10일의 징병령까지 마지막 한 걸음 단계에 다다른 것이다.

여기서 징병령의 내용 변천을 간단히 제시해 둘 필요가 있을 것이다. 상당히 복잡하고 세부적인 점도 있기에 참고삼아 〈표 1〉로 정리해 보았다. 그런데 '국민개병'이니 '남자의 의무'니 하면서도 30분의 1의 확률로만 걸리는 의무란 이상하다. 어째서 정부는 이러한 제도를 만든 것인가. 이 의문은 다음과 같이 바꾸어 말할 수도 있다. 병사를 많이 얻기 위해 징병제를 채용한 건 그렇다 치더라도 1년당 징집 인원수가 적은 것은 어째서인가. 확실히 17년이나 20년 등 장기간의 복역 기간을 부과한다면 1년당 징집 인원수를 극히 적게 할 수도 있었지만 1873년 징병령에 따른 복역 연한은 7년이었다.

표 1 징병령 개정(1)

<table>
<tr><th></th><th>복역 연한</th><th>병역 면제 제도(유예 제도, 연기 제도)</th><th>대인료</th><th>지원 제도,
예비 간부 양성</th></tr>
<tr><td rowspan="2">1873년
1월
10일</td><td>상비군 3년
제1 후비군 2년
제2 후비군 2년</td><td rowspan="2">면제 제도
· 신장 5척 1촌 미만인 자
· 불구이거나 불치병이 있는 자
· 관리, 의과 학생
· 해륙군 생도
· 관·공립 학교 생도
· 외국 유학자
· "일가의 주인인 자"
· 대를 이을 아들, 조부모를 이을 손자
· 독자(獨子)·독손(獨孫), 양자
· 아버지·형이 병약하기에 집안을 다스리는 자
· 도형(徒刑) 이상의 전과자
· 징병 복역 중인 자의 형제</td><td rowspan="2">대인료
· 270엔
· 상납자는 상비·후비군이 면제됨</td><td rowspan="2">규정 없음</td></tr>
<tr><td>국민군
17–40세</td></tr>
</table>

1879년 10월 27일	상비군 3년 예비군 3년 후비군 4년 --- 국민군 17–40세	종신 면제 · 불치병·불구, 징역 1년 이상의 수형자 국민군 외 면제 · 호주, 독자·독손 · 관리, 부현회(府縣會) 의원 · 관·공립 학교 교원 · 50세 이상인 자의 대를 이을 아들 · 조부모를 이을 손자 평시 면제 · 50세 미만인 자의 대를 이을 아들 · 학교 생도, 육해군 생도 · 의사, 관립 사범 학교 졸업생 1년간 징집 유예 · 형제가 동시에 징병 중인 자	대인료 · 270엔(국민군 외 면제) · 135엔(평시 국민군 외 면제)	규정 없음
1883년 12월 28일	상비병역 · 현역 3년 · 예비역 4년 후비병역 5년 --- 국민병역 17–40세	면제 제도 · 불치병·불구로 인한 종신 면제 외에는 전폐 유예 제도 · 가정 사정으로 인한 자는 전부 유예 제도 다음은 유예 · 60세 이상인 자의 대를 이을 아들 · 조부모를 이을 손자 · 호주 · 형제가 둘 다 징집된 경우 그중 1명 그 사유가 있는 동안 유예 · 관·공립 학교 교원 · 관립 대학·학교 본과(本科) 생도 · 육해군 생도, 학업을 위한 유학자	전폐	1년 지원병 제도 · 소학교를 제외한 관립 및 부·현립 학교 졸업 증서가 있는 자, 경비는 자기 부담(간호졸[看護卒] 육성)
1889년 1월 22일	상비병역 현역 · 육군 3년 · 해군 4년 예비역 · 육군 4년 · 해군 3년 후비병역 5년 --- 국민병역 17–40세	면제 제도 · 위와 같음 유예 제도→연기 제도 · 가정 사정으로 인한 자는 연기 제도로 · 1883년 시점에서의 유예는 전폐 · 제20조로 빈곤한 자 우대	전폐	6개월 현역병 제도 · 실시되지 않음, 26세 이하의 관립 및 부·현립 사범 학교 졸업생, 지원제, 예비 7년, 후비 3년 1년 지원병 제도 · 17–26세 이하의 중학교 졸업 정도, 경비는 자기 부담, 간부 양성, 예비 2년, 후비 5년

그 외의 주요 개정

· 1873년 12월 5일 태정관 포고(太政官布告) 제403호: 개정 율례(律例) 공포에 따른 개정.
· 1875년 2월 4일 태정관 포고 제17호: 보충병 보결 기간을 1년에서 90일로 개정함.
· 1875년 11월 5일 태정관 포고 제162호: "관(官)·성(省)·부(府)·현(縣)에 봉직하는 자"를 "원(院)·성·사(使)·부·현에 봉직하는 자"로 개정함.
· 1876년 4월 1일 태정관 포고 제43호: '성정부(成丁簿)'를 '국민군 명부'로 개정함.
· 1876년 6월 30일 태정관 포고 제97호: 징병령 편성 및 개칙 제1에 제3조(하사관·사관으로 발탁)를 추가함.

(주) 《법령전서(法令全書)》 각 연도에 의거하였다.

표 1 징병령 개정(2)

	복역 연한	유예 제도 등	예비 간부 양성 제도 등
1889년 11월 12일	변경 없음		6주간 현역병 제도 · 의무제, 관비 · 17–26세 이하의 관립 및 부·현립 사범 학교 졸업생으로서 관·공립 소학교 교직에 있는 자, 현역을 마치면 곧바로 국민병역, 6개월 현역병 제도를 개정한 것
1895년 3월 13일	현역 · 변경 없음 예비 · 육군 4년 4개월 후비 · 변경 없음 보충병역 · 육군 제1 보충병역 7년 4개월 · 육군 제2 보충병역 1년 4개월 · 해군 1년 국민병역을 둘로 나눔 · 제1 국민병역: 후비역, 제1 보충병역을 마친 자 · 제2 국민병역: 그 외		
1904년 9월 28일	현역 · 변경 없음 예비 · 변경 없음 후비 · 육군 10년 보충병역 · 육군 12년 4개월 제1·제2의 구분 폐지 · 해군 변경 없음		
1918년 3월 30일	변경 없음	병역을 맡을 수 없는 자 · 종래에 "중죄의 형"이라고 되어 있던 것을 "징역·금고 6년 이상"으로 중등학교 이상의 생도에 대해서는 징집 유예에서 입영 연기로	1년 현역병 제도 · 6주간 현역병 제도 폐지, 의무, 20세 미만으로 사범 학교를 졸업한 자 · 20세 이상으로 사범 학교에 재학하여 23세까지 졸업할 자, 졸업할 때까지 입영 연기 1년 지원병 제도 개정 · 학교의 종류에 응한 입영 연기 (만 27세까지)

그 외의 주요 개정

· 1893년 3월 2일 법률 제4호: 재학 중, 유학 중, 6주간 현역병 제도를 사유로 하는 유예 상한을 만 28세로 함.

· 1906년 4월 12일 법률 제43호: 유예되는 "외국 체류" 대상국을 개정함.

· 1907년 10월 26일: 보병 재영 연한을 2년으로 단축함(징병 사무 조례로 개정).

(주) 《법령전서》 각 연도에 의거하였다.

표 1 징병령 개정(3)

	복역 연한	그 외의 개정
1927년 4월 1일	재영 기간 단축 · 청년훈련소 수강자는 1년 반 현역 · 육군 2년 · 해군 3년 예비 · 육군 5년 4개월 · 해군 4년 후비 · 육군 10년 · 해군 5년 제1 보충병역 · 육군 12년 4개월 · 해군 1년 제2 보충병역 · 육군 12년 4개월 · 해군 11년 4개월 육군은 제1·제2 보충병역 중 어느 한쪽, 해군은 제1 이후 제2 보충병역으로, 양자를 합산하면 12년 4개월이 됨	1년 현역병 제도 폐지, 단기 현역병 제도로 · 사범 학교 졸업생, 복역 연한은 5개월, 교련 미수료자는 7개월 1년 지원병 제도를 병역법에서 삭제 징병 검사의 갑·을 합격자로서 현역·보충병역이 되지 않은 자는 전부 제2 보충병역으로 함 중등학교 이상인 자의 입영 연기 폐지, 학교별 유예 연한이 있는 징집 유예로 변경 호적의 여백에 약부호(略符號)를 닮
1939년 3월 9일	현역 · 변경 없음 예비 · 해군을 4년에서 5년으로 변경 후비 · 해군을 5년에서 7년으로 변경 제1 보충병역 · 육군을 17년 4개월로 변경 제2 보충병역 · 해군을 16년 4개월로 변경	중등학교 이상인 자에 대한 유예 제도에 관해 · "전시 또는 사변시에 특별히 필요가 있는 경우에는 칙령이 정하는 바에 따라 징집을 연기하지 않을 수 있다."(제41조) 단기 현역병 제도 폐지
1941년 2월 14일	'후비병역'이라는 명칭 삭제 보충병의 교육 소집 기간을 120일에서 180일로	현 재류지 징집주의를 택함 · 조선·대만·관동주에 재류하는 장정은 본적지(本籍地)에 따르지 않고 해당 재류지의 부대에 입영하도록 함
1942년 2월 18일	국민병의 전역(轉役) 규정 제1 보충병역 · 해군 17년 4개월	전시 또는 사변시 기타 필요가 있는 경우에는 칙령이 정하는 바에 따라 징병 적령을 변경할 수 있음 국민병에게 간열 점호를 실시할 수 있음 제2 국민병역에 있는 자에게도 호적에 약호(略號)를 닮

그 외의 주요 개정
- 1941년 10월 16일 칙령 제923호: 1939년 병역법(법률 제1호) 부칙 제4항 규정에 해당하는 자에게도 병역법 제41조를 적용함.
- 1943년 3월 2일 법률 제4호: 조선인에게도 병역 의무를 부과함.
- 1943년 10월 2일 칙령 제755호: 재학 징집 연기 임시 특례를 정함.
- 1943년 11월 1일 법률 제110호: 복역 연한 연장, 국민병역의 최고 상한을 40세에서 45세로 개정, 대만인에게도 병역 의무를 부과함.
- 1945년 2월 10일 법률 제3호: 징병 검사 전에 소집된 제2 국민병에 대해 검사에 의하지 않고 체격에 상당하는 역종(役種)을 정하고자 함.

(주) 《법령전서》, 〈공문유취(公文類聚)〉에 의거하였다.

병사 수가 적은 이유

이를 설명하는 길에는 두 가지 방향이 있을 것이다.

첫 번째 설명은 '정부는 병사 수가 늘 것을 기대하였지만, 병사들이 모이지 않은 것이다'는 전제에서 출발한다. 그렇다면 어째서 병사들이 모이지 않았는가. 여기에는 다시 두 가지 답을 준비할 수 있을 것이다. 하나는 사람들이 병역 면제 조항을 자각적으로 활용한 결과이다. 국가를 위해 죽는다는 것은 당시 민중들과는 무관한 사상이었을 것이고 힘든 일은 싫다는 마음에서 비롯된 기피도 당연히 있었을 것이다. 이들은 남의 호적을 사서 명의를 일시적으로 호주나 대를 이을 아들 등으로 만들었다. 이것이 대인료(代人料)[ii] 등보다 훨씬 싸게 먹히는 방법이었다.

또 하나는 사람들의 자각적인 운용뿐만 아니라, 병역 면제 조항의 예상치 못한 영향도 존재하였다. 면제 조항은 프로이센·프랑스 병제를 절충하여 성립하였지만 일본과 서구의 사회 구조 차이가 뜻하지 않게 커다란 영향을 미쳤다. 면제 조항의 절반은 프랑스의 '가족(家) 제도'[iii] 보호 정신을 반영한 것이었다. 하지만 일본과 프랑스는 호적 제도가 크게 달라서 프랑스에는 호주와 비 호주의 구별이 없는 반면, 일본에는 가독(家督) 상속법, 양자법 등이 존재하였다. 이러한 상속법이 존재하였기에 프랑스에서는 문제가 되지 않은 면제 조항상의 규정에 따라 합법적 기피 행위가 버젓이 통한 것이다. 어느 쪽이든 근세 이래 지역의 유력자였던 호장(戶長)[iv] 아래에서 호적 관리가 이루어지고 있는 한, 정실(情實)·탈락·누락 등은 수없이 일어났다고 생각된다.

두 번째 설명은 '정부 자체가 병사를 많이 모으려는 생각은 하지 않았다'는 전제에서 출발한다. 이는 언뜻 보기에는 터무니없는 주장일지도 모르겠지만 잠시 이야기의 전개를 따라와 주길 바란다. 이른바 징병령은 1873년 1월 10일의 태정관 번외(番外) 무호(無號) 포고로 각 성·부·현에 내려졌는데 그 부록 부분에는 전국의 그해 1년간 징집 인원을 1만 560명으로 한다고 명기되어 있었다. 이 점은 사실 정부는 예컨대 5만 명을 얻고 싶었지만 병역 면제 조항 해당자가 예상 밖으로 많았거나 실질적 기피가 많았기에 그러지 못하고 1만 명이 된 것이 아님을 의미한다. 이 1만 560명이라는 숫자는 짐작하건대 무엇보다도 1870년 11월 13일의 징병 규칙의 발상에서 계산된 것으로 보인다. 징병 규칙은 신분을 불문하고 1만 석당 5명, 즉 2,000석당 1명을 정부에 차출하도록 각 도(道)·부·번·현에 명한 것으로 실제로는 도중에 중단되었다.

1873년 단계에서는 제1 군관(軍管, 도쿄 진대)에서만 징집이 이루어졌는데, 이에 관해 육군성이 작성한 서류에는 "1873년부터 징병을 시행하였지만 약식으로 징집 인원을 석고 및 인구에 부과하였기에"[2]라는 문구도 보이기에 석고에 따른 할당의 실태가 입증된다. 징병 규칙 및 석고에 따른 할당을 키워드로 하면서 지금부터 몇 가지 사료를 확인해 보도록 하자.

최초의 징집 인원 결정 방법

이때는 메이지 초기의 석고가 문제가 되는데, 이에 관해서는 1873년 징병령 부록 부분의 숫자를 다시금 참고할 수 있다. 여기에는 일본 전국의 총 석고는 3,122만 석, 도쿄 진대 관내(管内)의 석고는 737만 석 남짓이라고 표기되어 있다. 그리고 도쿄 진대의 상비 1년 징집 인원은 2,380명이라고 명기되어 있다. 그러면 1873년의 예정 징집 인원은 2,380명인 셈이다.

그렇다면 이러한 숫자는 어떻게 얻은 것인가. 징병령과 같은 날짜로 육군대보 야마가타가 도쿄 진대 관내의 부·현에 내린 포달(布達)을 보도록 하자.[3]

---

2 〈自明治七年至同十一年 徵兵並免役簿人員対照表〉(〈太政類典 明治十一~十二年〉, 2A/9/太653, 国立公文書館所蔵). 다카시 후지타니(Takashi Fujitani)는 〈近代日本における権力のテクノロジー—軍隊·〈地方〉·身体〉(《思想》 845号, 1994)에서 "신 정권이 꺼낼 수 있는 신뢰하기에 충분한 데이터는 명백히 토지 생산성을 가리키는 지표인 '석고' 딱 하나뿐이었다. (…) 정치적 계산의 표적은 주로 토지였지 사람이 아니었다"라고 쓰고 있다(p. 167).

3 《静岡県史 資料編16 近現代1》, pp. 718-719.

오는 2월 15일부터 징병사(徵兵使)가 출발하는 것에 관해서는 위 명령과 같이 각 군(郡)·촌(村)까지 순회할 것이다. 그런데 현재 호적·인구 조사도 정확하지 않은 시기에 갑자기 장정을 조사하여도 쉽게 빈틈없이 이루어지기 어려울지 모른다. 따라서 올해 봄에 한하여 각 관할청까지 위 징병사를 파견할 것이니, 각 청에서는 올해로 20세인 자를 조사한 뒤 징병 규칙에 준하여 석고 1,500석당 1명을 목표로 문제없는 자를 정선하여 징병사가 순행할 때 각 청에 소집해 두고 (…)

인구 조사가 아직 불가능하기에 1873년에 한하여 징병 규칙에 따라 석고에 따른 할당으로 한다고 설명하면서 도쿄 진대 관내의 석고를 737만 석, 이에 상당하는 징집 인원수를 4,907명이라고 하고 있다. 4,907명이라는 숫자는 737만 석을 1,500석으로 나누어 4,913명을 얻은 뒤 약간 조정한 것으로 보인다. 그다음으로 4,907명에 3분의 2를 곱하여 3,272명이라는 숫자를 얻은 뒤, 이를 최종적으로 합계한 숫자로 들고 있다.

3,272명이라는 숫자에서 어떻게 2,380명을 도출하고 있는가. 이는 상비병과 보충병을 구별함으로써 해결할 수 있다. 포달에는 상비병 2,300명, 보충병 972명으로 나누고 있다. 1년에 필요한 징집 인원 전체의 70%를 상비병으로 하고 나머지 30%를 보충병으로 나누고 있음을 엿볼 수 있다. 도쿄 진대에 수용될 상비병 2,300명은 이처럼 대단히 기교적으로 산출된 것이었다. 메이지 헌법(明治憲法)[v]과 병제를 조정할 당시 소네 아라스케(曾禰荒助)[vi]가 준비한 〈병제에 관한 건(兵制ニ係ル件)〉[4]에 수록된 '1873-1886년 매년 징집 인원 표'에도 1873년의 징집 인원이 2,300명으로 되어 있기에 예정 인원수인 2,380명과 대단히 가까운 2,300명을 실제로 징집한 것으로 보인다.

1년간 징집 인원수 1만 560명이라는 숫자에 관해 그 밖의 근거를 생각해 보자. 폐번치현 이후 4개 진대에 수용된 옛 번병=각 번 상비병의 인원은 보

4 小林龍夫 編,《翠雨莊日記》(原書房, 1966), p. 846.

병의 경우에는 1872년에 약 1만 1,000명 정도에 달하였다고 한다.《공작 야마가타 아리토모전》[5]은 1873년 말의 진대병을 1만 6,268명(그중 보병은 1만 4,798명)이라고 하고 있다. 기본적으로 징병에 의해 순차적으로 옛 사족 지원병으로 이루어진 진대병을 없애 간다는 것이 야마가타의 생각이었으므로 이 진대병 수도 중요한 지점이었을 것이다.

그런데 1879년 10월 9일의 육군성 달(達)에는 "징병구 구역 조사를 위해 국(國)·군(郡)으로 구분한 총인구를 상신하도록 한다"[6]라고 되어 있으므로 적어도 1879년 단계에서도 인구에 따른 균등한 비율로 징집 인원 배부가 이루어지지는 않았음을 알 수 있다.

이처럼 메이지 초기에 징병제가 시행착오를 거치는 실제 과정은 첫 번째 설명인 '병사가 모이지 않았다'와 두 번째 설명인 '병사를 많이 모으려는 생각은 하지 않았다'를 둘 다 충족할 것이다. 그런데 국민개병은 병사 수를 늘릴 터였지만 세입이 이를 용납하지 않았다. 하지만 그렇다고 한다면 한정된 재원으로 다수의 병사를 얻는 방법은 그 밖에도 있었을 것이다. 또한 어떻게 병사를 얻을 것인지에 관한 생각의 차이는, 다름 아닌 메이지 초기부터 쇼와 초기까지 이어지는 징병제 반대·개혁 논쟁의 핵심이다. 이러한 논점에서 한정된 재원으로 다수의 병사를 얻는 방법을 보도록 하겠다.

징병제 개혁론

모든 반대론 및 개혁론의 패턴은 다음의 두 가지로 집약할 수 있다. 첫 번째는 병사 1명이 병영에 있는 기간을 줄이고 이를 군사 교련 등 교육을 통해 보충한다면 같은 예산으로도 더 많은 병사들을 징집할 수 있다는 것(야마다 아키요시, 미우라 고로[三浦梧樓][vii]를 비롯한 '4장군'[viii], 이누카이 쓰요시[犬養毅][ix] 등)이다. 극단적으로 말하자면 3개월씩 그야말로 모든 청년 남성들을 병사로

5 《公爵 山県有朋伝 中巻》, p. 109.

6 〈太政類典 明治十一~十二年〉(2A/9/太653).

훈련하는 것도 가능할 것이다. 여기서 중시해야 할 것은 오히려 병사들을 지휘할 장교·하사관 교육이고 이것이 확실하다면 교육 기간은 짧아도 된다는 주장이었다.

두 번째는 원래는 병역에 복무해야 할 나머지 29만 명으로부터 병역세(兵役稅)를 거두어서 이를 재원에 충당한다면 군이 1년당 징집 인원을 1만 명으로 한정할 것은 없고 이 병역세로 장비를 충실히 하거나 그 일부를 현역을 마쳤을 때 병사들에게 지급한다면 지원병도 증가할 것이며 징집된 병사들에게도 힘이 될 것이라는 생각이었다(후쿠자와 유키치, 마나카 나오미치[眞中直道], 마쓰시타 요시오, 1915년에 병역세를 법안으로 만든 대장성[大藏省][x] 등). 징병령 제정 당시 반대론자는 이타가키 다이스케로서 그는 유럽 대륙의 제도를 본떠 대군을 양성할 필요는 없으므로 일본의 경우도 영국·미국과 같은 의용병이면 된다고 하였다.

막부 말기의 병부

병역세가 일반인들로부터도 지지받은 배경에는 구마자와 도루(熊澤徹)가 지적[7]하듯이, 에도 막부 말기 막부령 다이칸(代官)[xi] 지배지에서의 병부에 대한 기억=관습이 있었을 것이다. 1,000석당 1명이라는 석고에 따른 징발이, 1867년 1월 무렵에는 병부 1명당 20량으로 금납화되어 있었다. 촌에서 병사를 내는 것을 꺼린 배경에는 다음과 같은 측면도 있었다. 예를 들어 시즈오카의 니라야마현(韮山縣)에서는 1871년 2월에 다음과 같이 품의하고 있다. "(…) 관내 각 촌에 명하였더니 모두 다 알겠다고 하였습니다. 다만 일단 병사에 가담한 자는 기한에 이르러 귀향하더라도 자연스레 무사의 기풍에 감화되어 농사라는 천한 일을 꺼리게 될지도 모르"[8]기에, 농민으로부터 병사를 뽑지 말아 달라고 하고 있다. 병사가 되는 것이 천한 일이라는 게 아니

---

7 熊沢徹, 〈幕末維新期の軍事と徴兵〉(《歴史学研究》 651号, 1993年大会報告), p. 122.

8 《静岡県史 資料編16 近現代1》, p. 716.

라 오랫동안 병사 노릇을 하고 있으면 자연스레 "무사의 기풍"에 물들어 버려 농사를 싫어하게 되기에 병사로 만들고 싶지 않다는 이유이다. 이 촌에서는 사족·졸이 많은 다른 현에 석고 외의 징병을 부탁하는 대신 "수당료"로 병사 1명당 1년에 30량을 상납하고자 한다고 품의한 것이다.

이러한 반대론 및 개혁론에 관해서는 나중에 자세히 보기로 하겠지만, 유신 정부는 기정방침—매년 1만 명 정도를 징집하여 3년간 현역병으로 삼음—을 굽히려 하지 않았다. 그것은 어째서인가. 여기서는 징병제 도입의 추진자였던 야마가타 아리토모의 논리를 따라가면서 그가 무엇을 징병제의 본질로 여기고 있었는지를 생각해 보겠다.

오무라 마스지로의 징병론

앞으로 병제는 민병, 그것도 지원병이 아닌 징병에 의해야 한다는 대원칙을 세운 것은 야마가타의 전임자로서 뜻을 다 이루지 못한 채 1869년 11월에 사망한 오무라 마스지로였다.[9] 그는 나가사키(長崎)에서 네덜란드인에 의한 해군 전습을 받은 뒤 막부의 반쇼시라베쇼(蕃書調所)[xii]나 고부쇼(講武所)[xiii]에 출사하였고, 조슈번(야마구치번)의 서양식 병제를 정비한 실적이 있었다. 또한 다카스기 신사쿠(高杉晋作)[xiv]의 기병대(奇兵隊)[xv]의 실적을 목격하고 무진전쟁에서 사족 병사들의 불통일을 아는 입장에 있었다. 게다가 종신 고용에 가까운 지원병을 모집·유지하는 것은 현재의 일본으로서는 재정적으로 무리라는 점도 알고 있었다.

한편 앞서 언급한 구마자와의 성과[10]에서는 에도 막부 말기에 막부에 의한 삼병(三兵)[xvi] 창설, 조슈전쟁(長州戰爭)[xvii] 당시 하타모토의 영지 및 막부령으로부터 병부라는 형태로 우선 막부가 시내의 중개업자 등을 통해 병

---

9 大村益次郎先生伝記刊行会 編刊, 《大村益次郎》(肇書房, 1944), p. 775.

10 熊沢徹, 〈幕府軍制改革の展開と挫折〉(《シリーズ日本近現代史 1巻》, 岩波書店, 1993); 熊沢, 〈幕末維新期の軍事と徵兵〉.

졸 징집을 단행하였다는 사실을 알 수 있다. 즉 막부 말기의 시행착오 속에 신분제의 틀을 넘어 병졸을 징모(徵募)한 실태가 이미 존재하였고 통찰력이 풍부한 오무라나 야마가타가 거기에 방향성을 부여하였다고 정리할 수 있을 것이다.

한편 오무라는 난학(蘭學)[xviii]을 익힌 의사였기에 일본이 서둘러 받아들이고자 한 프로이센 병학서의 지식에도 네덜란드어 번역으로 정통해 있었다. 병부대보 오무라의 입버릇은 "병사를 종(縱)으로 길러서 횡(橫)으로 써야 한다"라는 것이었다고 한다. 더 나아가 1927년의 병역법 개정의 실질적 담당자였던 나카이 료타로(中井良太郎)는 초기 징병제 제정 당시 참조한 외국법은 네덜란드 병역법이었다고 하고 있다.[11] 이를 오무라의 징병제 계획의 핵심으로 간주하고 그것을 실행에 옮긴 야마가타(당시 육군대보)가 설명하는 바를 들어 보도록 하자. 징병령(1873년 1월 10일)의 초고·원안에 해당하는 것이 〈주일부병론(主一賦兵論)〉(1872년)[12]으로, 야마가타는 이를 소가 스케노리, 오시마 사다카(大島貞薰), 미야키 신준(宮木信順) 등 동료 및 학자들에게 제시하고 의견을 물었다.

주일부병론

야마가타의 원안은 다음과 같은 것이었다.

① 사족병이 아닌 민병에 의한다.

② 민병에는 지원에 의한 장병(壯兵)과 징병에 의한 부병(賦兵)이 있는데, 부병에 의한다. 장병이 안 되는 이유는 은상 등에서 훗날 말썽이 일어나기 때문이다.

③ 복역 연한은 상비(입영함) <u>2년</u>, 예비(봄·가을 복습 외에는 생업에 힘씀) 4년, 합계

---

11 中井良太郎, 《通俗逐条講話兵役法詳解》(織田書店, 1928), p. 3.

12 大山梓 編, 《山県有朋意見書》(原書房, 1967), p. 211.

6년으로 병역을 마친다. 유럽 각국에서는 8년에서 20년 동안 복역하지만 생업이 있기에 이를 고려한다.

④ 입영시키는 방법은 다음과 같다. 하나의 관내에서 2,000명을 뽑는다고 치자. 그 경우에는 1년 차 봄에 500명, 가을에 500명을 뽑고 2년 차도 마찬가지로 한다. 3년 차가 되면 처음에 입영한 500명이 예비가 되어 빠져나가고 거기에 새로 500명이 들어온다. 이것이 바로 '신진 교환(新陳相交換)'한다는 것이다.

⑤ 20세가 된 남성을 뽑는다. "6세에 소학에 들어가고 13세에 중학으로 옮겨가며 19세에 졸업한 뒤 20세에 이르러 병적에 들어간다."

⑥ 육군병은 세 가지 종류(상비군·예비군·국민군)와 다섯 가지 병과(보병·포병·공병·기병·치중병[輜重兵][xix])로 이루어진다.

⑦ 상비군은 추첨으로 구성된다. 봄·가을 두 차례에 걸쳐 징집하여 각 진대에 분배하며 일당과 의식(衣食)을 지급한다. 출신 가정을 상·중·하로 나누어 상등인 자들부터 추첨한다. 강건하고 숙련된 자는 각 진대에서 근위(近衛)에 편입한다.

앞서 정리한 징병령 변천 표를 보면서 실제 포고와 야마가타의 안을 비교해보면, 밑줄을 친 부분이 정정되었음을 알 수 있다. 정정된 부분은 소가·오시마·미야키 등이 의문을 표한 부분이기도 하였다. 이들 각각의 의견은 다음과 같았다.

① 복역 연한에 관해: 2년으로는 해군이나 기병·포병 등을 숙련시키는 데 불충분하다(오시마). 상비를 3년으로 하면 어떠한가(소가).

② 징집 횟수: 상비를 3년으로 한다면 징집을 1년에 한 번으로 하는 것도 가능하다(소가).

③ 상층 가정부터 뽑아 가는 안: 장정을 30만 명, 부적격자를 10만 명으로 잡

으면 나머지는 20만 명이다. 이를 계층별로 나누면 상층이 3만 명, 중층이 7만 명, 하층이 10만 명이고 상층인 자는 전부 징집하게 되어 불공평하다 (오시마).

지금까지의 의견을 보면서 우선 인상에 남는 것은 야마가타가 일종의 이상을 품고 신병을 뽑으려 하였다는 점이다. 중학 졸업을 전제로 하고 있었다는 점, 징집 연령이 20세로 상정되어 있었다는 점, 상류 가정 자제부터 순차적으로 뽑으려 하였다는 점 등이 주목된다.

복역 연한과 징집 횟수와의 상관관계

하지만 당장 여기서 주목하려는 점은 징집 횟수 부분에서 소가가 상비를 3년으로 한다면 1년에 두 번으로 나누어 징집하지 않아도 된다는 의견을 말하는 부분이다. 어째서 상비 연수를 2년에서 3년으로 한다면 봄·가을에 징집하지 않아도 되는가. 금방 알기는 어렵다. 이러한 관계를 이해하려면 야마가타가 원안에서 숫자를 들면서 차근차근 설명하고 있던 '신진 교환'이 무엇을 목표로 하고 있는지를 이해할 필요가 있다. 야마가타가 말하는 상비 2년 및 1년에 두 번 징집이란 어느 병영을 하나의 집단으로 보았을 때 어떤 해부터 시작하여 2년이 지난 뒤에는 1년마다 병사들의 4분의 1씩 두 번 교대하는 것을 말한다.

다시 말해 자신이 한 명의 병사가 되었다고 치고 생각해 보면 신병으로 입영하여 1년 반은 상위의 병사들과 함께 생활하면서 철저히 지도받는 환경이다. 마지막 반년이 되어서야 간신히 최고참이 된다. 이것이 상비 2년 및 1년에 한 번 징집이 되면 어떤 해부터 시작하여 2년이 지난 뒤에는 1년마다 병사들의 절반이 교대한다는 것, 즉 상위의 병사들로부터 1년밖에 지도받지 못한다는 것이 된다. 1년 반과 1년은 별 차이가 없는 것 같다. 하지만 군대가 병사에게 가르친 훈련·지식·습관 등의 전체 양을 얼마나 안정적으로 다음 세대에 전할 것인지, 또 군대 전체의 전투력을 신병이 입영하였을 때도 어떻게 하면 떨어뜨리지 않을 것인지, 이 두 가지가 군대로서는 가장 중요한 점이라고 한다면 4분의 1씩만 바뀌는 편이 안정적이라고 할 수 있다. 야마가타의 안목은 이 점에 있었을 것이다.

소가는 야마가타 안의 '신진 교환'의 의미를 바로 이처럼 해석하였기 때문에 상비를 3년으로 한다면 1년에 한 번 징집해도 될 것이라고 대안을 제시할 수 있었던 것이다. 이는 어떤 해부터 시작하여 3년이 지난 뒤에는 1년마다 병사들의 3분의 1이 교대한다는 것이다. 신병의 입장에서는 2년이라는 장기간에 걸쳐 고참병에게 단련을 받는 환경이 된다. 또한 고참병의 입장에서 보면 야전군으로서 출정할 때 신병 교육을 위해 남을 필요가 있는 인원수가 줄어들기에 야전군에서 차지하는 고참병=숙련병의 비율이 높아지고 이는 강한 군대라는 의미이다.

간단하게 설명을 덧붙일 필요가 있을 듯하다. 예를 들어 보병 1개 대대의 평시 정원을 480명으로 잡고 3년 복역으로 하면 신병은 160명, 고참병(2·3년차 병의 합산)은 320명이 된다. 이를 2년 복역으로 하면 신병은 240명, 고참병도 240명이 된다. 유사시에 신병은 곧바로 출정군에 편입될 수는 없으므로 그 교육을 맡은 고참병은 병영에 남아야 한다. 신병 6명당 고참병 1명의 비율로 교육한다고 치면 3년 복역의 경우 병영에 남는 고참병은 27명 정도(160÷6), 2년 복역의 경우 병영에 남는 고참병은 40명이다. 1개 대대의 전시 정원을 800명으로 잡으면 3년 복역의 경우 고참병 293명을 현역병으로 쓸 수 있으므로(320-27) 예비역병은 507명으로 묶어 둘 수 있지만, 2년 복역의 경우는 현역병으로 고참병 200명밖에 쓸 수 없으므로(240-40) 예비역병에서 600명을 추가해야 한다. 말할 것도 없이 강한 군대란 경험이 있는 현역병 비율이 높은 군대를 가리킨다. 따라서 3년 복역은 야마가타 안의 4분의 1보다는 못하지만 2분의 1보다는 안정적이고 병사 교육 및 강한 군대라는 점에서는 야마가타 안보다 나은 것이다.

신진 교환

나의 추론을 뒷받침하는 사례와 사료를 들어 보겠다. 1879년 징병령 제2조 제2항에 "강건하고 기예에 숙달되며 품행이 바른 자는 재영한 지 6개월 뒤에 근위병으로 발탁하여 다시 3년간 복역시키고 (…)"라는 조문이 있다. 이 조문을 둘러싼 내각(內閣)[xx]과 원로원(元老院)[xxi] 간 대립의 논점을 살펴봄으로써 일정한 집단 내 신진 교환의 중요성을 시사하고자 한다. 당시에는 육군 측과 법제국(法制局)[xxii] 측이 조정한 내각 원안을 원로원에서 심의한 뒤 법률을 포고하고 있었다. 내각 원안은 "강건하고 기예에 숙달되며 품행이 바른 자는 근위병으로 발탁하여 다시 3년간 복역시킨다"라고 되어 있어서 앞서 말한 실제로 포고된 조문에 가까웠음을 알 수 있다. 그런데 이를 손본 원로원 수정안은 "재영한 지 1년 뒤에 근위병에 편입하여 2년간 복역시킨다"[13]라는 것이었다. 이에 대해 원로원 회의 석상에서 이 수정안을 반박한 내각 측 설명원 바바 모토히코(馬場素彦, 법제국 소서기[少書記])의 다음과 같은 논점[14]은 흥미롭다.

> 복역을 3년으로 하여도 2년으로 하여도 굳이 지장은 없는 것 같습니다만, 만약 이를 2년으로 한다면 진대에 크게 지장이 있다고 봅니다. 원래 신병이 입영하면 곧바로 병사 구실을 할 수는 없고 반드시 6개월간은 신병 훈련을 하도록 해야 합니다. (…) 4월부터 10월까지는 신병을 포함하여 진대병의 정원을 채우지만, 저 미숙한 신병은 제외하고 고참병이 아니면 각종 근무에 실제로 쓸 수 없습니다. 따라서 원안처럼 재영한 지 6개월 뒤에 이를 근위에 편입하여 3년간 복역시키기로 할 때는 매년 10월에 이르러 진대 졸업생 중에서 근위를 선발하고 그 결원은 그해의 보충병으로 메우기에 진대에는 일

---

13 〈徵兵令及ヒ近衛兵編制改正案〉(明治法制経済史研究所 編,《元老院会議筆記 前期第7巻》, 元老院会議筆記刊行会, 1963), p. 365.

14 위의 책, p. 366.

시적으로 고참병이 줄어들 우려가 없고 (…)

신병이 추가되는 것은 매년 4월인데 그 후 6개월간 신병은 쓸모가 없기에 고참병이 각종 근무를 하게 된다. 이 6개월간은 근위에 편입하는 것 등으로 고참병 수를 줄이고 싶지 않다는 것이다. 시기는 다소 다르지만 야마가타식의 신진 교환 논리를 내각 측이 자각하고 있었다는 증거가 될 것이다.

신진 교환의 교육 효과

한편 군대라는 좁은 사회에서는 교관에 의한 교육이나 훈련뿐만 아니라 이러한 신진 교환에 의한 교육 효과가 중요한 부분을 차지하고 있었던 듯하다. 이토 게이이치(伊藤桂一)의 《병사들의 육군사—병영과 전장 생활》[15]은 이를 말해 주고 있다. 중국 전선에서 5년을 보낸 역전의 병사이자 〈구름과 식물의 세계(雲と植物の世界)〉(《쇼와 전쟁 문학 전집 3—끝없는 중국 전선[昭和戰爭文學全集3 果てしなき中國戰線]》, 集英社, 1965에 수록) 등 전기(戰記) 문학의 걸작을 쓴 이 작가에 따르면, 전우란 좁은 의미로는 함께 싸운 동지라는 뜻이 아니라 병사가 일상생활을 하는 단위인 내무반에서 자신을 뒷바라지해 주는 역할을 맡은 2년 차 병을 말하는 것이라고 한다. 초년병에게는 2년 차 병이 한 조가 되어 이런저런 것을 가르쳐 주었다는 것이다(물론 폭력에 의하기도 하였을 것이다). '내무반'이라고 하면 우리들은 곧바로 사적 제재를 떠올리지만 이토는 다음과 같이 담담하게 말하고 있다.[16]

사적 제재가 인간성을 유린하는 것임은 확실하다. 하지만 이는 제재를 당하는 시점에서 그렇다는 것이고, 그때가 다 지나가 버리면 의미는 달라진다. 괴롭힘을 당하면서 충분히 단련된 병사는 지구력이 있고 민감하며 전장에

---

15 伊藤桂一,《兵隊たちの陸軍史—兵営と戦場生活》(番町書房, 1969), p. 108.

16 위와 같음.

나갔을 때 상황에 금방 익숙해진다. 그 말은 죽을 확률이 낮아진다는 것이다. 이것만은 확실하다. 그렇다면 '사적 제재는 병사가 죽지 않도록 하기 위한 숨은 힘이 되었다'라고 할 수도 있는 것이다.

초년병 교육

한편 여기서 초년병 교육·훈련 내용을 쇼와 시대를 예로 들어 소개하겠다. 병사로서 최소한 필요한 술과(術科, 각개 교련, 거리 측량, 소대 훈련, 사격, 야외 연습 등) 및 학과(學科, 군인칙유[軍人勅諭][xxiii], 독법[讀法][xxiv], 상관의 관등 성명, 군대 내무서[軍隊內務書][xxv]의 요점, 군대 형법 및 징벌령의 요점 등)를 익히는 것이 제1기로서 4개월이 할당되었다. 그 후 중대장의 검열이 이루어진다. 이어지는 약 1개월 반의 제2기에는 술과에 중대 교련, 학과에 위생이 추가된다. 마찬가지로 제3기(약 1개월 반)에는 술과에 대대 훈련, 학과에 연대 역사 개요가 추가된다. 제4기(약 3개월)에는 술과에 수영 및 조선술(漕船術), 연대 교련이 추가된다. 제5기(약 1개월)에는 술과에 여단 교련이 추가된 뒤 제6기(약 1개월)에 추계 연습이 이루어진다. 이렇게 초년병의 12개월, 즉 1년이 돌아간다.

1872년의 야마가타의 신진 교환에서 태평양전쟁 시기로까지 이야기가 벗어났지만 이처럼 넓은 의미에서 강한 군대를 만들기 위한 '교육'을 기대하여 복역 연한이 결정되어 간 것이다. 야마가타의 안이 중학 졸업을 상정한 것도, 상층 계급의 자제를 뽑으려 한 의욕도 결국에는 이 '교육'으로 돌아간다.

3년이라는 복역 연한이 결정되고 병사가 3년간 재영하는 중 의식주에 드는 비용은 관비로 하며 일당도 지급한다는 두 가지 원칙이 정해지면 1년당 징집 인원은 자동으로 정해진다. 이것이 결과적으로 약 1만 명이라는 숫자가 된 것이다.

복역 연한의 근간에 교육 문제가 있다는 점은 재정이 핍박한 때이므로 복역 연한을 줄이는 것도 어쩔 수 없다고 생각하고 있던 오야마 이와오(大山

巖)[xxvi] 육군대신에게 1885년 12월에 가쓰라 다로(桂太郎)[xxvii]가 제출한 반대론(〈육군 경상비 절감에 의한 군제 개혁 반대[陸軍經常費節減ニヨル軍制改革反對]〉)에서도 엿볼 수 있다. 약간 후대의 사료이기는 하지만, 가쓰라는 "무릇 유럽 열강은 곧 오늘날의 문명국이다. 그 인민의 관습은 애초에 우리 나라와는 비교가 되지 않는다. 그런데도 여전히 이를 현역병으로 교육·양성하는 데 몇 년을 들이고 아무리 짧아도 3년 이상이다. 병비(兵備)는 신중하게 해야 함이 무릇 이러하다. 지금 우리 나라의 3년간의 병역 중 그 3년 차 병으로 하여금 귀휴(歸休)하도록 한다면, 이는 유럽 열강의 양병 기간 중 가장 짧은 것보다 더 줄이는 것이다"라고 확고하게 반대하였다.[17] 문명이 진보한 유럽 각국조차 병사들을 교육하는 데 3년 이상이 필요하기에 후진국인 일본이 2년으로 줄이는 것은 무리라고 가쓰라는 주장한 것이다.

국가의 자세

이렇게 보면 야마가타 등이 실질적 국민개병론(극히 짧은 기간에 청년 남성 전원이 훈련을 받기 위해 입영함)이나 지원제를 논외로 한 이유는 명백해진다. 큰 모집단(母集團)에서 적은 인원을 선발하는 '자유', 수는 적어도 상관없으니 국가에서 볼 때 우수하다고 생각되는 인물을 선발할 수 있는 '자유', 이러한 '자유'를 국가가 만끽하면서 긴 교육 기간을 통해 정병(精兵)을 기르려는 사고방식을 엿볼 수 있는 것이다. 아까 말한 '자유'란 교육 효과를 으뜸으로 생각할 때 중요한 전제가 되지 않을까.

위의 논점을 정리하면 다음과 같다. 지금까지 징병제 연구는 병역 면제 조항이 많았다는 점이나 징병 기피가 활발하게 이루어진 상황에 관해서는 잘 해명해 왔다고 할 수 있다. 따라서 육군 측이 차츰 면제 조항을 줄여서 기피를 불가능하게 하기 위해 눈물겨울 만큼 개정을 거듭해 온 점은 충분히 밝혀져 있다.

---

17 德富蘇峰 編, 《公爵 桂太郎伝 乾》(故桂公爵伝記事業会, 1917), p. 411.

하지만 육군 측이 징모에 응해야 할 자들의 수, 즉 분모를 늘리는 데는 커다란 노력을 기울이면서도 실제로 1년간 입영시키는 자들의 수, 즉 분자를 늘리려고 하지는 않았다는 점에 관해서는 그다지 유의하지 않지 않았는가. 오히려 이 점을 양보하지 않았다는 점에서 군의 뻔뻔스러움이 발견되지 않는가. 분모는 늘려 가는데 분자는 그대로라면 앞서 말한 '자유'의 정도가 더해진다. 확실히 장정 총수의 무려 82%(1876년)가 병역 면제 조항에 해당한 것 같은 상황에서는 분자를 늘리는 것은 쉽지 않은 일처럼 생각된다. 하지만 실태는 어떠하였을까.

합격률

가장 이른 사례로서 나가노현의 제1 군관 내(도쿄 진대) 지역에서 이루어진 징병 검사 및 징집 양상을 〈1872년 11월-1874년 12월 징병령 나가노현 시행 상황 연혁〉[18]을 이용하면서 살펴보겠다. 첫 징병 검사는 2월 23일부터 착수하여 27일에 끝났다. 수검(受檢) 총원(A)은 849명이었고 그중 합격자는 191명으로 수검자의 22.5%에 해당한다. 합격자를 대상으로 병종별로 추첨이 이루어져서 상비병(B) 140명과 보충병 51명이 뽑혔다. 수검 총원 중 상비병의 비율(B/A)은 16.5%가 된다. 상비병은 도쿄 진대나 다카사키 영소(高崎營所)에 입영하게 되었다.

전국 규모의 수치도 볼 필요가 있을 것이다. 이는 1876년의 사례(《육군성 연보》)를 통해 확인할 수 있다. 장정 총원이 29만 6,086명, 그중 병역 면제가 24만 2,860명, 나머지 5만 3,226명이 수검 총원(A)이다. 이때 징병 검사에서 상비병으로 선발된 인원은 9,405명(B)이어서 수검 총원에 대한 비율은 B/A로 17.7%이다. 수검자 5명 중 1명의 비율로 병사가 탄생하고 있었던 셈이다. 이 숫자는 〈도표 4〉에 따르면 1925년 무렵의 선발률과 같다. 즉 군비

18 〈明治五年十一月 至同七年十二月 徵兵令長野県施行狀況沿革〉(《長野県史 近代史料編 4巻》, 長野県史編纂委員会, 1988), p. 4.

도표 4　징집 인원(육군)

연차	현역병=A (명)	보충병=B (명)	A+B (명)	수검 인원=C (명)	장정 수=C' (명)
1916년	105,355	160,749	266,104	476,498	484,181
1917년	107,583	163,324	270,907	491,797	502,912
1918년	114,145	171,204	285,349	508,149	522,653
1919년	114,055	184,944	298,999	492,651	504,762
1920년	122,340	188,101	310,441	524,527	528,378
1921년	135,948	184,269	320,217	554,513	557,764
1922년				558,096	560,628
1923년	109,216	189,577	298,793	554,273	558,130
1924년	110,347	186,420	296,767	531,842	537,357
1925년	92,549	151,238	243,787	521,991	531,062
1926년	92,394	151,535	243,929	521,254	534,355
1927년	95,423	145,660	241,083	581,307	597,012
1928년	99,764	162,137	261,901	568,796	612,444
1929년	100,782	163,634	264,416	585,819	626,141
1930년	100,771	163,675	264,446	585,819	631,882
1931년	100,774	163,678	264,452	595,505	649,859
1932년	100,774	163,678	264,452	621,844	647,110
1933년	114,224	183,557	297,781	631,099	655,771
1934년				641,969	668,800
1935년	134,338	175,279	309,617	630,192	659,522
1936년				629,829	658,433
1937년	179,371	228,489	407,860		651,622
1938년	322,950	110,140	433,090		720,761(1)
1939년	350,993	104,773	455,766		640,300
1940년	328,811	147,200	476,011		703,670(1)
1941년	346,080	119,145	465,225		510,900
1942년	339,476	105,031	444,507		726,200
1943년	360,000(1)				709,452(1)
1944년	1,000,000(1)				1,467,617(1)
1945년	500,000(1)				753,126(1)

(주) 〈공문유취〉에 수록된 〈전국 징병 개황(全國徵兵概況)〉, 《육군성 통계 연보》에 의거하였다. (1)은 《중일전쟁·태평양전쟁 간 동원 개사(支那事變大東亞戰爭間動員概史)》. 또한 장정 수는 '그해 징병 적령자'만 포함하고 '전년 종결 처분 미결자'는 포함하지 않는다. 단 (1)에는 미결자도 포함되어 있다.

축소에 의해 징집 인원이 가장 줄었을 때 병사를 뽑는 비율과 같은 것이다. 훗날 쇼와 시기의 '싹쓸이 동원'(수검 총원의 80%에 달하는 징집률)은 별도로 치더라도 분자를 늘리는 것은 가능하였다고 추론된다. 이를 하지 않은 것은 군 측의 일종의 의사 표시라고 볼 수 있다.

〈도표 4〉를 조금 더 찬찬히 살펴보자. 빈칸 부분은 자료상의 제약에 의한 것이다. 해당 연도의 징병 적령자 수나 전년도에 이듬해로 넘겨진 자=전년 종결 처분 미완료자 수는 비교적 숨김없이 자료에 기재되어 있다. 하지만 수검 인원에 관해서는 1937년 이후 명시되어 있지 않다.

수검 인원에 대한 현역병 비율을 보면 1916년부터 1921년까지는 22% 전후, 1923년부터 1933년까지는 18% 전후인 것을 알 수 있다. 마찬가지로 수검 인원 전체에 대한 현역병·보충병 합계치의 비율을 보면 1916년부터 1921년까지는 50%대 후반, 1923년부터 1933년까지는 40%대 전반에서 추이하고 있다. 또한 1931년과 1932년의 현역병 및 보충병 수가 각각 같은 것은 수치상 일정한 징집률이 되도록 다소 수정되었을 가능성도 생각할 수 있다. 그렇다고 해도 현역 징집률은 만주사변 이후에도 상당히 낮다.

사관이 되기 위한 경쟁

국가의 이러한 자세는 니시오카 가오리(西岡香織)가 1872년부터 1874년까지 무관 임면 수 분석을 통해 결론지은[19] 사관들의 치열한 경쟁 및 도태의 실태와 공통되는 점이 있다. 초임자 427명 중 위 기간에 183명이 면관되었다. 판정 기준은 무진전쟁 당시 성적도 있지만, 주로 프랑스식 병제에 대한 이해도나 학술 정도에 두었기에 탈락하는 사관이 속출하였다고 여겨진다. 여기서 알 수 있는 것은 육군이 자기 집단, 즉 사관·병사를 유능한 인재로 채우는 데 몰두하고 있는 양상이다.

메이지 초기 징병에 관한 지금까지의 일반적인 이미지는 다음과 같을 것

19 西岡, 〈建軍期陸軍士官速成に関する一考察〉, pp. 24-25.

이다. 즉 도망·불참·기피 및 병역 면제 조항의 악용 등으로 상당 부분의 장정들이 출두하지 않았고 성실하게 징병서(徵兵署)에 출두한 장정에 대해 국가는 무조건 현역으로 뽑았다는 것이다. 이는 수치상에서 보면 실태와는 상당히 괴리된 이미지라는 것이 된다.

종으로 길러서 횡으로 쓴다

오무라 마스지로의 '종으로 길러서 횡으로 쓴다'는 말의 의미는 병사가 될 만한 우수한 인재를 소수 선발하여 유럽 각국 수준의 복역 기간을 부과하고 현역이 끝난 뒤에는 생업에 종사하도록 하면서 예비역병으로서 한 해 한 해 병사 수를 축적해 간다는 것이다. 따라서 일본의 경우는 군비 확대에 의한 증원이라고 해도 1년에 징집하는 병사를 단숨에 늘리는 것을 뜻하지는 않고 〈표 1〉에 분명히 나와 있듯이 예비역 기간을 늘림으로써 전시에 동원할 수 있는 병사를 쌓아 가는 것이었다.

19세기 초, 프리드리히 빌헬름 3세(Friedrich Wilhelm III) 시대에 나폴레옹(Napoléon Bonaparte)에게 패퇴한 프로이센군을 재건한 것이 샤른호르스트(Gerhard Johann David von Scharnhorst)의 징병제(1814년 9월 3일의 국민 징병법)였음은 유명하다. 징병제는 원래 가장 경제적인 군비여서 국민의 애국심에 호소하여 평시에는 가능한 한 소수의 병사를 양성하여 경비를 절약한다. 이를 보완하는 것이 긴 복역 기간이어서 이를 통해 전시에는 다수의 병사를 동원할 수 있도록 하였다. 매년 4만 명의 신병을 뽑아 상비 3년, 예비 2년의 복역 기간을 부과하였다.[20] 5년 차부터 국가는 20만 명의 병력을 손에 넣을 수 있는 셈이다. 오무라의 징병제도 샤른호르스트의 징병제에 준한 것이지만, 일본의 경우는 보다 소수정예로 시작하고 있는 점이 흥미롭다.

예를 들어 프랑스 사관 학교 교관이 쓴 병학서를 육군 사관 학교(陸軍士官

---

20 遠藤芳信, 〈十九世紀ドイツ徴兵制の一考察〉(《軍事史学》 第12巻 3号, 1976).

學校)[xxviii] 교관 아라이 무네미치(荒井宗道)가 번역한 《병학 교정 독본》[21]에서 징모법(徵募法)에 관한 부분은 다음과 같은 내용으로 되어 있고 특별히 앞서 말한 의미에서 '교육'에 배려한 언급은 보이지 않는다. 즉 징모 시 유의해야 할 점은 ① 인민의 많고 적음과 성품 ② 정부 세입의 많고 적음 ③ 국토와 국경의 위치 및 지형 ④ 외국과의 관계여서, 인구의 많고 적음에 따라 징모할 인원의 최대 수를 정하고 세입의 많고 적음에 따라 현역병의 최대 수를 정하며 국경의 상태나 대외 관계에 따라 이러한 수를 조정하라고 하는데 그친다. 이 시점의 프랑스 병제는 프로이센·프랑스 전쟁에서 패배한 뒤의 병제 개혁을 거쳤으므로 일본이 귀감으로 삼은 독일 병제와 다를 바 없었다고 보아도 된다. 그렇다고 한다면 세심한 '신진 교환'에 의한 교육에 중점을 두고 이 점에서 국가의 '자유'도를 중시한 일본의 징병제는 독일이나 프랑스와도 다른 특징을 띠고 있다고 하겠다.

21 陸軍士官学校 編輯, 《兵学教程読本》(内外兵事新聞局, 1878). 원문은 바르텔르미(Hippolyte Barthélemy)의 저작이다. 일본에서는 1878년에 인쇄·출판되었지만, 육군 소장 소가 스케노리의 서문 날짜가 1877년으로 되어 있고 본문 내의 화제로서 1875년의 기사가 있으므로 원저와 번역판에 시간적으로 그다지 큰 간격은 없다고 추측된다.

IV

프랑스·독일의 영향

서양 군제

징병제에 관한 지식은 메이지 초기의 모든 제도가 다 그러하였듯이 서구의 사례를 급속하게 학습한 결과에 의한 바가 컸다. 1872년 11월 28일의 '전국 징병의 조'는 "이제 우리 나라의 옛 제도에 근거하고 해외 각국의 방식을 참작하여"라고 하고 있지만, 실질적으로는 서유럽 대륙 각국(프랑스, 프로이센·독일)의 제도에서 배운 것이었다. 군의 내부 사료뿐만 아니라 일반에도 보급되어 있던 서적 등을 통해서도 이를 알 수 있다.

예를 들어 야나가와 슌산(柳河春三)이 교정한 《서양 군제(西洋軍制)》(陸軍部, 中外堂 제본, 1868)는 가이세이조(開成所)[i] 교수였던 야나가와가 몇 가지 번역서에서 정리한 것이다. 《아구 병제 보고서(亞歐兵制報告書)》는 미국 육군 소장 에머리 업턴(Emory Upton)의 〈각국 병제 시찰 보고(諸國兵制視察報告)〉(미국 육군 참모부장 앞, 1877)를 번역한 것이다.

이러한 문헌들로부터 일본이 지식을 흡수한 시점에서 프랑스·독일 병제를 개관하도록 하겠다. 한편 이 점에 관해서는 우메타니 노보루의 〈우리 나라 초기 징병령에 대한 프랑스의 영향(我が國初期徵兵令に對するフランスの

影響)〉[1]과 엔도 요시노부의 〈19세기 독일 징병제의 일고찰(十九世紀ドイツ徵兵制の一考察)〉 및 〈19세기 프랑스 징병제 연구 노트〉[2]가 뛰어난 성과로서 참고가 된다.

우선 복역 기간에 관해 살펴보면 프랑스는 현역 5년, 예비역 4년, 후비역 5년(1872년 징병령), 프로이센은 현역 3년, 예비역 4년, 후비역 5년이었다.

19세기 후반에 복역 기간이 짧아도 된다고 생각한 이는 유럽에서는 드물었다. 1860년의 군제 개혁에 관한 논란에서 집필하기 시작한 엥겔스는 다음과 같이 설명하였다.[3] 즉, 프랑스·러시아와 인접한 프로이센의 경우는 민병제는 어렵고 정규군의 복역 기간을 줄이는 것도 불가능하다고 하고 있다.

> 프로이센 같은 나라가 만약 지금 당장 정규 복역 기간을 더 줄인다면(그때 어떠한 정당이 정권을 잡고 있더라도) 최대의 실책을 범하는 것이라고까지 우리들은 생각하고 있다. 한쪽에는 프랑스군, 다른 한쪽에는 러시아군이 있으면서 양군이 연합하여 동시에 공격해 올 가능성이 있는 한, 적군 앞에서 비로소 사관학교의 지식을 배워야 하는 것 같은 일이 없는 부대가 필요하다. 따라서 우리들은 이른바 복역 기간이 전혀 없는 민병군의 환상은 전혀 고려하지 않는다.

1881년에 니시 아마네(西周)[ii]가 야마가타로부터 빌려서 읽었음을 확인할 수 있는 슈타인(Lorenz von Stein)[iii]의 《병제학》에도 다음과 같은 대목이 있다.[4] 여기서도 민병제에, 특히 그 낮은 비용에 현혹되어서는 안 된다고 언급하고 있다.

---

1 《軍事史学》 第12巻 2号(1976).

2 전자는 《軍事史学》 第12巻 3号(1976), 후자는 遠藤芳信, 〈19世紀フランス徵兵制研究ノート〉(《北海道教育大学紀要 第一部B》 36巻 第1号, 1985).

3 エンゲルス, 〈プロイセンの軍事問題と労働者党〉(《マルクス·エンゲルス全集 16巻》), p. 51.

4 シュタイン, 木下周一·山脇玄 共訳, 《兵制学 2巻》(近藤幸止, 1882), p. 43.

> 평소에 예비가 없으면 비상시에 신속히 정돈할 수 없음을 보고, 또 아무리 애국하여 분발하는 인심도 숙련되고 잘 정돈된 엄숙한 군대처럼 그것을 오래 유지할 수 없음을 생각할 때는 민병법이 평시 비용을 절약하더라도 또한 무슨 이익이 있을 것인가. 이를 역사에 비추어 보더라도 민병이 숙달된 병사와 싸워서 승리를 차지한 적이 없고, 민병 비용이 전시에 임하여서는 평시에 연습한 병사의 비용보다 많은 경우가 무수하며 (…)

18세기 말의 민병군에 대한 이상은 19세기 유럽의 현실 앞에서 부정되고 있다. 엥겔스와 슈타인이라는 원래 입장이 다른 논자가 민병론에 관해서는 완전히 일치하고 있다는 점이 이를 두드러지게 한다.

독일·프랑스의 병역 면제 조항 및 유예 제도

프랑스의 1832년 징병령은 '가족 제도'를 보호·유지하려는 발상에서 상당히 많은 병역 면제 규정이 존재하였다. 그러나 프로이센과의 전쟁에서 패퇴한 프랑스는 1872년 징병령에서 면제 규정을, 독일을 본떠 징집 유예로 바꾸어 갔다. 하지만 일본은 1832년 징병령의 면제 규정을 상당히 참고한 것으로 짐작된다.

① 키가 155cm에 미치지 못하는 자.
② 병약하거나 불치병이 있는 자.
③ 장남으로서 부모가 이미 사망한 자.
④ 70세 이상의 노인, 과부, 맹인을 부양해야 하는 독자·독손.
⑤ 같은 나이의 형제가 합격한 경우의 형.
⑥ 전사·전병(戰病) 또는 장기 군무를 수행하다가 병에 걸린 자의 형제.
⑦ 이미 징집된 자의 형제.

그 외에 1832년 징병령에서는 육해군에 지원한 자, 해군의 조선(造船)이나 수리에 종사하는 자, 공교육에 종사할 것을 지방 교육 행정 기관에 약속한 자, 대학교나 학사원에서 상을 받은 자, 종교직에 종사하고자 하는 학교생도 등도 병역이 면제되었다.

참고로 1857년에 프랑스의 20세 남성 인구는 29만 4,761명, 수검 인원은 21만 19명, 징집 인원은 10만 명, 병역 면제 인구는 11만 313명이었다. 20세 인구 중 면제 인구는 37%, 수검 인원 중 현역은 47.6%에 달한다.

프로이센은 기본적으로 병역 면제 조항이 극히 적고 유예제를 채택하고 있었다. 면제할 자는 1년 또는 3년 지원병, 하사관 학교에 입학할 자, 견습 관림관(管林官)인 자, 신체가 부적합한 자나 정신병을 앓고 있는 자, 형벌을 받은 자의 다섯 종류로 되어 있었다. 1년 또는 2년 유예가 인정되는 자는 ① 경제적으로 빈곤한 일가를 지탱하는 자, 직업이 없는 부모를 부양하는 자, 부양해야 할 조부모가 있는 손자, ② 논밭 소유자나 차용인 혹은 장인(匠人)의 독자로서 생계에 없어서는 안 될 자, ③ 대규모 공장의 주인으로서 그 사업을 경영하는 데 없어서는 안 될 자, ④ 장기간 외국에 주재하는 자 ⑤ 몸이 허약하거나 체구가 빈약한 자 등이었다.

마지막으로 대인료에 관해 살펴보자. 프랑스에서는 1832년 징병령에서 시작하여 1872년 징병령에서 폐지되었다. 1857년의 사례로 말하자면 대인(代人)은 2만 6,028명에 달하였다.

위와 같은 점에서 〈표 1〉(p. 58)을 참조하면서 1873년 징병령을 보면, 독일·프랑스의 영향은 세 가지로 정리할 수 있을 것이다. 첫째, 복역 기간에서는 현역 3년이라는 점에서 독일의 사례를 본뜨고 있지만, 예비역·후비역 4년은 독일·프랑스 어느 쪽보다도 짧다. 둘째, 병역 면제 조항에 "일가의 주인인 자"=호주나 양자를 면제로 하는 부분과 학생·관리를 면제로 하는 점에서는 일본의 독자성이 보인다. 학생과 관리에 관해서는 제3장 제3조에 "관(官)[iv]·성·부·현에 봉직하는 자. 단 등외(等外)도 이러한 예에 준한다", 동

제4조에 "해륙군 생도가 되어 병학료에 있는 자", 동 제5조에 "문부·공부(工部)[v]·개척사(開拓使)[vi] 기타 공립 학교에서 배운 전문 생도, 서양에 가서 수업 중인 자 및 의술을 배우는 자"라고 되어 있어서 폭넓게 면제로 하고 있다.

이는 엔도 요시노부가 《근대 일본 군대 교육사 연구》(p. 340)에서 말하듯이 "중·고등 교육 기관 재학·졸업자를 병사로 징집하기보다는 그 전문적 지식·능력을 다른 문화·산업의 각종 사업 등에서 발휘하도록 하였다"라고 생각할 수 있을 것이다. 바꾸어 말하자면 미타니 다이이치로(三谷太一郎)가 《근대화 과정에서의 정·군 관계》[5]에서 단적으로 결론지은 것처럼 일본의 경우에는 정치적 근대화(민주화·자유화 및 이에 적합한 근대화)와 군사적 근대화(직업 장교단의 형성 및 병사의 시민화)가 동시 병행적으로 이루어졌기에 어쩔 수 없는 조치였다고 할 것이다. 셋째, 프랑스에서는 1872년에 폐지된 대인료가 아직 남아 있었다.

1년간의 병사 수

최초의 징병령이 1년간 뽑을 징집 인원을 1만 560명이라고 명기하였음은 이미 말한 바와 같다. 법문(法文)에 징집 인원수를 명기하는 것은 1875년 및 1879년의 개정에서는 답습되었지만 1883년의 개정에서는 빠져 있다(이 당시 원로원과 참사원[參事院][vii]의 견해 대립에 관해서는 V장 3절 '1883년 12월 28일의 징병령 개정'을 참조하길 바란다). 메이지 헌법 제정 당시 준비 작업으로서 소네 아라스케가 '매년 징집 인원 결정권'에 관해 생각한 부분이 참고가 된다.[6] 소네는 다음과 같이 말하였다: '유럽 각국에서는 병사 수에 관해서는 국회의 논의를 거칠 필요가 있다는 내용을 헌법에 명시하고 있다. 하지만 국가를 방어할 방법을 확고히 하기 위해서는, 징집 인원수 결정을 행정권 수장의 권한 내에 속하도록 하여 의회에 "쉽게 이에 참견하는 자가 없도록 할" 필요가

---

5 日本政治学会 編,《年報政治学 近代化過程における政軍関係》(岩波書店, 1989).

6 曾禰荒助,〈四, 軍令 軍政 関係資料 兵制ニ係ル条項〉(《翠雨荘日記》), p. 844.

있다'. 소네가 기초한 헌법 조문은 "평시에 육해군의 매년 징집 인원은 칙령(勅令)[viii]이 정하는 바에 따른다. 단 그해 장정 총원의 7분의 1 이상이 필요하기에 이를 때는 법률(法律)[ix]로 그 비례를 고쳐 정한다"라는 것이었다. 메이지 헌법에는 징집 인원에 관한 기술은 없다. 다만 헌법 제12조에 "천황은 육해군 편제 및 상비 병액(兵額)을 정한다"라는 규정이 있을 뿐이다.

따라서 1879년까지 1년간 징집 인원수가 징병령에 명기되어 온 것은 사실은 일본 징병령에 1831년 벨기에 헌법 등의 영향이 남아 있었음을 보여주는 것이다. 일본 병제 전반에 영향을 미친 프로이센 헌법은 원래 벨기에 헌법의 영향을 받았다고 한다.[7] 벨기에 헌법은 19세기 유럽 헌법에 커다란 영향을 미쳤는데, 군대 징모 방법은 법률로 정하기로 하고 징집 인원은 매년 의결하며 그 병사 수를 정하는 법률은 1년 기한의 효력밖에 없다고 정하고 있었다.

프로이센 군제

프로이센이 일본에 제시한 사례나 경험은 복역 기간이나 병역 면제 조항에만 한정된 것은 아니었다. '상비 병액'이라는 번역어가 당시부터 부여되어 있던 병사 수=군사 예산에 관해 통상 예산과 마찬가지로 의회의 협찬권(協贊權)[x]을 인정해도 되는지가 장차 논제가 될 수 있다는 점을, 프로이센의 사례는 일본 당국에 가르쳐 주었을 것이다.

프로이센 군부는 1860년에 통수권 독립을 꾀하여 군제 개혁안을 하원에 제출하였다. 그 내용을 마스미 준노스케(升味準之輔)의 《비교 정치》가 가르쳐 주는 바에 따라 파악하도록 하겠다.[8] ① 현역 복역 연한을 2년에서 3년으로 되돌리고 ② 후비병을 폐지하고 정규병(현역·예비역)만으로 된 군대로 한다. 이는 군대와 국민의 결합을 약하게 하고 귀족이 압도적 다수를 차지하

---

7 藤田, 《明治軍制》, p. 11.

8 升味準之輔, 《比較政治》(東京大学出版会, 1990), p. 351.

는 장교단에 의한 군대 장악 정도를 다시 높일 것을 의도한 것이었다. 이른바 '신시대 내각'을 지지하고 있던 자유파는 군부와의 타협으로 기울어져서 예산안을 1년간의 잠정 조치라고 하면서도 승인하였다. 이듬해에도 마찬가지 일이 반복되었다. 이러한 '신시대 내각'과 자유파의 자세에 반발한 젊은 의원들이 독일진보당을 결성하였다. 진보당은 1861년 12월 선거에서 약진하여 이듬해 3월에 내각은 무너졌고, 그리하여 9월에 비스마르크(Otto von Bismarck)가 등장하게 된 것이다.

비스마르크 치하에서 상비 병사 수 및 간부 증가는 칙령으로 가능한지, 법률에 따라야 하는지를 두고 다툼이 벌어졌다. 의회는 1862년 10월에 군사 예산 삭감을 요구하면서 정부와 대립하였다. 정부의 견해는 "원래 군대에 관한 사항은 대원수(大元帥)[xi]의 전권에 속하고 의회는 군대 조직·편성에 관해서는 간접적으로 관여하며 예산을 심의할 수 있을 뿐이다"[9]라는 것이었다.

국왕은 칙령으로 예산을 확정하고 이를 통해 집행하는 전권을 내각에 부여함으로써 비로소 육군 편제는 집행권의 독단으로 결행하게 되었다. 이리하여 의회로 하여금 예산을 심의하도록 하지 않는 상태가 4년간 이어졌다. 하지만 1866년이 되어 프로이센이 오스트리아와의 전쟁에서 승리하자 내각과 의회 쌍방이 논란을 끝낼 것을 희망하였다. 내각은 4년간에 걸친 예산 없는 행정의 '책임 해제 법안'을 의회에 제출하고 의회는 이를 승인하는 것으로 타협을 보았다.[10]

한편 1858년부터 하원 의원으로 당선되었던 그나이스트(Heinrich Rudolf von Gneist)[xii]의 견해는 병역 의무는 인적 급부이므로 법률에 따른 규정이 필요하고 이 문제는 예산 문제만으로 환원될 수 없다고 하면서 다음과 같이 정부의 견해와 대립하였다.[11]

---

9 藤田, 《欧米の軍制に関する研究》, p. 484.

10 〈ロエスレル答議, 一八八八年一〇月一五日〉(〈ロエスレル氏答議 会計部三〉, 国学院大学日本文化研究所 編, 《近代日本法制史料集 第3》, 東京大学出版会, 1980), p. 163.

인적 급부인 병역 의무의 총계는 반드시 법률이 규정하는 바에 따라야 한다. 그렇지 않으면 국민의 노역은 한도가 없고, 우리들은 국왕의 신하이자 신민이 아니게 될 것이다. 입헌 정치하의 국민은 법률에 따라 확정된 총 급부에 대해서만 복역할 의무가 있다. 따라서 병사 수 증가 문제가 단지 예산 문제로서 의회에 제출할 수 있는 것이 아님은 명백하다.

하원 의원 시기 그나이스트의 의견은 1888년에 뢰슬러(Karl Friedrich Hermann Roesler)[xiii]가 보기에는 "자유당은 프로이센 헌법을 독일주의로 해석하지 않고 영국주의로 해석하려고 하기 때문이다"[12]라고 자리매김할 수 있는 것이었다.

이러한 그나이스트였지만 그로부터 20년 정도 지난 1882년 시점에서는 헌법 조사차 방문한 이토 히로부미(伊藤博文)[xiv]에게 군대 편제 및 군대 관련 예산에는 의회로 하여금 관여하지 못하도록 해야 한다고 설명한 듯하다.[13] 1885년 시점에서도 후시미노미야 사다나루 친왕(伏見宮貞愛親王)[xv]이 수행원인 히지카타 히사모토(土方久元)[xvi]와 함께 들은 바에 따르면,[14] 통수 사항에 국회의원으로 하여금 관여하지 못하도록 해야 한다는 견해에 이른 것 같다. 이는 통수에 관한 군령 사항도 보통 입법 사항으로 삼는 것을 인정한 슈타인의 의견과도 달랐다.

지금까지 말한 바를 정리하면 다음과 같을 것이다. 첫째, 1832년 프랑스 병제의 영향이 징병령의 병역 면제 규정 등에서 뚜렷하게 확인된다. 둘째, 초창기 징병령에는 1년간 징집 인원수가 명기되어 있었는데 이 점도 당시

---

11 藤田, 《欧米の軍制に関する研究》, p. 484.

12 〈ロエスレル答議, 一八八八年一〇月一五日〉(《近代日本法制史料集 第3》), p. 165.

13 1882년 5월 24일부 마쓰카타 마사요시 앞 이토 히로부미 서한(春畝公追頌会 編, 《伊藤博文伝 中巻》, 統正社, 1943, p. 271).

14 《明治文化全集 第1巻 憲政篇》에 수록된 이마나카 쓰기마로(今中次麿)의 해설(p. 25)을 참고할 것.

유럽 각국 병제 및 상비 병사 수에 관한 관행을 이어받은 것으로 간주할 수 있다. 셋째, 프로이센의 헌법 논란에 관한 지식이 차츰 전해지게 되자 1년간 징집 인원수를 징병령에 기재하는 점에 대한 의문이 발생하고 있었다. 프로이센·독일의 사례는 '전철(前轍)'로서 일본 당국자 앞에 놓여 있었다고 하겠다.

V

대일본제국헌법의 성립까지

여기서는 징병령이 어떻게 수정되어 갔는지에 관해 태정관 포고 형식으로 내려지던 시기와 헌법 발포를 계기로 법률 형식을 띤 시기로 크게 나누어 논해 보겠다. 헌법 발포 한 달 전인 1889년 1월 22일에 공포된 징병령은 법률 제1호의 형식을 띠고 있으므로 VI장 부분에서 다루겠다.

개정 방향

징병령 개정의 요점은 다음의 세 가지로 압축될 터이다. 첫 번째는 인재 풀을 넓히는 것, 이는 곧 조세 부담자를 확보하면서 병역 면제 조항을 점차 줄여 가는 것이다. 두 번째는 병영에서 3년간의 교육·훈련을 마친 병사에 관해 고향으로 돌려보낸 이후의 반(半) 구속 기간(평시에는 그때그때의 복습에 응할 의무, 전시에는 동원에 응할 의무)을 늘리는 것이다. 세 번째는 전시에 동원할 수 있는 예비 장교를 많이 만드는 것이다. '종으로 길러서 횡으로 써'야 하는 것은 병사만이 아니었다. 육군 사관 학교나 해군 병학교(海軍兵學校)[i] 출신 장교는 직업 군인으로서 장기간에 걸쳐 양성해야 할 뿐만 아니라, 전시에는 이들이 제일선 지휘에 나서야 한다. 그 외에 야전대·후비대·보충대 등의 지휘관이나 군의관은 누가 될 것인가. 이를 확보해야 하는 것이다.

위의 세 가지는 실제로 ① 1875년 11월 5일의 개정 ② 1879년 10월 27일의 개정 ③ 1883년 12월 28일의 개정에서 착착 수정된 부분이다. 〈표 1〉(p. 59)에서 확인할 수 있는데, 첫 번째 점에 관해서는 대인료는 1883년의 개정에서 사라졌고 병역 면제 조항은 1889년 1월의 개정에서 전면 폐지되었다.

두 번째 점에 관해서는 처음에 상비 3년, 후비 4년, 합계 7년의 복역 기한이 1879년 징병령에서는 상비 3년, 예비 3년, 후비 4년, 합계 10년이 되었고 1883년 징병령에서는 현역 3년, 예비역 4년, 후비역 5년, 합계 12년이 되어 1889년 징병령에서도 답습되었다. 국가가 유망하다고 본 매년 1-2만 명의 사람들이 12년간에 걸쳐 의무를 수행해야 하는 것이다. 하지만 이렇게 하면 12년 뒤부터는 국가가 12-24만 명의 병사들을 상시 보유할 수 있게 된다. 이는 매년 12-24만 명의 병사들을 한꺼번에 입영시켜서 1년간 교육·훈련을 받도록 하는 것과 숫자상으로는 같지만 군대의 질이라는 점에서는 크게 다르다.

세 번째 점에 관해서는 독일인 군사 고문 멕켈(Klemens Wilhelm Jakob Meckel)[ii]이 주창하였다. 징병제가 학력이 있는 의사·관리·학생 등의 병역을 면제하는 것은 이상한 일이므로 예비 장교 요원으로 이들을 이용해야 한다고 하였다(멕켈, 〈일반 복역을 일본에서 채용할 필요[一般ノ服役ヲ日本ニ採用スルノ必要]〉, 1886년 12월 18일).[1] 더 나아가 멕켈은 이러한 학력이 있는 상류 사람들이 군대에 들어오는 것은 병역을 천한 일로 보는 경향을 타파하는 데도 좋은 영향을 미칠 수 있다고 생각하였다. 이는 1889년 1월의 개정에 전면적으로 도입되어 만 17세부터 26세 이하의 관립 및 부·현립 사범 학교 졸업생에 대해서는 6개월간 육군 현역제(이는 후술하다시피 곧바로 6주간으로 개정되었으며 경비는 관급이었다), 또 중학 졸업 정도로 인정된 자에게는 경비를 자기 부담하기는 하지만 특별한 범주로 현역을 1년으로 마칠 수 있는 1년 지원병제의 길이 열

1 《秘書類纂 兵政関係資料》, p. 103.

려 있었다(제11조).

이 시점에서는 둘 다 지원제였다. 대상이 되는 자들로 하여금 적극적으로 지원하도록 하기 위한 고민도 이루어졌다. 그것은 제21조로 중등학교 이상에 재적하는 자는 본인의 출원에 의해 만 26세까지 징집하지 않지만 만 26세가 넘었을 때는 추첨에 의하지 않고 우선적으로 징집하기로 한다고 일단 겁을 준 뒤, 단 제11조로 지원한 자는 이에 해당하지 않는다고 하는 것이다. 특별한 범주로 현역을 1년으로 마치고 예비역 2년, 후비역 5년 통산 8년의 의무를 부담할 것인가, 아니면 통상적인 병사들과 함께 현역 3년 통산 12년의 의무를 부담할 것인가, 이렇게 되면 전자를 선택하는 이는 늘어날 것이다. 사범 학교 졸업생에 관해서는 1889년 11월의 개정에서 지원제에 6개월간이었던 것을 의무제에 6주간으로 하였다(이를 '6주간 현역병제'라고 한다).

징병령 개정안 심사 과정

한편 이 시기에 어떤 법령이 결정(혹은 개정)되어 포고되기까지는 다음과 같은 절차가 필요하였다. 각각의 개정 당시 논의의 특징을 살펴보기 전에 이 점을 파악해 두도록 하겠다.

① 법령과 관계되는 주무 성, 이 경우에는 육군성에서 기안에 착수하고, 완성된 법률안을 별책에 첨부하여 법률 제정(혹은 개정)이 필요한 이유를 설명한 상신을 태정관에 대해 행한다.

② 다음으로 법제국(1873년 5월 2일-1881년 10월 21일, 1885년 12월 23일-현재) 또는 참사원(1881년 10월 21일-1885년 12월 22일 존속)에 의해 법문으로서 정돈된 형식이 되도록 수정한다. 법제국이나 참사원은 육군성과 협의하면서 내용에 관한 수정도 한 뒤, 완성된 안에 관해 태정관에 상신한다. 이 단계의 법률안은 '내각 측 원안'이라고 불리었다.

③ 내각 측 원안을 원로원(1875년 4월 14일-1890년 10월 20일 존속)이 심사하여 원

안에 불만이 있는 경우에는 원로원 의관 중에서 선출된 자 5-7명을 기초 위원으로 삼았고, 그 위원들이 기초한 안을 심사 대상으로 삼는 경우도 있었다. 1879년 11월의 징병령 개정 등이 이에 해당한다. 원로원은 출석 의관의 다수결로 의안을 심리한 뒤 결정안을 상주한다.

④ 내각 측이 이 원로원 결정에 대해 수정할 필요성을 인정하였을 때 등은, 주로 참사원이 원로원 결정에 대항하여 재수정한 뒤 내각의 판단에 따른 편의 포고(便宜布告)를 하는 경우가 있었다. 이런 경우 원로원으로서는 굴욕적이었겠지만 이미 포고가 끝난 법률에 관해 검시(檢視)한 뒤 그 내용을 상주한다.

후술하다시피 1879년, 1883년 및 1889년의 징병령 개정 당시 내각 측은 편의 포고 형식을 택하고 있다. 그만큼 원로원에서의 논의가 내각 측의 자세와 괴리되어 원로원의 수정을 내각이 용인할 수 없는 사태가 되었다는 것이다. 물론 원로원의 발언력 저하와 맞물려서 진행된 사태이기는 하였다.

1. 1875년 11월 5일의 징병령 개정(태정관 포고 제162호)

육군성 원안

개정을 바라는 육군경 야마가타 아리토모의 품의는 1875년 10월 13일부로 태정대신(太政大臣)에게 제출되었다.[2] 이에 따르면 요즘 군대의 여러 제도는 개폐가 많이 이루어졌기에 현행 징병령과 모순되는 점 등을 개정하고자 한다는 것이었다. 육군성 원안을 심사한 법제국의 판단으로는 "전적으로 중

2 〈徵兵令並同參考改訂ノ儀ニ付伺〉(〈単行書記録 法制局書類 兵制軍律 明治八年自十月至十二月〉, 2A/34-5/単2015, 国立公文書館所蔵). 특별히 단서를 달지 않은 것은 이 사료에서 인용하였다.

보·첨삭·교정에 속하고 대체적인 취지와 관련된 것은 없습니다"라고 간주되었지만, 자세히 들여다보면 원안에는 1873년 징병령과는 다른 부분도 당연히 존재한다.

① 전문(前文)으로 1872년 11월 28일의 '징병 고유'를 처음으로 게재하였다.
② 상비병 면역 개칙(免役概則) 부분에서 병역이 면제되는 키를 "5척 1촌 미만"에서 "5척 미만"으로 낮추었다. 같은 부분에서 면제되는 직업으로 "관·성·부·현에 봉직하는 자"를 "원(院)·성·사(使)·청(廳)·부·현에 봉직하는 자"로 하였다.
③ 국민군의 성격으로서 1873년 징병령에는 있었던 "관내를 수위(守衛)하도록 하는 자"라는 한정이 빠졌다.

①과 ③은 이때는 문제가 되지 않았지만 1879년의 개정 당시에는 문제가 되기에 기억하기를 바란다. ③에서 파생되는 문제점은 아마도 다음과 같을 것이다. 즉, 당시에는 만 17세부터 40세까지의 남성으로서 상비군, 제1 후비군, 제2 후비군(1873년 징병령부터 1883년의 개정까지는 '상비병'이나 '현역'이 아닌 '상비군'이라고 불리었다)으로 분류되지 않은 자가 국민군으로 간주되었다. 그런데 그때 이 국민군이 어떤 경계 내의 경비를 담당하거나 대외 전쟁 시에는 후방의 방비로만 활동할 뿐만 아니라 그 이상이 기대될 가능성이 문구상 생긴다는 점이다. 이처럼 야마가타가 상신한 배경에는 1874년 2월의 사가(佐賀)의 난[iii], '대만 출병'[iv]에 관한 각의(閣議) 결정 문제, 1875년의 운요호(雲揚號) 사건이 있었음은 말할 것도 없을 것이다.

법제국의 대응

한편 법제국은 10월 19일의 대신·참의에 대한 상신 단계에서는 육군성 원안 중 어느 부분을 삭제할 생각이었다. 그것은 1873년 징병령에도 거의 같은 규정이 있었던, 제6장 제17조의 "징병과 관련된 사건에 관해 나이 및 부모·형제의 유무 또는 꾀병 등 거짓말을 하는 자는 관을 속인 죄이다. 만약 호장 혹은 구장(區長)[v]이 조사하여 증인(證印)을 찍은 뒤라면 그 증인을 찍은 관리는 일을 소홀히 한 죄이다. 또한 징병을 속인 것을 숨기는 자는 그 죄가 가장 중할 것이다"라는 부분이다.

징병 기피자나 명부 관리를 맡은 호장의 부정을 경고하는 조문인데 법제국으로서는 민법 영역에까지 간섭한 측면이 있다고 보고 삭제할 것을 상신한 듯하다. 이에 대해 10월 28일에 야마가타는 재차 품의하여 이를 삭제하는 것은 잘못이라고 호소하였다. 그는 말하기를 이러한 조문은 민법과 관계되는 점이 많다고는 하나 법제국을 포함하는 정원(正院)[vi]이 민법과 군율의 경계선을 제시하는 일례로서 이 징병령을 인쇄·반포하기에(육군 측은 징병령 자체가 아닌 징병령 참고를 인쇄·반포하기로 되어 있었다) 군율과 민법의 경계는 문제가 되지 않는다고 반박하였다. 그러면서 제17조는 원안대로 되살려야 한다고 설명하였다. 이에 응하여 법제국이 11월 2일에 행한 상신에서 육군성이 재차 품의한 취지는 딱히 문제가 없으므로 제17조는 되살려도 된다고 판단한 것은 주목된다. 이때는 원로원(1875년 7월 5일에 개원식을 함) 의사에는 회부되지 않았다. 그리하여 앞서 말한 육군 원안의 세 가지 점은 그대로 1875년 징병령의 개정 사항이 되었다.

야마가타의 분노의 대상

징병령 제6장 제17조에서 야마가타는 장정 측이 "관을 속인 죄"=기피 행위와 호장 등 관 측이 "일을 소홀히 한 죄"=부정에 관한 벌칙을 시사하고 있던 셈인데, 그 분노가 유래한 바를 설명해 두고자 한다. 기피나 부정이 횡행하는 것이 국민감정상 무리도 아니라고 여겨지던 것과 무관하지 않다. 따라서 이러한 국민감정에 정당성을 부여하던 논리를 약간 소개하도록 하겠다.

오무라 마스지로의 신뢰를 얻어 오무라 병부대보 밑에서 병부대승으로

취임하여 근대적 병제 창설에 힘쓴 야마다 아키요시는 이와쿠라 사절단(岩倉使節團)[vii]을 수행하면서 유럽 군제에 관해 배운 바가 있어서 1873년 9월 12일에 〈병제에 관한 건백서(兵制につき建白書)〉를 제출하였다.[3] 이는 프로이센의 샤른호르스트의 군제 개혁론을 본뜬 것으로 일본군은 방어군으로 정비해야 한다고 하였다. 이를 실현하기 위해서는 소수의 정병을 장기 재영시키는 징병제를 택할 게 아니라, 다수의 청년 남성에게 단기 군사 교련을 실시하는 한편 간부·하사관의 양성·교육을 효율적으로 하며 국력 증진을 위한 산업 진흥을 최우선으로 하라고 제언하고 있다. 야마가타로서는 야마다가 이러한 논의를 펼치는 것은 유쾌한 일이 아니었을 것이다.

또한 사가의 난 진압 당시 진대병이 부족해지자 사족 소집병으로 이를 채웠다는 점도 징병제가 시작된 시기에는 골치 아픈 문제가 되었다. 1874년 2월 20일에 육군성은 제4·5 군관 부·현에 대해 상비 병사가 부족할 때는 병역 지원자를 소집하도록 시달하였다.[4] '대만 출병'으로 인해 하마터면 청·일이 개전할 지경까지 갔던 1874년에는 위로는 이와쿠라 우대신과 시마즈 히사미쓰(島津久光)[viii] 좌대신(左大臣), 중간으로는 '상무의 기개가 없다'면서 민중을 매도하던 사족, 아래로는 '평민에게 얹혀산다'면서 사족을 매도하던 민중까지 하나같이, 징병제 군대가 아닌 '사족을 병사로!' 해야 한다는 점에서 일치하고 있었음을 밝힌 것이 마키하라 노리오(牧原憲夫)의 《1874년의 대논쟁》[5]이었다. '대만 출병'을 앞두고 도쿄 진대가 임시 징병 소집을 단행해야 했던 사태를 고려하면 사족을 병사로 활용해야 한다는 논의는 여간 야마가타의 골치를 썩였을 터이다.

다만 야마가타가 대표하는 육군으로서 행운이었던 것은 마키하라가 지

---

3 《公爵 山県有朋伝 中巻》, pp. 201-203. 전문(全文)은 由井正臣 外 校註, 《日本近代思想大系 軍隊·兵士》(岩波書店, 1989)에 수록되어 있다.

4 〈太政類典 明治四~十年〉(2A/9/太440).

5 牧原憲夫, 《明治七年の大論争 建白書から見た近代国家と民衆》(日本経済評論社, 1990). 또한 色川大吉·我部政男 監修, 《明治建白書集成 3巻》(筑摩書房, 1986)도 참조할 것.

적하다시피 민권가(民權家)[ix]들이 민중의 병역 기피 열기에 극히 냉담하였고 민중의 의향을 운동 방침으로 받아들이려는 정신이 없었다는 점일 것이다. "'민권'이 국정에 대한 참가권을 주축으로 하는 이상, 국가적인 여러 문제를 자기 과제로 주체적으로 받아들이는 '국민'이야말로 민권가가 추구하는 이상적인 민중의 모습이었기 때문이다. (…) 민권가에게 병역이란 국민의 의무임과 동시에 '국가와 근심과 즐거움을 함께하는 기상'의 가장 명쾌한 발현이고, 그러한 '감위(敢爲) 정신'이 있기에 전제 정부를 타도하고 민권을 실현할 수 있으며 국가의 독립도 확보할 수 있는 것이다."[6]

더 나아가 육군성 병무과가 1874년 9월의 어떤 건백에 대한 회답으로 대신·참의에게 상신한 내용에 다음과 같은 문구가 있다는 점은 주목된다.[7] 옛 사족으로 이루어진 장병(壯兵)에 의지하지 않아 국제적으로 한때 곤경에 처하더라도 장병에 의지하지 않고 징병제로 끝까지 간다는 병제의 일관성을 우선시하는 의지를 읽어 낼 수 있을 것이다.

> 오늘날 오대주(五大洲)가 교통하고 만국이 대립하는 시기에 국력을 균일하게 하고 병권을 통일하지 않으면 무엇을 가지고 그 뜻을 이룰 수 있겠습니까? 이것이 유신 이후 제도를 일신한 이유입니다. 그렇다면 설령 병화(兵禍)가 이어져서 나라의 형세가 곤란해지더라도 어찌 다시 경솔하게 옛 주군의 힘을 빌리고 그 영지(貫屬)를 쓰겠습니까?

1876년 6월에 소폭 개정이 이루어졌다. 하사관 진급에 관한 조문 하나가 추가되었을 뿐이지만 이는 훗날 1879년의 개정에서 원로원 의관들로부터 호된 비판을 받게 된다. 그 조문이란 "독서·산술을 할 수 있는 자는 검사 조례에 비추어 발탁하여 교도단(教導團)[x]에 들어가도록 하고, 졸업한 뒤 하사

---

6 牧原, 《明治七年の大論争》, p. 61.

7 《明治建白書集成 3巻》, p. 866.

관으로 임명한다. 그 학술이 매우 우수하고 특히 품행이 방정한 자도 발탁하여 사관 학교에 전입시킨다"라는 것이었다.

2. 1879년 10월 27일의 징병령 개정(태정관 포고 제46호)

새로운 기피 패턴

1878년 2월 18일의 육군성 상신(육군경은 야마가타)에는 "올해 징병 인원 부족을 상신합니다"[8]라는 말이 보여서, 이 무렵 육군은 병역 면제 해당자를 제외한 징병 연명부(連名簿) 그 자체에 기재된 인원이 적은 것을 한탄하고 있었음을 알 수 있다. 개정할 필요성을 호소한 그해 12월 18일의 육군성 상신 문서에는 각종 공작으로 징병을 면하는 중등 이상의 국민을 "교묘하게 속이는 인민"이라고 말한 구절이 보인다. 이는 1878년에 제20호 포고로 미정년(未丁年, 만 20세 미만)인 자의 분가를 금하여 분가에 의한 징병 기피를 막고자 하였으나 완전히 실패한 것에서 유래한다. '분가'라는 호칭을 형식상 면할 수 있는 '대가 끊긴 집안을 다시 일으킴'이라든가 '데릴사위'라는 새로운 기피 패턴이 생겨나서 여전히 기피가 끊이지 않은 것이다.

육군 측 상신에서 제시된 이유는 한마디로 징병령 명부에 기재된 인원, 즉 선발 분모를 늘린다는 것이었다. 1879년도 징병은 정해진 키에 미치지 못하는 자를 뽑거나 다른 군관에 속한 자로 보충하는 등 비참한 꼴이었다고 육군은 기술하고 있다. 육군성 원안에서 보이는 주된 개정 사항은 다음의 네 가지 점이다.

---

8 〈太政類典 明治十一~十二年〉(2A/9/太653). 특별히 단서를 달지 않은 것은 이 사료에서 인용하였다.

육군성 원안

① 복역 연한을 7년에서 10년으로 늘린다. 상비 3년, 후비 4년을 상비 3년, 예비 3년, 후비 4년으로 고친다.

② 보충병역 90일을 1년으로 늘린다.

③ 치중수졸(輜重輸卒)·간병졸(看病卒)[xi] 및 각 부대의 직공을 새로 징집한다.

④ 면역 개칙에 다시 제한을 가하여 병역 면제 개념을 종신 병역 면제, 평시 병역 면제, 일시 징모 유예로 크게 나누어 정리하였다.

이를 실제로 포고된 징병령과 비교해 보면 ①은 제5·6조 ②는 제46조 ③도 제3조로 실현되었다. ④에 관해서는 앞서 말한 세 가지 면제 개념 외에 '국민군 외 병역 면제'라는 항목이 원로원 측 수정 단계에서 추가되어 네 가지 분류로 실제로 포고되었다.

육군성이 태정관에 징병령 개정을 상신한 것은 1878년 12월 18일이었고, ①-④의 골자를 포함한 개정안이 마련되었다. 이를 법제국이 수정하여 내각 측 원안을 준비한 것이 1879년 4월 29일이었다. 법제국 단계에서 수정 사항은 세 가지 점으로 정리할 수 있다. 이를 담당한 것은 법제국 소서기관 와타리 마사모토(渡正元)였다.[9]

법제국의 수정

⑤ 명칭을 '징병령'이 아닌 '육군 징병령'으로 하였다.

⑥ 면역 개칙의 문장을 다듬고 내용을 손보았다.

⑦ 징병령 부록을 본문에 병합하고 제8장 '징집 인원'의 항목을 두어 1년간 징집 인원수를 본문에 제시하였다.

따라서 내각 단계에서 포고안은 ①-⑦의 형식적 특징을 갖추게 되었다.

9 〈公文録 陸軍省之部二 明治十二年十月〉(2A/10/公2533, 国立公文書館所蔵).

형식적인 개정 사항을 파악하였는데, 그 외에 내각 측 원안에서 보이는 특징은 다음의 두 가지이다.

첫째, 이 단계에서 육군도 법제국도 대인료를 완전히 폐지할 생각이었다는 점이다. 이에 해당하는 조문은 존재하지 않았다. 둘째, 이 단계에서는 1875년 11월에 징병령이 개정되면서 첫머리에 실린 것과 같은 선유(宣諭)가 존재하였다는 점이다. 이 두 가지는 전부 원로원 단계에서 뒤집어졌다.

'폐회 기간이 없는 입법 기관'이라고 할 수도 있는 원로원에 내각 측 원안이 부의(附議)된 것은 1879년 6월 23일이었다. 원로원은 이 원안에 만족하지 않고 기초 위원 5명을 선출하여 독자적인 포고안 심의에 들어갔다. 이리하여 4개월간 10차례의 회의를 거쳐 원로원 측이 결정한 포고안의 특징은 어떠하였는가.[10]

원로원 안의 특징

① 내각 원안에는 있었던 전문의 선유를 삭제하였다.

② 명칭을 그대로 '징병령'으로 하였다.

③ 복역 기간 부담을 줄이는 방향으로 몇 가지 수정을 하였다.

예를 들어 내각 원안 제2조 제2항(근위병 발탁 조항) 뒤에 "하지만 근위로 재영한 지 2년 6개월이 지나 귀향을 청하는 자는 이를 허락하여 예비군에 편입해야 한다"라는 단서를 달았다. 또한 제2조 제4항(하사관 발탁 조항) 뒤에도 "단 임관 시에 이를 사양하는 자는 본 조항에 해당하지 않는다"라는 단서를 달았다. 이는 근위나 하사관으로 발탁할 경우 당사자에 대한 부담이 늘어날 것을 우려하여, 실질적으로 조문을 빠져나갈 길을 마련한 것이라 하겠다.

④ 군대의 규모를 늘리지 못하도록 국정(國情)에 맞는 국방을 제언하였다.

---

10 〈徵兵令及ヒ近衛兵編制改正案〉(《元老院会議筆記 前期第7巻》).

원로원 회의에 출석을 요구받은 내각 측 설명원과 의관 사이에 격론이 벌어진 문제 중 하나가 제8조(국민군의 성격에 관한 조항)였다. 내각 측 원안에는 "국민군은 상비군·예비군·후비군 외에 전국 남성 17세부터 40세까지의 인원을 병적에 기재해 두었다가 전시에 임하여 시기에 따라 대오로 편성하는 자로 한다"라고 된 것을, 원로원 최종안에서는 이 국민군은 "국내 수위"를 위한 것이라고 제한을 두었다.

이러한 수정을 본 내각 측 설명원 와타리 마사모토는 "본 조항의 '국민군 운운'은 원안과 본안 사이에 현저한 차이가 있다. 또한 매우 중대한 사항이므로 반복하여 이를 토론해야 한다. 본안과 같다면 가령 어떠한 경우라도 국민군은 국내를 수위하는 데 그치고 이를 해외로 보낼 수 없는 것이다"[11] 라고 물고 늘어졌다. 그러자 의관 나카지마 노부유키(中島信行)[xii]는 "국민군을 일으켜 개전해야 할 목적은 무엇인가. 일본의 경황을 관찰하건대 대군을 동원하여 외정을 할 것이 아니다. 우리 해안에는 아직 포대(砲臺) 한 곳도 보이지 않는다. (…) 그런데 국민군을 동원하여 외국을 취한다는 것은 헛되이 꿈만 같은 이야기를 하는 것과 마찬가지이다"[12]라고 응수하고 있다.

원래 이 조항은 그때까지도 수정을 거쳐 온 것이었다. 1873년 징병령에는 "국내 수위"에 가까운 문구, 아니 그보다 더 좁게 범위를 한정한 "관내 수위"라는 문구가 들어 있었다. 그것이 1875년 11월의 개정 시에는 이처럼 한정하는 문구가 빠져 있었다. 이 점을 원로원은 놓치지 않은 셈이다.

⑤ 실질적으로 병역 면제 범위를 넓혔다.

내각 원안에는 "국민군 외에 병역을 면제한다"라는 항목은 없었고 호주나 독자·독손 혹은 조부모를 이을 손자 등도 단지 평시 병역 면제 항목에 들

11 위의 책, p. 397.

12 위의 책, p. 399.

어가 있었다. 내각 원안에 따르면 전쟁이 일어나면 호주라도 면제받지 못하는 것을, 전시에도 최악의 경우 국민군(즉 17-40세 남성의 일반적 의무)만 요구하는 수준으로 수정하였다.

⑥ 내각 원안에는 없었던 대인료를 되살렸다.

바람직한 병제의 개념

원로원 의관들은 예사롭지 않은 정열을 가지고 위와 같은 방향에서 수정을 가하였다. 그러한 정열을 뒷받침한 '바람직한 병제' 개념은 어떠한 것이었는지 조금 생각해 보자. 첫 번째로 ③, ⑤에서 병역 부담 완화를 꾀하는 이유로서 고노 도가마(河野敏鎌)[xiii]가 논의 중에 "본관은 언제나 징병을 고역이라고 생각하므로 다소 이를 관대하게 한 것이다"[13]라고 솔직하게 말하는 것 같은 정신을 들 수 있다. 또한 사노 쓰네타미(佐野常民)[xiv]는 "정부가 만약 화족(華族)[xv]·사족을 솔선하여 유도한다면 평민도 반드시 이쪽으로 나아갈 것이다. 지금은 그렇게 유도하지 않고 단지 법망을 촘촘히 하여 이를 뽑는다. 필시 훗날을 위해 불가할 것이다"[14]라고 발언하였다. 이와 마찬가지로 사노가 "설령 이치와 감정에 반하더라도 사람으로 하여금 영예심이 일어나도록 하고 스스로 분발하여 나아가도록 하는 길을 열기" 위해, 예를 들어 "지존(至尊)의 호위인 근위병 등은 그 만기 귀향할 때 별도로 응당한 금전을 지급하거나 혹은 그 명예로 삼을 만한 것을 얻도록 하는 방법을 마련하여 유도한다"[15]라고 제언한 것이 참고가 된다.

즉, 어찌 되었든 고역이므로 완화해야 한다는 생각과 법을 엄격히 하여 기피자에게 법망을 씌운다는 발상만 고집하지 말고 상층 계급을 군으로 잘

---

13 위의 책, p. 476.

14 위의 책, p. 357.

15 위의 책, p. 563.

끌어들여 모범으로 이용하면서 평민의 명예심에 호소하는 방법을 고려해야 한다는 생각, 이 두 가지 생각이 원로원 의관들 사이에 있었던 것처럼 생각할 수 있다. 제1차 세계대전 당시 영국·독일의 귀족이나 상류 계급이 앞장서서 지원하여 장교로 종군한 것 같은 사례를 떠올리면 되지 않을까.

두 번째로 교육이 불충분한 평민들로부터 억지로 하사관을 발탁하고자 세세한 법률을 만들기보다는 공립 중등학교 등에 군대 교련 과정을 마련하면 어떠한가 하는 생각이 존재하였다. 나카지마 노부유키가 "평시에 무예를 연습하도록 한다면 이미 그 복역을 줄일 뿐만 아니라, 일단 유사시에 임하여 전국을 대거 동원하는 전쟁이 있더라도 교육하지 않은 백성들을 몰아서 전투에 종사하도록 하는 참혹한 짓"[16]을 하지 않아도 된다고 발언한 것 등은 이러한 입장을 대표하는 것이라고 이해할 수 있다.

이러한 발상이 내각 측과 크게 어긋났음은 당연한 일일 것이다. 내각 원안의 제2조 제3항(교도단 및 사관 학교에의 발탁 편입 조항)은 "독서·산술을 할 수 있는 자"를 **군이** 발탁하여 교도단에 들어가도록 하고, 더 나아가 교도단을 졸업한 뒤 "학업이 매우 우수하고 특히 품행이 방정한 자"를 **군이** 발탁하여 사관 학교에 들어가도록 한다고 되어 있었다. 이것을 원로원은 수정 최종 결정안에서 **사관 및 하사관이 되고자 지원하는 자**를 두 학교에 들어가도록 한다고 수정하였다. 군이 '자유'롭게 고를 수 있는지 아니면 지원자의 의사를 받아들이는 입장에 설 수밖에 없는지는 군으로서 큰 차이였을 것이다. 내각 측 설명원 와타리 마사모토는 "원래 하사관은 편대의 관건이고 필요 불가결한 것이다. 1,000명의 졸(卒)은 얻기 쉬워도 1명의 사(士)는 얻기 어렵다. 따라서 원안에 이것["학업이 매우 우수" 또는 "독서·산술을 할 수 있는 자"라는 한정을 가리킨다—저자 주]을 기재하여 평소에 그 교육이 필요한 것이다"[17]라고 재촉하였지만, 의관들은 귀를 기울이려 하지 않았다.

---

16 위의 책, p. 603.

17 위의 책, p. 383.

장교나 하사관을 보통의 징집병으로부터 정선·발탁하여 얻으려는 내각 측의 발상은, 1877년 서남전쟁(西南戰爭)[xvi]의 곤경 속에서 야마가타가 파악한 경험적 법칙일지도 모른다. 1877년 3월 5일에 야마가타 참군(參軍)[xvii]은 각 여단 사령장관에게 "일전부터 관군의 각 격전지에는 사관 이하의 사상자가 많아서 지금 이를 보충하려고 해도 그 보충할 사람은 사관의 결원은 하사관으로부터, 하사관의 결원은 병사로부터 정선·발탁하여 그 임무를 맡길 수밖에 없다. 이제 정토 총독(征討總督)의 명으로 임시로 각 부대에 대해 크게 보충하는 바가 있고자 하므로" 적당한 자를 정선하도록 유의해 달라고 명하고 있다.[18] 원로원의 수정이 집중한 곳이 근위병이나 하사관 발탁 조항이었다는 점은 시사적이다. 유신의 무훈(武勳)이 있는 원로원 의관들로서는 평민 징집병이 장교나 하사관이 되는 게 불쾌하였을 것이고 또 진대병이나 지원 소집으로 들어온 사족들의 자리가 줄어드는 것도 우려할 만한 일이었을 것이다.

태정관의 재수정

원로원은 위와 같은 결정안을 1879년 10월 23일에 징병령 포고안으로 상주하였다. 이에 대해 태정관은 재수정을 할 것을 결의하고 10월 27일에 포고하였다(제46호). 이 당시 육군경은 사이고 쓰구미치였다. 원로원 결정안이 어떻게 재수정되었는지 확인해 둘 필요가 있을 것이다. 우선 원로원의 의향이 관철된 점을 들어 보겠다.

① '징병령'이라는 명칭.

② 전문에 선유를 싣지 않았다.

③ 제2조 제3항(사관 학교 및 교도단 입학 자격)에서 내각 원안에는 있었던 "독서·산술"을 할 수 있는 자 운운의 한정은 삭제되었고 두 학교에는 사관 및 하

---

18 松下, 《明治軍制史論 上卷》, p. 474.

사관이 될 것을 "지원하는 자"가 들어가게 되었다.

④ 제28조에 "국민군 외에 병역을 면제한다"라는 조항을 마련하여 실질적 면제를 확대하였다.

⑤ 제64조의 대인료.

이어서 내각 원안으로 되돌린 점을 들어 보겠다.

① 제2조 제2항(근위병 발탁)의 "하지만 (…) 귀향을 청하는 자" 이하의 단서를 삭제하였다.

② 제2조 제4항(하사관 발탁)의 "단 임관시에 이를 사양하는 자" 이하의 단서를 삭제하였다.

③ 제8조(국민군의 성격)에 관해 "국내 수위"를 삭제하였다.

내각이 원로원에 양보한 것은 장교·하사관 교육에 관한 것과 병역 면제 및 대인(代人) 문제라는 두 가지였다. 마지막까지 내각이 양보하지 않은 것이 군 측 입장에서의 발탁과 국민군의 성격 규정이었다는 점은 흥미롭다. 그 후의 개정 절차에서 원로원과 내각 측 공방을 감안하면 이 해의 원로원 수정은 비교적 큰 의의가 있는 것이었다고 할 수 있겠다. 사실 태정관 포고의 문구에는 "징병령에 관한 종전의 포고·시달 및 지령은 전부 폐지"한다고 되어 있었다. 원로원 의관들의 면면을 보면 아직 야마가타나 사이고 쓰구미치의 마음대로 되지는 않았음을 알 수 있다.

천황의 자순

이번 개정은 원로원과 내각 측이 격렬한 공방을 벌였다는 점에서 눈에 띄지만 천황이 취한 행동이라는 점에서도 주목된다. 《메이지 천황기》 4권[19]

19 宮内庁 編,《明治天皇紀 4巻》(吉川弘文館, 1970), pp. 789-790.

에 따르면 이 개정안이 원로원에 부의된 6월 무렵에 시보(侍補)[xviii]와 궁내성(宮內省)[xix] 어용괘(御用掛)[xx]에게 의견을 물었고 시보 사사키 다카유키와 요시이 도모자네가 6월 19일에 봉답하였음을 알 수 있다. 요시이는 사쓰마 출신이고 1868년에 신정부의 군무관 판사가 되어 무진전쟁 당시 에치고(越後) 방면에서 싸운 공적으로 영세록(永世祿)[xxi] 1,000석을 받은 경험이 있으며, 1877년부터 시보가 되어 있었다.

더 나아가 천황은 어용괘 이지치 마사하루에게도 자순(諮詢)하고 있다. 이지치도 사쓰마 출신이고 1868년에 도산도(東山道) 선봉 총독부(先鋒總督府) 참모가 되어 아이즈와카마쓰성(會津若松城) 함락 당시에도 그곳에 있었고, 그 공적으로 영세록 1,000석 및 300량을 받았다. 징병령이 제정되기 전에 육군뿐만 아니라 해군도 각 번에서 양성해야 한다면서 집의원의 논의에 분개하여 가고시마로 돌아가 버린 인물로도 알려져 있다. 이러한 경위가 있는 인물에게 의견을 구하고 있다는 점이 흥미롭다. 7월 25일에 이지치는 '징병령 윤색 부의(徵兵令潤色ノ附議)'라는 제목으로 상주한 바가 있었다. 그 요지는 세 가지로 정리할 수 있다. 첫 번째는 각 학교 생도들에게 연병식(練兵式) 혹은 유도·검술을 익히도록 한다는 점이다. 두 번째는 오보(伍保) 제도를 마련하여 상호 구제하도록 한다는 점이다. 세 번째는 각 지방에 호향병(護鄕兵)을 두어 경호를 엄히 하고 병영의 실황을 알도록 한다는 점이다. 이지치의 의견은 원로원 의관 나카지마 노부유키 등과 가까운 것이라 할 수 있겠다.

니시 아마네의 병부론

한편 1875년 징병령에서 이번 개정까지의 기간에서 주목할 만한 논의로는 니시 아마네를 들 수 있다.[20] 니시는 '병부론(兵賦論)'이라는 제목으로 1878년 9월 15일부터 약 3년간에 걸쳐 육군 장교들에게 강연하고 있다. 이는 1878년

20 大久保利謙 編,《西周全集 3巻》(宗高書房, 1966), p. 20.

10월 20일부터 1881년 2월 27일에 걸쳐《내외병사신문(內外兵事新聞)》에 게재되기도 하였다. 니시는 "이번에 일단 국회가 생기는 날에 이른다면 육군의 일로서 가장 먼저 의회의 목표가 될 것은 곧 의제(議題)인 병부라는 점은 새삼 말할 것도 없이 알 수 있는 바이다. 이를 요약하여 말하자면 다름 아닌 육군 정액(定額)의 많고 적음과 징병의 이해(利害)이다"라고 말을 시작하고 있다.

여기서 '정액'이란 병사 수를 가리키는 것이다. 논의는 다방면에 걸쳐 있었지만 굳이 요약하자면 니시도 현행과 같은 소수정예 및 장기 재영주의 징병제를 긍정하지 않았음을 알 수 있다. 그리고 상당히 구체성이 있는 개선안을 제언하고 있다. 지금부터 니시의 논의를 보도록 하자. 현재의 장정에서 병약자 수를 제외하면 약 30만 명이라고 예상할 수 있다. 현행 징병령에 따라 입영하는 자는 1년에 2만 5,000명, 이들의 복역 기간은 1년 4개월로 잡겠다.

그러면 나머지는 27만 5,000명이 되는데, 이들을 니시는 "경비를 자기 부담하여 자습하는 병정"으로 명명하고 복역 기간을 6개월로 하여 첫 3개월은 조련하는 데 쓰고 그다음 3개월은 토목·초병(鍬兵)[xxii]·운수 사업의 실지 훈련에 할당한다고 하고 있다. 니시의 안이 지극히 현실적이라는 것은 27만 5,000명을 태어난 연·월별로 둘로 나누어(1-6월과 7-12월로) 13만 7,500명을 전국의 영소(營所) 55곳에 분산한다면, 즉 55로 나누면 2,500명씩이 되는데 각 영소로서도 이 정도라면 수용할 수 있고 이는 1개 연대를 편성하기에 충분한 인원수도 된다고 논하는 점에서도 알 수 있다. 27만 5,000명을 훈련하는 대신 육군이 부담해야 하는 경비는 3개월간의 식량과 장비 및 충분한 수의 교관 비용 정도일 것이다. 그리고 이러한 비용을 나머지 3개월간의 실지 훈련 기간에 벌자는 것인 듯하다.

이는 안(案)으로서는 상당히 잘 만들어져 있다고 생각된다. 국회 개설 후 육군의 곤경을 예측하여 가능할 법한 선택지를 육군 장교들 앞에 제시해 두었다고 자리매김할 수도 있을 것이다.

3. 1883년 12월 28일의 징병령 개정(태정관 포고 제46호)

호적을 어떻게 할 것인가

1883년의 징병령 개정에 관해 말하기 전에, 그 전사(前史)라 할 만한 육군경 오야마 이와오가 태정대신 산조 사네토미에게 보낸 〈징병에 관한 건의(徵兵の儀に付建議)〉(1881년 9월 27일)[21]를 보도록 하겠다. 그 대략적인 의미는 다음의 세 가지로 요약할 수 있다.

징병법은 민법과 밀접한 관계가 있음은 물론인데 "오늘날에는 호적이 정밀하지 않은 것을 틈타" 병역 면제 조항을 꾸며 내거나 도망·실종 등 징병 기피의 폐해가 끊이지 않는다. 이러한 폐해를 제거하고 지방관의 책임을 무겁게 하는 법을 마련하지 않으면 징병법만 거듭 개정하여도 효과를 거둘 수 없다. 따라서 ① 호적법을 개정하여 호장만 호적을 추가·삭제할 수 있는 현행법(1878년 태정관 제32호 시달에 따라 호장의 직무 중 호적 추가·삭제를 포함하여 그때까지 부·현청이 관장하던 것을 해제하였다. 게다가 호장도 관선이 아닌 민선이 되었기에, 호장은 주변 인민들의 의향에 무관심할 수 없었다)을 폐지할 것 ② 도망·실종자를 그대로 두지 않고 추적하여 처분할 수 있는 방법을 만들고, 도망자가 탄광 등으로 흘러 들어가는 것을 막기 위해 광산 회사 사장이나 광산주로 하여금 갱부를 고용할 때 이름·나이·주소를 상세히 기록한 신고서를 제출하도록 할 것 ③ 지방청에 징병을 전문으로 담당하는 징병과를 설치할 것, 위의 세 가지에 관한 조치를 태정관에 희망한 것이다.

이와 함께 1882년 12월 1일에 육군경 오야마는 부·현 징병 비교표를 태정대신 산조에게 제출하여 각 부·현 장정 총수와 징병 합격자와의 비율이 전국적으로 균일하지 않음을 보이면서 이는 지방에서 징병법 시행이 아직 적절하지 않고 징병 사무 담당 관리의 책임이 가벼우며 그 인물도 부족하

---

21 〈参事院 十六年 決裁録 陸軍 完〉(2A/34-2/単1534, 国立公文書館所蔵). 이하, 특별히 단서를 달지 않은 것은 이 사료에서 인용하였다.

기 때문이라고 진술하였다.[22] 이에 산조는 그날부로 각 부·현 장관에게 해당 표를 송부하면서 병역 복무자의 비율을 전국적으로 균일하게 하기 위해 각 부·현 장관이 노력하도록 훈시하였다.

한편 육군성의 위의 건의를 심사한 것은 참사원이었다. 다소 시간이 지나 1883년 1월 16일부로 참사원의 감사 보고가 태정관·참의 회의(回議)에 제공되었다. 참사원의 회답은 다음과 같았다.

참사원의 회답

①에 관해서는 현재 각의도 호적 규칙을 개정하는 방향으로 움직이고 있고 또 관리를 엄격히 하는 방향에서 자의적인 억제가 가능하므로 이 점에 관한 건의는 받아들이지 않는다.

②에 관해서는 형법에 도망·실종 죄가 없다는 점과 징병 적령자만을 위한 법을 만드는 것은 곤란하다는 점에서 징병 조사법을 엄밀히 하고 징모에 응하지 않는 자에 관한 벌칙을 징병령 내에 만드는 것이 적당하며 육군이 건의하는 것 같은 방책은 굳이 강구하지 않는다.

③에 관해서는 오늘날 병사(兵事)에 관한 사무가 늘어나고 있음에도 불구하고 그 사무를 전담하는 과는 없고 서무과 호적계가 겸무하는 상황이다. 심지어 그 관리는 징집에 관한 지식도 없고 책임을 충분히 발휘할 수도 없을 최하급 관리가 담당하는 것이 현실이다. 따라서 앞으로 병사과를 두는 것은 지극히 적당하다고 인정된다.

이처럼 참사원의 회답은 육군의 건의 중 세 번째인 병사과 설치 건의만 인정한 것이었다. 그해 1월 19일에 태정관·참의에 의한 각의도 이를 승인하여 지방청에 병사과를 설치하는 건은 상주 후 재가되어 결정되었다(그해 1월 23일 태정관 시달). 하지만 첫 번째와 두 번째 건의도 받아들여지지는 않았

---

22 宮内庁 編,《明治天皇紀 5巻》(吉川弘文館, 1971), pp. 828-829.

지만 실질적으로는 실현되었다.

호장 공선

우선 첫 번째 점에 관해서는 1884년 5월 7일에 호장을 부지사(府知事)·현령(縣令)[xxiii]이 선임하게 되면서 민선이 폐지되고 관선제가 부활하였다. 앞서 "호적 규칙을 개정하는 방향으로 움직이고 있고"라고 쓴 점에 관해 확실히 태정관은 호적 제도의 실정을 조사하고 지방관의 의견도 청취하면서 호적 규칙안을 책정하여 1882년 7월에 원로원에 부의하였다. 그리고 원로원도 이를 '호적법'으로 고쳐서 가결하였지만 재정상의 이유에서 실현되지 않았다. 1886년이 되어 일련의 호적 관련 법이 정비되었는데, 바로 9월의 '출생·사망·출입·거류자 신고', '호적 취급 절차'(둘 다 내무성령[內務省令])와 10월의 '호적 등기 서식'이다. 이러한 법에 따라 호적 기재 절차를 정비하고 부·현청에 의한 호적 사무 관련 감독 강화를 꾀하였다고 하겠다.

기피자에 대한 벌칙

두 번째 점에 관해서는 징모에 응하지 않는 자에 관한 벌칙이 징병령 내에 어떻게 추가되어 왔는지를 여기서 잠깐 돌아보고자 한다. 1873년 징병령 단계에서는 제6장 '징병 잡칙(雜則) 및 취급' 제18조에 사기에 의해 징병을 면하고자 한 자는 신율강령(新律綱領)[xxiv]에 따라 심판받는다는 규정이 있었다. 이는 1875년 징병령에서도 제6장 제17조에서 답습되고 있다("신율강령"이라는 부분은 "상률[常律]"로 고쳐져 있다).

그런데 1879년의 개정에서는 다소 엄격함이 더해지고 있다. 제7장 제66조 규정은 종전의 상률에 따른 처분을 답습한 것이지만, 이어지는 제67조에서는 징집을 기피하는 자, 신고를 게을리한 자에 관해서는 "이듬해에 순번이 돌아오는 자에 앞서서 입영시켜야 한다"라는 징벌적 징집이 보이게 된다.

더 나아가 지금부터 말할 1883년의 개정에서는 징벌적 징집(제6장 제41조),

필요한 신고를 하지 않는 자나 일정한 시간에 모이지 않는 자에 관한 벌금(3엔 이상 30엔 이하, 제6장 제43조), 사기에 의해 징병을 기피하고자 한 자에 관한 중금고(重禁錮)[xxv] 및 벌금(1개월 이상 1년 이하의 중금고 및 3엔 이상 30엔 이하의 벌금, 제6장 제44조)이라는 삼중 방어로 병역 기피죄를 정하여 기피가 줄도록 하였다.

한편 육군성이 정식으로 징병령 개정을 태정관에 품신(稟申)한 것은 1883년 9월 6일의 육군경 오야마 이와오의 상신에 의해서였다.[23] 상신 당시 육군성에서 기안한 개정 원안 및 개정이 필요한 이유가 첨부되어 있었다. 육군 측은 1882년 11월 24일에 궁중에 지방 장관들이 소집되어 군비 확대 및 지조(地租)[xxvi] 증징에 관한 칙어(勅語)[xxvii]가 내려진 사실을 최대한 이용하여 설명하려 하고 있었다. 말할 것도 없이 이러한 움직임의 배경에는 1882년 7월의 임오군란(壬午軍亂)이 있었고 야마가타 등은 대청 군비 확대에 착수할 필요성을 〈육해군 확장에 관한 재정 상신(陸海軍擴張に關する財政上申)〉(그해 8월)에서 설명하였다. 이에 응하여 참사원도 육군 원안을 심사하였고 1883년 10월 23일부로 참사원 의장 야마가타 아리토모 명의로 태정대신에게 "본건은 군비상 부득이한 일이고 오늘날의 형세에서는 신속히 개정하셔야 하며"라고 하면서 참사원 의안을 첨부한 찬성 상신을 하였다. 이 상신 및 참사원 수정안은 1883년 10월 30일에 대신·참의의 동의를 얻은 뒤 11월 1일에 재가가 청해졌다.

참사원에서의 수정

참사원 수정안 단계에서 개정 골자를 들어 보겠다. 대괄호 안은 실제로 성립한 징병령의 해당 조항이다.

---

23 〈公文録　明治十六年　陸軍省十二月全〉(2A/10/公3552). 또한 〈公文類聚　明治十六年〉(2A/11/類101, 国立公文書館所蔵).

① 복역 연한을 2년 늘려서 합계 12년으로 하였다. 예비병역을 3년에서 4년으로[제3조], 후비병역을 4년에서 5년으로 하였다[제4조].

② 대인료를 전면 폐지하였다.

③ 불치병이 있거나 불구인 자 외에는 가정 사정 등의 조건에서 병역 면제는 인정하지 않고 유예제로 한다[제3장 '병역 면제 및 유예'].

④ 징병령에 징집 인원수를 싣지 않는다.

⑤ 중죄로 처벌받은 자는 병역에 복무시키지 않는다[제7조].

⑥ 일정 계급 출신의 교육받은 자를 뽑는 길을 열었다. 즉 나이가 만 17세 이상 만 27세 이하이고 관립 및 부·현립 학교 졸업 증서를 가지고 있으며 경비를 자기 부담할 수 있는 자이다(1년간 육군 현역)[제11조].

⑦ 병역 기피죄를 제정하였다[제44조].

⑧ 재향 병사의 평시 소집 및 간열 점호제를 제정하였다[제13조]. 1879년 징병령에서는 기예 복습을 위해 1년에 한 번 둔영(屯營)에 소집한다는 규정밖에 없었다. 평시 소집을 1년에 60일 이내 소집으로 하고, 더 나아가 실사를 위해 간열 점호를 추가하였다.

부아소나드의 답의

고쿠가쿠인대학(國學院大學) 도서관에 소장된 〈이노우에 고와시[xxviii] 관계 문서(井上毅關係文書)〉에는 1883년의 〈문관 병역 면제에 관한 답의(文官兵役免除ニ關スル答議)〉가 들어 있다.[24] 부아소나드(Gustave Émile Boissonade)[xxix]는 "프랑스에서 문관이라는 이유로 병역을 면제받는 자는 두세 종류의 직무에 불과하다. 즉 평화 시에 공익상 다소 병역과 이익이 같은 직무에 종사하는 자에 불과하다. 예를 들어 공중 교육에 종사하여 10년간 봉직하기로 약속한 자" 정도라고 하고 있다. 지금까지 국민군으로 뽑힐 가능성 외에는 병역 면제였던 관리, 부현회(府縣會)[xxx] 의원, 관·공립 학교 교원에 관한 면제 철폐에 즈

24 国学院大学日本文化研究所 編, 《近代日本法制史料集 第8》(東京大学出版会, 1986), p. 136.

음하여 부아소나드에게 답의를 구하였을 것이다.

원로원에서의 수정

한편 이러한 내용을 골자로 하는 참사원 수정안(이하, '내각 원안'이라고 하겠다)은 그해 11월 2일에 원로원에 부의되었다. 원로원에서는[25] 내각 원안의 ②, ③이 너무 가혹하다면서 이를 완화하는 몇 가지 수정을 하였다. 또한 ④에 관해 현행 징병령에는 1년간 징집 인원수가 실려 있는데, 여기서 이를 삭제하고자 하는 의도를 납득할 수 없다는 의견이 제기되고 있다. 우선 전자의 문제에 관해 원로원의 수정을 보도록 하겠다.

① 1년간 육군 현역을 정한 제11조에 다음과 같은 제2항을 마련하여, 유산자나 상류 계급인 자가 비천한 자와 동일한 병사 취급을 받는 것 같은 사태가 발생하지 않도록 하였다. "나이가 만 17세 이상 만 20세 이하이고 현역 3년간 식량·피복 등의 비용 300엔을 납부하는 자 또한 동일하다." 대인료를 전면 폐지하는 것을 대신할 수 있는 항목으로 이러한 제2항을 두었다는 점이 흥미롭다.

② 제17조의 내각 원안인 "위에 게재하는 자는 징집을 유예한다. 단 그해의 보충 인원이 부족할 때 (…) 이를 징집한다"를, "위에 게재하는 자는 징집을 유예한다. 단 **그해의 현역 징집 인원** 및 그 보충 인원이 부족할 때 (…) 이를 징집한다"라고 수정하고 있다. 한정을 많이 달아 둠으로써 실질적으로 병역이 면제되는 층을 늘리고자 하고 있다.

다음으로 후자인 징집 인원을 명기하지 않는 점에 관해서는 어떠하였을까.

---

25 원로원의 논의에 관해서는 〈徵兵令改正ノ儀〉(明治法制経済史研究所 編, 《元老院会議筆記 後期第18巻》, 元老院会議筆記刊行会, 1974)를 참조할 것.

③ 내각 원안 제3조는 "상비병역은 현역 및 예비역으로 구분한다. 현역은 3년이고 나이가 만 20세에 이른 자가 이에 복무하며, 예비역은 4년이고 현역을 마친 자가 이에 복무한다"라는 문구로 끝나고 있지만, 그 뒤에 "단 현역병 수는 별도로 포고(布告)로 정한다"라는 단서를 추가하고 있다.

이 점에 관해 원로원 의관 미쓰쿠리 린쇼(箕作麟祥)[xxxi]는 "현행령 제8장에 정원을 공시하고 있지만, 이러한 것은 각국 징병령에서 유례를 찾아볼 수 없는 것이라고 본다. 생각건대 징병령은 그 이름에 드러나는 것처럼 곧 병사를 불러 모아 뽑는 법률이기 때문이다. 따라서 현행령에 정원을 공시하는 것은 애초에 잘못이다. 하지만 본안 제8조와 같이 이를 막연하게 할 때는 행정관이 그때그때 처분하는 것에 맡기는 폐단이 있는 것이다"[26]라고 의관들의 주의를 환기하면서 내각 안에 반대하고 있다. 병사 수를 현행령까지 실어 온 것은 법령 형식으로서는 적절하지 않았지만 그 수를 어느 선에서 한정하지 않으면 행정관의 자의로 얼마든지 늘어날 위험성이 있으므로 견제할 계기를 남겨 둬야 한다는 의견이다. 원로원은 대체로 위와 같은 수정을 한 뒤 그해 12월 22일에 결정안을 상주하였다.

참사원의 재수정

이에 대해 내각 측, 즉 참사원은 참사원 의장 후쿠오카 다카치카(福岡孝弟)[xxxii] 명의로 그해 12월 27일에 "별지 원로원이 논의하여 정한 뒤 상주한 징병령 개정의 건을 심사하였더니 각 조항 중 바람직하지 않은 점이 있으므로, 부전(附箋)을 달아 수정한 대로 포고하셔야 할 것입니다. 이를 상신합니다"[27] 라고 태정대신에게 상신하여 원로원 수정을 거절할 것을 제의하였다. 그리고 이 제의, 즉 참사원 재수정안이 징병령 개정 결정안이 되었다. 원로원이

---

26 위의 책, p. 765.

27 〈公文類聚 明治十六年〉(2A/11/類101).

가한 ①부터 ③까지의 수정은 전부 삭제되고 내각 원안으로 되돌려졌다. 앞서 본 내각 측 원안의 ①부터 ⑧까지에 관해서는 전부 그대로 징병령이 되었다. 12월 28일에 편의 포고되었고 이듬해인 1884년 1월 16일에 원로원의 검시를 거쳤다는 취지의 상주[28]가 이루어졌다.

1년간 징집 인원을 징병령에 명기하는지 아닌지의 문제는 IV장 '프랑스·독일의 영향'에서 1860년의 프로이센의 논란에 관해 거론한 것처럼 상당히 큰 문제이다. 원로원과 참사원의 공방을 재확인해 두면 참사원은 원로원의 단서를 삭제할 당시 "오늘날 법률로 현역 병사 수를 확정하는 것은 이른바 교주고슬(膠柱鼓瑟)[xxxiii] 식의 융통성 없는 제도라고 해야 한다. 이것이 현행 징병령에 있는 것을 특별히 삭제하고 원안에 삽입하지 않은 이유이다"[29]라는 부전을 달고 있다. 국가가 1년에 징집할 인원을 법률이나 이와 유사한 포고로 정해 두는 것과 칙령 하나로 늘리거나 줄일 수 있도록 정해 두는 것 중, 후자가 군사 당국자로서는 자유도가 더 높아진다는 것은 알기 쉬운 논리이다.

따라서 이 1883년의 개정에서 1년간 징집 인원에 관해 징병령에 싣지 않는 관행이 생겨났다고 하겠다. 실제로 매년 징집 인원에 관해서는 1889년 2월의 칙령 제13호로 징병 사무 조례(徵兵事務條例) 제19조에 "매년 징집할 신병 인원수는 칙령으로 정한다"라고 하여 명확하게 칙령주의를 택하였다. 군대 편제 및 상비 병사 수 결정에 어디까지 의회를 관여시킬 것인지에 관해서는 메이지 헌법 기초 과정에서 격렬한 논쟁이 벌어졌다. 다만 1883년의 개정부터 이미 징병령에 병사 수를 싣지 않기로 결말을 지었다는 점은 이미 이루어진 사실을 앞당겨서 관습화할 것을 시도한 것이라 하겠다. 이 점에 관해서는 추가로 다음 장에서 언급하고자 한다.

---

28 위와 같음.

29 위와 같음.

지방의 상황

이 무렵 외무성 어용괘 겸 태정관 문서국에서 근무하고 있던 하라 다카시(原敬)[xxxiv]는 오카야마현(岡山縣) 및 히로시마현의 민정을 시찰한 뒤 〈취조류잡지(取調類雜誌)〉[30]를 남겼다. 그중 1883년 10월 19일 기사로 오카야마현 병사과장으로부터 들은 다음과 같은 이야기를 싣고 있다. "병역을 마친 뒤 그 노역을 싫어하는 것을 병역 기피의 한 가지 원인으로 삼는다는 설이 있다. 따라서 이를[하라가—저자 주] 캐물었더니, 그[병사과장—저자 주]가 말하기를 '지금은 그렇지 않다. 4-5년 전에는 곧 그러하였다. 오늘날에는 다소 배움을 얻어서 돌아가기에 이를 싫어하는 것이 심하지 않다. 징병에 응할 인원이 늘어난 것은 전적으로 조사가 정밀해졌기 때문이다'라고 하였다."

3년간의 병역을 마치고 돌아온 자가 '얼간이'처럼 되어서 농사에 힘쓰지 않기에 사람들이 징병을 기피해 온 듯한 상황이 개선되고 있다는 것이다. 징병제가 창설된 지 10년이 지나 차츰 농민과 병사라는 개념이 공존할 수 있게 된 것처럼 보인다. 지역 사회 내 징병제의 정착이라는 점에서는 후쿠이현(福井縣)의 사례인 '뉴군(丹生郡) 징병 복역자 대우 규약'[31]이 참고가 된다. 1887년 무렵에 실시되던 것으로 복역자 가족의 집안일이나 농사를 도울 것, 만기 귀향한 자에게 1엔에서 15엔 사이의 위로금을 줄 것, 이를 위해 각호(各戶)당 매년 7센(錢)씩 군(郡)이 주체가 되어 걷을 것 등을 정하고 있다.

지역을 대표하여 병역에 복무하러 가 준 자의 노고에 노동력 제공 및 금전으로 보상하고자 하는 규약이다. '영예로운 병역 의무'를 금전으로 보상한다니 육군성의 노여움을 살 법하지만 의외로 육군성은 이러한 "인민의 사사로운 약속"에 관해서는 묵인하고 있었다. 1878년에 가와무라 쇼헤이(河村正平)가 "병역 만기 후 수산금(授産金) 적립 방법"[32]이라는 것을 건의하

---

30 原敬文書研究会 編,《原敬関係文書 4巻》(日本放送出版協会, 1985), p. 261.

31 《福井県史 資料編11 近現代2》(福井県, 1985), p. 414.

32 〈徴兵ニ関スル河村正平建議書付陸軍省答〉(〈井上毅関係文書(梧陰文庫)〉 B3367, 国学院

여 징병 면제자로부터 돈을 걷어 병역에 종사한 자에 대한 수산금으로 삼자는 안을 제출하였더니, 육군성은 관으로서는 그리할 수 없지만 "인민의 사사로운 약속으로서 하나의 부·현 혹은 하나의 군·구에서 시행하는 것은 굳이 관이 문제 삼을 바가 아니다"라고 답의하였다.

후쿠자와의 징병론

지난번 개정부터 이번 개정에 가까운 시기의 징병령 개정론으로서는 후쿠자와 유키치의 〈전국 징병론〉(1884년 1월 간행)을 들 수 있다.[33] 후쿠자와는 병력이 적은 것을 우려하여 "봉건 시대에는 40만의 무사와 그 가족 병사를 양성하였는데, 오늘날에는 인민의 자유와 식산(殖産)의 길이 차츰 진전됨에 따라 재력은 차츰 감소하여 10만의 병사도 상비하지 못하고 5만의 병사도 훈련하지 못하는가"라고 하였다. 후쿠자와도 니시 아마네와 마찬가지로 20만 명의 상비 병역 면제자를 3개월간 훈련해야 한다면서, 이 20만 명을 4기로 나누어 평균 5만 명씩 입영시켜야 하고 이를 위한 각종 비용 증가는 국민이 감수해야 한다고 설명하였다.

大学図書館所蔵).

33 福沢諭吉, 〈全国徴兵論〉(《福沢諭吉全集 5巻》, 岩波書店, 1959), p. 403.

VI

헌법과 징병령

1. 헌법과 병제

1889년 2월 11일의 헌법 발포 직전인 1월 22일에 징병령이 개정되었다(법률 제1호). 아직 제국의회의 심의에 회부되지 않았기에 법률 형식이기는 하여도 메이지 헌법 제37조에 "모든 법률은 제국의회의 협찬(協贊)을 거칠 필요가 있다"라고 정의된 의미에서의 법률은 아니었다. 여기서 '법률'이란 1886년 2월 24일에 제정된 공문식(公文式)[i]이 정하는 바에 따르면 내각 또는 각 성 대신이 기초하여 안을 갖추어 내각에 제출하면 내각총리대신(內閣總理大臣)이 상주하여 재가를 청하고, 재가 후 친서(親署)[ii]하고 어새(御璽)를 찍은 뒤 총리대신이 부서(副署)한 것(각 성 사무에 속하는 것은 총리대신 및 주무 대신이 부서함)을 가리킨다. 물론 칙령과의 차이는 입법 기관인 원로원의 심의를 거쳤는지의 여부에 있었다. 본 법은 헌법 제76조 "(…) 헌법에 모순되지 않는 현행 법령은 전부 준거의 효력을 지닌다"라는 규정에 따라 헌법 발포 후에도 효력을 지니게 된다.

헌법과 징병령과의 관계

징병령은 두 가지 점에서 헌법과 관련이 있었다. 첫 번째는 신민의 권리·의무에 관해 병역 의무를 헌법상에 명기할 것인가 아닌가 하는 점, 두 번째는 제국의회의 예산 의결권에 관해 1년간 징집 인원수 및 군대 편제권을 어떻게 의회로부터 지켜 낼 것인가 하는 점이었다. 병역 의무를 헌법에 싣는 것, 또 세부 사항은 칙령이 아닌 법률로 정하는 것에 관해서는 헌법 기초 단계에서도 또 추밀원(樞密院)[iii]에서의 심사 단계에서도 다툼이 적었기에, 우선 쉽게 볼 수 있는 첫 번째 점부터 논하도록 하겠다.

소네 아라스케

이노우에 고와시가 헌법 초안을 기초할 당시 병역 관련 사항에 관해 그를 보좌한 것은 소네 아라스케였다. 소네는 조슈 출신이고 병학료에 재적하였으며 1872년부터 10년간에 걸쳐 프랑스에서 유학하고 귀국한 뒤 육군성에 출사해 있었다.[1] 회계법에 밝아 훗날 대장대신으로도 취임하는 소네가 헌법과 병역을 조정하고 있었다는 점은 흥미롭다. 후술하다시피 특히 군 편제와 의회의 예산 심의권에 관한 조정 등은 군에 관한 전문 지식과 회계라는 쌍방의 지식이 필요하였기에, 소네가 이노우에를 보좌하게 된 것으로 보인다.

그런데 〈이토 미요지[iv] 관계 문서(伊東巳代治關係文書)〉 중 〈군령·군정 관계 자료—병제에 관한 조항 소네 아라스케(軍令軍政關係資料 兵制ニ係ル條項 曾禰荒助)〉(1887년에 집필한 것으로 추정된다)[2]에서는 소네의 기안 과정을 엿볼 수 있다. 소네는 우선 "헌법에 '병역은 국민의 국가에 대한 의무 중 으뜸으로 한다'는 단일한 명문을 게재해야 하는가?"라는 질문을 던진 뒤, 이에 대해 그러한 원칙은 헌법에 게재할 필요가 있다면서 "병역은 국민 각자의 의무로 한

---

1 美濃部俊吉 編, 《西湖曾禰子爵遺稿並伝記資料》(曾禰荒助 稿, 1913, 東京大学史料編纂所所蔵). 국립국회도서관 헌정자료실에 소장된 〈소네 아라스케 관계 문서〉에는 군과 관련된 것은 보이지 않는다.

2 《翠雨荘日記》, p. 833.

다"라는 문안을 제시하고 있다.

뒤이어 "징병령은 법률로 해야 하는가, 아니면 칙령으로 해야 하는가?" 라는 질문에 대해서는, 복역 연수를 행정권을 가지고 마음대로 바꾸면 국민이 곤란해지기에 이는 법률로 해야 한다면서 흥미로운 논점을 들고 있다. "병역은 조세의 일부라고 해도 군이 과언이 아니다. 서양에서 병역을 보고 혈세(血稅)라고 하는 것이 바로 그러하다. 병역 연수를 정하고 징집 유예를 받을 자를 제한하는 데 의회의 승낙을 받을 필요가 있는 것은, 마치 세율 및 납세 시기를 정하는 데 의회의 승낙을 받을 필요가 있는 것과 마찬가지이다." 병역 의무를 통상적인 납세 의무와 같은 개념으로 파악하고 있음을 알 수 있다. 다음에 인용할 이노우에 고와시의 갑(甲) 안이나 법제국·대장성이 번번이 제시한 병역세 구상 등에서 이러한 사고방식과 공통되는 특질을 찾아볼 수 있다.

병역 의무

1887년 5월 시점에 이노우에 고와시의 초안에서는 병역 의무에 관해 다음과 같이 되어 있었다.[3]

> 갑 안: 제9조 무릇 일본 국민은 병역을 맡고 또 그 재산에 비례하여 조세를 납부할 의무를 진다.
>
> 제66조 징병 방법은 법률이 정하는 바에 의한다.

이노우에의 초안에 기초하여 그해 6월부터 8월에 걸쳐 이토 히로부미, 가네코 겐타로(金子堅太郎)[v], 이토 미요지 등이 정리한 이른바 '나쓰시마(夏島) 수정 초안' 단계에서는 표현상 통상적인 납세 의무와의 분리가 이루어져 깔끔한 문구가 되었다. 즉, 제51조 "일본 신민인 자는 법률이 정하는 바에

3 헌법 초안에 관한 자료는 稲田正次, 《明治憲法成立史 下巻》(有斐閣, 1962) 참조.

따라 병역을 맡을 의무를 지닌다"처럼 말이다. 그 후 1888년의 이른바 '2월 초안' 단계에서는 제20조 "일본 신민은 법률이 정하는 바에 따라 병역 의무를 지닌다"라고 하여 "…인 자"와 "…을 맡을"의 부분을 삭제함으로써, 이미 이 단계에서 실제로 발포된 헌법 제20조 조문과 동일한 문구로 확정되어 있었다.

헌법에 병역 의무를 실으면서도 세부 사항을 칙령이 아닌 법률로 정할 필요성에 관해, 소네는 이노우에의 뜻을 받들어 모세(Albert Mosse)[vi]에게 질문하고 있다. 1887년으로 추정되는 〈병역법 문답〉[4]에 따르면 "이미 징병 의무를 헌법에 게재하면서도 또한 그 세부 사항을 칙령이 아닌 법률로 정해야 하는 이유는 무엇인가?"라는 질문에 대해, 모세는 "[칙령으로 정하는 것은—저자 주] 입헌 정체에서 논할 때는 매우 불가한 일이라고 생각할 수밖에 없다. 복역 연수를 행정관이 제멋대로 좌우하도록 맡긴다면 전반적인 일에까지 이르게 될지도 모른다. 그 외에 일일이 들어서 말할 수도 없다"라고 하여 법률로 하지 않으면 행정부의 자의로 인해 인민이 괴로워하게 된다고 답하고 있다.

징집 인원과 육해군 예산

병역 의무에 관한 조항은 이리하여 비교적 간단하게 확정되었다. 하지만 기초자들에게 문제가 된 것은, 당시 용어로 말하자면 '평시 병액'=1년간 징집 인원수와 '평시 병비(兵費)'=육해군 예산을 의회의 간섭으로부터 어떻게 지

---

4 〈兵役法問答〉(〈井上毅関係文書〉 A68). 복각판은 《近代日本法制史料集 第10》(東京大学出版会, 1988), pp. 124-127에 수록. 실물에서는 "소네(そね) 필기"라고 기입되어 있음이 확인된다. 문답한 것이 소네와 모세인지, 아니면 이노우에와 모세의 문답을 소네가 기록한 것인지는 단정할 수 없다. 또한 이 장을 집필할 당시에는 메이지 헌법의 '회계'에 관한 이노우에 고와시, 뢰슬러, 모세의 입장 차의 의의에 관해 빠짐없이 쓴 坂井雄吉, 〈井上毅と明治憲法の起源〉(同, 《井上毅と明治国家》, 東京大学出版会, 1983)이 시사하는 바에 접한 것이 컸다. 특히 pp. 152-153에서 병제와 헌법의 관계에 대한 3자의 견해가 뜻하는 바를 배울 수 있었다.

켜 낼 것인가 하는 그 방법이었다. 참고로 전시 병사 수 증가는 법률이 아닌 칙령으로 한다는 양해는 존재한 듯하다. 그런데 소네의 〈병제에 관한 조항〉에서는 이 문제에 관해 "매년 징집 인원 결정권"[5]이라는 설문이 이루어지고 있다. 이에 따르면 평시 징집 인원수를 결정하는 것은 행정권 수장의 권한이라면서 헌법 조문으로 "평시에 육해군의 매년 징집 인원은 칙령이 정하는 바에 따른다. 단 그해 장정 총원의 7분의 1 이상이 필요하기에 이를 때는 법률로 그 비례를 고쳐 정한다"라는 조문을 준비하고 있었던 듯하다.

소네의 안에서는 병사 수는 법률이 아닌 칙령으로 결정할 수 있다고 하였지만 근본적으로 확장하는 경우 등에는 의회의 심의를 거쳐 법률로 정한다고 하는 등 칙령과 법률의 절충안이었다. 〈병역법 문답〉에 따르면 모세 등은 거의 모든 서양 각국에서 국회의원이 간접 또는 직접적으로 평시 징집 인원수 결정에 관여하고 있다면서도 일본에서는 칙령으로 해도 무방하다고 답하고 있다.

뢰슬러의 답의

마찬가지로 고문이기는 하였지만 뢰슬러는 평시·전시 병사 수 결정은 대권(大權)[vii] 사항으로 해야 한다고 답의하고 있었다.[6] 1887년 2월 8일부 뢰슬러의 답의에서는 헌법 문안 제13조로 "황제는 육해군을 지휘하고 평시·전시 병사 수를 정한다", 제66조로 "평시에 매년 징집 인원수는 현재의 정액을 늘릴 때에 한하여 의원(議院)에 부의해야 한다" 등의 조문을 상정하고 있었다. 징집 인원수 결정을 대권 사항으로 한다면서도 징집 인원을 늘릴 경우에는 의회로 하여금 관여하도록 허용하고 있다. 또한 뢰슬러의 1887년 4월 30일 단계에서 '일본제국 헌법 초안' 제9조 문안은 "천황은 육해군의 최고

---

5 《翠雨荘日記》, p. 844.

6 藤田, 《明治軍制》, 제6장 제3절에 상세히 나와 있다. 헌법과 병제를 조정하는 문제에 관해 처음으로 본격적인 분석을 한 것도 후지타의 공적이다.

명령을 하고 평시·전시 병사 수를 정하며 또 군사에 대한 모든 지휘·명령을 한다"라고 되어 있는데, "천황은"이라고 시작한다는 점에서도 실제 메이지 헌법 제11·12조를 방불케 한다.

1887년 5월 초안

5월 23일에 이노우에 고와시가 이토에게 제출한 것으로 여겨지는 초안 단계에서 이 문제는 어떻게 처리되고 있었을까.[7]

> 갑 안: 제66조 (…) 평시에 매년 징집 인원수는 현재의 정액을 늘릴 때에 한하여 이를 의원에 부의해야 한다.
>
> 전시에 국민군을 징집하는 것은 칙령에 따른다.
>
> 제67조 육해군 편제는 칙령이 정하는 바에 따른다.

여기서 칙령이란 '천황 대권에 관한 명령'이라는 의미로 사용되고 있고, 독립 명령, 위임 명령(법률의 위임에 근거한 칙령), 집행 명령(법률을 집행하기 위한 칙령) 중 법률에 대해 독립하여 발포하는 독립 명령이다. 공문식 제2조에는 법률·칙령은 모두 그 원안을 내각에 제출해야 하고 총리대신이 상주할 필요가 있다고 정해져 있다. 이 점에서 칙령은 법률과 구별되지 않고, "의원에 부의"하는지 아닌지에 그 차이가 있었다. 한편 갑 안으로 돌아가면 징집 인원수는 칙령으로 정하고 병력을 늘릴 때에 한하여 의회에서 심의하도록 한다는 이 안은 앞서 말한 소네의 안에 가깝다. 이 안에서 실제 메이지 헌법 제11조 "천황은 육해군을 통수한다" 및 제12조 "천황은 육해군 편제 및 상비 병액을 정한다"까지는 아직 상당한 간격이 있다. 오히려 앞서 본 뢰슬러의 안문이 실제 헌법 조문에 가깝다. 그 사이를 메우는 논리는 어떠한 것이었을까. 이를 생각하기 위해 이노우에가 대응해야 했던 육군 측 안을 먼저

---

7 稲田, 《明治憲法成立史 下巻》, p. 101.

살펴볼 필요가 있을 것이다. 이노우에는 육군이 어떻게 나오는지 지켜본 다음에 자신의 의견을 정리하고 있었기 때문이다.

육군 내부의 준비

〈이토 미요지 관계 문서〉에 〈헌법 발포 전 육군부 규정 발포의 건(憲法發布以前ニ陸軍部規定發布ノ件)〉[8]이라는 제목의 문서가 있다. 이는 집필자도 연대도 명기되어 있지 않지만, 아마도 육군성이 1888년 1월 무렵에 집필한 것으로 추측된다. "헌법 초안이 아직 탈고되지 않았고 국회의원(國會議院)이 아직 개설되기에 이르지 않은 그 전에 우리 육·해군부, 특히 육군부의 기축을 이루"기 위한 규정을 빨리 발포할 필요가 있다면서 글을 시작하고 있다.

논점은 세 가지이다. 첫 번째는 의회 개설에 앞서 징병령을 개정하여 병역법으로 발포해 둔다는 점이다. 개정 이유도 "쓸데없이 많은 병사를 상비한다는 주의(主義)가 아니다", "특히 자산과 학식이 있는 자는 우리 육해군의 의무에 관해 반드시 한번 장교가 되지 않으면 세간의 명예로운 지위에 설 수 없다는 생각이 들도록 하는 데 있다"라고 하여, 훗날의 1년 지원병제가 될 구상을 어필하고 있다.

두 번째는 평시 현역 병사 수를 결정해 둔 뒤 이를 무기한의 법률로 한다고 설명하는 점이다. 상정되어 있던 것은 프로이센의 사례로서, 1871년 12월 31일까지는 전국 인구의 100분의 1을 프로이센 상비 현역군의 평시 병사 수로 정하고 그 유효 기간을 7년으로 정한 법률이다. 이를 원용하여 일정한 징집 인원수를 정해 둔 뒤 그 햇수를 7년이라고 하지 않고 반영구적으로 이용하려는 것으로 보인다. 편제가 변화하거나 징집 인원을 늘리거나 할 필요가 생긴 경우에만 의회로 하여금 관여하도록 한다고 설명하고 있다.

세 번째는 육군 예산의 상액(常額)을 역시 무기한의 법률로 정해 둔다는

---

8 육군성 괘지(罫紙)에 먹물로 씌어 있다. 〈伊東巳代治関係文書〉 마이크로필름 Reel 37(国立国会図書館憲政資料室所蔵).

점이다. 프로이센에서는 독일 통일 후, 즉 1872년 이후에는 병사 1명에 대한 종래의 정액(225탈러)을 1년마다 의회에서 재검토하게 되고 말았다. 종래에는 병사 1명당 드는 금액은 법률로 정해져 있었고 의회가 관여하는 바가 아니었다. 이러한 프로이센의 전철을 밟지 않기 위해서라도 병사 1명에 대해 금액 얼마라고 법률로 정한 뒤, 이것과 병사 정원을 곱한 수를 육군 예산으로 삼고자 한다고 설명하고 있다.

육군 측이 이러한 입안을 할 때 참고로 한 것은 1884년에 오야마 이와오 육군경 일행이 유럽 각국 군제 시찰에서 배운 지식[9]일 것이다. 일행과 동행하여 1885년에 귀국한 가쓰라 다로도 당연히 병제와 헌법을 조정하는 진두에 서 있었을 것으로 생각된다.

육군에서 말하는 '법률'의 의미

이러한 주장을 보게 되면, 군대 편제나 상비 병사 수를 칙령이 아니라 일부러 법률로 정하려 하는 육군의 자세는 다소 기이해 보인다. 의회의 의결을 거친 법령을 법률이라고 생각하는 메이지 헌법 제정 후의 머리로 해석하면 그렇게 된다. 하지만 먼저 고려해야 할 것은 육군이 '법률'이라는 형식에서 무엇을 보고 있었는가 하는 점이다.

우선 무엇보다도 독일에서 평시 병사 수 및 육해군 예산이 법률로 규정되어 있었음을 들 수 있다. 어째서 칙령이 아닌 법률인지 모세로 하여금 답하도록 해 보자. "국회는 세출을 심의할 권한이 있다고 하더라도 법률로 정한 세출은 거부할 수 없으므로 군대 편제를 법률로 정하여 이와 관련된 세출 지출을 용이하게 하고 의회로 하여금"[10] 간섭하지 못하도록 하였기 때문이라는 것이다. 법률로 정해진 세출은 의회의 예산 심의권으로부터 보호받는다는 것은 실제 메이지 헌법 제67조 "헌법상의 대권에 근거한 기정 세출 및

---

9 이들 일행이 얻은 지식은 《欧国軍事見聞録》으로 정리되어 있다.

10 〈兵役法問答〉(《近代日本法制史料集 第10》), p. 125.

법률의 결과에 의하거나 또는 법률상 정부의 의무에 속하는 세출은, 정부의 동의 없이 제국의회가 이를 폐지 또는 삭감할 수 없다"에도 그대로 살려지게 되는, 유럽에서의 헌법상의 논란에서 나온 지혜였다.[11]

주권자의 군대 편제권과 의회의 예산 의정권(議定權) 간의 모순을 어떻게 해결해야 할지 이노우에로부터 질문을 받은 뢰슬러의 회답을 살펴보면 육군성이 선택한 '법률'의 의미가 더욱 명확해질 것이다. "대체로 법률로 예산 의정권을 제한하지 않는다면 달리 방법이 없다. (…) 만약 법률의 제한이 없다면 이때는 의원(議院)의 의결의 자유를 속박할 수 없을 것이다."[12] 즉, 칙령이 아닌 법률로 안전지대를 확보하고자 하는 육군의 수법은 최종적으로는 헌법 제67조로 귀결되는 방법을 통해 빠져나간다는 독일의 사례에서 학습한 것이었다.

모세의 답의

하지만 육군이 바란 세 가지 법률 중 실현된 것은 개정 징병령뿐이었고 인구의 100분의 1 원칙도 병사 1명당 비용 결정도 법률이 되지는 못하였다. 헌법 기초자들은 육군성의 문안이나 뢰슬러의 답의와는 다른 전망이 있었던 듯하다. 그 점에서 참고가 되는 것이 1888년 10월 23일부 모세의 답의[13]이다. 천황의 군대 편제권과 의회의 예산 의결권 간의 모순에 관해 질문한

---

11 의회의 예산 의결권을 포괄적으로 정한 제64조와 예산 중 의회의 권한이 미치지 않는 범위를 설정한 제67조가 동일한 헌법상에 병존하는 사태와 번벌(藩閥) 정부 간의 관계를 실증적으로 논한 것으로는 佐々木隆,《藩閥政府と立憲政治》(吉川弘文館, 1992), 제1장이 있다. 제67조의 비용 항목을 어떻게 정할 것인지에 관한 이노우에 고와시의 역할 등은 이 책에서 배운 바가 많다. 결국 〈회계법 부칙〉(1890년 8월 2일 공포)에서 헌법 제67조의 "기정세출"의 내용은 문무관 봉급, 육해군 군사비, 각 청 비용 등으로 하였다. 동 보칙(補則) 제2조 "제국의회 개회 전에 발포된 법령에 근거한 다음의 비용은 법률의 결과에 의한 세출로 한다."에 따라, 제67조에서 말하는 "법률의 결과에 의한 세출"로는 의원 세비, 재판소 비용, 은급·부조료, 징병 비용, 체신 사업 비용 등을 포함하게 되었다(위의 책, pp. 41-42).

12 〈ロエスレル答議〉(《近代日本法制史料集 第3》), pp. 162-164. 1888년 10월 25일의 답의.

13 〈モッセー答議〉(위의 책), pp. 165-171.

이노우에에게 모세는 회답으로서 다음과 같이 말하고 있다.

> 대의원(代議院)으로 하여금 군비 예산에 전혀 관계하지 못하도록 하는 것은 보통병역 제도와 상충하고 군대 및 전국의 경제를 해치며 또 위험한 민심을 도발하는 원소를 포함하는 것이다. 어떠한 의원(議院)이라 할지라도 국민의 부담을 늘리는 일에 참여할 헌법상 가장 긴요한 권리를 박탈당하고서 어찌 감히 침묵하는 곳이 있겠는가.

기초자들로서는 프로이센이나 독일에서 이미 경험한 헌법 논란을 피하고 싶었다면 마찬가지로 민심을 도발하는 것도 피하고 싶었을 터이다. 그럴 때 유럽 각국 의회의 논란을 살펴보면 대개 병역 연한의 길고 짧음이나 평시 1년 징집 인원수를 둘러싸고 벌어졌다. 따라서 그것만 의회 밖에서 결정해 둔다면 군사비를 의회로 하여금 논하도록 하더라도 의회 역시 그다지 대결하려는 자세를 보이지 않을 것이라는 모세의 냉정한 판단은 확실히 설득력 있게 들렸을 것이다.

이노우에의 '육군 군정 의견'

헌법 기초를 맡고 있던 이노우에는 육군 안을 조사하고 뢰슬러나 모세의 답의를 고려하면서 법률을 사전에 정비하는 것을 통한 우회로를 택하지 않고 군사비에 관해서도 의회에 어느 정도의 예산 의결권을 인정할 각오를 한 것으로 여겨진다. 여기서 육군 안이란 앞서 본 〈이토 미요지 관계 문서〉의 〈헌법 발포 전 육군부 규정 발포의 건〉이 아닌, 육군 업무를 군법·군제·군령·군정의 네 가지로 분류하여 기술한 문서이다.[14] 이노우에는 1888년 3월의 최종 초안 단계에서 제12조로 "천황은 육해군을 통수한다. 육해군 편제

---

14 이 문서의 전문(全文)은 稲田,《明治憲法成立史 下巻》, pp. 385-389에 인용된 것이 이용하기 편리하다.

는 칙령으로 정한다"라고 하여, 육해군 편제가 천황의 대권임을 강조하고 있었다. 법률을 사전에 정비하여 의회의 논의를 봉쇄하는 게 아니라 편제는 대권이라 함으로써 의회에 이성을 기대하려는 사고방식인 것이다.

〈이노우에 고와시 관계 문서〉에는 1888년 4월에 집필한 것으로 추정되는 〈육군 군정 의견(陸軍軍政意見)〉[15]이 있다. 거기서 이노우에는 육군 안=〈군법·군제·군령·군정(軍法, 軍制, 軍令, 軍政)〉을 비판하면서 "헌법 설명에는 병액은 바로 군제의 일부로서 전적으로 천황의 대권에 속하도록 하였다"라고 하였고, "각국에서 군대 편제는 법률로 정한다. (…) 우리 헌법은 이를 천황의 대권에 귀속시켰다"라고 말하고 있다. 그렇다면 이노우에가 징집 인원수 결정이나 편제를 "지존의 뜻"에 따른다고 강조할 경우, 거기에 함의된 것은 무엇일까.

이노우에는 1888년 3월 5일에 뢰슬러에게 "영국 저자(著者)의 설에 따르면 육해군 사무이자 국왕의 명령에서 나오는 것은 다른 행정 사무와 같이 국무재상(國務宰相)의 부서가 필요하고, 그것이 국왕의 특권임에도 불구하고 국왕의 유막(帷幕)에서 독단하지 않고 전부 내각의 책임에 귀속시킨다고 한다"[16]라고 전제하였다. 그러면서 독일 제국에서 군사 관련 명령으로서 내각을 경유하지 않고 재상의 부서가 필요하지 않은 것에는 어떠한 종류가 있는지 질문하고 있다.

이노우에가 묻고 싶었던, 혹은 확인하고 싶었던 것은 특수한 군사상의 기밀을 제외하면 군사도 국무의 일부와 관계되므로 그러한 경우에는 칙령으로 시행되고 국무 대신이 그 책임을 지게 되어도 괜찮은가 하는 점이 아니었을까. 나가이 가즈가 밝힌 바에 따르면, 이노우에가 기초한 〈내각 관제(內閣官制)〉 11월 초안(1889년) 제5조 "각의를 거쳐야 할 건" 중 "3"에는 "관제 또는 규칙 및 법률 시행에 관한 칙령(단 군령 예산 또는 고등 행정에 간섭하지 않는

15 井上毅伝記編纂委員会 編, 《井上毅伝 史料篇 第2》(国学院大学図書館, 1986), p. 19.

16 〈軍令裁可ニ関スルロエスレル答議付問議〉(〈井上毅関係文書〉 B3326).

것은 제외한다)"이라고 되어 있다고 한다.[17] "군령 예산"으로 집행될 것은 유악 상주(帷幄上奏)[viii]에 의해 이루어져도 상관없다고 이노우에가 생각하고 있었다는 점 자체가 주목할 만하다. 그런데 나가이의 조사에 따르면 유악 상주에 의한 칙령 제정이 제도화하는 것은 1888년 5월 이후, 즉 구로다 기요타카(黑田淸隆)[ix] 내각이 성립한 이후부터라고 한다.[18] 뢰슬러에게 질문한 시기와 가깝다는 점에서 판단하면, "육해군 사무이자 국왕의 명령"=각의를 거친 칙령과 "군령 예산"에 관한 칙령=유악 상주 칙령 등의 구별에 대해 이노우에가 자각적이었다고 짐작할 수 있다.

"지존의 뜻"에서 나오는 명령으로 해 둔다면 상당한 부분을 국무 대신, 즉 내각의 책임 아래에 둘 수 있게 될 것이다. 이러한 이해에 설 때 비로소 이노우에가 '천황'을 주어로 하여 안심하고 제11조와 제12조를 기초할 수 있었다고 하겠다. 메이지 헌법에서는 천황이 육해군 편제 및 상비 병액을 정한다고 규정되었다(제12조).

천황의 정치적 행위는 총리대신=내각이 보필한다는 양해가 존재하는 한 상비 병사 수나 예산을 '법률'로 정하고 헌법 제67조 같은 것을 통해 빠져나가기보다는, 이를 천황의 대권에 위임하는 편이 정치적 대립이 적어서 좋다고 간주할 수 있었을 것이다. 즉 천황의 군대 편제권과 의회의 예산 의정권 간의 모순을 해결하기 위해 군사 예산도 의회 심의의 예외로 하지 않는 대신, 징집 인원수='병액'이나 편제는 의회 밖에서 결정하기로 하였다. 이노우에의 생각은 이러한 것이었다.

---

17 永井, 〈第2部 內閣官制と帷幄上奏〉(同, 《近代日本の軍部と政治》), p. 312.

18 위의 책, p. 329.

2. 1889년 1월 22일의 징병령 개정(법률 제1호)

육군 원안

그런데 징병령의 이러한 거듭된 개정에 관해 군 측의 어떤 종류의 오만함에 가장 자각적이었던 것이 징병령 개정에 기술적인 면에서 관여하는 경우가 많았고 다른 영역의 법과의 균형을 훤히 내다보고 있던 법제국(1885년 12월 23일에 설치됨)이었다고 해도 이상한 일은 아니다. 1889년 1월의 개정 당시 육군성과 법제국 간의 공방을 살펴보도록 하자. 법제국 측 등장인물은 법제국장관(法制局長官) 이노우에 고와시와 참사관 마나카 나오미치이다. 이노우에는 앞서 보았듯이 헌법 기초자 중 한 명으로서 군의 논리에 대항해 온 인물이다.

육해군 측은 1888년 4월 16일에 군 측의 개정 의도를 밝히면서 사이고 쓰구미치 해군대신, 오야마 이와오 육군대신이 연명하여 내각총리대신 이토 히로부미에게 각의를 청하였다.[19] 개정이 필요하다고 보는 이유는 다음의 네 가지로 정리할 수 있다.

① 명칭을 '병역령'으로 한다. 현행법은 병역 의무를 설명한 부분과 징모 방법 등을 상세히 실은 부분이 혼란스럽기에, 행정권에 속하는 징모 방법은 분리하여 징병 조례(徵兵條例)로 하고 징병령에는 국민의 병역 의무와 관계되는 점만 실었다. 따라서 '징병령'이라는 명칭보다 '병역령'으로 하고자 한다.

② 특전을 남발하지 않고, 부득이한 사정이 있는 자에 한하여 명의와 상관없이 면제한다. 병역은 빈부귀천을 막론하고 평등하게 부담해야 한다. 그런데 "중등 이상의 인민은 그 재력과 교활한 꾀를 이용하여 일시적으로 호주

19 〈公文類聚 明治二十二年〉(2A/11/類399). 이하, 특별히 단서를 달지 않은 것은 이 사료에서 인용하였다. 본 개정에서 예비역 장교 양성·보충을 위해 마련된 1년 지원병제 및 학교 제도에 관해서는 遠藤, 《近代日本軍隊教育史研究》, pp. 350-353.

나 대를 이을 아들 등의 명의를 빙자하고 온갖 거짓말로 징집을 면하는 자들 틈에 섞여 들어간다. 이에 반해 논밭을 갈고 물고기를 잡으며 나무를 베는 등 고생하여 간신히 일가의 생계를 꾸려 가는 빈곤하고 무력하지만 순량한 인민"은 정직하게 병역 부담을 견디고 있다. 이는 "법률의 정신을 달성하지 못하여 빚어진 일"이다. 이를 시정하기 위한 조문을 마련한다.

즉, 구법(舊法)에는 존재하였던 호주, 60세 이상 호주의 적자, 조부모를 이을 손자를 유예하지 않기로 하였다. 한편 빈자의 생계를 고려하여, 육군원안 제19조 조문은 다음과 같이 되어 있었다. "본인을 징집할 경우 그 가족 양육을 시·정(町)·촌에서 부담할 수밖에 없는 확증이 있는 자는 시·정·촌의 출원에 의해 징집을 연기한다. 그 사유가 3년이 지났는데도 여전히 그치지 않는 자는 국민병역에 편입한다."

③ 지자(智者)나 부자가 솔선하여 의무를 맡기 쉽게 하는 조문을 마련한다. 현재로서는 호주, 대를 이을 아들, 조부모를 이을 손자가 되는 자는 평시에 병역이 면제되는 것과 다를 바 없다. 또한 고등 교육을 이수한 자는 제1 예비 징원(徵員)이 되어 이 또한 평시 면제와 마찬가지가 되는 것이 현실이다. 전시 장교·하사관 요원을 충당하기 위해 이러한 계층에서 뽑을 수 있도록 한다.

이와 동시에 현재는 관립 및 부·현립 학교, 그리고 이와 동등하다고 문부대신이 인정한 학교 졸업자가 아니면 1년 장병(壯兵)에 출원할 자격이 없다고 되어 있지만, 이를 개정한다.

④ 해군 현역 기한을 3년에서 5년으로 늘린다. 해군병은 학과 습득에 시간이 필요하여 양성에 시간이 걸리기 때문에 이때까지는 거의 지원병으로 이루어져 있었다. 하지만 해군을 확장하는 시기이기에 지원병에만 의존할 수는 없으므로 병사 수 확보를 위해 현역을 2년 늘려서 5년으로 하였다. 그 대신 종래의 예비역 4년을 2년 줄여서 예비역 2년으로 한다.

군 측이 제출한 원안에 대해 법제국은 1888년 6월 27일에 법제국장관이 총리대신 구로다 기요타카에게 "육군성 담당관과 반복하여 상의하였지만 협의에 이르지 못하였으므로 부득이하게 두 가지 안을 상신하오니, 갑·을 중 각의에서 채택하시길 청합니다"라는 취지의 상신을 하고 법제국 수정안과 군 측 원안을 각의에 맡겼다. 각의는 결국 군 측 원안과 법제국 수정안을 절충한 것을 내각 원안으로 하였다. 그 내용을 말하기에 앞서 법제국 측의 적극적인 반론이 형성되는 모습을 파악해 두고자 한다.

법제국의 반론

참사관 마나카의 독특한 징병제 개혁안인 〈병역령에 관한 의견서(兵役令ニ關スル意見書) 1888년 5월 8일〉[20]은 이러한 육군의 사고방식과 대립하는 관점에서 이노우에에게 제시된 것으로 여겨진다.

마나카는 다음과 같이 말하였다: '일국의 독립을 유지하고 국권을 확장하기 위해 병역이 존재함은 이해할 수 있다. 하지만 현재와 같은 강박적인 병역법으로 과연 "가장 적은 고생으로 가장 큰 효과를 거둘" 수 있는지 생각해야 한다. 우리 나라의 오늘날 형세에서는 1년에 2만 명을 징집하면 충분하다. 그런데 27-28만 명의 장정은 물론이고 그 친족과 벗들을 포함하면 수백만 명의 인민들로 하여금 마음을 졸이도록 한 결과가 "다름 아닌 고작 2만 명을 병역에 복무하도록 하는" 것이다. 게다가 이번에는 또 병역 면제 조항을 폐지하려고 하는 것은 이해할 수 없다. 왜냐하면 이는 "수요는 늘지 않았는데 단지 공급을 늘리려고 하"는 것과 같기 때문이다'. 결론으로 강제적 병역을 중단하고 병역을 맡기 싫은 자는 병역세 등을 납부하며 이를 재원으로 군비를 개선하고 병사의 급료로 삼으면 된다는 의견을 말하고 있다.

---

20 《秘書類纂 兵政関係資料》, p. 57.

이노우에 고와시의 의견

한편 이노우에는 국민의 의무와 관련되는 것은 신중해야 한다고 생각하였다. 이번에 개정하게 된다면 1873년 징병령 이후 네 번째이고 그 외의 소폭 개정은 여덟 번에 이르기에 문제이며 개정하려면 그만한 이유가 있어야 한다고 1888년 10월 10일에 대장대신 마쓰카타 마사요시(松方正義)x에게 서한을 보내고 있다.[21] 심지어 육군 측 초안을 보면 ① 징병령의 명칭을 '병역령'으로 바꾸고 ② 그 장정이 군대에 뽑히면 생계가 성립하지 않는 자는 시·정·촌의 출원으로 징집을 연기하는 법률을 마련하며 ③ 부자 및 지식이 있는 자를 1년 지원병이라는 형태로 흡수하고 또 지식이 있어도 비용이 없는 자에게는 관에서 지급하며 ④ 해군 현역을 5년으로 한다는 네 가지 점을 개정할 뿐이다.[22]

> 징병과 같이 귀천상하를 막론하고 그 관계가 미치는 바가 넓고도 큰 것이 고작 20년 사이에 이처럼 빈번하게 개정되기에 이른다면, 실로 인민인 자로서는 누차 그 예상한 바와 어긋나서 거의 법률이 일정하지 않은 것을 견디지 못할 것이다. 그리고 이번 병역령은 그 정신을 묻건대 매년 징집할 병졸 수가 부족하다는 게 아니고, 전시 편성에 즈음하여 소요 병사 수를 얻기 어렵다는 게 아니다.

여기서도 마나카처럼 수요는 늘지 않았는데 어째서 공급을 늘리려고 하는가, 즉 분자는 늘지 않았는데 어째서 분모를 늘리려고 하는가 하고 이노우에는 물으면서 육해군이 바라는 전문(全文) 개정이 아닌 추가 수정이면 된다고 판단하였다.

---

21 井上毅, 〈兵役令草案ニ対スル意見〉(井上毅伝記編纂委員会 編, 《井上毅伝 史料篇 第4》, 国学院大学図書館, 1986), p. 521.

22 위와 같음.

법제국장관 이노우에가 육군 안 중에서 가장 반대한 조항은 빈자에 대한 징집 연기를 정·촌의 출원에 의한다는 조항(제20조, 군 측 원안 제19조) 및 구법의 호주, 60세 이상 호주의 대를 이을 아들, 조부모를 이을 손자에 대한 유예 철폐였다. 이노우에는 1888년 6월 27일부 법제국의 징병령 수정안에서 "인민 각자의 생계 사정에 개입하여 그 빈부를 식별하고자 하는 것은 법률이 능히 해야 할 바가 아니다"라고 하면서, 만약 정·촌이 빈부를 판정한다면 인민의 원한을 살 것이라고 하고 있다. 또한 유럽 각국의 빈민은 하나의 종족이라고도 할 만한 존재이지만 일본의 경우에는 들어맞지 않고, 시·정·촌의 자치·단결이 확립하기 전에는 실행이 곤란하다고도 하였다.[23]

내각 원안

이 논쟁의 결과를 항목별로 대응하여 확인하면 다음과 같다.

① 명칭 변경은 이노우에의 주장처럼 그대로 '징병령'으로 하였다.

② 징병령 제20조에는 "징병에 응할 때는 그 가족이 자력으로 살아갈 수 없다는 확증이 있는 자는 본인의 출원에 의해 징집을 연기한다"라는 조항이 있어서 군 측의 주장이 통하였다.

확실히 종래의 징병령에는 없었던 조항이고 사회 정책을 의식한 것으로 주목할 만하다. 다만 "시·정·촌의 출원"에 의하는 것이 아닌 "본인의 출원"으로 바뀌어 있고, 이 점에서는 법제국의 의견이 통하였다. 빈자를 구제한다는 점에서 볼 때, 시·정·촌의 책임으로 일정한 기준에서 구제하는 것과 빈자의 신고에 의해 비로소 일이 진행되기 시작하는 것 중 전자가 강력한 조치라는 점은 명백하다.

〈마쓰카타 마사요시 관계 문서(松方正義關係文書)〉에 남아 있는 이노우에

23 《秘書類纂 兵政関係資料》, p. 57.

고와시의 서류 중 〈육군성 변명서〉[24]라는 것이 있다. 이에 따르면 육군으로서는 빈자의 기준을 직접 국세(直接國稅)[xi], 지방세[xii] 및 정촌비(町村費)[xiii]를 합쳐서 8엔 미만인 자로 생각한 듯하다. 한편 "본인의 출원"이라고 하면 제멋대로 신고하면 금방 허가될 것처럼 들리지만 그렇지는 않았다. 이 조문 해석을 둘러싸고 징집 사무 실시를 맡는 지방에서 상당한 혼란이 일어난 것으로 보인다. 신법(新法)의 주된 취지가 산간벽지에까지 충분히 전달되기 전에 징병 검사에 착수하고 만 지방도 있어서 실제로 복역 중인 현역병의 가족으로부터 하소연이 늘어났다.

나가노현 스와군(諏訪郡)의 경우에는 군장(郡長)[xiv]이었던 도리이 젠쇼(鳥居善處)가 1889년 4월 12일에 가미스와촌(上諏訪村) 호장 이와모토 마사아키(岩本正明)에게 보낸 〈개정 징병령의 주된 취지를 철저히 할 것에 관한 스와군 내유(改正徵兵令主旨徹底につき諏訪郡內諭)〉[25]에서 확인할 수 있다. "개정령 제20조는 실제로 자력으로 살아갈 수 없는 자에 한한다는 것이고, 그 채택 여부는 참사원(參事員)의 의견 및 징병관의 판단에 달린 것이지 자격 등이 있는 게 아니다"라는 유의 사항을 주지하도록 요청하고 있다. 또한 나가노 대대구(大隊區) 사령 대리 이노우에 도루(井上亨)는 1890년 2월 15일에 미나미아즈미군(南安曇郡) 군장에게 다음과 같이 보고하고 있다[26]: '작년 11월 이후 제20조를 근거로 하여 현역 면제를 출원하는 자가 속출하였기에 부원(部員)을 파견하여 실제로 조사하였는데 재산 조사서와 실제를 비교하니 근거가 없는 자가 많았고 4명 중 3명은 자력으로 살아갈 수 없다는 확증이 없음이 밝혀졌다. 이는 군(郡) 직원의 조사에 허술한 점이 있었던 것으로 생각되는데 이러한 일이 앞으로도 있다면 군(軍)으로서는 부원을 파견하여 재조사할

---

24 〈陸軍省弁明書〉(井上毅伝記編纂委員会 編, 《井上毅伝 史料篇 補遺 第1》, 国学院大学図書館, 1994), pp. 36-38.

25 《長野県史 近代史料編 4巻》, p. 31.

26 위의 책, p. 32.

수밖에 없게 되므로 주의하시길 바란다'.

이 사례를 통해 시·정·촌의 책임으로 출원하지는 않게 되었지만 실제로는 제20조 도입에 의해 지방관은 상당한 책임을 지는 입장에 설 수밖에 없게 되었음을 알 수 있다.

③ 1년 지원병제는 제11조로 그대로 실현되었다.
④ 해군 현역 5년은 군 측의 주장대로는 되지 않고 4년이 되었다.
⑤ 학교 생도의 준 병역 면제를 폐지하고 징집 연기제로 하였다.

모리 아리노리에 의한 추가 수정

지금까지의 고찰을 통해 군 측 원안과 법제국 수정안을 각의에서 조정하였다고 할 수 있겠다. 그런데 군 측 원안을 보다 적극적인 의미에서 수정한 것은 문부대신 모리 아리노리(森有禮)[XV]였다. 1888년 9월 24일의 〈육군대신이 제출한 징병령 개정의 건(陸軍大臣提出徵兵令改正の件)〉[27]에는 육군 안의 1년 지원병제에 문부대신의 부전이 달려 있다. 이는 "다음의 1항을 추가한다. 만 17세 이상 26세 이하이고 관립 및 부·현립 사범 학교 졸업 증서를 소지한 자는 6개월 육군 현역으로 복무할 수 있다. 단 비용은 관급이어야 한다"라는 것이었다. 육군 안은 중학교 이상의 학생과 사범 학교 학생을 구별하지 않고 있었지만 문부성으로서는 교원의 입영에 따른 지방의 부담을 고려하여 6개월을 요구하였다. 이 규정은 문부성 안에 기초하여 1889년 1월 징병령에 담겼지만(제11조), 비용은 관에서 지급하지 않고 교원이 재직하는 학교가 부담하게 되었기에 교육비를 부담하는 지방의 궁핍한 상황에 맞지 않아서 실시되지 않은 채 그해 11월 징병령에서 6주간으로 줄어들었다. 지금까지 소학교 교직에 있는 자는 병역 면제였던 것을 어쨌든 이러한 형태로 만든 것은 의의가 크다.

---

27 〈公文類聚 明治二十二年〉(2A/11/類399).

본 징병령은 그해 11월 27일에 원로원에 부의되었는데 심의 결과는 부결이었고 12월 28일에 원로원에서 내각에 전달되었다. 원로원의 반대 골자는 다음의 두 가지이다.

원로원의 반대

① 예비 장교는 1년이나 6개월로 육성할 수 없다.

② 호주, 60세 이상의 대를 이을 아들, 조부모를 이을 손자의 유예를 폐지하고 "자력으로 살아갈 수 없다는 확증"이 있는 자에 대한 유예를 인정하는 것은, 평등해야 할 징병이 부자에게 무겁게 되는 것이므로 반대한다.

장교의 신분이나 군대 내 신분제적 질서에 원로원이 민감하였다는 것은 지금까지의 개정 논의에서도 살펴본 바인데 여기서도 얼굴을 내밀고 있음을 알 수 있다. 논의를 억지로 정리하면 위의 두 가지 점인데, 이는 우여곡절을 거친 것이었다.[28] 1888년 12월 10일에 제1 독회(讀會)가 열렸고 거기서는 내각 원안을 수정하기 위해 7명으로 이루어진 부탁(付託) 조사 위원이 선출되었다. 그달 25일의 제2 독회에서 이 위원들로부터 '징병령 개정의 건'을 폐안(廢案)으로 할 것이 보고되자 폐안에 반대하는 이들이 다수를 차지하여 재조사 위원을 7명 선출하였다. 그중에는 오토리 게이스케(大鳥圭介)[xvi]나 가토 히로유키가 포함되어 있었다. 그달 28일에 재조사 위원은 원로원 수정안을 회의에 제출하였는데 이 수정에서 주목되는 것은 ① 호주의 병역 면제를 되살리고 있다는 점과 ② 대인료를 되살린 안이었다는 점이다.

가토 히로유키의 의견

논의 중에 가토 히로유키가 수정안 기초 위원들 중 한 명이었음에도 불구

---

28 원로원의 논의에 관해서는 〈徵兵令改正ノ儀〉(明治法制経済史研究所 編, 《元老院会議筆記 後期第34巻》, 元老院会議筆記刊行会, 1989)를 참조할 것.

하고 대인료 부활에 반대한다는 뜻을 분명히 하여 위원들 간의 생각이 통일되지 않았음을 상징하는 것은 주목된다. 어쨌든 여기서 주목하고자 하는 것은 가토의 논리[29]이다.

> 평민으로 하여금 불쾌함을 느끼도록 한다면 장래의 정략에 어떠한 장애가 있을지도 아직 알 수 없다. 이는 본관이 기우(杞憂)를 금할 수 없는 바이다. 특히 오늘날의 상황을 관찰하건대, 빈자가 10명 중 7-8명을 차지하고 부자는 고작 10명 중 2-3명에 불과하다. 빈자에게 나쁜 느낌을 주는 것이 불가함은 이 한 가지 점에서도 이미 명료할 것이다. 지금은 다행히 빈자가 무서운 것을 느끼지 못하더라도, 만약 빈민에게 나쁜 느낌을 준다면 저 외국의 여기저기서 보이는 사회당·공산당 및 허무당(虛無黨)의 주의를 수입해 올지도 모른다.

대인료를 둘러싼 빈자의 원망과 분개하는 감정에 지자(知者)가 민감해지지 않으면 국가가 위태롭다고 말하는 것이다. 1883년의 개정 이전으로 역행하는 것은 불가하다고 가토는 설명하면서 채결(採決)할 때는 수정안에 기립하지 않고 내각 안에 찬성하겠다는 극언까지 하였다. 이러한 분위기에서도 짐작되듯이 원로원의 생각은 통일되지 않았고 이 수정안도 폐안이 되어 원로원의 논의는 중단되었다.

원로원의 폐안 상주에도 불구하고 이미 몇 번이나 거듭되었다시피 내각 측의 생각이 단행되었다. 그동안의 소식을 말해 주는 것은 다음에 인용하는 1889년 1월 9일부 이토 히로부미의 서한이다. 내각 서기관(內閣書記官)[xvii] 앞으로 보낸 것으로, 원로원이 부결하더라도 "단행하셔야 함은 참으로 부득이한 일이라고 생각합니다"라고 쓰고 있다. 이리하여 징병령은 편의 포고되었고 원로원에는 사후 검시에 부쳐서 마무리되었다.

---

29 《元老院会議筆記 後期第34巻》, p. 53.

사람의 미묘한 감정

원로원의 반대론은 원로원 자신의 기능적·제도적 제약도 있었기에 이 시기에는 거의 영향력을 갖지 못하였다. 본 개정에서 주목하고자 하는 점은 수요는 늘지 않았는데 공급을 늘리려고 하는 군의 만만찮은 의지=우수한 장정을 선택하는 자유를 확보하려는 것을 이노우에 등의 법제국 관료들이 간파하고서 육군으로서는 가장 벅찬 적수로 등장하였다는 점일 것이다. "인민 각자의 생계 사정에 개입하여" 빈부를 분별하려는 것은 지방 제도가 아직 발달하지 않은 오늘날로서는 오만한 말투이고 인민에게 원망의 대상이 되는 것은 결국 다름 아닌 육군이라고 이노우에는 말하였다.

이처럼 정부 내에서 본질을 지적하는 반론에 대해서는 군도 쩔쩔매지 않았을까. 그럼에도 불구하고 군은 아랑곳하지 않고 열심히 징병령 개정을 거듭해 갔다. 이러한 점에서 군이 택하고자 하는 방향을 지지하는 여론이 존재하지 않았을까 하고 생각하게 된다.

20세가 되어 신체검사를 한 뒤 합격하게 되면 제비를 뽑고 거기서 상비병·보충병으로 당첨된 자는 읽고 쓰고 셈하는 시험을 쳐서 합격하면 병사가 된다. 이러한 간단한 절차로 12년이나 되는 의무를 부담하게 된다면 불합리하다고 느끼는 것도 무리는 아니다. 하물며 그 의무가 똑같이 걸린다면 몰라도 30분의 1 또는 20분의 1의 확률로 걸리는 제비뽑기의 '꽝'인 것이다.

다시금 후쿠자와

방금 필자는 "똑같이 걸린다면 몰라도"라고 썼는데, 이러한 사람의 미묘한 감정이 중요해지게 된다. 후쿠자와 유키치가 〈전국 징병론〉[30]에서 정부의 연약한 자세를 질타하였음은 앞서 말한 바와 같다. 거기서 후쿠자와는 ① 병역세를 걷음으로써 복역할 수 없는 자는 세금이라는 형태로 대신하도록 하면 어떠한가 하는 안과 ② 그것이 불가능하다면 병역 면제 조항을 철

---

30 《福沢諭吉全集 5巻》, p. 397.

저히 없애서 호주도 적자도 학사도 관원도 전부 면제해서는 안 된다고 설명하고 있다. ①, ②에서 공통되는 것은 어떠한 형태로든 국민이 공평하게 부담해야 한다는 점일 것이다. 참고로 후쿠자와는 관립 학교 생도만 면제인 것은 이상하다고 다른 논고에서 말하고 있고, 이에 대해 군부는 곧바로 1889년의 개정에서 사학(私學)·관학(官學)의 차이를 철폐하고 육군성이 인정한 사립 학교 생도도 면제로 하였다.

또한 후쿠자와는 현재 많은 이들이 병역을 꺼리는 것은 그것을 천한 일로 보기 때문이라고 설명한다. 1873년 징병령, 1879년 징병령에서는 대인료나 수많은 병역 면제 조항이 존재하였기 때문에 "사회의 상류 사람들은 대체로 모두 이를 면하고, 현역으로 복무하는 자들은 대부분 하류에 가난하고 천하기에" 이러한 상황이 발생하고 있다면서 상류를 어떻게 흡수해 갈 것인지에 관해 경종을 울렸다. 후쿠자와의 이의 제기와 징병령 개정은 상당한 상관관계가 있다. 면제 조항을 점차 철폐하고 관학·사학의 구별을 폐지하며 상류 사람들을 받아들이기 위한 1년 지원병제 등은 기본적으로 1889년의 개정에서 실현되고 있었다.

가난한 다수의 지지를 받는 군

지금까지 설명해 온 것처럼 교육 효과를 절대시하는 군으로서 복역 연한을 줄이는 것은 받아들일 수 없는 주장이었다. 그리고 복역 연한을 늘린다면 병영 및 예산 관계상 1년에 징집하는 인원은 적게 묶어 둘 수 있다. 적게 묶어 둘 수 있는 이상, 나에게만큼은 돌아오지 않았으면 하는 사람의 감정은 점점 더 고조된다. 이에 관해 군도 충분히 자각할 수밖에 없었다고 여겨진다.

앞서 보았듯이 1889년의 개정 당시 육군 당국의 다음과 같은 인민관은 흥미롭다.[31] "중등 이상의 인민은 그 재력과 교활한 꾀를 이용하여 일시적

31 〈公文類聚 明治二十二年〉(2A/11/類399).

으로 호주나 대를 이을 아들 등의 명의를 빙자하고 온갖 거짓말로 징집을 면하는 자들 틈에 섞여 들어간다. 이에 반해 논밭을 갈고 물고기를 잡으며 나무를 베는 등 고생하여 간신히 일가의 생계를 꾸려 가는 빈곤하고 무력하지만 순량한 인민"이 오히려 병역을 부담하는 것이 현실이라는 인식이다. 1889년의 개정에서는 실제로 법제국·원로원의 반대를 무릅쓰고 종래의 유예를 없애는 개정을 단행하였다. 또한 제20조의 "자력으로 살아갈 수 없는 자"에 관한 조문은 그 실태야 어떻든 일단은 호의적으로 받아들여졌을 것이다. "빈곤하고 무력하지만 순량한 인민"들은 이러한 군의 수법을 기분 좋게 여기지 않았을까.

이노우에 고와시의 눈에는 군의 오만함으로 비쳤더라도 일반 사람들의 눈에는 병역 면제 제도나 계급적 특권을 배경으로 한 차별이 점차 없어지고 있고 군은 노력하고 있다고 비쳤다고 해도 이상하지 않다. 실제로 부담을 지는 인원수에는 변화가 없는데 잠재적으로 부담을 질 수 있는 층을 넓게 잡는 의미는 여기서는 등한시된다. 부담의 내용을 가볍게 하는 게 아니라 부담을 공평하게 함으로써 사람들의 불만이나 증오나 질투는 치유되고 만다. 이리하여 '공평'이라는 사람의 미묘한 감정에 따라 지지를 받으면서 징병령은 개편을 거듭하는 것이다.

'4장군'의 개혁론

지난번 개정에서 이 시기 사이에 제기된 징병제 개혁론으로는 미우라 고로 등 '4장군(도리오 고야타[鳥尾小彌太][xviii], 미우라 고로, 다니 다테키[谷干城][xix], 소가 스케노리)'의 것을 들 수 있다. 이들의 논의는 육군 주류파에 의해 1885년부터 시작된 일련의 개혁에 대한 안티테제로서 이루어졌다. 이 문제에 관해서는 오사와 히로아키(大澤博明)의 논문 〈월요회(月曜會)[xx] 사건의 재검토〉 및 〈메이지 '통합 참모본부'의 생성과 해체〉[32]가 밝히고 있으므로, 개혁론 전체의 의

32 〈月曜会事件の再検討(一)·(二完)〉(《法学雑誌》[大阪市立大学] 第35巻 1·2号, 1988);

의에 관해서는 이 두 편의 논문을 참조하길 바란다.

참모본부(參謀本部)[xxi]에 초빙된 멕켈의 발상으로 1887년 무렵에는 국토방위의 다양한 방책이 논의되었다. 4장군의 시뮬레이션은, 일본의 최대 결점이 해안선까지 병력 이동에 지나치게 많은 시간이 걸리는 것이라고 결론지었다. 이를 극복하기 위한 방향으로는 '소재 개병(所在皆兵)'이라는 형태로 호향병을 양성하고 이들을 전시에 지휘할 간부 교육을 철저히 하며 병사 수를 늘리기 위해 상비병의 복역 기간을 3년에서 1년으로 줄이는 방안이 고려되었다. 이러한 의견은 청일전쟁까지 전략 사상의 변천을 〈메이지 시기 일본군의 전략 사상 변천〉[33]에서 정리한 구로노 다에루(黑野耐)에 따르면 육주해종(陸主海從)의 고정 방어를 주체로 하는 전형적인 수세 전략 사상이라고 한다.

오사와의 논문에 따르면 야마가타나 가쓰라 다로 등 육군 주류파가 4장군 등의 논의를 봉쇄한 것은 물론 그것이 뒤떨어졌기 때문이 아니다. 오히려 그들과 메이지 천황(明治天皇)[xxii] 간의 밀접한 관계, 이토 히로부미·이노우에 가오루(井上馨)[xxiii] 등 육군 예산을 줄이는 데 미우라 등의 구상을 써먹을 수 있다고 생각하고 4장군에게 접근한 정치가들과의 밀접한 관계를 두려워하였기 때문이었다고 한다.

병역 단기론에 대한 육군 측의 반박

4장군은 병사를 많이 뽑아야 한다고 생각하고 있었다고 앞서 말하였는데 아마도 육군 내부자가 쓴 것으로 보이는 〈병역 기한론〉[34]은 다음과 같이 이에 반대하는 취지를 말하고 있다: '국가의 독립, 국권의 확장, 인민의 행복·

〈明治《統合参謀本部》の生成と解体〉(《法学雑誌》 第33巻 4号, 1987).

33 黒野耐, 〈明治期における日本軍の戦略思想の変遷—守勢思想から攻勢思想への転換〉(《政治経済史学》 349号, 1995).

34 〈兵役期限論〉(〈井上毅関係文書〉 B3358). "1891년 1월 육군성"이라고 먹물로 씌어 있다.

자유를 꾀하기 위해서는 '정련된 군대'를 가져야 한다. 군대의 정련 여부는 전적으로 교육의 정밀함과 조잡함에 달려 있고, 교육의 정밀함과 조잡함은 시일의 길고 짧음에 달려 있다. 그런데 병역 기한 단축론자는 어째서 "헛되이 전시 병사 수를 늘리려고 하는가", "근위 및 6개 사단의 병사 수로 부족하다고 보는가"'.

반론으로는 두 가지 논점을 들고 있다. 첫 번째는 병사 수는 그대로 두면서 복역 기한을 3년에서 2년으로 한다면 신병을 지도할 자의 수, 즉 장교 및 하사관 수를 늘려야 한다. 보병 1개 중대에 대해 소위 1명을 늘린다면 24개 연대에 대해서는 288명을 늘려야 하고, 이를 위한 세출은 10만 8,800엔 남짓 늘어나게 된다. 복역 연한을 줄이면 경제적으로 비용이 적게 든다는 건 잘못이라는 것이다.

두 번째는 복역 연한을 2년으로 하면 군대의 구성상 전투 능력이 떨어진다고 하였다. 예를 들어 보병 1개 대대의 평시 정원을 480명으로 잡고 2년제라고 한다면 고참병은 240명, 신병은 240명이다. 유사시에 신병은 곧바로 야전대에 보내지는 못하고 교육해야 한다. 신병 교원으로 고참병 40명을 남겨 두고 또 사망이나 질병 등으로 인한 고참병의 결원을 20명으로 잡는다면 출전할 수 있는 고참병 수는 1개 대대 내에 180명이 되고 전시 병사 수를 800명으로 잡는다면 620명을 예비병으로 보충해야 한다고 설명하는 것이다.

VII

제국의회에서의 공방

이 장에서는 1. 청일전쟁 말기인 제8 제국의회에서 심의된 1895년 3월 13일의 개정, 2. 러일전쟁 초기의 고비였던 랴오양(遼陽) 회전 후 이루어진 1904년 9월 28일의 개정, 3. 러일전쟁 이후인 1906년 4월 12일의 개정에 관해 살펴보고자 한다.

헌법 제정 및 제국의회 개설 후인 이 시기의 징병령 개정 절차는 통상적인 법률의 경우와 다를 바 없었다. 주무 성인 육군 또는 육해군이 개정 원안 및 개정 이유서를 첨부한 각의 청의서(請議書)를 총리대신에게 제출하면 그 개정 원안을 법제국이 수정하여 각의 결정하고, 그 후 제국의회(귀족원[貴族院][i]과 중의원[衆議院][ii])에 상정하여 의회의 심의를 거쳐 법률이 된다. 긴급칙령(緊急勅令)[iii]에 의한 개정의 경우에는 개정 원안, 법제국의 수정, 추밀원에의 자순 및 상주라는 절차를 거치지만 공포 후 개회되는 의회에서 '승낙'을 구할 필요가 있다.

1. 1895년 3월 13일의 징병령 개정(법률 제15호)

이때의 개정 사항은 여섯 가지로 정리할 수 있다.

보충병역 신설

청일전쟁에 동원된 육군 병력은 상비군 7개 사단, 임시 1개 사단, 후비병 39개 대대 등 24만 616명에 달하였다. 따라서 징병령 개정 방침도 실전에서 얻은 경험에서 도출되었다. 첫 번째는 종래의 상비병역(여기에 현역과 예비역이 포함된다), 후비병역, 국민병역이라는 세 가지 병역에 추가로 보충병역을 신설하였다는 점이다. 전시에는 제일선에서 싸우는 야전대, 그 후방의 후비대=수비대, 국내에 주둔할 보충대가 편성되는데 지금까지처럼 소규모 전투로 끝나는 동안에는 인원 부족이 발생한 경우에도 병사로서 교육을 전혀 받지 못한 자를 징집하고 나서 교육하여도 늦지 않았다.

따라서 지금까지는 부족한 인원을 보충할 풀로서 '예비 징원'이라는 그룹을 두어 징병 검사에 합격한 자로서 그해의 현역 정원을 넘긴 이들을 몇 명이든 예비 징원으로 등록하여 순차적으로 보충대 등의 결원을 채우도록 하고 있었다. 1894년의 경우에는 예비 징원은 14만 3,700명에 이르렀고 그 구속 기간은 1년으로 되어 있었다.

하지만 이번에 군이 이러한 예비 징원을 폐지하고 보충병역을 신설한 이유는 육군의 사고방식을 잘 보여 준다고 여겨지는 '징병령 중 개정이 필요한 주요 조항'[1]에 따르면 다음과 같았다. 첫째, 징집하고 나서 교육하여서는 실전에서 불충분하므로 그 전에 필요 최소한의 교육을 할 필요가 있다고 판단하였다는 것이다. 항상 국내 근무 보충대만 보충한다면 문제없겠지만 때

1 〈徵兵令中改正追加法律案〉 중의 일부, 〈明治二八年三月 弐大日記 乾〉(防衛省防衛研究所戦史研究センター所蔵). 또한 정부 위원으로서 원안 설명을 맡은 육군성 군무국 제2 군사과장 다케노우치 세이사쿠의 답변도 참고가 된다. 《帝国議会衆議院議事速記録 9》(東京大学出版会, 1979), pp. 419-422.

로는 야전대를 보충해야 하는 사태도 예상되는 것이다. 둘째, 교육하게 된다면 교관 및 시설의 수와 예산에 의해 1년에 교육받을 수 있는 인원수는 한정된다. 지금까지처럼 14만 명이나 되는 인원을 1년 한정으로 비축해 두는 것은 이럴 경우에는 참으로 비효율적이다. 예를 들어 양질의 보충병을 만들기 위해서는 현역 인원수를 넘긴 이들을 매년 2,470명만 뽑은 뒤 이처럼 한정된 인원에 대해 7년 4개월의 복역 기간을 설정하는 편이 충분한 효과를 기대할 수 있다고 간주되었다.

복역 연한 연장

두 번째는 예비역 복역 연한을 4개월 늘려서 4년 4개월로 하였다는 점이다.

어째서 4개월만 늘렸는가 하면, 이것도 실질적으로 국군 전체의 전투 능력을 항상 일정한 수준으로 유지하기 위한 조치였다고 할 수 있다. 용병이 아닌 한에는 병사의 '신진 교환'은 불가피하다. 신병 입영은 이 무렵에는 12월 1일이었고 3월 하순에 대략의 교육이 끝난다. 그 말은 곧 12월부터 3월까지는 전 육군 평시 정원의 3분의 1(현역 복역이 3년일 경우)이 실전에서 전혀 쓸모가 없다고 간주할 수 있는 것이다. 그 공백을 메우기 위해 4개월을 예비역으로 커버하려는 것으로 보인다.

외국에 있는 자에 대한 유예 확장

세 번째는 외국에 있는 동안의 유예 상한을 종래의 만 28세에서 32세로 올리고 또 외국에 있는 것을 원인으로 하는 유예의 이유를 유학으로만 한정하지 않기로 하였다는 점이다. 1889년 징병령은 제21조 제2항에서 "학술 수업을 위해 외국에 기류(寄留)[iv]"하는 자에게만 허용하고 있었지만 이를 단지 "외국에 있는 자(조선에 있는 자를 제외한다[할주(割註)])"와 같이 개정하였다.

이 입법 취지는 그 내용만 읽는다면 32세까지 귀국하면 추첨 방식에 의하지 않고 징집한다고 되어 있어서 국가가 집요하게 귀국자를 병역에 흡수하려 하는 것처럼 해석되기도 하지만 그렇지는 않다. 육군 측 내부 자료에는 "외국 여행을 오히려 장려하는 것이 이익임과 동시에 다행히도 장정에 여유가 있으므로, 당분간 본 항을 수정하여 무릇 외국에 있는 자는 징집을 유예하기로 하고자 한다"[2]라고 적혀 있다. 하와이 등으로 일하러 간 자 등도 비로소 정식으로 유예 대상이 되었다.

기류지 응징 폐지

네 번째는 징병령 제26조의 기류지 응징(寄留地應徵, 현주지 응징) 제도를 폐지하였다는 점이다. 이 조문은 지방 농촌에서 도쿄나 오사카 등으로 일하러 간 자 등의 징병 검사 및 징집의 편의를 꾀하기 위해 마련된 것인데 현역으로 징집될 때는 기류지인 도시라도 상관없지만 그들이 예비역·후비역이 되는 해 무렵에 여전히 도시에 있다고는 상정하기 어렵다. 따라서 본적지 응징(本籍地應徵)으로 되돌릴 것이 꾀해졌다.

즉, 도시를 포함하는 제1 사단(도쿄) 혹은 제4 사단(오사카) 등에서는 동원 계획상의 예비·후비 인원에 부족을 초래한다는 것이 점차 판명되었다. 따라서 징병 검사만 본인의 출원에 의해 종래대로 기류지에서 받을 수 있도록 징병 사무 조례에 새로 규정을 마련하여 대응하고자 하였다.

그 외의 개정 사항

다섯 번째는 징병령 제15조에는 예비병을 소집한 뒤 후비병을 소집한다고 정해져 있었다. 이러한 순서는 동원할 때 불편하기에 예비병과 후비병은 순서를 구별하지 않고 동시에 소집할 수 있도록 개정하였다. 여섯 번째는 국민병역을 제1(후비병역 및 제1 보충병역을 마친 자가 복무함)과 제2(상비병·후비병·보충병·제1 국민병 등 어떠한 병역에도 복무한 적이 없는 자)의 둘로 나누었다는 점이다. 이는 간단히 말하여 군사에 관한 교육을 받은 적이 있는 자를 제1, 받은 적

2 〈明治二八年三月 弐大日記〉.

이 없는 자를 제2라는 범주로 나눈 것으로 국민병 소집을 위한 준비 작업으로 이루어진 것이다.

중점주의

위와 같이 여섯 가지로 정리할 수 있는 개정의 특징을 한마디로 말하자면 중점주의를 명확히 내세웠다고 할 수 있을 것이다. 개정이 이루어진 1895년의 장정 수는 44만 9,834명이었고 그중 육군 현역은 2만 1,662명(해군 현역은 780명)으로 장정 약 21명당 1명의 비율로 걸리는 것이었다. 이 현역으로 뽑힌 사람들을 육군은 현역 3년, 예비역 4년 4개월, 후비역 5년, 합계 12년 4개월이라는 장기간에 걸쳐 어떠한 형태로든 병역에 구속하였다. 그리고 동시에 이러한 불운이 찾아오지 않은 자들에 대한 규제를 실질적으로 완화한 것이다. 또한 육군은 유학할 수 있는 층은 상류 계급일 것이라는 예상되는 비판을 아랑곳하지 않고 이 특권을 확장할 경우의 이점 쪽으로 기울어진 판단을 내렸다. 더욱 중요한 것은 육군 당국이 예비 징원을 보충병역으로 바꿀 당시의 설명에서 다음과 같은 판단을 제시하고 있었다[3]는 점이다.

> 제1 보충병역이 되는 2,470명은 그 복역 기간이 6년 4개월 늘어나고 제2 보충병역이 될 2만 7,400명은 그 복역 기간이 4개월 늘어난다고 하더라도, 그 대가로 대략 11만 3,900명은 그 징집을 면제받으므로 인민의 병역 의무 부담은 따져 보면 경감되면 되었지 결코 가중되지 않는다.

보다 소수에게 큰 부담을 지움으로써 결과적으로 부담을 벗어난 다수에게 축복을 내리는 본 개정의 '뛰어난' 점을 선전하는 듯한 태도를 군 당국은 보이고 있었다고 할 수 있다. 최초의 대외 전쟁을 경험한 군이 대외 전쟁을 치르는 데 적합하도록 '부담의 중점화'라는 방향으로 개정하였다고 할

3 위와 같음.

수 있는 것이다.

제8 의회의 심의

이때는 제2차 이토 히로부미 내각에서 제8 의회가 개회되어 있었는데,[4] 우선 1895년 2월 7일에 중의원에서 제1 독회가 열려서 제2 군사과장 다케노우치 세이사쿠(竹内正策)가 일어나서 앞서 말한 여섯 가지 점을 포함하는 개정 사항에 관해 상세히 설명하였다. 2월 15일의 제2 독회에서 특별 위원회 위원장 에바라 소로쿠(江原素六)가 위원회 보고(원안 가결)를 하였고 이어진 제3 독회에서 개정 법률안은 확정되었다.

2월 18일에 의안은 귀족원으로 송부되었다. 그날 제1 독회를 거쳤고, 2월 25일에는 특별 위원회 위원장 다니 다테키의 보고가 있었다.[5]

> 이 안은 상당히 중요한 안이고 인민의 권리와 크게 관계되는 사항입니다만, 일본처럼 인민이 많은 것치고 병역이 적은 나라에서는 이 정도로 변경된 것이 결코 인민이 괴로움을 느낀다고 할 정도는 아니라고 판단합니다.

이렇게 말하면서 다니는 원안대로 가결할 것을 보고하였고 2월 27일의 제2 독회에서 소가 스케노리가 제기한 몇 가지 약간의 수정(예를 들어 제8조 제3항에 "근위 사단에 편입하는 자를 제외한다"라는 주석을 달았다. 이는 도서 지방 출신자는 경비대에 할당되기에 근위병이 될 권리가 없었던 것을 개정한 것이다. 이는 소가의 말대로 개정되었다)을 제외하면 원안대로 그날 제3 독회에서 가결되었다. 의회의 질의(質疑) 상황을 보면 원안과 대립하는 듯한 별개의 발상에 의한 강력한 대항안은 제시되지 않았음을 알 수 있다.

---

4 《帝国議会衆議院議事速記録 9》, pp. 419-425, 529-533.

5 《帝国議会貴族院議事速記録 9》(東京大学出版会, 1979), pp. 391-393.

지방의 상황

그동안 병제에 관한 지방의 상황을 보도록 하자. 사이타마현(埼玉縣)의 사례에서는 청일전쟁 중에 '징병 위로 의회(徵兵慰勞義會)'의 활동이 활발해지고 있었다. 〈지방 사무 및 관내 경황 1895년 사이타마현〉[6]에 따르면, 현역 만기 하사관·병사에 대한 위로로 기증한 금전은 3,193엔에 이르고 수령자 수는 383명이라고 기록되어 있다. 1인당 평균 8엔이 조금 넘는다.

청일전쟁 이후의 시책

일본은 청일전쟁을 7개 사단으로 치렀지만 전후 육군은 이미 1896년에 평시 7개 사단 태세를 단숨에 13개 사단으로 늘리는 계획에 착수하였다. 고바야시 미치히코(小林道彦)에 따르면, 전시 총병력을 54만 명까지 끌어올리는 계획이었고 이 동원 태세의 완성은 1909년으로 되어 있었다고 한다.[7] 1896년에 제7 사단(아사히카와[旭川])이 편성되었고 뒤이어 제8 사단(히로사키[弘前]), 제9 사단(가나자와[金澤]), 제10 사단(히메지[姬路]), 제11 사단(젠쓰지[善通寺]), 제12 사단(구루메[久留米])도 1898년 10월 1일에 편성되었다. 합계 6개 사단이 증설된 것이다. 또한 마찬가지로 고바야시의 연구 성과는 그 후 러시아에 의한 동청 철도(東清鐵道)[v] 부설권 획득이나 1900년의 의화단 운동 발발 및 뒤이어 일어난 러시아의 만주(滿洲) 점령에 의해 계획이 서둘러 실현되었음을 밝히고 있다. 상설 사단 수는 그대로 13개인 채 1903년 추계(秋季)까지 평시 정원은 약 16만 3,000명으로 증강되었고 1904년에는 54만 명 동원 태세가 실현되었다.

---

6 《新編 埼玉県史 資料編19》, p. 679.

7 小林道彦, 〈日清戦後の大陸政策と陸海軍〉(《史林》 第75巻 第2号, 1992); 同, 〈《帝国国防方針》再考—日露戦後における陸海軍の協調〉(《史学雑誌》 第98編 第4号, 1989). 두 논문은 모두 육해군의 청일·러일 전쟁 이후 군비 확장 계획에 관한 실증적이고 포괄적인 연구이다. 나 역시 많은 깨달음을 얻었다.

2. 1904년 9월 28일의 징병령 개정—
제국헌법 제8조(긴급칙령)에 의한 개정(칙령 제212호)

병사 수 부족

이 개정[8]은 제1차 가쓰라 다로 내각에서 긴급칙령으로 이루어졌다. 의회가 폐회 중이었고 "공공의 안전을 유지하거나 또는 그 재난을 피하기 위해 긴급한 필요"가 있다고 간주되었기 때문일 것이다. 확실히 그해 8월 19일의 제1차 뤼순(旅順) 총공격(사상자 1만 5,860명), 그달 28일의 랴오양 회전(사상자 2만 3,533명) 등에서 일본 측 사상자 수는 예상을 훨씬 웃돌았다. 이 무렵에는 이미 상설 13개 사단을 전부 동원한다는 것이 결정되어 있었다. 따라서 이번 개정에서는 어찌 되었든 필요한 인원의 신속한 확보가 최우선으로 여겨졌다. 이를 위해서는 예비역·후비역에 있는 병사들을 복역 연한을 늘리면서 활용하는 방법과 보충병을 한 번에 많이 뽑는 방법이라는 두 가지가 채용되었다.

① 소집 범위를 넓게 잡을 수 있도록 하기 위해 육군 후비역을 종래의 5년에서 10년으로 늘렸다(제4조).

② 제1 보충병, 제2 보충병의 구별을 없애고 보충병 전체의 복역 기간을 12년 4개월로 늘렸다(제5조).

③ 육군 출신으로서 현재 제1 국민병역에 있는 자들 중 복역 연한이 5년 미만인 경우에는 소요 인원을 다시 후비병 또는 보충병에 편입할 수 있도록 하였다(부칙).

②에서 보충병의 구별을 없앤 것은 징병령 제17조 제3항의 제한을 돌파

---

8 〈徵兵令改正ノ件〉(〈公文類聚 明治三十七年〉, 2A/11/類976). 특별히 단서를 달지 않은 것은 이 사료에서 인용하였다.

하여 보충병에 대한 정의(定義) 자체를 완화하기 위한 조치였다. 즉, 지금까지는 소집하여 3개월간 훈련하는 대상이 제1 보충병이고 제2 보충병은 거의 소집하지 않았던 것을, 병력 부족으로 인해 제1·제2의 구별 없이 소집한다는 방침에 응한 것이라 하겠다.[9] 또한 이 개정으로 삭제되는 제3항 조문은 다음과 같다. "제2 보충병은 전시 혹은 사변시에 제1 보충병을 소집하고도 여전히 병사가 필요할 때 이를 소집한다."

그해 10월 19일에는 이대로 병사 수가 계속 줄어든다면 전후 현역병에 다수의 결원이 발생하게 되므로 통상의 '징집 현역병·보충병 배부 인원수표' 외에 2만 2,200명의 현역병을 추가 징집하고 그만큼 보충병을 줄인다는 조치를 하였다.[10] 1905년에는 전쟁 중에 4개 사단이 서둘러 증설되었다. 러일전쟁에서는 전쟁 기간 전체를 통틀어 현역병 14만 6,900명, 보충병 42만 6,246명, 합계 57만 3,146명이 징집되었다.[11] 보충도 포함하면 108만 8,996명이 동원되었다. 전사 4만 9,013명, 전상사(戰傷死) 1만 1,427명, 병사(病死) 2만 3,093명, 변사(變死) 902명, 합계 8만 4,435명이 사망하였다.

다나카의 〈수감록〉

개전 후의 본 개정 방향은 러일전쟁의 작전 계획을 세우고 있던 참모본부 제1부 부원 다나카 기이치(田中義一)[vi] 등으로서는 이미 예상하던 바였다. 다나카는 1903년에 참모차장에게 제출한 〈수감록(隨感錄)〉에서 병력 부족 문제를 예측한 뒤 부대의 질을 가능한 한 떨어뜨리지 않기 위해 어떻게 해야 하는지를 논하고 있다.[12]

9 위와 같음.

10 陸軍省 編,《明治三七八年戦役 陸軍政史 2巻》(湘南堂書店 복각판, 1983), p. 168.

11 陸軍省 編, 大江志乃夫 解説,《日露戦争統計集 10巻》(東洋書林, 1995), p. 1878.

12 田中義一,〈随感録〉(高倉徹一,《田中義一伝記 上巻》, 田中義一伝記刊行会, 1958), p. 209.

현재의 각 후비대를 편합(編合)하여 예비 단대를 편성할 준비를 해야 한다. (…) 우리 후비대는 후비병역으로 편제하는 것을 정규로 하기보다는 오히려 보충대를 그 교육상 필요한 예비병을 제외하면 제1 보충병으로 편제하는 것을 정규로 하고, 현재 보충대에 들어가도록 규정된 예비병역을 후비·예비대에 편입하여 후비대는 예비역 및 후비역병으로 편제하는 규정으로 고침으로써 우리 후비대의 소질을 비교적 정예롭고 우량하게 해야 한다.

현역 3년을 갓 마친 예비병역을 보충대로 사용하는 것은 아까우므로 그만큼 보충병을 중심으로 한 보충대를 만들고 후비대를 예비·후비병으로 편성해야 한다는 것이다. 또한 다나카는 개전 전의 계획에서는 후비대의 대부분을 요새에 배속하고 있는 점을 비난하면서 귀중한 후비대 병력을 적의 공격을 받을 가능성이 적은 요새에 배치하는 것은 이해할 수 없으므로 후비대는 외정 부대로도 사용하도록 하고자 한다고 말하였다. 이를 위해 요새 방비를 맡는 부대로서 '수비대'라는 것을 만들고자 하고 그 병사를 얻기 위해 "징병령을 개정하여 재향 병역 연한을 약간 늘릴 필요가 있다", "징병령 개정을 제의하여 일반 인심을 일깨움과 동시에 군대의 기세를 떨쳐 일으키고 더 나아가 확장의 복선으로 삼아 2년 병역론을 미연에 박멸하는 것이 시대의 폐단을 바로잡는 비결"이라고 역시 〈수감록〉에서 지적하고 있다.[13] 실제 전쟁을 예상한 시기에 동원 편제와 징병령을 이처럼 관련지어 논하고 있었음을 보여 주는 실례로 읽을 수 있다.

다나카의 의견서는 1903년 단계의 것이었지만 육군 내부에서는 러일전쟁 준비의 일환으로 병사 수 확보를 위해 징병령을 개정하려는 움직임이 있었던 듯하다. 1902년 1월 단계에서 육군성 군무국 군사과장이었던 이구치 쇼고(井口省吾)[vii]는 부하에게 2년 병역의 득실을 연구할 것을 명하였고[14] 그

---

13 위의 책, p. 211.

14 井口省吾文書研究会 編,《日露戦争と井口省吾》(原書房, 1994), p. 447.

해 9월에 참모본부 총무부장이 되자 다나카의 의견과 마찬가지로 "후비병도 정비됨에 따라 이를 요새뿐만 아니라 야전 예비대로 사용하는 것도 연구할 필요가 있다"[15]라고 하였다. 러일전쟁 개시 전에 기초된 것으로 여겨지는 〈육군 병비 급설안(陸軍兵備急設案)〉[16]에서는 러시아군은 극동 전장에 36개 사단을 집중할 수 있다고 상정한 뒤 병력을 급히 늘리는 안을 구상하고 있다. 실제 징병령 개정은 러일전쟁 중에 이루어졌지만 이 시점에서 후비병역을 5년에서 10년으로 늘리는 구상을 말하고 있었음에 주목하고자 한다. 이를 통해 제7 사단을 제외한(13개 사단-1개 사단=총 12개 사단) 각 후비 보병 연대에 1개 대대를 증설할 수 있으므로 48개 후비 보병 대대를 늘릴 수 있다는 전망이 서게 된다(1개 사단에는 4개 보병 연대가 포함되어 있으므로 4×12=48개가 됨).

추밀원에서의 심리

절차로서는 1904년 9월 18일에 데라우치 마사타케(寺內正毅)[viii] 육군대신과 야마모토 곤베에(山本權兵衛)[ix] 해군대신이 연명하여 가쓰라 수상에게 각의를 청한다는 취지의 문서가 개정 원안 및 이유서와 함께 제출되었고 그달 20일에 법제국의 찬성 의견이 각의에 상정되어 내각의 방침이 결정되었다. 그달 28일에 추밀원에서 가결 결과가 나와서 칙령 형식으로 그날 공포되었다.

추밀원에서의 심리 중에 주목되는 발언은 데라우치 육군대신이 설명한 개정 이유이다. 병력을 시급히 보충하기 위한 방책으로서 데라우치는 개정 결과 "후비병역에 편입될 병사는 나이가 32세에서 37세 사이인 자이다. 게다가 모두 상당한 교육을 받은 자이고, 20세인 청년을 징집하여 몇 달 동안 교육한 자보다는 훨씬 우등하다"[17]라는 판단을 제시하였고 이 개정으로 얻

---

15 위의 책, p. 456

16 《明治三七八年戦役 陸軍政史 2巻》, pp. 479-485.

17 《枢密院会議議事録 10》(東京大学出版会, 1984), p. 112.

을 수 있는 인원을 4-5만 명으로 어림잡고 있다. 데라우치의 판단은 후비역병을 야전 예비대로 사용한다는 다나카의 구상에 가깝다.

부담의 중점화

1895년의 징병령 개정에서 보인 부담의 중점화 방향이 더욱 진전되어 일단 현역이 되면 병사는 17년 4개월이라는 장기간에 걸쳐 얼마간의 구속을 받게 된 것이다. 표면상의 '공평'을 자랑거리로 삼아 온 육군이었지만 러일전쟁의 긴박한 현실을 눈앞에 두고 부담의 중점화의 본질을 드러낼 수밖에 없었다.

제21 의회에서의 승인

제국의회는 폐회 중이어서 긴급칙령으로 개정되었기에, 1904년 12월에 개회된 제21 제국의회 귀족원·중의원 각 위원회 석상에서 '승인을 구하는 건'의 심의가 이루어졌다. 이때도 아직 전쟁 중이었기에 심의도 극히 간단히 끝났다. 중의원 위원회에서 다케이치 구라타(武市庫太, 제국당[帝國黨])의 발언도 "이 개정은 순식간에 이루어졌기에 생각지 못한 점도 있으므로, 국민은 그 개정으로 인해 갑작스레 곤란함을 느끼고 국민의 상태에 큰 변동을 초래합니다. 따라서 만약 이것이 평시의 일이라면 크게 의견도 있겠습니다만, 오늘날 한창 전쟁을 치르는 중이기에 군사상 참으로 부득이한 일이라고 생각하므로 본안은 승낙해야 한다고 봅니다"[18]라고 마무리하고 있다.

《요로즈초호》의 1년병론

지난번 개정에서 이번 개정에 이르는 동안의 징병제 논의로는《요로즈초호(萬朝報)》를 들 수 있다. 1902년 8월 11일의 일로서 "혈세를 개인에 대해 가

18 〈明治三十七年勅令第二百十二号(承諾ヲ求ムル件) 委員会会議録 第二回〉(《帝国議会衆議院委員会議録 明治37年 第21議会》, 東京大学出版会, 1988), p. 313.

능한 한 많이 경감하고(즉 연한을 줄이고) 일반 장정에 대해 가능한 한 널리 나누어 배분하는(즉 특권 면제 등을 폐지하는) 것은 인권을 존중하는 평등주의가 당연히 주장해야 할 바이다. 유럽 사회주의자 등은 더 나아가 1년병론을 주장하는 것이다"[19]라고 논하였다. 지금까지 살펴본 것처럼 두 차례의 개정이 특정인에 대한 부담의 중점화를 추진해 온 특징이 있다는 점을 고려한다면 이《요로즈초호》의 비판은 문제의 본질을 지적하는 것이다.

다만 아마도 고토쿠 슈스이(幸德秋水)[x]가 집필한 이러한 의견과 보통 장정들의 감각 사이의 거리는, 시대는 다르더라도 메이지 초기 징병에 관한 민권가의 의식과 장정과의 거리와 마찬가지로 컸을 것이다. 나에게 닥쳐오지 않는 한 잊어버리고 싶은 의무에 대해 "널리 나누어 배분"함으로써 전체적으로 가볍게 하자는 사고방식으로 바라볼 여유와 지혜는 아직 청년들 사이에서는 자라나지 않았다고 보인다.

지방의 상황

농촌에 대한 러일전쟁의 영향은 농번기의 일손 부족으로 나타났다. 그 때문에 각지에서 출정 군인 가족에 대한 노동력 제공이나 금전 갹출이 이루어졌다. 후쿠이현 요시다군(吉田郡)의 1904년 8월의 사례인 '요시다군 마루야마니시촌(圓山西村) 군인 가족 보호단 규약'에 따르면 "단원은 현세(縣稅)·호별세(戶別稅) 부과 등급에 따라 노동력 또는 금전·물품을 갹출하는 것으로 한다"[20]라고 정하고, 노동력을 제공하는 인부 등에게는 그 돈에서 지급하였다.

러일전쟁 이후의 시책

러일전쟁의 서전을 13개 사단으로 치른 일본이 전쟁 중에 4개 사단을 서둘

---

19 《万朝報》, 1902년 8월 11일부.

20 《福井県史 資料編11 近現代2》, p. 420.

러 증설하였음은 앞서 말한 바와 같다. 1907년 9월에 육군 상비 단대 배치표를 개정하여 위 4개 사단을 상설화하고 추가로 상설 2개 사단을 신설하여 일본 육군은 상설 19개 사단이 되었다.[21] 사단이 증설되면 관구(管區) 개정이 뒤따른다. 이러한 변화를 포함하는 것이 징병 사무 조례였다.

〈징병 사무 조례 중 개정의 건 회의 필기 1907년 6월 26일〉[22]에 따르면, 그 개정 이유로 "이번에 사단이 증설된 결과 육군 관구가 개정되고 또 군대 편제가 개정됨에 따라 징집 구역도 개정"하게 되었다는 점, "보병과 병역이 3년이었던 것을 2년으로 하"였다는 점을 들고 있다. 1902년에 군사과장 이구치 쇼고가 생각하고 있던 구상이 실현된 것이다. 원래 복역 기한을 개정한다면 징병령이 개정되어야 할 터이지만 이 경우에는 복역 기한 그 자체가 아닌 재영 기간을 줄여서 현역병을 1년간 귀휴시킨다는 해석이었기에 사무 조례로의 개정 절차를 밟은 것으로 보인다. 독일에서는 정부가 제출한 2년 병역법안이 1893년에 의회를 통과하였고[23] 프랑스에서도 1905년에 2년 재영이 채용되었기에 그 영향을 헤아리기 위해 2년이라는 시간을 두고 나서 이루어진 개정이었다.

보병과로 한정되었다고는 하나 2년 병역을 시험적으로 도입한 충격은 컸다고 여겨진다. 추밀원에서도 2년 병역에 관한 질문이 이루어져서 이시모토 신로쿠(石本新六)[xi] 육군차관은 다음과 같이 답하고 있다: '외국에서도 2년 병역을 도입한 결과가 나쁘다는 보고는 없었고, 일본에서도 교육이 보급되었으므로 2년으로 충분하지 않은가 하는 의견이 제기되어 왔다. 다만 2년 병역으로 한다면 "다소 병사 수를 늘려야 한다. 종전에는 1개 중대는 120명이었고 이를 3년 병역으로 하면 매년 40명씩이 될 것인데, 2년 병역으

---

21 大江志乃夫,〈天皇制軍隊と民衆〉(遠山茂樹 編,《近代天皇制の展開》, 岩波書店, 1989).

22 〈徴兵事務条例中改正ノ件 会議筆記 明治四十年六月二十六日〉(2A/15-8/枢D249, 国立公文書館所蔵).

23 天野為之 閲, 東洋経済新報社 編,《二年兵役論》(東海堂, 1902), p. 184.

로 하면 매년 60명으로 하면 좋을 것이라는 논리이다. 하지만 그렇게 60명으로 할 때는 어떤 시기, 예를 들어 보병이 귀향하는 시기에는 1개 중대에 60명만 남게 된다. 이래서는 각종 근무에 충당하기에도 충분하지 않다. 또한 헛되이 입영하는 병졸의 훈련도 불가능하다. 따라서 이번에도 약 70명을 모집하여 2년간 합계 140명이 되는 것이다"'.

3년 병역을 2년 병역으로 한 것만으로 원래는 1년당 현역을 마치는 병사 수는 늘어난다. 즉, 전시 획득 인원이 1.5배가 되는 것이다. 1개 중대를 단위로 생각해 보더라도, 매년 40명씩 입영하고 40명씩 현역을 마치던 것이 2년 병역이 되면 매년 60명씩 입영하고 같은 수가 중대를 나가게 된다. 이는 전시 획득 인원이 늘어나는 것을 뜻한다. 하지만 육군은 동시에 교육·훈련에서 '신진 교환'의 중요성도 자각하고 있었다(이에 관해서는 징병제 창설 당시 야마가타가 가장 중시한 사항이었음을 상기할 것). 또한 단기 병역론에 관한 육군 측의 전통적인 반박 논리에서 보았다시피 2년 병역으로 할 경우 야전군에서 차지하는 현역병 비율이 감소하는 것도 육군으로서는 골치 아픈 점이었다(VI장 참조). 이러한 두 가지 단점을 줄이기 위해, 1년당 징집 인원을 1개 중대로 생각하면 40명에서 60명이 아니라 조금 더 얹은 수치인 70명으로 늘려서 뽑게 되었을 것이다.

1년간 귀휴를 통해 재영 기간을 줄이는 것도 러일전쟁 개시 전에 이미 다나카 기이치 등이 생각하고 있던 점이었다. 다나카의 〈수감록〉에는 일본처럼 동원을 위해 한시를 다툴 필요가 없는 나라에서는 위수지(衛戍地) 관계 및 출병 순서로 인해 제1 제단(梯團)[xii]에 들어가는 사단과 제2 제단에 들어갈 사단 간에 격차가 있는 것이 당연하고 "제2 제단에 들어갈 사단은 어느 정도의 연한을 예정하여 귀휴병을 늘리고 이로 인해 발생하는 비용을 유용하여 공성포병(攻城砲兵)을 편제하는 데 충당해야 한다"[24]고 적혀 있다.

---

24 田中義一, 〈随感録〉(《田中義一伝記 上巻》), pp. 205-206.

3. 1906년 4월 12일의 징병령 개정(법률 제43호)

이 개정은 전면적인 것은 아니었지만 징집이 유예되는 '외국' 개념을 둘러싸고 제국의회에서 논의가 이루어졌다는 점에서 주목된다. 제1차 사이온지 긴모치(西園寺公望)[xiii] 내각에서 데라우치 육군대신, 사이토 마코토(齋藤實)[xiv] 해군대신이라는 면면에 의해 개정되었다.

'외국'이란

개정 사항은 제23조 제2항의 "외국에 있는 자(조선에 있는 자를 제외한다[할주])"를 "한국, 러시아령 연해주, 러시아령 사할린, 청, 홍콩(香港), 마카오(澳門) 외의 외국에 있는 자"로 고친 것이다. 또한 부칙으로 본 법은 1907년 1월 1일부터 시행한다고 하였고, 이를 시행할 때 현재 러시아령 연해주, 러시아령 사할린, 청, 홍콩, 마카오에 있으면서 징집 유예 중인 자는 종전의 규정에 따라 징집을 유예한다고 하였다.

육군의 사고방식

1895년의 개정이 외국에 있는 것을 이유로 하는 유예의 폭을 넓혔음은 앞서 말한 바와 같다. 학업 수행이나 유학만이 아닌 오히려 이민으로 외국에 나가는 청년을 후원하는 개정이었다. 본 개정은 외국에 있는 자에 관해 유예가 되지 않는 예외 규정을 많이 두었다는 점에 그 특징이 있었다. 즉 열거한 지역으로의 농업 이민이나 장사를 하러 가는 자나 중국의 학교로 유학하려는 자 등에게는 유예의 길이 열리지 않게 된다. 육군이 이러한 개정을 단행한 것은 어째서였을까.

제22 제국의회 중의원의 징병령 중 개정 법률안 위원회에서 데라우치 육군대신의 답변을 자료로 삼아 생각해 보겠다. 러·일 강화의 결과 일본은 북위 50도 이남의 사할린, 뤼순·다롄(大連)의 조차권(租借權), 창춘(長春)-뤼순

간 동청 철도를 양도받았고 더 나아가 한국을 보호국화하였다. 이러한 극동 정세 변화에 따른 조치가 이번 개정의 중요한 배경이었음은 틀림없다. 데라우치는 다음과 같이 설명하고 있다.[25]

> 이번에 사할린 땅을 우리 영토에 합치게 되었고 또 만주의 조차권을 얻었으며 아울러 창춘 이남의 철도를 얻게 되었습니다. 따라서 이 지방에서 '외국'이라는 범위를 정하는 것이 대단히 어려워졌습니다. 또한 청도 그중 하나입니다. 따라서 예외 규정으로서 이러한 지역을 제외하게 된다면, 불과 한번에 건너갈 수 있는 지역으로 건너가면 일본 징병령의 제재를 받지 않게 됩니다. 사할린은 50도를 경계로 삼고 있습니다. 만주처럼 일본이 지배하는 지역이나 중국 등은 한번에 건너갈 수 있습니다. 이렇게 되면 징병의 제재를 결정하기에 대단히 곤란한 사정이 많은 것입니다.

여기서 알 수 있는 것은 러일전쟁으로 획득한 영역에 근접한 부분을 포함하여 외국의 범주에서 제외하였다는 점이다. 러시아령 사할린은 북위 50도에서 일본 영토와 접해 있고 연해주는 한국에 근접하기 때문일 것이다. '청'이라고 한 것은 '만주'라고 하면 그 경계가 애매해지기에 전부를 포함하는 지명으로 택하였을 것이다.

중국통 오가와 헤이키치의 반대

고노에 아쓰마로(近衛篤麿)[xv]의 동아동문회(東亞同文會)[xvi] 간사였던 오가와 헤이키치(小川平吉)[xvii]에게 청이 징집 유예 대상에서 빠지게 된 것은 중대한 사태로 여겨졌다. 동문회 졸업생은 평시에는 경제나 교육상 중·일 관계에 영향을 미치는 지위에 있고 전시에는 "육군대신도 아시다시피 현재 상당한

---

25 〈徵兵令中改正法律案委員会会議録 第一回 明治三九年三月一七日〉(《帝国議会衆議院委員会議録 明治38年 第22議会》, 東京大学出版会, 1988), p. 200.

역할을 하고 있습니다. 1904년 졸업생은 거의 9할 정도는 육군에서 쓰셨습니다"[26]라고 육군으로서는 아픈 구석을 찌르고 있었다. 오가와의 주장은 전도유망한 젊은이를 청에 교육을 위해 파견하는 것은 대단히 중요하므로 이를 위한 징집 유예를 반드시 인정해 주길 바란다는 것이었다.

데라우치도 오가와의 주장을 지당하다고 하면서도 "제외하지 않고 징병의 제재를 받도록 한 것이 이러한 발달에 그 정도로 지장은 되지 않는다고" 생각한다면서 물리치고 있다. 이처럼 흥미로운 논점을 포함하면서도 정부 원안대로 결정되었다.

대만·가라후토·한국·청 등에 있는 자의 징병 검사

이러한 사람들이 징병 검사를 할 때마다 '내지(內地)'[xviii]로 돌아오는 것은 번거로웠기에 소재지 부근의 군대 또는 영사관에서 검사를 할 수 있도록 하였다. 검사 장소는 다음과 같다.[27]

대만에 있는 자: 대만 수비대.
가라후토(樺太)[xix]에 있는 자: 가라후토 수비대.
한국 또는 그 부근 지역에 있는 자: 한국에 있는 군대.
청·홍콩·마카오에 있는 자: 관동주(關東州)[xx] 및 그 부근에 있는 군대, 청국 주둔군(淸國駐屯軍),[xxi] 또는 즈푸(芝罘)·상하이(上海)·마카오에 있는 일본 영사관.
러시아령 사할린·연해주 등에 있는 자: 가라후토 수비대 또는 한국·청에 있는 군대.

외무성 출장 공관에서도 징병 적령자를 취급하게 되었기에 그 후 입영 여비 체당(替當) 등을 둘러싸고 육군성·외무성 및 해당자의 본적지 정·촌장 사이

26 위의 책, p. 202.
27 〈本邦人徵兵関係雑纂 徵兵法規ノ部 第1巻〉(5.1.2.0.1-2, 外務省外交史料館所蔵).

에 문서 왕복이 이루어지게 되었다(이 여비는 최종적으로 내무성이 부담하게 된다).

러일전쟁의 영향

전쟁은 끝났지만 일본 육군의 대러시아 인식은 변하지 않았다. 러시아군의 극동 배치는 28개 사단 이상으로 예상되었고 시베리아 철도가 복선화되고 헤이룽 철도(黑龍鐵道)[xxii]가 완성되면 병력 수송은 배가할 것이 우려되었다.[28] 하지만 상비군 확장은 재정난으로 인해 실현이 불가능해졌다. 이러한 상황에서 육군의 전투 능력 증가를 꾀하려면 어떠한 방법이 있었을까. 그것은 첫 번째로 "종래의 현역병을 주력으로 한 전시 편성을 재향 군인을 주력으로 하는 편성으로 바꾸"[29]는 것이었다. 이는 《다나카 기이치 전기》의 편자가 다나카의 〈수감잡록(隨感雜錄)〉(국립국회도서관[國立國會圖書館] 헌정자료실 소장 〈다나카 가 문서(田中家文書)〉)의 기술을 간단하게 정리한 부분인데 다나카는 평시 20개 사단에 2배 동원으로 전시 40개 사단으로 할 것을 계획하고 있었다. 즉, 1개 사단당 1개 예비 사단(현역병을 포함하지 않는 전시 특설 사단)을 만들어 낸다는 계산이다.

러일전쟁 중에 전시 획득 인원을 늘리기 위해 복역 연한이 늘어난 징병령이었지만 전후에는 충실한 재향 군인의 원천을 보장하는 규정으로서 새로운 의미를 띠고 있었다. 다나카의 생각으로는 "국민의 후원이 있고 동정이 있는 군대가 하루아침에 전장에 임하면 이만큼 강한 군대는 없습니다. 즉, 군대의 배후에 국민의 열렬한 후원이 있다는 게 신 편제에 대한 기대이자 확신입니다"[30]라는 것이다. 러일전쟁 이후 다나카가 재향군인회 조직에 힘쓴 배경에는 그야말로 이러한 요인이 있었던 듯하다. 제국재향군인회(帝國

---

28 《田中義一伝記 上巻》, p. 507. 러일전쟁에 의해 사회와 군대가 입은 변화에 관해서는 吉田, 〈日本の軍隊〉를 참조할 것.

29 위의 책, p. 406.

30 위와 같음.

在郷軍人會)[xxiii]는 1910년 11월 3일에 창립되었는데 편제상의 새로운 기축과 재향 군인과의 관계에 관해서는 훈시 등에 자세히 언급되어 있다.[31]

① 1911년 7월 26일에 지방 장관에 대한 데라우치 육군대신의 훈시: "우리 국군은 편제상 재향 군인에게 기대하는 바가 해가 갈수록 커지고 있다."[32]

② 1911년에 육군성 군무국장 다나카 기이치의 혼고(本鄕) 연대구 관내 지방 관공리(官公吏), 재향 군인, 소학교 교원 등에 대한 강연인 '지방과 군대와의 관계': "일본은 장래에 전시에는 반드시 많은 군대를 움직여야 합니다. 전시에 많은 군대를 움직인다고 하여 평시에 많은 군대를 가진다는 것은 아무래도 우리 나라의 재정 상황에서 허용되지 않습니다. 따라서 앞으로는 일본의 군대란 평소에는 적지만 전시가 되면 많아지도록 해야 합니다. 전시에 많아진다는 것은 무엇으로 많게 할 것인가 하면 바로 재향 군인 제군으로 많게 하는 것입니다. 여러분이 경험하신 동원은 여러분은 일부분이고 현역병이 대부분이었지만, 앞으로는 그것이 반대가 되어 여러분이 대부분이고 현역병이 일부분이 됩니다."[33]

③ 1912년 12월의 '다나카 군무국장 진술—사단 증설 문제의 경위': "아시다시피 현재 우리 육군은 전시에 확대되는 비율이 도저히 각국에는 유례가 없을 만큼 크기 때문에, 전시에 국군의 대부분은 재향 군인으로 충원한다는 상태이다."[34]

④ 1913년 7월 8일에 지방 장관에 대한 구스노세 사치히코(楠瀨幸彥)[xxiv] 육군대신의 강연: "재향군인회는 여러분의 조력에 의해 대체로 건실하게 발전하고 있습니다. 하지만 동 군인회 설립의 근본적 주의인 현행 평시 편제를

---

31 帝国在郷軍人会 編刊, 《帝国在郷軍人会業務指針》(1929).

32 위의 책, p. 31.

33 위의 책, p. 218.

34 《田中義一伝記 上巻》, p. 506.

가지고 전시에 필요로 하는 강대한 군을 편성하고자 한다면, 재향 군인으로 그 대부분을 충족해야 합니다. 따라서 재향 군인이 정예로운지 아닌지, 강한지 약한지는 곧바로 전시 군대의 강하고 약함이 되어 전쟁의 승패를 좌우하기에 이릅니다."[35]

이처럼 군 당국으로서 재향 군인의 존재 의의는 커졌다. 구스노세 육군대신의 강연 중에 단적으로 표현되어 있듯이 재향군인회를 군이 필사적으로 조직한 배경에는 이러한 편제상의 개편에 따라 재향 군인 그 자체의 위상이 상승한 것이 있었다고 간주할 수 있다. 언제든지 군대에 소집되어도 문제없도록 군사적 기량의 쇠퇴를 막고 '군인 정신'을 유지하기 위해 재향군인회의 조직화가 꾀해졌다. 러일전쟁 중의 개정으로 후비역이 5년에서 10년이 된 것은 전시 중에는 전시 획득 인원을 늘리기 위해서였지만 전후에는 재향 군인의 원천을 더 오래 보증하기 위해서였다고 간주할 수 있다.

훗날 육군 2개 사단 증설 문제 당시 다나카가 종종 이용한 논리로는 1914년도부터 점차 전시 획득 인원이 감소한다는 의견이 있었다. 논리라고는 해도 확실히 재향 군인 수가 한꺼번에 줄어든다는 우려할 만한 사태가 일어나려 하고 있었다. 즉, "러일전쟁 당시 12개 사단뿐이었던 병력이 16개 사단이 되거나 또는 그 많은 수의 사상자를 보충한 것은 무엇으로 보충하였는가. 이는 곧 1903·1904년 징병을 전부 뽑고도 여전히 부족하였기에 그 전해로 거슬러 올라가 미교육 보충병을 징집·교육하여 보충한 것이다. 이것이 1914년부터는 점차 국민병역으로 내려간다".[36] 당연히 국민병역이 된 자는 더 이상 재향 군인의 범주에는 포함되지 않는 것이다.

---

35 《帝国在郷軍人会業務指針》, p. 186.

36 《田中義一伝記 上巻》, p. 508.

지방의 상황

지방의 사료를 보고 있으면 육군에서 군장으로, 군장에서 정·촌장으로 다양한 종류의 문서의 흐름을 확인할 수 있다. 1912년 4월 17일부로 지바현(千葉縣) 아와군(安房郡) 군장으로부터 각 정·촌장에게 '군대와 지방과의 관계 기타에 관한 건 통첩'[37]이 이루어졌다. "당국으로부터 전달된 바가 있으니 다음의 각 항을 오는 25일까지 틀림없이 도달하도록 상세히 조사하여 보고할 것"이라고 하면서 "1. 군대와 지방과의 관계, 특히 군대와 하사관·병졸 가정과의 연락. 1. 징병·소집 사무에 관한 군청 및 정·촌사무소(町村役場)와 육군 관아와의 관계"에 관해 군장에게 서면으로 제출하도록 하고 있다. 다나카 기이치가 떠올릴 법한 질문 사항인데 도조촌(東條村) 촌장 노무라 쓰네요시(野村恒義)는 두 번째 질문에 대해 "육군 관아는 기율에서 허용되는 한 평민주의를 채택하는 듯하고 그 때문에 상호 의사소통을 할 수 있어서 마침내 사무의 민첩함과 진척을 초래하였다"라고 듣기 좋은 답변을 하고 있다.

촌장이 말하는 '평민주의'란 무엇을 뜻할까. 이는 예컨대 사쿠라(佐倉) 연대구 사령부가 사령관(남작 구로다 요시하루[黑田善治]) 명의로 〈징병 검사를 받는 자에 대한 주의〉(1914년 2월)[38]를 내리는 것일 듯하다. 징병 기피는 나쁘다는 것, 신체나 복장, 휴대품, 당일의 마음가짐, 검사장 등에 관해 모든 한자에 가나(假名)로 발음을 달고 친숙해지기 쉬운 표현으로 알기 쉽게 서술하고 있다. 예를 들어 학력 검정에 관해 "이 검정은 문부성이 요구하여 하는 것이므로 징병과는 이렇다 할 관계가 없다"라든가 병종 가정(假定) 부분에서는 "만약 특별히 해군병이 되고 싶다든가 기구대(氣球隊)·전신대(電信隊)·철도대(鐵道隊) 병사 또는 봉공(縫工)·화공(靴工)[xxv] 등이 되고 싶은 자는 사양하지 말

---

37 〈明治四五年兵事関係文書編冊〉(兵事45, 〈千葉県安房郡東条村役場文書〉, 安房鴨川市役所所蔵).

38 〈徴兵検査を受ける者に注意 大正三年二月 佐倉連隊区司令部〉(〈千葉県山武郡源村寄託文書〉, 源782-19, 千葉県文書館所蔵).

고 신청하는 편이 좋다"라고 설명하고 있다. 이는 1922년의 동 연대구 사령부의 〈징병에 관한 주의 및 희망(徵兵に關する注意竝に希望)〉과 비교하더라도 말투가 부드럽다는 점에서 두드러진다.

VIII

제1차 세계대전의 영향

이 장에서는 1. 제1차 세계대전의 경험이 수용되어 처음으로 본격적으로 제40 의회에서 토의가 이루어진 1918년 3월 30일의 개정, 2. 1889년의 개정 이래 대폭 개정이자 징병령 개정 심의 위원회에서의 결정 및 제52 의회에서의 심의라는 특이한 과정을 거친 1927년 4월 1일의 개정에 관해 살펴보겠다.

1. 1918년 3월 30일의 징병령 개정(법률 제24호)

주된 개정 사항

이 개정은 데라우치 마사타케 내각에서 오시마 겐이치(大島健一)[i] 육군대신, 가토 도모사부로(加藤友三郎)[ii] 해군대신에 의해 이루어졌다. 주된 개정 사항은 다섯 가지 점으로 요약할 수 있겠다.

① 중등학교 또는 이와 동등하거나 그 이상인 재학생의 유예제(지금까지는 만 28세

까지 유예)를 전면 폐지하였다. 종래에는 징병 검사 자체를 유예하고 있었지만 어쨌든 적령에 도달한 자는 전원 검사를 받은 뒤 합격자에 대해 졸업할 때까지는 그 학교의 단계에 응한 연한만큼 입영을 연기하는 조치인 입영 연기로 바꾸었다. 1년 지원병으로 합격한 자는 입영할 때까지 재향 군인 취급을 받게 되기에 연습 소집이나 각종 절차를 군과 맺게 되었다.

② 사범 학교 졸업자에 대한 6주간 현역병제를 중지하고 그 훈련 기간을 늘려서 1년 현역병제로 하였다(이 조항만 1924년부터 시행되었다).

③ 더 나아가 종래에는 만 17세 이상 28세 이하로 중등학교 졸업 정도의 학력을 보유한 자에게는 경비는 자기 부담으로 하여 1년 지원병제의 길을 열어 놓았는데, 이 개정에서는 나이를 만 17세 이상 22세 미만으로 낮춰서 혜택을 입는 특권층을 의식적으로 제한하였다.

④ 외국에 있는 자의 체류 중 유예는 20세 이전부터 외국에 있는 자로 한정하기로 하여 합법적 기피를 위한 외국행에 제동을 걸었다. 지금까지는 "한국, 러시아령 연해주, 러시아령 사할린, 청, 홍콩, 마카오 외의 외국에 있는 자"로 되어 있던 것을 "만 20세에 이르기 전부터 러시아령 연해주, 러시아령 사할린, 중국, 홍콩, 마카오 외의 외국에 있는 자"로 하였다. 한국이 빠진 것은 한국을 병합하였기 때문인데, 1911년의 신해혁명(辛亥革命)으로 청이 무너진 이후의 중국을 '지나(支那)'라고 호칭하고 있는 점 등이 흥미롭다.

⑤ 해군병을 종래와 같이 연해 지방에 한하여 징집하지 않고 전국 각지에서 뽑기로 하였다.

문부성과의 왕복 문서

본 개정안은 제40 제국의회의 '징병령 중 개정 법률안' 특별 위원회에서 중의원에서 7회, 귀족원에서 8회라는 비교적 활발한 논의를 거쳐 본회의에서 원안대로 승인되었다. 제국의회에서의 심의를 보기에 앞서 각의에 제출할 원안 단계에서 육군성과 문부성 기타 성·청 간의 조정 과정을 보도록 하겠다. 본 개정에 관한 기록은 저자가 파악하는 한 〈밀대일기(密大日記)〉[iii]에는 수록되어 있지 않다. 이를 보완하는 것으로서 외무성 외교사료관 소장 〈본방인 징병 관계 잡찬〉[1]에 수록된 문부성·육군성·외무성 왕복 문서를 들 수 있다.

이에 따르면 1914년 9월 1일부로 이치키 기토쿠로(一木喜德郞)[iv] 문부대신이 오카 이치노스케(岡市之助)[v] 육군대신에게 조회하고 있다. 뜻밖에도 처음에는 교육조사회(敎育調査會)에서 징병령에 관해 개정을 건의하였음을 알 수 있다. 조사회 총재 가토 히로유키가 1914년 7월 29일부로 조사회 회의의 결론을 문부대신에게 상신한 것이 최초의 움직임이었다.

교육조사회의 상신

회의가 개정의 필요성을 인정한 것은 1년 지원병제를 정한 징병령 제13조 제1항, 6주간 현역병제를 정한 제13조 제2항, 고등 교육을 받는 자에 대한 징집 유예를 정한 제23조, 외국에 있는 것을 이유로 하는 징집 유예를 정한 제23조 제2항에 관해서였다. 이 건의 단계에서 1년 지원병제 및 징집 유예 철폐에 관해서는 이미 최종적으로 개정된 1918년 징병령과 거의 동일한 수준까지 안이 갖추어져 있었음을 알 수 있다. 건의의 요지를 아래에 정리해 보겠다.

① 1년 지원병제에 관해: 종래에는 만 17세 이상 만 28세 이하였던 자격을 만 17세 이상 만 21세 이하로 한다. 만 23세를 기한으로 입영을 연기하되, 재학 중인 학교의 수업 연한에 응하여 추가로 4년 이내의 연기를 인정한다. 지금까지는 일률적으로 28세까지 중등학교에서 대학교까지 학교의 구별 없이 유예하고 있었기에, 학적을 두고 있을 뿐 실제로 수학하지 않는 자가 종종 보인 것을 개선하기 위한 개정이었다.

---

1 〈本邦人徵兵関係雑纂 徵兵法規ノ部 第2巻〉(5.1.2.0.1-2, 外務省外交史料館所蔵).

② 6주간 현역병제에 관해: 종래에는 만 17세부터 만 28세 이하로 관립 및 부·현립 사범 학교 졸업 증서를 가지고 있는 관·공립 소학교 교사를 그 대상으로 하고 있었다. 이를 만 21세 미만으로 부·현립 사범 학교를 졸업하였거나 만 20세 이하로 동 학교에 재학하면서 만 23세까지는 졸업할 가망이 있는 자를 대상으로 하였다.

③ 외국에 있는 것을 이유로 하는 징집 유예: 징집 연기로 하고 만 20세 이전부터 계속 있는 자를 대상으로 한다. 만 32세까지 재류할 때는 국민병역으로 한다.

전체적으로 20세 전후라는 이른 시기에 징병 처분을 결정해 버리려는 의욕, 그리고 재학을 이유로 하는 유예를 누릴 수 있는 자를 한정함으로써 연한 내에 학교를 수료하는 자만 고무한다는 방향성을 내세우고 있다. 육군 당국자로서도 젊고 우수한 학생을 뽑는 것은 중요하였을 것이다. 독일군 참모 폰 데어 골츠(Wilhelm Leopold Colmar von der Goltz)의 《국민개병론(國民皆兵論)》(원서는 1884년에 파리에서 간행. 櫻井精 譯, 偕行社, 1896)은 다음과 같이 말하고 있다. 참고로 이 책의 소유자인 스기야마 하지메(杉山元)[vi]는 이 부분에 방점을 찍고 있다.[2] "목숨을 버리기 쉬운 것은 젊었을 때뿐이다. 생각건대 젊은이는 일신상의 수많은 관계에 속박되지 않고 아직 집안의 일을 다스리는 것을 알지 못한다. 그 자신의 화와 복을 판단하고자 하지만 그것이 과연 길한지 흉한지를 알지 못한다. 그 언덕을 올라갔다 내려오는 길이 가까운지 어떤지를 알지 못한 채 대사건에 임할 것을 갈망한다. 이것이 전쟁을 바라는 마음을 일으키는 까닭이다."

징병령과의 차이

한편 실제로 결정된 징병령과 교육조사회 안과의 차이를 보도록 하겠다.

---

2 〈杉山元関係文書〉(国立国会図書館憲政資料室所蔵)에 수록.

①에 관해서는 실제 징병령은 학교의 수업 연한에 응하여 만 27세까지 연기를 인정한다고 하였기에 교육조사회 안과 동일하다. ②에 관해서는 징병령에는 20세 미만으로 사범 학교를 졸업한 자 또는 만 20세 이상으로 동 학교에 재학하면서 23세까지는 졸업할 자라고 되어 있으므로 이것도 교육조사회 안과 거의 동일하다. 다만 가장 큰 차이는 조사회 안은 '1년'이 아닌 '6주간'이라는 선을 유지하고 있다는 점이다. ③에 관해서는 만 20세 이전부터 외국에 있는 자로 한 것은 동일하지만 징병령은 국민병역으로 내려가는 나이를 만 32세가 아닌 만 37세로 하고 있다.

외무성의 회답

문부성의 제의에 대해 1914년 12월 1일부로 오카 육군대신은 가토 다카아키(加藤高明)[vii] 외무대신에게 관련 사항에 관해 의견을 물었다. 외무성은 제23조 제2항에서 재외 공관이 "외국에 있는 것을 이유로" 징집 유예 증명서를 발행하는 것에 관해, 만 20세 이전의 도항자임을 판단하는 것이 번거롭다고 1914년 12월 17일에 육군성에 이의를 제기하고 있다. 제23조 제2항을 둘러싼 육군성과 외무성의 절충은 여유 있게 진행되었는지 1917년 10월 29일부로 오시마 겐이치 육군대신이 모토노 이치로(本野一郎)[viii] 외무대신에게 육군으로서의 견해를 송부하고 있다. 외국에 있는 것을 이유로 징집을 유예하던 것을 연기 제도로 한다는 점은 변함이 없었다. 하지만 육군성의 주장에서는 나이를 "만 17세 이전부터 계속 러시아령 연해주, 러시아령 사할린, 중국, 홍콩, 마카오 외의 외국에 있는 자는 만 37세까지 징집을 연기"한다고 하여 만 20세를 17세로 하고 있다는 점이 주목된다. 어째서 17세부터로 한 것일까. 이래서야 징병 검사를 받지 않고서는 외국으로 보내 주지 않을 듯한 기세가 아닌가.

미국의 징병령

최종적인 개정 징병령에서 제23조 제2항 규정은 "만 20세 이전"으로 결론이 났다. 이 시기에 육군 안이 일시적이나마 17세까지 내려간 이유에 대해 생각해 보고자 한다. 직접적인 인과 관계는 확정할 수 없지만 제1차 세계대전이 발발한 뒤 1917년 8월 1일에 미국 상원을 통과한 결의안[3]은 미국 징병령 규정을 미국에 있는 공동 교전국 국민에게 적용하기 위해 미합중국이 각국과 약정을 맺을 권한을 대통령에게 부여한다는 것이었다. 이민의 나라 미국에서는 당장 지방에 징병서가 개설되어 일본계 이민자들도 사정을 알지 못한 채 미국의 징병으로 뽑힐 것 같은 사태가 일본 대사관에 보고되고 있었다. 한편 미국 국무장관은 9월 26일부로 일본 대사에게 협약안을 제시하는 등 열성을 보였다.

육군 측은 이에 놀라 "우리 나라의 병역 제도는 일본을 방위하기 위해 마련된 것이고, 일본 국민은 폐하에게 충성을 다한다는 대의에 따라 병역에 복무하는 것이다. 따라서 설령 협동 교전국이라고 하더라도 타국의 병역에 복무하도록 하는 것 등은 건군의 본 취지에 반한다"라는 노기등등한 자세로 1917년 12월 5일에 외무대신에게 말하고 있다. 결국 1917년 6월에 미국은 징병 적령자를 내·외국인의 구별 없이 조사하였을 뿐이고, 협동 징병령은 미국에서도 성립하지 않았다. 육군의 기우로 끝난 셈이다. 단 제23조 제2항에서 재외자의 징집 연기에 관해 17세라는 나이를 육군 측이 일단 고려하였음에도 결국 20세라는 선으로 결론이 난 한 가지 이유로 생각할 수는 있다.

---

3 〈大正六年一一月七日起草 大島陸相宛本野外相 合衆国政府ノ提議ニ係ル日米徴兵協約案ニ付意見照会ノ件〉(〈諸外国徴兵令関係雑纂 第1巻〉, 5.1.2.0.7, 外務省外交史料館所蔵)에 수록.

6주간 현역제 개정

'6주간' 현역병제가 '1년'이 된 경위는 어디서 비롯되었을까. 1918년의 징병령 개정의 고비 중 하나가 6주간 현역제의 수정에 있었음은, 당시 오카다 료헤이(岡田良平)[ix] 문부대신에게 보낸 고마쓰바라 에이타로(小松原英太郎)[x]의 서한(1917년 2월 17일부)[4]을 통해 알 수 있다. 그 내용은 다음과 같았다.

> 그리고 또 징병령의 건은 수상께서 지금까지 진행된 대략적인 내용을 말씀해 주셨습니다. 즉 종래 6주간 현역제를 1년제로 한다는 한 가지 점이 아직 결정되기에 이르지 못하여 일전에 육군대신이 문부대신과 협의함에 따라 문부성으로서는 곤란한 사정도 있다면서 6개월로 해 두고자 한다는 말이 있었지만, 이번에는 다소의 곤란함과 사정은 단호히 배제하고 완전한 것으로 하고자 한다고 말해 두었다는 것입니다. (…) 수상께서도 이번에는 과감하게 육군의 주장도 억누르면서 다년간의 문제를 완전히 해결하시려는 결심으로 상당히 분발하고 계시기도 합니다. 각하께서도 과감하게 수상의 주장에 동의하시어 이번에 신속하게 개정안을 정하여 수상께 제출하시는 게 어떨까 합니다.

데라우치 수상이 고마쓰바라를 통해 오카다를 설득하는 모습을 엿볼 수 있을 것이다. 가뜩이나 사범 학교 입학 희망자가 줄어드는 경향임을 의식하는 문부성 측을 수상의 열의로 설득하여 사범 학교 학생 및 졸업생에게도 1년간의 복역 연한을 부과하는 쪽으로 이끌고 있다. 〈공문유취(公文類聚)[xi] 1918년〉[5]에 수록된 사료 〈징병령 중 개정의 건(徵兵令中改正ノ件) 1917년 11월 10일〉에 따르면 문부성은 각의 제출 전의 육군 원안에 동의한 모양이다.

---

4 伊藤隆·坂野潤治·竹山護夫 編, 〈岡田良平関係文書〉(《社会科学研究》 第21巻 5·6合併号, 1970)에 수록.

5 〈公文類聚 大正七年〉(2A/11/類1292).

육군의 제1차 세계대전 연구

1914년 7월에 발발한 제1차 세계대전에 관해 육군 임시군사조사위원(臨時軍事調査委員)을 중심으로 1917년 1월부터 몇 차례에 걸쳐 조사 보고서가 제출되었다.[6] 그중 하나가《유럽 교전 각국의 육군에 관해》(1917년)나《참전 각국의 육군에 관해》(1919년)이다. 이 책의 상당 부분은 정밀하게 만들어진 그래프나 표이고 교전 각국의 병력 일람, 병사 수, 손상, 포로에 관한 각 통계표, 전비 일람, 각국 선박 통계, 각종 공업력 비교 등이 포함되어 있다.《유럽 교전 각국의 육군에 관해》의 제2표에 따르면, 평시 병사 수에 대한 소집 총원 비율(개전 전 현역 군대 총 인원에 대해 어느 정도의 재향 군인이 소집되었는지의 수치)은 러시아가 11배, 영국이 21배, 프랑스가 9배, 독일이 14.5배, 오스트리아가 21배 등으로 되어 있다. 철저한 소집이 이루어졌음을 짐작할 수 있을 것이다.

위 책의 제7장 '교전 각국의 병사 수 보충 개황'[7]에서는 각국의 병사 획득 방법을 들고 있다. ① 예비역·후비역·보충병역 소집, ② 국민병 소집, ③ 징집 연차를 앞당김, ④ 영국 등 지원병 제도였던 나라에서의 징병령 시행, ⑤ 병역 연한 연장, ⑥ 징병 연기 및 유예의 정지, 보충 불가 요원의 감소, ⑦ 병역 면제자 재검사, ⑧ 지원병 모집, ⑨ 범죄자 특별 사면, ⑩ 해군병을 지상전에 사용, ⑪ 외국인 사용 등 온갖 방법을 구사한 모습이 엿보인다.

마찬가지로 제22장 '교전 각국의 국민 교육 상황'[8]도 육군으로서는 참고가 되었을 것이다. 열강에서도 학교 이외의 청년 교육이 성행하고 그 교육 목적은 순수한 군사 예비 교육이 되어 있음이 소개되었다. "열강에는 6주간 현역병 제도가 없고 소학교 교원도 동원상의 보충 불가 요원이 아니다. 따라서 전시에 학교 교원으로서 소집된 자가 지극히 많고, 그 밖에 교직원과

---

6 陸軍省臨時軍事調査委員 編,《欧州交戦諸国ノ陸軍ニ就テ(増補再版)》(1917); 同,《参戦諸国ノ陸軍ニ就テ(第5版)》(1919).

7 《欧州交戦諸国ノ陸軍ニ就テ(増補再版)》, pp. 9-10.

8 위의 책, p. 111.

학생을 불문하고 나이와 체격에서 병역에 복무할 수 있는 자가 지원하여 병사가 된 자가 대단히 많"다고 설명하였다. 소학교 교원도 마찬가지로 속속 소집되는 상황을 전하는 것이다. 프랑스에서는 장정 수가 독일에 미치지 못하기에 예전부터 민간사업으로 입영 전의 청년을 훈련하기로 하고 군사 예비 교육을 하고 있었다.[9]

독일에 관해서는 청년 독일회를 소개하고 있다. 1912년에 황제의 칙허(勅許)를 받은 뒤 각종 청년 교육 단체의 통일을 꾀하기 위해 황태자를 총재, 폰 데어 골츠 원수를 회장으로 하는 청년 독일회를 창립하였다. 이 모임은 청년의 체력과 정신을 건전하게 하고 애국심을 지닌 청년을 만들기 위한 것이었고 군사 예비 교육을 직접적인 목적으로 삼은 것은 아니었다. 하지만 세계대전이 발발하자 다수의 신병 교육의 필요성에서 1914년 8월에 육군대신·문부대신·내무대신 3명이 연명한 뒤 교육을 육군이 총괄하기로 하였고 1916년에는 더 나아가 강제적으로 일반 청년에게 군사 예비 교육을 하는 기관이 되었다. 후술하겠지만 다나카 기이치가 종래 농촌에 자연스럽게 뿌리를 뻗어 온 청년회를 육군과 연계시킬 것을 꾀한 배경에서는 명확히 이러한 독일 청년회의 영향을 찾아볼 수 있다.

지금까지 살펴본 바와 같이 제1차 세계대전의 결과 중등 이상의 교육을 받은 자를 군대에 흡수하는 방법이나 징병 적령에 도달하기 전의 청년 교육 동향에 육군이 자극받은 바가 있었다고 판단할 수 있다. 교육조사회 안에서는 언급되지 않는 '6주간' 현역병제 개정으로 나아가는 방향은 제1차 세계대전에 임하여 유럽 각국에 관한 조사에 근거한 육군 측의 뜻에서 이루어진 것으로 판단할 수 있겠다.

법제국의 수정

육군 원안에 대해 이의를 제기한 것은 법제국이었고 법제국의 수정 의견에

9 위의 책, p. 116.

따른 안이 최종적으로 각의에 상정되었다. 학생의 수업 사정에 일정한 이해를 보인 법제국 안이 최종적으로 각의 결정되었다. 지금까지 문제가 된 것은 제13조(1년 지원병제와 1년 육군 현역병제)였다. 원안을 들고 나서 법제국에 의한 수정을 아래에 제시하겠다.

> 제13조(육군 원안)
> (…) 중학교 학과 과정과 동등하거나 그 이상으로 인정한 학교를 졸업하고 복역 중 식량·피복·장비 등의 비용을 자기 부담하며 예비역·후비역 장교 및 동 상당관(相當官)이 될 것을 희망하는 만 17세 이상 만 21세 미만인 자는 지원에 의해 1년간 육군 현역으로 복무할 수 있다. 이를 1년 지원병이라고 칭한다. (…)
> 제23조(육군 원안)
> 1년 지원병은 만 23세까지 입영해야 하는 것으로 한다. (…) 본인의 출원에 의해 해당 학교의 수업 연한에 응하여 명령이 정하는 바에 따라 만 27세를 한도로 입영을 연기할 수 있다.
> 법제국 수정안
> (…) 전항에서 든 학교에 재학하는 자로서 22세 미만까지 졸업하고 입영할 수 있는 자도 전항과 같다. 전항에 의해 지원한 자는 졸업 때까지 입영을 연기한다.

법제국의 사고방식은 다음과 같이 정리할 수 있다: '육군 원안은 중학교 또는 그 이상의 학교에 규정 연령 이상임에도 불구하고 재학하는 자에게는 일절 입영 연기를 인정하지 않고, 재학 중 적령이 된 자는 일반 병사로서의 징집으로 바뀌어 버리며 1년 지원병 자격을 인정하지 않는다는 가혹한 것이었다. 적령 이상인 자가 이러한 학교에 비교적 많은 것은 중학 입학 희망자 수에 비해 중학교 모집 정원이 적기 때문이지 기피 행위가 아니다. 이러한 학생들을 수업 도중에 일반 병사와 마찬가지로 징집하여서는 고등 교육 발전을 바라는 국가의 이념에 반하고, 군 측으로서도 1년 지원제를 통해 예비·후비역 장교를 얻는다는 취지에도 반하지 않는가'.

법제국과 육해군 및 문부성과의 절충은 그 전해인 1917년 여름부터 20번이 넘게 이루어진 듯하다. 이때 법제국 측에서 절충을 맡은 자는 마쓰무라 신이치로(松村眞一郎) 참사관이었고, 육군 측은 호리 요시히코(掘吉彦)였다.[10]

제국의회에서의 논의

이번 개정에서 주목되는 것은 제국의회에서의 토의가 상당히 중요한 내용을 포함한다는 점이라 하겠다. 지금부터 그 내용에 관해 살펴보겠다. 오시마 육군대신은 1918년 2월 14일의 중의원 특별 위원회 석상에서 이번 개정 이유를 "일반 병역 의무(必任義務)의 균등함을 기하"[11]기 위해서라고 강조하고 있다. 이는 마찬가지로 답변에 나선 다도코로 요시하루(田所美治) 문부차관이 소학교 교사를 대상으로 한 6주간 현역을 1년으로 늘리는 안을 설명할 때의 논리와 상통한다. 다도코로는 병역 의무의 균등함이 징병령 개정의 골자이므로 일반 사람들에게는 3년 병역을 부과하는데 사범 학교 졸업생에게는 6주간으로 끝내는 것은 문제가 있을 거라면서 교사가 될 자에 대한 특전을 줄여야 한다고 논하였다. 외국에 나가는 자에 대한 관점도 1895년의 개정 당시와는 180도 바뀌어 있고 경비를 자기 부담하는 1년 지원병제의 수정도 동일한 의도이다. 이번 개정의 주된 취지를 한마디로 표현하자면 '특권 폐지, 균질화'가 전면에 내세워졌다고 생각할 수 있다.

제국의회에서는 귀족원부터 심의가 개시되어 1918년 1월 22일에 본회의 제1 독회가 열렸다. 귀족원 의원 사카모토 산노스케(阪本釤之助, 동화회[同

---

10 《帝国議会貴族院委員会議事速記録 8》(臨川書店, 1982), p. 135. 1918년 2월 1일의 귀족원 특별 위원회에서 야마다 류이치(山田隆一) 육군차관의 발언.

11 《帝国議会衆議院委員会議録 16》(臨川書店, 1982), p. 537.

和會])가 일어나서 정부는 병역세라는 것은 고려하지 않았는지 질문하였다. 이에 대해 오시마 육군대신은 "요컨대 병역세를 걷는 것은 일반 병역 의무 제도의 정신과 어울리지 않는다고 하므로, 종래 그러한 의견에는 동의하지 않습니다"[12]라는 무뚝뚝한 답변을 하고 있다. 이날 도쿠가와 이에사토(德川家達)[xii] 의장의 지명에 의해 15명의 위원이 선임되었다.

대량 동원론

귀족원 특별 위원회는 1918년 1월 23일부터 2월 6일까지 열렸고, 부위원장 에기 가즈유키(江木千之, 동성회[同成會])가 활발하게 발언하였다. 그중 1월 25일 발언의 중요 부분을 인용해 보자.[13]

> 병제는 다병주의(多兵主義)에 의해야 합니다. 그리고 물자를 공급할 사업, 농업이나 공업 등을 일대 목적으로 삼고 농업·상업·공업 행정도 해 가야 합니다. (…) 국시(國是)의 방침은 거기에 둬야 한다고까지 세간에서는 주장하고 있습니다. 이것이 앞으로 우리 나라의 국책, 이른바 국책을 수립한다는 것은 이 점에 있다고까지 생각하는 사람도 있는 것 같습니다. 하지만 군사 당국자는 여전히 오늘날의 병사 수로 이를 잘 훈련해 가면 된다, (…) 다병주의 따위는 유럽에서야 어떻든 이쪽은 신경 쓰지 않는다, 이만큼의 사단이 있으면 200만, 300만의 군대에 맞서는 것은 문제없다는 생각이십니까?

의원들의 논의를 살펴보면 러일전쟁에서의 대량 동원 상황이나 현재 유럽에서의 전쟁 규모를 감안할 때 육군의 전통적인 소수정병주의(少數精兵主義)로는 앞으로의 전쟁에서 승리할 수 없지 않은가 하는 강한 우려에 자극받아 움직이고 있음을 알 수 있다. 당연한 일이지만 세계대전 중 영국이

---

12 《帝国議会貴族院議事速記録 34》(東京大学出版会, 1981), p. 32.

13 《帝国議会貴族院委員会議事速記録 8》, p. 98.

나 미국의 병제 동향도 사람들의 이목을 끌었을 것이다. 예를 들어 1916년 1월 30일부 《도쿄아사히신문(東京朝日新聞)》은 영국의 애스퀴스(Herbert Henry Asquith) 내각이 18세부터 41세까지의 남성에게 징병제를 실시하기로 하고 기혼자, 성직자, 부양할 의무가 있는 자 외에는 징집한다는 내용을 보도하고 있다. 1917년 5월 3일부 《요미우리신문(讀賣新聞)》은 미국의 징병 안이 의회를 통과하여 21세부터 30세의 남성이 대상이고 미합중국 군대는 50만 명이며 정부 관료는 병역이 면제되고 병사의 급여는 월 30달러라는 것 등을 보도하고 있다.

한편 에기는 1월 26일의 특별 위원회에서 다음과 같은 논점도 제기하고 있다: '원래 사범 학교에 가는 자는 생활에 여유가 없는 자의 자제가 적지 않으므로, 이번 개정으로 졸업 후 다시 1년 동안이나 재영해야 하게 된다면 사범 학교 지원자는 점점 더 줄어들고 만다. 따라서 재영하는 1년간의 봉급 중 몇 할은 국고에서 보조해야 한다'. 이 의견에 대해서는 2월 5일에 오시마 육군대신으로부터 "그 봉급의 대부분을 지급한다는 것은 내각에서 결정한 상태입니다"라고, 에기가 바랄 법한 회답을 이끌어 내고 있다.[14]

희망 결의

2월 9일에 본회의 제1 독회 속회(續會)가 열렸고, 특별 위원회 위원장 하야시 히로타로(林博太郎, 연구회[硏究會])가 위원회 보고를 하였다. 정부안의 주된 개정 사항을 되풀이한 뒤 세 가지 희망 결의를 덧붙이고 있다. 그 세 가지란 ① 입영 시기가 12월이면 학생들에게 불편하므로 봄으로 해 주길 바란다 ② 1년 지원병 교육은 가능한 한 현역 중에 끝마쳐 주길 바란다 ③ 하급 선원 등에 대해 평시 중에 병적에 일시 편입하고 일정 기간 교육하여 유사시에 이 선원들을 유효하게 사용할 준비를 하길 바란다는 것이었다.

이 세 번째 희망 결의에 관해서는 제1차 세계대전에서 상선의 격침이 극

---

14 에기의 질문은 위의 책, p. 114, 오시마의 회답은 p. 152.

심하였기 때문인지 열띤 논의가 벌어지고 있기에 이에 대해 조금 보도록 하겠다.

그중에서도 이토 요시고로(伊東義五郎)는 다음과 같은 문제에 대해 가토 도모사부로 해군대신에게 질문하였다.[15] 참고로 이토는 남작 의원이자 해군 중장이고 1898년에 벨기에에서 열린 제7회 만국해사회의(萬國海事會議)에도 출석한 경험이 있는 인물이었다.

> 예전과는 달리 오늘날의 해전에서는 이러한 징발 선박뿐만 아니라 상선까지 극심하게 격침당하고 선원을 잃는 것이 막대합니다. 이를 어떠한 방법으로 보충할 것입니까? (…) 오늘날 해군대신께서는 전시에는 이미 징발 상선 등에 이르기까지 해군에 부족함을 느끼지 않을 만큼 보충할 방도가 있다는 확신이 있습니까?

선원 보충

이에 대한 가토 해군대신의 답변은 "선원 보충이란 해군대신의 소관이 아닙니다"라는 매우 성의 없는 것이었고 "전쟁이 갑자기 일어난 경우 곧바로 선원 전원이 군사 교육을 받은 자여야 한다는 필요성을 군사 당국자는 고려하지 않고 있습니다"[16]라고 답하였다.

아마도 이토는 머릿속에서 영국 상선의 절반이 군용으로 징발된 사태를 떠올리고 있었을 것이다. 세계대전 중 프랑스에 주재 무관으로 머무르고 있던 사토 고지로는 1920년에 간행한 저서인 《국방상의 사회 문제》[17]에서 대략 다음과 같이 말하고 있다. 즉 영국은 선전 포고 전날이 되어 칙령으로 영국 배는 무엇이든 징용할 수 있도록 하였는데 그 결과 1916년 말에는 영국

15 위의 책, p. 51.

16 위의 책, p. 52.

17 佐藤鋼次郎, 《国防上の社会問題》(冬夏社, 1920), p. 27.

이 소유한 모든 선박의 절반인 1,000만 톤이 군용으로 징발되어 일반 경제에 커다란 영향을 초래하였다. 따라서 선박 동원 준비를 소홀히 해서는 안 된다고 말이다.

뒤이어 칙선 의원(勅選議員)[xiii]인 다카하시 사쿠에(高橋作衛, 동성회)[xiv]가 법률 전문가의 입장에서 일본의 해군 당국은 선원 교육은 불필요하다고 간주하고 있지만 해전법(海戰法)으로 선원의 지위는 좋든 싫든 정해져 있다면서 다음과 같이 질문하고 있다[18]: '"상선 하급 승조원의 법률상 지위란 어떠한가"를 생각할 때는 해전 법규상에서 봐야 한다. 만약 격침당하거나 나포당한다면 하급 선원 역시 "그 법률상의 입장은 포로가 될 수 있는 사람"이 되고 만다. 1914년 1월 13일에 일본은 이 법규를 비준하였으므로 하급 선원이라 하더라도 이 법이 예상하듯이 일정한 군사적 교육을 받은 자로 다루어지게 될 것인데, 이 점을 해군대신은 어떻게 생각하고 있는가'. 다카하시는 법학 박사이고 제2차 오쿠마 시게노부(大隈重信)[xv] 내각의 법제국장관을 지냈으며 해군 대학교(海軍大學校)[xvi]·육군 군의 학교(陸軍軍醫學校) 등에서도 강의한 적이 있는 인물이다. 이에 대해 가토 해군대신은 중등학교를 수료한 선원 등에 대해서는 특별히 배려할 용의가 있다고 답하였지만 원칙상으로는 이전의 답변을 바꾸지 않았다. 2월 9일에 제2·제3 독회가 열려서 귀족원에서 의안이 확정되었다.

중의원에서는 2월 15일에 본회의 제1 독회가 열렸고, 19명의 위원이 선출되었다. 위원회의 논의를 따라가 보겠다. 위원들의 반응은 '특권 폐지'에 관해서는 전적으로 이론이 없었지만, 소학교 교원의 복역 기간 연장에 관해서는 약간의 논의가 있었다. 대체 교원 수당으로 인해 정·촌의 지출이 늘어나지 않는가, 1년간의 봉급은 국고에서 지출해 주는가 등 현실적인 논의가 이루어지고 있다. 또한 교원의 복역 기간 중의 봉급에 관해서는 국고에서 지출된다는 것이 심의 시점에서는 명백해졌다.

---

18 《帝国議会貴族院委員会議事速記録 8》, pp. 54-55.

1년 지원병제와 1년 현역병제

그렇다면 사범 학교 학생이나 소학교 교원을 대상으로 한 1년 현역제는 관비 지급이 약속되었는데(1921년 3월 30일에 공포된 1년 현역 소학교 교원 봉급비 국고부담법) 어째서 중등학교 재학 이상의 1년 지원병제는 경비가 자기 부담인지도 문제가 될 것이다. 1918년 2월 20일의 중의원 위원회에서 오시마 육군대신은 답변 중에 다음과 같은 사고방식을 솔직하게 말하고 있다[19]: '1년 지원병의 경비는 1년에 108엔이고 이들의 인원은 3,500-4,000명이므로, 육군이 관비로 지급하더라도 고작 40만 엔 정도밖에 되지 않는다는 것은 알고 있다. 하지만 본심을 말하자면 경비를 자기 부담할 수 있는 계층인 자를 뽑고 싶다. "저는 이런 말은 하고 싶지 않습니다만, 이 장교의 지위란 어쨌든 소대장이나 중대장, 전시라면 100명 가까이에서 200명 이상의 장(長)으로서 행동하는 것이므로", "다소 지위를 유지할 수 있는 자가 아니면 곤란하다는 점이 있습니다"'.

오시마를 위해 한마디 해 두자면 그가 봉건적 신분제에 연연하는 것은 전혀 아니다. 1년 지원병의 경우는 예비 장교이기는 하지만 장교 일반의 이야기에서 설명하고자 한다. 장교는 원칙상으로는 종신관(終身官)이지만 위로 올라가면 갈수록 자리가 줄어들기 때문에 중위나 대위에서 예비역에 편입될 수밖에 없는 자도 나오게 된다. 이처럼 현역을 물러나는 자들에게 만족할 만한 대우를 하고 대우에 상당하는 체면을 유지하면서 그만두도록 할 필요가 있다. 재원이 풍족하다면 급여나 은급(恩給)[xvii]을 개선함으로써 보완할 수 있지만, 군비 축소 시기나 평시가 오랫동안 이어지면 그렇게 할 수도 없다. 구미 각국은 그럴 때 어떻게 하였는가.

간단히 말하자면 원래 귀족이나 부호의 자제를 장교로 다수 흡수하는 선발 시스템을 갖추고 있었다. 중위나 대위에서 그만두더라도 선조의 재산으로 먹고살 수 있는 것이다. 미국에서조차 장교 후보자는 각 주 의원의 추천

---

19 《帝国議会衆議院委員会議録 16》, p. 562.

으로 채용하고 있었다. 상당한 자산이 있기에 의원 혹은 부·현회 의원이 되거나 회사의 중역이 되어 현역에서 물러나더라도 장교의 체면을 더럽히지 않고 사회에 공헌할 수 있었다.

하지만 일본의 경우는 귀족이나 부호가 나약하였다기보다는 시험 선발이 지나치게 곧이곧대로 실행되고 말았기에 이러한 구미의 성숙한 시스템은 생겨나지 않았다. 포병술의 전문가로서 세계대전 중 프랑스에 주재 무관으로 머무르고 있던 사토 고지로에 따르면 1917·1918년 무렵의 육군 사관 후보생 합격률은 쉬울 때도 6명 중 1명, 어려울 때는 17명 중 1명, 해군 병학교는 마찬가지로 14명에서 26명 중 1명이었다고 한다. 병학교 생도의 약 2분의 1은 중학교 성적이 10등 이내였다.[20] 귀족의 자제 등으로서 이러한 경쟁에서 이길 수 있는 자는 소수였을 것이다. 오시마의 발언에는 이러한 배경이 있었다고 여겨진다.

총력전의 발상

또한 의원들로부터는 각종 특권을 폐지하면서까지 정부가 병사 수를 늘리고자 한다면 오히려 복역 기한을 줄여서 다수의 병사를 교육하는 편이 낫다는 의견이 제기되었다. 위원회 위원장을 맡은 다카기 마스타로(高木益太郎, 입헌국민당[立憲國民黨])는 총력전의 사고방식에 근거한 단기 대량 양성을 주장하면서 "이미 오늘날에는 이 국방이란 전문 군인만의 부담이 아니라 민족과 민족이 이를 맡습니다. (…) 그래서 아마도 이 제안자의 생각이란 아직 낡은 형식에 얽매여 있습니다"[21]라고 군을 비판하였다. 그리고 단기로 병사를 양성하려면 그 전제로 소학교·중학교·사범 학교 등에서, 요컨대 입영하기 전에 군사 교육을 마칠 필요가 있다고 하였다.

---

20 佐藤鋼次郎, 《軍隊と社会問題》(成武堂, 1922), p. 241.

21 《帝国議会衆議院委員会議録 16》, p. 595. 1918년 2월 26일의 제5회 위원회 석상에서의 발언.

여기서 보이는 것처럼 오무라 식의 '종으로 길러서 횡으로 쓴다'는 발상의 부정, 혹은 야마가타의 정병과병주의(精兵寡兵主義)로부터의 이탈을 조장한 것은 당연한 일이겠지만 신문을 통해 전해진 제1차 세계대전 중 영국의 징병제 도입 등에 관한 지식이나 정보일 것이다. 다카기도 외국의 예라고 단서를 단 뒤 "영국의 키치너(Horatio Herbert Kitchener) 장군이 이번 전쟁에서 100만의 병사를 모집하는 데 어느 정도 걸렸는가 하면 6개월이고 미국은 고작 4개월이며 일본은 펑톈(奉天)·압록강 군대는 3-4개월을 가지고" 불완전하게나마 잘 싸워 주었으므로, "교육가가 군대와 연락하여 현역 제군은 시간이 나면 학교에 와서 각종 강연을 해 주고 (…) 일요일 등에는 병영을 참관하는 등 이렇게 가능한 한 군사사상을 주입한"[22]다면 단기 육성은 가능하다고 설명하였다. 총력전을 상정한 조병다병론(粗兵多兵論)을 의원들은 지지하고 있었다.

이러한 제안에 대해서는 육군 측보다 다도코로 문부차관 등 문부성 측이 적극적으로 받아들이고 있었다는 점이 주목된다. 육군 측이 보인 반응의 예로 우가키 가즈시게를 들도록 하겠다. 연합군의 승전을 목격한 우가키(1919년 당시 육군 대학교[陸軍大學校][xviii] 교장)는, 이번 승전은 중반전까지 프랑스의 정예 부대가 잘 싸워 준 덕분이라면서 "세인들은 종종 영·미가 전시에 급조한 군대의 공적만 구가하고, 프랑스군의 정예군이 굳게 참고 오래 버텨서 전비(戰備)를 완벽히 갖출 여유를 주고 그 외에 교육·단련, 전투 행동의 지도·원조에 프랑스군의 노력이 크다는 사실을 아는 이가 적은 것은 이른바 '조병다병주의(粗兵多兵主義)'를 주창하는 자를 낳는 원인이다"[23]라고 냉정하게 보고 있었다.

이리하여 불공평하다는 감정의 해소를 내세우면서 특권적 은혜는 없애되 복역 연한 단축에는 관심을 보이지 않는 군과, 연한 단축이 가능하도록 하

---

22 위의 책, p. 618. 1918년 3월 2일의 제7회 위원회 석상에서의 발언.

23 《宇垣一成日記 I》, p. 191. 1919년의 기술(월일 불명).

기 위해 총력전적인 발상에서 국민에 대한 군사사상의 조기 보급을 꾀하려는 의회 측의 논의는 맞물리지 않은 채 원안대로 중의원에서도 확정되었다.

참고로 이 논의의 본질을 파악하고 있던 것은 정당인으로서는 시마다 도시오(島田俊雄)뿐이지 않았을까. 그는 "결국 이번 징병령 개정이란 병역 의무의 균등이니 이런저런 설명이 있습니다만, 한마디로 말하자면 병역 의무의 확장입니다"[24]라고 단언하였다. 시마다의 사고방식을 조금 더 따라가 보겠다. 학생이나 유학생, 교사에 대한 유예나 특권이 제한되는 것은 이를 누리지 못하는 대부분의 사람들로서는 가슴이 후련해지는 기분이 들 것이다. 이것이 사람의 미묘한 감정이라는 것이다.

병역 의무 균등의 진정한 의미

하지만 여기서 딱히 병사 수를 늘리려 하는 것도 아닌데 징집할 현역병을 뽑는 모체의 수(분모)를 군이 기를 쓰고 늘리려 하는 것은 원래대로라면 이상한 일이라고 생각할 수도 있다. '병역 의무 균등'이란 부담을 떠안을 자들의 머릿수로 그 부담을 평등하게 나누는 것이지 부담이 걸릴 가능성만 아무리 평등하게 해도 소용이 없다. 뽑히고 만 현역병의 부담이나 고통을 어떠한 형태로든 줄이는 편이 선결 과제가 아닐까. 시마다의 생각은 이러하였을 것이다. 마나카나 이노우에 고와시의 시각에서 징병령 개정을 바라보던 이가 여기에도 한 명은 있었던 셈이다.

관련 규칙 개정

마지막으로 본 개정과 관련된 각종 개정을 살펴보도록 하겠다. 육군성에서 편찬한《1904-1926년 육군성 연혁사(自明治三十七年至大正十五年陸軍省沿革史)》 하권에 잘 정리되어 있다. 오시마 육군대신의 뒤를 이어 이들 개정을 맡은

---

24 《帝国議会衆議院委員会議録 16》, p. 574. 1918년 2월 20일의 제2회 위원회 석상에서의 발언.

것은 다나카 기이치였다.

① 1919년 11월 26일(칙령 제475호, 1년 지원병 조례)

4월 입영 제도를 마련하여 학교 졸업자의 편의를 꾀한다. 1년 지원병을 결정하는 것을 사단장에서 연대구 사령관으로 낮춘다.

② 같은 날(칙령 제476호, 1년 현역병 조례)

사범 학교 졸업식은 3월 하순이므로 입영 기일을 4월 1일로 한다.

③ 그해 11월 27일(육군성령 제50호)

1년 현역병이 복역할 부대는 본인의 희망에 따라 졸업한 사범 학교 소재지, 교직으로 있는 지역의 사단 보병 연대로 할 수 있다.

병역세 청원

지난번 개정에서 1918년의 개정 사이에 등장한 징병령 개혁론으로 주목되는 것은 1914년에 입헌정우회(立憲政友會) 회원을 통해 이루어진 병역세법 청원과 그로부터 2년 뒤인 1916년에 대장성 단계에서 법안화에까지 이른 장정세(壯丁稅)의 동향이다.[25] 둘 다 바람직한 징병제에 관한 육군의 사고방식에 직접적인 영향을 미쳤다고는 생각되지 않지만 시대의 분위기를 전해주기에 소개하고자 한다.

우선 청원부터 보도록 하겠다. 군마현(群馬縣) 다카사키시(高崎市) 모토마치(本町)의 '평민 노나카 우사부로(野中卯三郎)'를 대표자로 130명이 정우회 의원 무토 긴키치(武藤金吉) 등 3명을 통해 중의원에 '병역세법 설정 청원'을 하였다. 청원의 주된 취지는 현역자와 비현역자 간의 부담 불균형을 시정하기 위해 비현역자로부터 병역세를 걷어서 현역병의 일당 증액, 만기 제대병의 상여, 현역자 가족의 위안에 이용하고자 한다는 것이었다. 청원서 자체

25 두 자료 모두 〈陸軍省大日記 甲輯 T6-6〉(防衛省防衛研究所戦史研究センター所蔵)에 수록된 〈兵役税法制定ノ請願〉 서류 및 〈壮丁税法案ニ関スル件〉.

에는 날짜가 없지만, 중의원 의장 오쿠 시게사부로(奧繁三郎)[xix]가 내각총리대신 야마모토 곤베에에게 보낸 "위는 본원(本院)에서 참고로 정부에 전송해야 할 것으로 의결하였습니다. 이에 송부합니다"라는 서류가 1914년 3월 25일부이므로 제31 제국의회에 제출된 것으로 보인다. 어째서 다카사키였는가 하는 문제는 지금 당장은 알 수 없지만 잘 알려진 바와 같이 1913년 6월 13일에 군부대신·차관 임용 자격에서 '현역' 제한을 삭제하는 개정을 야마모토 내각이 단행하였기에 군 관련 제도 개혁에 대한 의욕을 높이 산 결과일지도 모른다.

장정세의 법안화

다음으로 대장성에 의한 장정세 법안 작성 및 육군과의 절충을 보도록 하겠다. 육군 측에 남아 있는 자료에 따르면, 문제는 1915년 12월 21일의 스가와라 미치요시(菅原通敬) 대장차관이 오시마 겐이치 육군차관에게 보낸 친전(親展) 서한에서 비롯하고 있다. "병역 면제세는 이번 회기의 의회에도 제출될 정세입니다만, 본 세금의 이해득실에 관해서는 각종 의견이 있을 뿐만 아니라 작년 제안에는 미비한 점이 적지 않았으므로" 사전에 상담한다는 것이다. 이를 통해 1914년 시점에서도 대장성은 병역세의 법안화를 시도하고 있었음을 알 수 있다. 이번에 육군차관에게 송부한 법안의 요지를 당시 사용된 용어를 살리면서 정리하면 다음과 같다.

> 상례(常例)의 상비병역에 복무하지 않는 남자는 장정세를 납부할 의무가 있다.
> 징병 적령에 도달한 이듬해부터 7년간. 첫 3년은 전액, 이후 4년은 반액.
> 세금의 종류는 정액세와 비례세의 두 가지. 정액세의 경우에는 3엔, 소득이 400엔 이상인 경우에는 비례세. 제3종 소득세액의 100분의 20.
> 장정세가 부과되지 않는 자.
> 무기 또는 6년 이상의 징역·금고형에 처한 자.

6주간 육군 현역으로 복무하고 현재 관·공립 소학교에 취직해 있는 자.
질병·불구로 인해 직업에 종사할 수 없는 자.
빈민으로서 공공의 구조를 받는 자.

육군의 대응

군무국 보병과가 중심이 되어 정리한 '판결'에 따르면 육군으로서는 이에 반대하고 그 이유로 세 가지를 들고 있다. 첫째, 이러한 발상은 병역을 단지 "의무라고 보고 이에 따르는 지대한 권리가 있음을 무시한 것"이므로 찬성할 수 없다. 둘째, 이러한 세금을 도입하는 것보다 먼저 해야 할 것은 병역 복역자나 가족의 부조법을 고안하는 것이고 이에 관해서는 육군도 노력을 아끼지 않을 것이다. 셋째, 이러한 병역세를 도입한 나라는 포르투갈·스위스·불가리아 등으로 작거나 케케묵은 나라에 불과하고 프랑스·독일 등은 도입하고 있지 않다. 그리하여 육군차관이 대장차관에게 1916년 1월 25일부로 회답을 지참하도록 하여 병역세에는 반대하지만 "부조법에 관해 소상한 연구를 마친 뒤 그 재원에 관해 상세히 심의해 주시길 바란다"라고 의뢰함으로써 이 문제는 막을 내렸다. 1917년 7월 20일 법률 제1호 군사 구호법(軍事救護法) 제정의 맹아는 여기에 있었다. 징병제(징집) 문제에서 군사 구호(부조)로 문제의 중심을 옮겨서 대응한 것이 된다.

무토 산지의 회고

이 병역세 문제가 발생한 것은 제2차 오쿠마 내각의 오카 이치노스케 육군대신 시기였다. 무토 산지(武藤山治)[xx]의 《군인 우대론》[26]에 따르면 대장성이 기안한 배경에는 무토의 적극적인 요청이 있었고 육군대신의 동의도 얻었다고 회상하고 있다. 즉 전병사자(戰病死者) 가족의 생활비 보충으로 300만 엔, 응소자(應召者) 가족 중 생활이 곤란한 자의 구호비로 240-250만 엔의

26 武藤山治, 《軍人優遇論》(実業同志会調査部, 1927), p. 143.

경비를 지급하기 위해 장정 검사에서 당첨되지 않은 자, 병역을 면제받은 자 등으로부터 합당한 병역세를 징수하고자 하였다는 것이다.

병역세 건의의 연혁

〈1926년 11월 징모과 우리 나라 병역세 건의의 연혁(徵募課 我國ニ於ケル兵役稅建議ノ沿革)〉[27]을 이용하여 병역세를 둘러싼 경위를 살펴보도록 하자.

① 제36 의회(1915년 6월): 야지마 하치로(矢島八郞, 입헌동지회[立憲同志會]) 외 3명에 의해 병역세 법안이 중의원에 제출되었다. 한 차례 위원회를 열었지만 보류되었다.

② 제37 의회(1915년 12월-1916년 3월): 야지마 하치로 외 16명이 병역세 법안을 제출하였다. 중의원은 통과하였지만 귀족원에서 보류되었다.

③ 1918년: 하라 다카시 내각에서 병역세는 불가하다는 것을 각의 결정하였다.

④ 제43 의회(1920년 7월): 아라카와 고로(荒川五郞, 헌정회[憲政會]) 외 3명은 98명의 찬성자와 함께 비역 장정세(非役壯丁稅) 법안을 제출하였지만, 긴급 의안이 아니라는 이유로 두 차례 위원회를 연 뒤 보류되었다.

⑤ 제45 의회(1921년 12월-1922년 3월): 아라카와 고로 외 11명은 비역 장정세 법안을 제출하였지만 부결되었다.

⑥ 제51 의회(1925년 12월-1926년 3월): 가가와현(香川縣)에서 선출된 정우회 의원 미요시 기요유키(三善淸之) 외 33명은 징병 제도 개혁 및 현역 하사관·병졸 대우 개량(병역세 포함)에 관한 건의안을 중의원에 제출하였지만 보류되었다.

그 내용은 비역 장정 약 40만 명에 대해 면역세(免役稅)를 납부하도록 하여 일반 회계 수입으로 삼고, 해당 수입에 상당하는 금액으로 급여 개선, 군사 구호법에 의한 금품의 철저한 증가 및 국영 징병 보험법 제정을 기한다

---

27 大蔵省, 〈昭和財政史資料〉(마이크로필름 Reel 132, 검색 번호 3)에 수록.

는 것이었다.

이러한 운동들도 육군으로 하여금 장정세를 재고하도록 하는 데는 이르지 못하였다. 하지만 1927년 병역법에 다소 사회 정책적 배려가 포함되도록 한 것으로 보인다.

우가키의 등장

다나카가 육군대신에서 물러난 뒤에는 우가키 육군대신이 징병령 관련 법규를 개정하고 있다. 학교 교련에 관한 것이었다.

① 1925년 4월 11일(칙령 제135호, 육군 현역 장교 학교 배속령)

관·공립 사범 학교, 중학교, 실업학교, 고등학교, 대학 예과(豫科), 전문학교, 고등 사범 학교 등 해당 학교에 육군 현역 장교를 배속한다. 장교 배속은 육군대신과 문부대신이 협의한다. 배속 장교는 교련에 관해 학교장의 지휘·감독을 받는다. 마찬가지로 사립 학교에서는 학교장의 요청으로 현역 장교를 배속할 수 있다.

② 1926년 7월 20일(칙령 제261호, 1년 지원병 및 1년 현역병의 복역 특례에 관한 건)

중학교 졸업 이상의 학력이 있는 자는 그 학교 배속 장교의 교련 검정에 합격하면 재영 기간을 1년이 아닌 10개월로 할 수 있다. 사범 학교 배속 장교의 교련 검정에 합격하면 5개월로 재영 기간을 마칠 수 있다.

우가키 육군대신이 1925년 3월 16일에 학교 배속 장교에게 내린 훈시는 흥미롭다. "교육 무대에는 채택하여 군사 교육 개선 자료로 삼을 것이 적지 않다. 특히 일반 사회의 조류와 국민사상의 추이를 터득할 수 있는 좋은 기회가 될 것이다. 제관(諸官)은 새로운 책무가 명하는 바에 따라 나아가서는 국민 교육에 충분히 공헌하는 한편 일반 사회 방면의 장점을 탐구하고 아울러 민심의 추이를 조사하며, 돌아와서는 이를 군대 교육 개선에 도움이 되도록 한다는 마음가짐이 매우 중요하다."[28] 학교 교련에 관해서는 물론 문부성도 열심이었다. '육군 현역 장교 학교 배속에 관한 훈령'(1925년 4월 13일, 문훈령[文訓令] 제5호)은 "(…) 1886년에 교육 법령을 개정할 당시 특별히 학교에서 병식(兵式) 체조를 부과하기로 하였다. (…) 형식에 치우쳐서 그 진수를 잃어버리려 한다. (…) 세계대전 이후 구미 각국에서는 '국민 훈련' 또는 '군대 예비 교육'이라고 칭하는 것이 눈에 띄게 발달하였고" "당국에서는 이미 학교 교련을 한층 더 진작한다는 방침을 정하여" 현역 장교에게 지도를 맡긴다고 하였다.

1918년 개정의 의의

즉, 1918년의 개정은 제1차 세계대전 당시 구미 각국 청년 교육의 실태, 중등 교육 이상을 수료한 자의 적극적인 활약 등에 자극받아 '특권 폐지, 균질화'를 의도하여 이루어졌다고 할 수 있다. 1년 지원병제 개정이 뜻하는 바는 징병 검사를 받고 1년 지원병으로 뽑힌 자가 실제로 입영할 때까지의 기간에도 육군이 이들을 재향 군인으로서 파악할 수 있다는 점에 있었다. 육군은 전시 하급 장교 요원으로 1년 지원병을 적극적으로 파악하고자 한 것이다. 이에 따른 각종 개정에서는 의회의 논조(총력전 사상에서 비롯된 조병다병주의)도 활용하되 군대의 중핵을 이루는 현역병 제도에는 손대지 않고 정병주의와 조병다병주의 사이의 간격을 메우기 위해 군대 교육을 앞당겨 단행해 가는 모습이 엿보인다.

군사 교육의 필요성

군사 교육을 앞당겨 실시할 필요성은 상당히 이른 시기부터 논해지고 있었

---

28 《宇垣一成日記 I》, p. 496. 1925년의 기술(월일 불명).

다. 앞서 언급한 1911년의 다나카 기이치의 강연 '지방과 군대와의 관계'[29] 에서는 다음과 같이 말하고 있다.

> 저는 평소부터 국민에게 군사사상을 주입해 두는 것이 지극히 필요하고 이를 주입해 둔다면 급조하더라도, 예를 들어 고작 3개월간 교육하더라도 그 사람이 6개월 정도 교육한 만큼의 힘을 전장에서 발휘하게 될 것이라고 생각합니다. 무슨 일이 있어도 국민 교육이라는 것은 군사사상을 주입해 둬야 한다고 생각합니다. 따라서 군대와 지방의 여러분들이 시종 접촉하여 지방의 청년 제군에게 군사사상을 주입해 두고, 또 가능한 한 군대 교육과 국민 교육이 일치하도록 할 방법을 택한다는 것이 필요합니다.

군사사상 주입이라는 점에서는 학교 교련 외에 제국청년회(帝國靑年會)를 통한 시책도 이루어지고 있었다.[30] 러일전쟁 이후 시책으로부터의 흐름에서 보면 제국의회 의원들이 현역 징집병 부분의 변혁(예를 들어 3년 치 징집 인원을 1년 복역 기간으로 교대시키는 안 등)을 계속 제안한 것에 반해 다나카나 그 후계자인 우가키 등은 이러한 중핵 부분의 변혁에는 신중하였음을 알 수 있다. 현역 징집 전과 후, 즉 적령이 되기 전의 청년에게 군사 교육을 주입하고 현역 만기 후의 재향 군인에게 군인회를 통한 기량 유지를 꾀하도록 한다는 두 가지 방법으로 전투력이 높은 군대를 만들고자 하였다고 할 수 있다. 재향 군인 중시가 러일전쟁 이후의 동원·편제 사상 변화에 따른 것임은 VII장에서 설명하였으므로 제1차 세계대전의 순수한 영향을 꼽는다면 청년 교육의 노하우를 일본 측이 터득하였다는 점에서 찾을 수 있겠다.

---

29 《帝国在郷軍人会業務指針》, pp. 209-210.

30 졸고, 〈政友会における《変化の制度化》〉(有馬学·三谷博 編, 《近代日本の政治構造》, 吉川弘文館, 1993).

2. 1927년 4월 1일의 병역법(법률 제47호)

베르사유 회의에서의 징병제 폐지론

세계대전의 결과, 어떠한 세상이 될 것인지는 1919년이 되어서야 명확해졌다. 총동원 체제와 징병제를 조정하는 데 관심이 있었던 1918년의 개정 당시 논의와는 달리 이 무렵에는 징병제 폐지를 국제연맹(國際聯盟) 규약에 넣을지의 여부, 즉 평화론으로 기울어지고 있었다. 예를 들어《도쿄니치니치신문(東京日日新聞)》은 1919년 1월 10일부터 15일에 걸쳐 마쓰나미 진이치로(松波仁一郎)[xxi]의 서명 기사를 게재하여 징병제 폐지 논진을 펴고 있다. 그는 말하기를, 징병제의 역사는 오래되지 않았고 연맹에 가장 큰 영향력을 미칠 수 있는 영국과 미국은 징병제를 택하고 있지 않으므로 연맹에서는 징병제 폐지가 결의될 것이라고 하였다.

하지만 이러한 희망적 관측은 실현되지 않았다. 프랑스의 클레망소(Georges Clemenceau)나 이탈리아의 반대에 의해 연맹 규약에는 징병제 폐지 조항을 삽입하지 않게 되었다. 2월 10일부《도쿄아사히신문》은 '징병 폐지 철폐'라는 제목으로 "국제연맹 위원회는 어젯밤에 사소한 수정을 가하여 국제연맹 헌법 11개 조를 가결하였다. 징병 폐지에 관한 조항만 철폐되었다. 이탈리아 수상 오를란도(Vittorio Emanuele Orlando) 씨는 만약 징병 제도가 일단 폐지될 때는 이를 되살릴 필요가 생길 때 심상찮은 분란을 초래하고, 마침내 혁명까지 야기하기에 이를 것이라는 이유로 징병 폐지에 반대하였다. 프랑스 위원 부르주아(Léon Bourgeois) 씨도 오를란도 씨의 의견에 찬성하여, 프랑스는 그 지리적 이유에서 상비군을 필요로 한다고 말하였다"라고 보도하고 있다. 지리적 이유란 독일과 인접해 있다는 뜻일 것이다.

어찌 되었든 국제회의에서 병역 제도가 의제에 올랐다는 것은 커다란 충격이었다. 프랑스는 병역법의 전면 개정에 착수하여 1922년에 관제화하였다. 또한 소련도 병역법을 개정하여 상당히 철저한 거국개병주의(擧國皆兵主

義)를 실현하였음이 일본에도 전해졌다. 그리하여 1921년 11월 18일에 육군성 내에 병역법 조사 위원회가 설치되어 하타 에이타로(畑英太郎) 군무국장을 위원장, 나카이 료타로를 주임 간사로 하여 개정 사항 조사에 착수하였다.

새로운 명칭

본 개정은 와카쓰키 레이지로(若槻禮次郎)[xxii] 내각에서 우가키 가즈시게 육군대신, 다카라베 다케시(財部彪)[xxiii] 해군대신이라는 포진으로 이루어졌다. 1889년 1월 이래의 대폭 개정이었고 명칭도 '징병령'에서 '병역법'으로 바뀌었다(《법령전서[法令全書]》[xxiv]에 전문[全文]이 게재된 것도 1889년 이래의 일이었다). 보통 선거 상황, 청년 훈련 및 학교 교련 실시에 대응하기 위해 우가키에 의해 착수되어 1925년 5월부터 본격적인 입법 준비가 개시되고 있었음을 문서에서 확인할 수 있다.[31]

보통 선거 상황이란 군사를 기준으로 말하자면 다음과 같이 설명할 수 있을 것이다. 이는 한편으로는 국내외에서 지지받고 있던 군비 축소 풍조가 있었고 다른 한편으로는 희생자가 많이 나오는 장기간의 전쟁을 수행하기 위해서는 총력전으로 치러야 한다는 사고방식도 있었다. 그 결과 소수의 불운한 이들을 장기간 재영시키는 것(정병과병)보다는 단기 교육으로 다수의 병사를 육성하는 것(조병다병)이 시대의 풍조라고 느껴지고 있었다는 점이다. 또한 세계대전 중에 중화학 공업화가 진전됨에 따라 다수의 남성 노동력이 장기간 재영하는 것의 불이익도 자각되었다. 군비 축소란 1922년의 군비 정리로 5개 사단에 상당하는 인원 6만 명, 말 1만 2,000필을 감축한 야마나시(山梨)[xxv] 군축, 4개 사단을 감축하고 편제·장비 개선을 꾀한 우가키 군축을 가리킨다.

---

31 이 부분의 기술에 관해서는 전부 〈陸軍省大日記 甲輯 S3-2〉에 수록된 〈第三七号 徴兵令改正ニ関スル件〉.

재영 연한 단축

육군 현역의 경우 재영 연한은 3년이었지만, 1907년 무렵부터 보병의 2년 귀휴가 실현되었음은 앞서 말한 바와 같다. 1921년에는 지금까지 가장 단련이 필요하다고 여겨지던 병과인 기병에서도 실질적으로는 2년 귀휴가 인정되기 시작하였다. 또한 제40 제국의회의 다카기 마스타로 위원장의 주장이 거의 실현된 형태로, 1926년 7월부터 전국에서 청년 훈련소 제도(청년 훈련소령, 1926년 4월 19일 칙령 제70호)가 개시되었다. 중등학교 등 상급 학교에 진학하지 못한 농촌 중류 이하의 청년을 대상으로 그들이 타지로 일하러 가거나 입영하기 전에 군사 교련을 4년간에 걸쳐 앞당겨서 학습해 두도록 하는 것이었다.

"청년의 심신을 단련하고 국민으로서의 자질을 향상"한다는 목적으로 16세에서 20세까지의 남성을 4년간 훈련한다는 것(내용은 수신[修身]·공민[公民][xxvi], 교련, 보통학과, 직업과)이었고, 시·정·촌의 학교 조합 또는 탄광·공장 등을 경영하는 사인(私人)도 문부대신이 정하는 바에 따라 훈련소를 설치할 수 있었다. 감독권은 지방 장관에게 있었지만 설치 기준, 훈련 과정 등은 문부대신이 정하였다. 훈련 시간은 4년을 통틀어 수신·공민 100시간, 교련 400시간, 보통학과 200시간, 직업과 100시간 이상으로 되어 있었다. 장소는 실업보습학교(實業補習學校)[xxvii]·소학교에 병설되었다.

훈련소의 사례

다음에 기술하는 내용은 지바현 기미쓰군(君津郡) 고이토촌(小糸村)의 1930년 무렵 청년 훈련소에 관한 것이다.[32] 평균 한 달에 세 번(한 번에 4-5시간) 정도 수업과 교련을 받도록 하였음을 알 수 있다. 적령자 수에서 병약하거나 타지에 체류하거나(상급 학교 진학 등) 일하러 간(고이토촌의 경우에는 없었음) 자 등의 수를 빼서 입소 자격자를 정하고 있었다. 1년 차 생부터 4년 차 생까지를

32 〈千葉県君津郡小糸村村勢報告書〉(君津市史編纂室所蔵).

합한 수는 56명 정도였다(고이토촌의 1930년 당시 남성 촌민 수는 1,453명이었다). 자료에는 훈련소 출석률이 꼼꼼하게 기입되어 있어서 1·2년 차는 85%, 3년 차는 70%, 4년 차는 53%라고 되어 있다.

청년 훈련소를 구상한 것도 우가키였는데 그는 일기에 "청소년에게 군사 훈련을 실시하는 것에 관해서는, 육군이 문부성을 억지로 끌고 가서 문부성은 '육군성 문부국(文部局)'이라고 개칭해야 한다는 등의 비평을 하는 자도 있다"[33]라면서 만족감을 숨기지 않고 있다. 그의 구상 속에서는 이렇게 해둬야 비로소 현역 징집병의 재영 연한 단축을 고려할 수 있을 터였다.

지방의 상황

하지만 실정은 어떠하였을까. 청소년 군사 훈련은 국가사업으로서 정·촌장을 관리자, 소학교·실업보습학교 교장을 주사(主事)로 하여 실시되었고, 훈련 등의 지도원은 재향 군인 중에서 지방 장관이 적당하다고 인정한 자로부터 채용하였으며 개별 교련은 재향군인회에 위탁되었다. 이래서는 내무·문부·육군의 책임 분담이 명확하지 않더라도 이상하지 않을 것이다. 예를 들어 쓰루가(敦賀) 연대구 사령관은 다음과 같이 말하고 있다.[34]

> 업무는 문부성 소관에 속하고 군부는 지도하는 입장에 있지만, 오늘날 주관 사무 이상으로 대단히 바쁜 상황이다. (…) 문제는 경비(經費)여서 세간에는 걸핏하면 군부의 사업인 것처럼 생각하는 경향도 있지만, 앞서 말한 것처럼 지방이 주가 되고 군부가 후원이 되는 것이므로 결국에는 정·촌이 군인 분회(分會)에 이 경비를 보조하는 것으로 해야 한다. 이에 관해서는 현재 지방청과 여러모로 절충 중이고 (…)

---

33 《宇垣一成日記 I》, p. 496.

34 《大阪朝日新聞 福井版》 1926년 5월 27일, 《福井県史 資料編11 近現代2》, pp. 466-467에서 인용.

책임 분담이 불명확하다는 점과 함께 경비 문제를 솔직하게 말하고 있다. 다음으로 촌 측의 공식 보고에서는 어떻게 파악되고 있었을까. 1927년도 지바현 아와군 도조촌의 〈자치 내용 보고서(自治內容報告書)〉[35]에서 인용해 보겠다.

> 1926년 6월 28일에 인가를 거쳐 도조촌 청년 훈련소를 보습학교에 병설하여 의무 교육을 수료한 뒤 정규 학교에 취학하지 않는 만 17세 이상 20세 미만의 청년에 대해 일의 여가 중에 이를 실시하여, 일반 국민의 지·덕 향상을 꾀함과 동시에 그 과정에 교련을 추가하여 체위(體位)를 양호하게 하는 것을 목적으로 한다. 따라서 그 결과 병역에서 재영 연한이 줄어들고 국가의 산업·국방상 중대한 효과를 거둘 수 있을 것이다. 그리고 본 훈련은 학교, 재향군인회 및 청년단과 같은 공공적 시설과 밀접한 연계가 필요하기에, 훈련을 전담하는 자는 소학교 교원 및 재향 군인으로부터 위촉한다. (…) 현재 입소 인원은 53명이고 매주 첫째·셋째 일요일에 교련을 실시하며, 지난 12월 1일부터 야간 교육을 개시하였다.

저예산이었다는 점, 기존 소학교·보습학교를 교육장으로 삼았다는 점, 재영 연한 단축이라는 특전이 보병과에만 있었다는 점 등을 이유로 훈련소 출석 상황은 부진하였다. 도조촌의 사례에서도 알 수 있듯이 일요일에 교련, 야간에 교육을 하여서는, 평소에 농·어업을 돕고 있었을 청년들이 일하느라 지쳐 버려서 좀처럼 출석하지 못한 게 아닐까. 저예산의 실태로는 지바현 인바군(印旛郡) 무나카타촌(宗像村)의 사례에서 1927년도 훈련비(지바현 부담)가 65엔이었음을 알 수 있다.[36] 매년 징병 적령 인원이 30명 정도인 촌이기

---

35 〈村政79〉(〈千葉県安房郡東条村役場文書〉).

36 〈昭和二·三·四年青年訓練所関係綴〉(7-b-6, 〈千葉県印旛郡宗像村関係文書〉, 印旛村史編纂室所蔵).

는 해도 이 금액은 역시 적다고 할 것이다.

육군 중앙의 사고방식과 현장과의 상극

청년 훈련이라고 하면 재향 군인이 낡아빠진 얼마 안 되는 무기를 사용하면서 정신적인 단련을 강요하는 모습이 떠오른다. 각지의 실정은 그야말로 그러하였을 것이다. 1918년의 개정 당시 의원들의 발상에서 말하자면 경제적으로 다수의 병사를 단기간에 만든다는 것이었으므로 그러한 관점에서 청년 훈련을 바라본다면 극히 불충분한 것으로 비쳤을 터이다.

하지만 육군 중앙이 생각하는 국가 총동원과 청소년 훈련과의 관계는 조금 다른 이미지로 파악되었다. 나가타 데쓰잔(永田鐵山)[xxviii]은 "국민에게 불완전한 군사 전문 교육의 일부를 실시하여 지극히 불완전한 햇병아리 병사를 만들자는 등의 천박한 취지에서 시작된 계획"이 아니며 "평시부터 일반 국민에게 군사 교육의 일부를 실시하는 편이 유리하지 않은가 하는 생각도 들지만, 무리해서 불완전한 전투 기술을 억지로 가르치는 것보다는 오히려 같은 시간에 훌륭한 정신과 체구를 단련해 두고 필요에 응하여 이처럼 소질이 좋은 청년을 병영으로 맞아들여 필요한 교육을 앞서 말한 것 같은 요령으로 실시하는 편이 오히려 득책"이라고 하고 있다.[37] 유럽의 총동원 실태를 목격한 나가타 등 육군 중앙의 군인들이 생각하는 청년 교육과, 내무·문부·육군의 공동 주관 사업으로 말단에서 실시된 청소년 훈련과는 상당히 성격이 달랐던 것으로 보인다.

개정을 향한 시동

병역법 조사 위원회의 활동은 간토(關東) 대지진, 1924년의 편제 대폭 개정으로 인해 사실상 중단되었다. 1924년 가을 무렵부터 육군 내부에서 병역법 심의가 재개되었다. 이때의 주임 간사도 나카이가 맡고 있다. 첫 단계의

---

37 〈国家総動員と青年訓練〉(沢本孟虎 編, 《国家総動員の意義》, 青山書院, 1926), pp. 190-193.

심의에서는 육군차관을 위원장으로 하여 육군성·참모본부·교육총감부(教育總監部)[xxix] 3관아의 국장·부장급 및 작전자재정비회의(作戰資材整備會議) 간사장, 육군성 군사과장·보병과장, 참모본부 제1 과장, 교육총감부 제1 과장 등이 이름을 올리고 있었다. 1925년 12월 21일부로 위 구성원들이 심사 보고를 작성하였는데 이때의 제언은 다음과 같다.

첫째, 제국의회에 법안을 제출하기 전에 관계 각 성 및 귀족원·중의원으로부터 적절한 인원을 선정하여 사전에 심의를 맡길 것. 둘째, 입법 정신으로서 중시해야 할 점은 세 가지인데 이는 ① 국민개병 및 병역 존중 정신을 철저히 할 것 ② 국방상의 요구에 지장을 주지 않는 한에서 병역 의무를 균등하게 하고 부담을 가볍게 할 것 ③ 사회 정책이나 이민 정책 등 국가의 중요 정책과 병역과의 관계를 고려할 것이라고 되어 있었다. 육군은 개정 이유로서 학교 교련 진작 및 청년 훈련 실시가 대체로 침투한 상황에 대응하기 위해서라고 하였다.[38]

심의회 구성원

1926년 9월 단계에서 육군 측 성안(成案)이 나왔다. 병역법은 국방상의 법률이자 국민의 권리·의무와 관련된 법률이므로 한층 더 충분한 심리를 다하고자 그해 11월 8일에 육군이 작성한 법률안 심의를 맡길 인선을 한 뒤 촉탁(囑託)으로 사령을 내리게 되었다. 심의에 관여한 것은 육군 정무 차관(미즈노 나오시[水野直]), 해군 정무 차관(후루하타 모토타로[降旗元太郎]), 법제국 제1 부장(가나모리 도쿠지로[金森德次郎]), 외무성 통상국장(사이토 요시에[齋藤良衛]), 내무성 지방국장(우시오 시게노스케[潮惠之輔]), 대장성 주계국장(主計局長, 가와다 이사오[河田烈]), 사법성(司法省)[xxx] 형사국장(다테이시 겐스케[立石謙輔]), 문부성 보통학무국장(세키야 류키치[關屋龍吉]), 귀족원 의원(연구회의 하치조 다카마사[八條隆正], 공정회[公正會]의 나베시마 나오아키라[鍋島直明], 교우클럽[交友俱樂部]의 이

38 〈公文類聚 昭和二年〉(2A/12/類1624).

시와타리 빈이치[石渡敏一], 다화회[茶話會]의 이시즈카 에이조[石塚英藏]), 중의원 의원(헌정회의 도미타 고지로[富田幸次郎], 정우회의 미요시 기요유키, 정우본당[政友本黨]의 야기 이쓰로[八木逸郞], 신정회[新正會]의 나가오카 가이시[長岡外史]) 등이었다. 정무 차관, 각 성 국장, 제국의회 의원 등이 심의에 참가하고 있는 점이 주목된다.

이 정도로 주도면밀하다면 제52 제국의회에서 심의는 순조롭게 진행될 터이다. 사실 징병령 개정 법률안 위원회 위원장이 된 것은 야기 이쓰로였다. 의원 측에서 제기된 논점은 앞으로 한층 더 연한을 줄여서 1년으로 해 주길 바란다든가, 청년 훈련소의 교련 지도를 맡는 것은 재향 군인이므로 재향 군인회에 대한 원조를 더 늘려 주길 바란다(그해 예산에는 25만 엔이 계상되어 있었다)는 것 등이 많았다. 전체적으로 우가키가 가리킨 방향에 대해 의원들은 제기할 만한 이의가 없는 듯이 보였다. 중의원에서는 청년 훈련 예산을 늘려서 그 발전을 꾀하라는 결의, 귀족원에서는 청년 훈련 진작, 현역 종료자 우대 등에 관해 실현되기를 바란다는 희망을 덧붙이는 데 그쳤다. 이리하여 결정된 개정 사항은 다음의 일곱 가지 점이다.

부담 경감

첫 번째는 병역 의무 경감과 관련된 개정이다.

① 재영 연한 단축: 육군 현역을 3년에서 2년으로 하고, 더 나아가 각 정·촌 소학교에 딸린 청년 훈련소에서 일정한 교련을 수료한 자는 연한을 1년 반으로 줄였다. 해군 현역도 4년에서 3년으로 줄였다(제5조, 제11조).

② 근무 연습 횟수 및 일수: 종래 매년 1회 60일로 한 것은 부담이 너무 크기에, 육군은 1회 35일 이내, 해군은 1회 70일 이내에 둘 다 전체 복역 기간을 통틀어 5회 이내로 하였다(제56조).

③ 교육 소집 일수: 제1 보충병의 교육 소집을 150일에서 120일로 줄였다(제57조).

④ 형제 특례: 가족 중 2인 이상(세대가 동일한 자에 한한다)이 현역병으로 동시에 재영할 경우 가정이 궁핍해진다면 1인의 입영을 연기할 수 있다(제45조). 이 조문은 1873년 징병령 제3장 상비병 면역 개칙 제12조에 있던 조항인데 1889년의 병역 면제 및 유예 규정에서 폐지된 것이 이때 부활하게 되었다.

⑤ 징집 처분 상한: 구 징병령에서는 40세였던 것을 37세로 낮추었다(제53조).

⑥ 1년 지원병 입영 연기제: 1918년의 개정에서는 학생에게 가혹한 입영 연기로 하였지만 본 개정에서는 다시 원래대로 돌려서 학교의 수업 연한에 응하여 징집 연기로 하였다(제41조). 1918년에 도입된 입영 연기를 중지한 이유는 다음과 같은 사정에 의한 것이었다. 1년 지원병으로서 채용된 이상에는 입영할 때까지 몇 년간은 재향 군인에 준하여 각종 신분 이동 신고 등을 제출할 것을 요구하고 국가의 감독을 받도록 하게 된다. 이를 위반하는 자에게는 처벌을 가해야 하는데 학생에게는 그것도 어울리지 않기에 1918년 이전의 유예제와 입영 연기제를 절충하여 학교의 수업 연한에 응한 징집 연기제를 채용한 것이다. 이 병제에 관해서는 병역법에서 제외하고 예비역 장교 양성 및 보충 제도(육군 생도의 일종)라고 판단하여 칙령(육군 보충령, 1927년 11월 30일 개정)으로 정하기로 하였다. 1년 지원병도 간부 후보생도 실태는 그다지 차이가 없지만 은급 면에서는 유리해졌다. 또한 간부 후보생이 되기 위해서는 사전에 학교 교련에 합격하는 것이 전제 조건이 되었다. 본 제도에서는 대학 학부를 졸업하면 10개월간 수업(입영 후 즉시 일등졸, 약 2개월 뒤에는 상등병, 약 4개월 뒤에는 오장[伍長], 약 6개월 뒤에는 군조[軍曹], 약 8개월 뒤에는 조장[曹長])한 뒤, 소정의 시험·고사(考査)를 거쳐 소위로 임관할 수 있었다.

1년 현역병제 등의 폐지

두 번째는 육군 예비병역을 1년 늘려서 5년 4개월로 하고 해군도 1년 늘려서 4년으로 하였다는 점이다(제6조). 세 번째는 사범 학교 졸업생의 단기 현역 제도를 창설하고 종래의 1년 현역병제를 중지하여, 사범 학교에서 교련을 수료한 자의 복역 기한은 5개월, 수료하지 않은 자는 7개월로 하였다(제10조). 종래의 제도에 비해 반년 정도 줄어든 것이다. 중등 이상의 학교에 현역 장교를 배속함으로써 생도의 질적 향상을 꾀하였기 때문일 것이다.

재외자의 유예

네 번째는 해외 재류자의 징병 유예 범위 확대를 꾀하였다는 점이다(제43조, 인구 문제 및 이민 정책 추진을 위해). 징병이 유예되는 외국의 범위를 확대하고, 더 나아가 징병 적령 이전부터 외국에 있는 자는 칙령으로 정하는 예외를 제외하면 징집을 연기하였다.

사회 정책적 배려

다섯 번째는 빈곤한 자의 징집 연기 및 면제 범위를 확대하였다는 점이다(제20조, 사회 정책상의 배려). 이 조문은 1889년의 징병령 개정 당시 이노우에 고와시의 반대를 초래한 사연이 있는 조항으로 결국 제20조(훗날 제22조)로 실현되었다. 그 당시에는 징집 연기만 인정한 데다가 3년간 그러한 상태가 계속되어야 비로소 국민병역에 편입될 수 있었기에 조건이 까다로웠는데 이를 완화하게 된 것이다. 동일한 발상에서 신체검사를 하지 않고 병역을 면제할 수 있는 예외 규정을 마련하였다(제37조). 예를 들어 "불구이거나 불치병이 있는 자" 등은 신체검사를 받지 않고 사실을 증명할 수 있는 서류가 있다면 검사를 면제할 수 있도록 하였다.

국가 총동원

여섯 번째는 국민개병주의에 따라 징병 검사의 갑·을 합격자로서 현역 및 제1 보충병에 할당되지 않은 자는 자동으로 제2 보충병으로 분류되도록 하였다는 점이다(제8조, 제33조). 제2 보충병이라고는 해도 보충병이므로 근무 연습이나 간열 점호라고 하면서 군사 훈련에 관여하게 될 수밖에 없다. 이는 제1차 세계대전의 교훈을 참조하여 병사를 많이 뽑을 경우에 단기 교육으로 충분하도록 한 것으로 보인다.

일곱 번째는 국가 총동원 대책이었다(제69조). 호적의 여백에 병역에 관한 약부호(略符號)를 달아서 현행 소집 절차를 신속하게 하고 재향 군인의 신상·이동을 한층 더 명확하게 하기로 하였다. 본 개정은 언뜻 보기에는 대단히 사소한 사항처럼 보이지만 호적을 군의 동원을 위해 직접 이용할 수 있다면 절차상 매우 큰 이익이 발생하게 된다. 또한 메이지 초기부터 헌법 발포 무렵까지 호적이 제대로 갖추어지지 않아서 애먹어 온 군이었기에 이것이 실현된다면 역사적으로도 일대 전환기가 되는 것이었다. 동일한 발상에서 나온 조문은 제19조로, 복역 기간을 늘리기 위한 조건이 확대되었다는 점을 들 수 있다. 출병 준비나 수비 혹은 경비를 위해 필요할 경우, 또는 천재지변이나 기타 부득이한 경우에도 복역을 늘릴 수 있게 되었다.

제69조

제국의회에서의 심의와 실제로 완성된 병역법을 먼저 들었지만 의회에 상정되기 전 각의에 제출되었을 때 또다시 육군은 법제국·사법성의 반대에 부딪혔다. 문제는 제69조에 관해서였다.

호적은 신분 관계를 등록·공증하기 위한 사법적 공증부(公證簿)이고 거기에는 민법·호적법에서 정하는 사항 외에는 아무것도 기재해서는 안 된다고 사법성은 1927년 2월 21일부 문서로 반대하고 있다. 하지만 최종적으로는 군 측의 주장대로 인정되었다.[39]

그때 육군 측이 의도한 것은 단지 군의 동원만은 아닌 듯하다. 1927년 2월 16일 징모과(徵募課)의 〈병역법 제73조[실제 법령에서는 제69조가 되었음—저자 주] 설립 목적 및 이유(兵役法第七十三條設立の目的竝理由)〉에는 "더 나아가 국가 총동원에 생각이 미치지 않을 수 없다. 장래의 국방상 국가 총동원에 관한 각

39 위와 같음.

종 준비를 할 필요가 있음은 두말할 것도 없다. 그리고 국가 총동원에서 중대한 동원은 이른바 국민 총동원이고, 이 동원의 내용은 우선 인원(人員) 자원을 군의 요구 및 군 외의 요구 등에 응하여 분배하는 것을 가장 중요한 일로 본다"라고 되어 있다.

개정 이유 중에 '군의 요구 및 군 외의 요구 등에 응한 분배'라는 말이 있는데 이는 제1차 세계대전의 교훈을 참작하여 종래의 육군 동원 계획령을 근본적으로 개정하였다고 일컬어지는 1927년 동원 계획령의 발상과 그 밑바탕에서 공통성을 지니고 있다. "1927년 동원 계획령에서 주목해야 할 점은 제1차 세계대전의 교훈을 감안하여 창설된 소집 유예자 제도이다"[40]라고 평가되는 것처럼 숙련공 등의 소집 유예를 이 시점에서 상정하고 있다는 점이 주목된다.

지바현 문서관에 소장된 〈미나모토촌 기탁 문서(源村寄託文書)〉 중에는 〈비(秘) 1928년도용 동원 실시 업무서(국민병 소집의 부)〉[41]가 있다. 아까 제2 국민병역을 제외한 모든 병역 경험자의 호적에 '병(兵)'이라는 약부호를 달았다고 하였는데 이 문서는 제1 국민병(후비역을 마친 군인, 또는 보충병을 마친 자)의 소집 업무를 촌 단계에서 어떻게 하는지에 관한 설명서였다. "국민병 소집 동원령 예보는 경찰서장의 전화 또는 문서로 하달되는 것으로 한다", "동원령 또는 임시 국민병 소집 명령 수령 후 영장 발송까지 필요한 사무 정리 시간은 3시간 이내로 한다"라는 문구에서 짐작되듯이 신속하고 세밀하게 가장 말단까지 하달되도록 계획되어 있었다고 볼 수 있다.

두 가지 개정 방향

이번 개정은 확실히 병역 부담 경감을 목표로 하였고 빈곤한 자에 대한 사회 정책적 배려도 하고 있다. 하지만 다른 한편으로는 다수의 병사를 신속하

---

40 大江志乃夫 解說, 《支那事変大東亜戦争間動員概史》(不二出版 복각판, 1988), p. 27.

41 〈秘 昭和三年度用動員実施業務書〉(〈千葉県山武郡源村寄託文書〉, 源785-3).

게 동원하기 위한 각종 준비 대책도 착착 이루어졌다고 봐야 할 것이다. 이는 수검 합격자가 어쨌든 전원 현역 및 제1·제2 보충병에 할당되고 제2 보충병에게도 근무 연습 소집과 간열 점호가 부과된다고 한다면 군사적 훈련을 일상적으로 받는 층이 현격히 커지게 된다. 그리고 이러한 대량의 병사 동원을 정확하게 파악하고 처리하기 위해 호적에 병역 관련 약호(略號)를 단 것이다.

이러한 두 가지 방향을 추진한 우가키 육군대신의 일기에 두 가지 사항이 나란히 나오는 것은 흥미롭다.

> 체격이 갑종(甲種)에 속하는 자는 가정 형편이 중·하류 정도인 자들 중에 많다. 병역법 심의에서 진지하게 바로잡을 것을 연구해야 할 문제이다.[42]
> 국가의 마지막 위력은 국민에 있다는 것은 세계대전의 교훈이고 작년부터의 군비 정리, 특히 국민 훈련 및 총동원에 관한 계획은 깊이 국가와 국민을 생각한 결과라고 본다.[43]

다양한 개혁론

지금까지 정부와 의회에서의 논의를 살펴보았는데, 사단장급 군인들의 의견은 어떠하였을까. 지난번 개정부터 1927년 병역법에 이르는 기간의 논의를 보도록 하겠다. 제7 사단장, 제4 사단장으로 근무한 뒤 조선군 사령관으로 영전하기 직전에 우쓰노미야 다로(宇都宮太郎)[xxxi]는 1918년에 우에하라 유사쿠(上原勇作)[xxxii] 참모총장(參謀總長)에게 다음과 같이 말하고 있다[44]: '2개 사단 증설이 실현된 오늘날로서는 사단 증설은 여간하여서는 곤란하기에

42 《宇垣一成日記 I》, p. 523. 1926년 6월 8일의 기술.

43 위의 책, p. 499. 1926년 4월 3일의 기술.

44 1918년 5월 13일부 우에하라 유사쿠 앞 우쓰노미야 다로 서한 내 〈秘 欧州戦乱に鑑み将来国軍の施設に対する意見〉(上原勇作関係文書研究会 編, 《上原勇作関係文書》, 東京大学出版会, 1976), p. 98.

여러 가지 방법으로 국군을 늘리는 것이 중요하다. 우선 병사에 관해서는 ① 갑종·을종(乙種) 합격자 중 현역 요원을 웃돌 경우에는 전부 보충병으로서 교육하고 ② 이를 위해 귀휴병을 늘리며(2년 재영인 병사를 1년으로 귀휴시킴) ③ 징병 검사 후 불합격한 장정 등을 연대구별로 조직하여 재향 군인이 협력하는 가운데 체육·사격 등을 하도록 한다'.

이 의견 중에는 실현된 것도 많다. 예를 들어 ①은 1927년 병역법에 받아들여졌고 ②도 마찬가지로 1년 반 재영제의 도입으로 실현되었다. ③의 체육·사격에 관해서는 오히려 그보다 앞당겨서 청년 훈련소 및 중등학교 이상의 학교에서 군사 교련으로 역시 1927년에 실현되었다고 할 수 있다. 기본적으로는 병역법으로의 흐름은 현장 사단장급의 발상에서도 지지받았을 것으로 예상된다.

사토 고지로의 의견

지금까지 몇 차례 언급해 온 인물로서 군제에 정통한 사토의 사고방식을 소개해 두겠다. 사토는 징병제의 근본에서는 그 나라가 어떠한 상비군을 필요로 하는지에 따라 적합한 징병령도 달라진다고 하고 있다.[45] 열강이 경제적으로 허용되는 한도에서 강대한 상비군을 보유하는 것은 세계대전 전까지의 상식으로는 첫 번째 회전에서 적보다 우월한 병사 수와 소질을 지닌 군대를 보유할 필요가 있었기 때문이다. 세계대전 전 유럽 열강이 전시에 군대를 만드는 방법은 다음과 같았다. 우선 야전군은 상설 부대와 그것의 약 절반의 예비 부대로 조직한다. 그리고 제2선에서 사용하기 위해서는 예비 부대에 그것과 거의 같은 수의 특설 부대를 만들어 상설 부대와 거의 같은 수가 되도록 함으로써 전체 병사 수는 평시 상비군의 약 3배가 되도록 편성하고 있었다는 것이다.

세계대전 후에는 진지전보다 운동전이 중시될 것이므로 정병주의는 포

45 佐藤,《国防上の社会問題》, p. 36.

기할 수 없다. 다만 사토는 장교·하사관의 소질을 향상하고 재영 중 병졸의 잡무(현행 제도에서는 내무·경리·위생 등에 종사해야 했다)를 줄이며 교육·훈련의 실천적 능률을 높이고 학교 군사 교련 및 일반 군사 교련 보급에 힘쓰고 군대를 사회화하며 국민에게 군사 지식을 주입한다면 예컨대 6개월 재영의 단기 복역도 가능하다고 하고 있다.

다나카 구니시게의 의견

1924년 1월의 기요우라 게이고(清浦奎吾)[xxxiii] 내각 조직 당시 다나카 기이치와 우에하라의 다툼은 다나카의 승리로 돌아갔고 우가키가 육군대신으로 취임하였다. 이 다툼으로부터 얼마 지나지 않은 그해 8월에 우가키의 군비 축소 노선과는 의견을 달리하던 다나카 구니시게(田中國重, 제15 사단장, 근위사단장, 대만군 사령관)는 우에하라에게 '육군 정리 문제'를 설명하고 있다.[46] 요약하면 다음과 같다: '우가키 육군대신에 의한 군비 축소안은 잘 알지 못하지만 항공대·전차대를 신설하기 위해 사단을 줄이는 것에는 크게 반대한다. 그 이유는 자급자족할 수 없는 우리 나라가 유럽과 같은 장기 전쟁을 치르는 것은 불가능하기 때문이다. "따라서 육군의 작전 방침은 개전 초기에 가능한 한 다수의 정예 군대를 집중하고 공세 운동을 개시하여 초전에 적에게 큰 타격을 가하여 재기할 수 없도록 지도하는 데 있다"'.

우가키의 명쾌한 군비 근대화 방침은 후세 사람들의 공감을 얻기 쉽다. 하지만 다나카 구니시게가 말하는 현재의 병사 수를 한 명도 줄이지 않겠다는 의견이 단지 융통성이 없을 뿐인 의견이 아님은 주목해야 할 것이다. 미우라 고로 등 4장군파가 논한 바와 같은 방위 계획에 근거하여 해안 방어선에 단시간에 대량으로 동원하기 위해 다수의 현역병을 보유할 필요성을 설명하는 것이다. 항공기에 대해서도 무시하지 않고 유럽에서 행하는 것처

---

46 1924년 8월 19일부 우에하라 유사쿠 앞 다나카 구니시게 서한(《上原勇作関係文書》), p. 270.

럼 민간 항공기 개발을 조성하고 착착 비행사를 양성해 두면 된다고 말하고 있다.[47] 다만 이러한 다나카의 의견은 우가키 육군대신 아래에서 고려된 적이 없기는 하였다.

이누카이 쓰요시의 군비 축소 사상

베르사유(Versailles) 조약 비준(1919년 11월 7일), 시베리아 철병 개시(1920년 8월), 워싱턴(Washington) 회의 개최(1921년 11월 12일) 등에서도 드러난 군비 축소 사상의 영향을 일본 의회에서 볼 수 있게 된 것은 제44 의회(1920년 12월 25일-1921년 3월 26일) 및 제45 의회(1921년 12월 24일-1922년 3월 25일) 무렵이었다. 1921년 노동절에 일본노동총동맹(日本勞動總同盟)은 슬로건으로 1년 병역제를 내세웠고 이누카이 쓰요시는 1922년 2월 7일에 국민당의 '군비 축소에 관한 결의안'을 제45 의회에 제출하였다.[48] 이누카이의 주장은 다음과 같았다: '현재의 병력은 21개 사단 264개 대대이므로 일단 22개 사단이라고 할 수 있다. 국민개병의 주된 취지를 철저히 하는 한편 경제적으로 국방 계획을 세우려면, 보병 1년 재영 및 사단을 반으로 줄이는 것이 가장 바람직하다. 이렇게 하면 전시 동원에는 변화가 없기 때문이다. 또한 병사의 봉급을 현재의 한 달에 3엔 60센에서 6엔으로 증액한다. 1년 재영으로는 만족스러운 교육이 불가능하다는 비판에 대해서는, 병사의 잡역을 폐지하고 군대 용어를 개정하면 된다는 것이다'.

이누카이다운 탁월한 의견인데, 특히 군대 용어 개정이라는 점이 흥미롭다. "소학교 교육만 받은 중산 계급 이하의 하층 계급이 이 언어를 외우는 데는 상당한 시간이 필요하다"라고 이누카이는 말하였는데 확실히 바지를 '군고(군코[軍袴])', 세탁물 건조장을 '물간장(붓칸바[物干場])', 신발을 '편상화

---

47 1924년 7월 29일부 우에하라 유사쿠 앞 다나카 구니시게 서한(《上原勇作関係文書》), p. 267.

48 犬養木堂先生伝記刊行会 編, 《犬養木堂伝 中巻》(東洋経済新報社, 1939), pp. 464-473.

(헨조카[編上靴])' 등으로 쓸데없이 한자를 음으로 읽어서는 한자를 잘 알지 못하는 자에게는 뜻이 통하지 않았을 것이다. 하지만 육군이 패전할 때까지 이 점을 개정한 흔적은 보이지 않는다.

무토 산지의 군인 우대론

가네가후치 방적(鐘淵紡績)이라는 거대 회사를 만들어 내고 1923년 4월에 실업동지회(實業同志會)를 결성한 무토 산지의 의견을 보도록 하겠다. 무토의 특징은 1914년부터 군인 우대를 제창하여 군사 구호법 제정 운동에 몰두하였다는 점일 것이다. 병역세 부분에서도 보았지만 육군으로서도 군인 구호라는 점에서 민간의 관심이 높아지는 것은 환영하는 바였다. 가네가후치를 경영하던 시기에 직공 대우를 개선하고 직장 복지나 환경을 '온정주의'로 개선하여 조합 운동 측과 회사 측의 대립을 회피해 온 무토의 의견은 설득력이 있었다. 실제로 1928년의 제56 의회에서 군인 우대 심의회 설치가 결정되었고 1930년 12월 17일에 병역 의무자 대우 개선 심의회의 결정을 우가키 육군대신에게 답신하고 있다.[49]

한편 1924년의 유세에서 볼 수 있는 무토의 주장은 다음과 같았다.[50]

> 사단을 줄이지 않고 사단은 현재와 같이 존치하되, 비례 배분으로 병사 수는 현재보다 반으로 줄이고 장교 수는 현재대로 두는 것이 좋다고 생각한다. 그렇게 하면 경비를 절약할 수 있다. 게다가 장교 실직자를 낳는 일도 없고, 또 사단에 의해 번영하는 지역은 사단이 없어서는 안 되므로 그 영향을 받는 바가 매우 적을 것이라고 믿는다.

장교 수를 줄이지 않고 사단 수를 줄이지 않으면서(즉 위수지는 줄이지 않는다)

---

49 武藤山治, 《武藤山治全集 第5巻》(新樹社, 1964), p. 989.

50 위의 책, p. 185.

병사 수를 반으로 줄인다는 주장이다. 애초에 무토가 병사 수를 줄이고자 한 것은 병사의 대우를 개선하고 전사자·전병사자 유족 및 상이군인에 대한 은급을 늘리기 위해서였다. 이는 사단에 의해 번영하는 군사 도시의 존재를 시야에 넣고 있다는 점, 관직으로서 군인으로 복무하고 있는 장교의 실업을 피한다는 점 등 보다 마찰이 적은 현실적인 안이었다. 간사이(關西)의 중소 상공업자를 기반으로 한 실업동지회 당수의 지위에서 나오는 통찰력에 뒷받침된 점도 있을 것이다. 실제 우가키 군축에서는 제13·15·17·18의 4개 사단 및 이에 수반된 각 부대가 폐지되었고 정리된 인원은 약 3만 4,000명에 이르렀기에 무토의 안보다 훨씬 대담한 군비 축소였다.[51]

육군으로서의 사고방식

확실히 무토의 바람대로 1928년 말에 병역 의무자 대우 심의회 설치가 의회에서 결정되었지만 육군이 이를 단행한 이유로는 다음과 같은 사정이 있었음을 잊어서는 안 될 것이다. 즉, 병사 우대 재원을 병역세에서 구하는 여론이 높아져서 이에 대한 대응에 쫓긴 것이다. 육군 내에서는 1923년 병역법 조사 위원회의 시점에서 '현역자 및 현역 종료자에게 특권을 부여하는 한 가지 항목'을 가결한 상태였다. 그리고 1926년 11월에 징모과는 〈우리 나라 병역세 건의의 연혁〉을 기초하면서, 병사 우대를 위한 병역세에 관해 의회에 대한 건의가 1915년 이후 5차례에 걸쳐 이루어졌다고 기록하였다. 이러한 방향에서의 요구는 군도 무턱대고 거절할 수는 없다. 그리하여 1928년 8월 시점에서 징모과는 대우 개선을 위한 심의회 설치를 결정한 것이다.[52]

---

51 사단은 줄였지만 지역에 미칠 영향을 줄이기 위해 위수지는 줄이지 않는 등 궁리한 것에 관해서는 土田宏成, 〈陸軍軍縮時における部隊廃止問題について〉(《日本歷史》 569号, 1995); 佃隆一郎, 〈宇垣軍縮と"軍都·豊橋"—"衛戍地"問題をめぐる《豊橋日日新聞》の主張〉(《愛大史学—日本史·アジア史·地理学》 第4号, 1995).

52 大蔵省, 〈昭和財政史資料〉(마이크로필름 Reel 132, 검색 번호 3).

요시노 사쿠조의 군비 축소론

다이쇼 시대에 메이지 시대의 후쿠자와와 같은 언론 활동을 펼친 것은 요시노 사쿠조(吉野作造)[xxxiv]이다. 다음에서 말하다시피 요시노의 바람은 1918년의 징병령 개정 이후 관련 규칙 개정 부분에 담겨 있는 각종 개정을 준비하는 논리였다. 이 점에서 후쿠자와와 징병령 개정과의 관계와 유사한 것으로 이해할 수 있다.

요시노가 군사를 논하던 1917년부터 1921년 무렵의 현역병, 보충병, 장정 수는 〈도표 4〉(p. 77)에 따르면 현역병이 약 10-13만 명, 보충병이 15-18만 명, 장정이 50만 명이었다. 군사에 관한 요시노의 의견은 〈군제 개혁론(軍制改革論)〉이라는 제목으로 정리되어 그의 논집인 《일본 정치의 민주적 개혁》[53]에 수록되어 있다. 여기서 요시노는 "군사사상을 국민에게 고취하는 것"과 "국민적 상식을 군대에 주입하는 것"의 양자가 중요하다고 말하고 있다(1919년 4월).

구체적으로는 ① 군대와 장정 간의 관계를 밀접하게 하고 특히 고등 교육을 받고 있는 장정의 처지를 군에서 배려할 것. 예를 들어 입영 시기가 1월이면 학교 관련 일정과 어긋나서 불리해진다 ② 상류 계급은 국민 일반의 모범이므로 제도상으로는 물론 사실상으로도 병역을 면제시키지 말고, 귀족에게는 병역 의무를 원칙적으로 부담하도록 할 것 ③ 징병 검사관이 교육받은 장정을 일부러 병종(丙種)으로 하는 것(학업을 계속할 것을 고려하여 온정적으로) 등을 중단하고 교육 유무와 상관없이 공평하고 엄정하게 결정할 것 등을 요구하고 있다(1917년 6월).

---

53 吉野作造, 《日本政治の民主的改革》(新紀元社, 1947). 또한 〈徴兵制度に就き軍事当局者に望む〉(《中央公論》 1917年 6月号, 吉野作造, 《吉野作造選集 第3巻》, 岩波書店, 1995에 수록).

군사사상 보급

요시노는 도쿄제국대학(東京帝國大學) 법학부의 정치사 강좌를 담당하고 있었기에 병역을 둘러싼 학생의 거취에는 민감하였을 터이다. 그럼에도 불구하고 교육자의 입장에서 당연히 나오는 ①과 같은 논점뿐만 아니라 ③과 같은 논점을 나란히 두고 있다는 점이 요시노답다. 위 의견에서도 군대의 비상식을 시정할 뿐만 아니라 국민 측도 군사사상과 무관해서는 안 된다고 하고 있다. 군사사상 보급이라는 점에 관해서는 한 가지 제안으로 중등 교원 양성 학교 등에 언뜻 보기에도 학생의 모멸을 불러일으킬 법한 나이 든 예비역 군인을 두지 말고 우수한 현역 장교를 체조 교수로 고용하면 어떠한가 하고 있다(1919년 4월). 후쿠자와의 의견과 징병령 개정 간에 인과 관계를 볼 수 있었던 것과 마찬가지로 요시노의 '군사사상을 국민에게 고취한다'는 사고방식은 병역법이 성립할 때까지 육군이 주도한 흐름과 모순되지 않는 위치에 있다고 할 수 있겠다.

IX

중일전쟁 시기의 병역법

1. 1939년 3월 9일의 병역법 개정(법률 제1호)

방공 협정 강화

독일·이탈리아와의 방공(防共) 협정 강화를 둘러싸고 외무·해군·육군 간에 격렬한 대립이 일어나는 것을 본 고노에 후미마로(近衛文麿)[i] 내각은 이 기회에 사직하게 되었고, 1939년 1월 5일에 히라누마 기이치로(平沼騏一郎)[ii] 내각이 탄생하였다. 애초에 이 시기에 방공 협정을 강화하고자 한 육군의 가장 큰 동기는 3국 추축(樞軸)이 낳을 견제력으로 영국·미국·소련의 대중국 원조 자세를 중단시킬 수 있다고 생각한 점에 있었다.[1] 지난해 10월의 우한삼진(武漢三鎭, 우창[武昌]·한커우[漢口]·한양[漢陽])에 대한 대규모 작전 이후에도 중국 측의 항일 자세가 변하지 않았기에 육군은 위협을 느끼고 외교에서 돌파구를 찾아내려고 한 것이다.

1 이 점에 관해서는 졸저, 《模索する一九三〇年代 日米関係と陸軍中堅層》, 제3·4장을 참조할 것.

작전에 대한 두 가지 사고방식

이야기를 1937년으로 돌려 보자. 전쟁 확대에 직면한 육군 내에는 장래의 작전에 관해 두 가지 사고방식이 있었다고 생각된다.[2] 한 가지는 북중국(北支那) 방면군 사령관 데라우치 히사이치(寺內壽一)[iii]로 대표되는 것으로서 중국국민당(中國國民黨) 군 주력을 효과적으로 격멸하고 수도 난징을 조기에 함락하여 중국 측의 항전 사기를 꺾어야 한다고 보았다. 이를 위해서는 선전 포고하고 해상 봉쇄를 하면서 대규모 병력을 서전 단계에서 투입해야 한다고 생각하였다.

이에 반해 각국의 간섭, 특히 미국의 중립법(中立法)[iv] 발동을 우려한 육군성·해군성(海軍省)[v]·외무성 등은 선전 포고는 불리하다고 논하면서 화베이(華北)를 중심으로 조금씩 파병하고 이를 보완하기 위해 특무부(特務部)를 이용한 괴뢰 정권 수립 공작을 후원해 갔다. 이처럼 다른 두 가지 작전 발상이 육해군에 혼재한 결과, 각각의 대규모 회전에서는 승리를 거두면서도 전쟁의 추세는 일본에 유리하다고는 할 수 없게 되어 갔다. 개전한 지 2년이 지난 이 시기까지 일본이 한 것이란 무력으로 국민 정부(國民政府)의 항일 자세를 바꾸도록 강요하는 것이었다. 하지만 타이위안(太原)·상하이(上海)·난징·쉬저우(徐州)·우한에서의 대규모 회전에서 중국군에 상당한 타격을 가하였음에도 불구하고 이러한 목적은 달성될 것 같지 않았다.

장기 지구전

따라서 육군은 화베이에는 임시 정부(臨時政府), 화중(華中)에는 유신 정부(維新政府)를 표면에 내세워서 당시 국제법상 선전 포고가 없으면 실시할 수 없었을 점령지 지배를 사실상 실행하는 방식을 택하였다. 즉 앞으로는 중국 내 일본군의 의의를 화베이나 양쯔강(揚子江) 하류 유역을 중심으로 한 원료 취득이나 제품 판매를 위한 보장(保障) 병력으로 자리매김한 것이 된다. 그

---

2 위의 책, 제2장을 참조할 것.

러는 한편 중국 대륙을 군대가 자활(自活)하는 곳으로 파악하고 전력 균형을 효율적으로 유지하기 위해 국민당 중앙군에 대한 간헐적인 공세에 나섰다.

이리하여 참모본부는 앞으로의 대규모 작전을 단념하고 왕자오밍(汪兆銘)[vi] 옹립에 의한 정치적 모략과 점령지 확보에 의한 경제적 수탈에 주안점을 두기 위해 재중국 일본군 편제를 근본적으로 바꾸고자 움직이기 시작하였다. 그 이유는 참모본부로서는 소련에 대한 전쟁 준비 및 생산력 확충 계획 추진이 가장 중요하였기 때문이다. 대규모 회전형(型) 재중국 사단을 '내지'로 돌려보내고 화베이 및 양쯔강 하류 유역을 중심으로 기동력이 있는 경비 전용 사단으로 대체하고자 하였다. 한마디로 말하자면 육군은 장기 지구전을 각오하고 중국에 병력을 둔 채, 소련에 대한 작전 준비에 착수하기 시작하였다는 것이다. 그리고 서두에서 말한 것처럼 외교에 의한 대중국 견제책을 병용하게 된다.

한편 상당수의 사단을 '내지'로 복원(復員)시켰다고는 하나 그것으로 끝나는 것은 아니었다. 장래의 소련에 대한 전쟁을 위한 작전 사단으로서 출정 준비를 갖추기 위해 귀환·복원시킨 것이다. 1938년에는 제11 사단(젠쓰지), 제14 사단(우쓰노미야[宇都宮]) 등 6만 명, 1939년에는 제9 사단(가나자와)을 비롯한 4개 사단 12만 명, 1940년에는 제16 사단(교토)을 비롯한 4개 사단 12만 명을 복원시키고 있다.[3]

재만주 군비 강화

'만주국(滿洲國)' 성립 후 그곳은 헤이룽강(黑龍江)을 사이에 두고 소련과 국경을 접하게 되었기에, 육군은 동원 방식을 '접양국(接壤國) 동원 방식'으로 바꾸고 있었다. 간단히 말하자면 동원시에 '내지'에서 장비가 우량한 사단을 신속하게 전장까지 옮기는 게 아니라 '만주국'·조선 및 그 주변 지역에 상주하는 사단부터 동원한다는 방식이다. 따라서 중국에 있는 병단(兵團)[vii]

3 《支那事変大東亜戦争間動員概史》, p. 75.

이라고 해도 당장은 중국군을 상대로 소규모 전투를 거듭하지만, 기본적으로는 만주 방면에 전용(轉用)하기 위해 편성된 사단도 나오고 있었다. 예를 들어 제32-40 사단 등이 이에 해당한다.[4]

편제 개편

사단이란 일반적으로 지휘 통제·경리·위생 부문을 갖추고 보병·기병·포병·공병·통신병·치중병 연대를 균형 있게 포함한 것으로서, 중일전쟁 시기에 평균적인 사단은 전시 2만 5,000명 정도의 인원으로 증원되어 되었다(평시에는 1만 2,000명 정도). 이 경우 1개 사단은 4개 보병 연대(2개 보병 여단)를 포함하고 있었다. 그런데 이를 경비를 위한 사단으로 바꾸려면 3개 보병 연대가 되도록 병력을 추출하기에 이러한 사단은 '3단위 사단'이라고 불리었다. '경비 사단'이라고 할 경우에는 8-10개 독립 보병 대대를 포함하는 것을 가리킨다.[5]

참모본부의 사무 당국은 재중국 병력을 50만 명, 장래에는 40만 명으로 한다는 양해를 육군성에 제시하였다고 한다.[6] 하지만 실제로는 그렇게 급격하게 줄이는 것은 상당히 곤란하였던 듯하여 1940년 6월 6일부 결정에서는 "중국 북부 25만 3,000명, 중부 33만 2,000명, 남부 14만 9,000명, 합계 73만 4,000명"으로 한다고 양해되었다. 1940년 초의 재중국 병력은 약 85만 명이었으므로 겨우 12만 명 정도의 삭감이 결의되었다고 할 것이다.

병력을 면적으로 나눈 병력 밀도를 보면, 중국 북부를 1로 하였을 때 우한은 9, 양쯔강 하류 유역은 3.5, 중국 남부는 3.9이다. 따라서 화베이의 점령지에서는 고도의 분산 경비를 채택하였고, 우한 주변은 국민 정부의 장비가 양호한 중앙군과 군사적으로 맞서기 위해 병력을 집중하였다고 판단된다.

---

4 위의 책, p. 332.

5 桑田悦·前原透 共編著,《日本の戦争 図解とデータ》(原書房, 1982).

6 沢田茂,《参謀次長 沢田茂回想録》(芙蓉書房, 1982).

육군성 징모과의 기안

징모과가 기안을 마치고 육군대신이 개정안을 첨부하여 각의를 청한 날짜는 1938년 12월 24일이었다. 주된 개정 사항은 다음과 같다.[7] 당시 육군대신은 이타가키 세이시로(板垣征四郎)[viii], 해군대신은 요나이 미쓰마사(米內光政)[ix]였다.

① 전시에 필요한 인원을 획득하기 위해 해군병 복역 기간을 예비역은 4년에서 5년으로, 후비역은 5년에서 7년으로 늘렸다(제6·7조).

② 전시에 필요한 인원을 획득하기 위해서는 예비역·후비역을 연장하는 방법도 있지만, 그러면 의무가 과중해지고 또 연령 상한이 40세를 넘어 버리기에 불가능하다. 따라서 육군은 제1 보충병역 복역 기간을 12년 4개월에서 17년 4개월로, 해군은 제2 보충병역 복역 기간을 11년 4개월에서 16년 4개월로 늘렸다(제8조).

③ 단기 현역병 제도를 폐지하였다(제10조 삭제).

④ 재학 징집 연기 기간을 줄이고, 또 "전시 또는 사변시에 특별히 필요가 있는 경우에는 칙령이 정하는 바에 따라 징집을 연기하지 않을 수 있다"라고 하였다(제41조). 전자에 관해 설명하면 지금까지 최대 만 27세까지 연기할 수 있었던 것을 만 26세까지로 하였다.

⑤ 체격이 양호한 자부터 병사로 삼기 위해 징집 순서 결정시 추첨 방식을 택하는 데 한정을 두었다(제33조).

⑥ 근무 연습 소집 일수에 관해서는 육군도 특별한 필요가 있을 때는 50일 이내에서 늘릴 수 있도록 하였다(제56조 제3항). 지금까지는 해군만으로 한정되어 있었다.

⑦ 교육 소집은 제2 보충병에 대해서도 실시할 수 있도록 하였다(제57조). 지금까지는 제1 보충병만 대상이었다.

---

7 〈兵役法改正要綱〉(〈陸軍省大日記 甲輯 S14-2〉).

제74 의회에서의 심의

각의 결정을 거쳐 의안에 관해 1939년 1월 24일에 귀족원에서 제1 독회가 열렸다.[8] 이타가키 육군대신에 의한 개정 이유 설명은 대체로 다음과 같았다: '"현재 국내외 정세 변화는 제국[일본—옮긴이 주] 군비의 신속하고도 비약적인 충실을 필수로 하기에 이르러, 전시 소요 병력을 유지하기 위해" 개정이 필요하다. 이번 전쟁의 경험에서 알게 된 것은 "간부의 신예화(新鋭化) 및 재향 군인의 능력 향상"이기에 재학 징집 및 소집 연기 제도를 개정할 필요가 생겼다. 단기 현역을 없앤 것은 소학교 교원인 자에게 5개월만 군사 교육을 실시하는 것은 불가능하기 때문이다. 오히려 소학교 교원도 다른 국민과 마찬가지로 국방의 제일선에 서는 편이 국민 교육상 바람직하다'.

귀족원에서는 1월 28일에 제1회 위원회가 열렸다.[9] 위원 중 한 명인 노무라 마스조(野村益三, 연구회, 아이치현립 제5 중학교[愛知縣立第五中學校] 등에서 정규 교원으로 근무한 경험이 있고 교과서조사회[教科書調査會] 부회장을 맡았다)는 ④의 재학 징집 연기에 관해 질문하였다. 즉 현재 징집이 유예된 자가 약 10만 명 존재하는 듯한데, 1928년 당시의 3만 명에 비해 3배가 되었다. 이 개정을 학제 개혁과도 관련지어 고등 교육을 받은 자를 더 많이 군대에 넣어야 하지 않는가 하면서 유예 축소를 지지하였다.

또한 이시카와 사부로(石川三郎, 연구회, 육군 사관 학교에서 교관으로 근무한 경험이 있다)는 ③의 소학교 교원이나 사범 학교 생도에 대한 단기 현역 특전 폐지에 관해 질문하였다. 즉 이러한 특전이 없어지면 사범 학교 입학자가 격감하여 교원이 되고자 하는 사람이 없어지는 게 아닌가 하는 미묘한 구석을 찔렀다. 확실히 당시 중학교의 대부분은 심상과(尋常科)[x] 졸업을 수험 자격으로 정하였지만, 사범 학교는 고등과(高等科) 수료를 요구하고 있었다. 그

---

8 《帝国議会貴族院議事速記録 65》(東京大学出版会, 1984), pp. 33-35.

9 이하의 기술은 특별히 단서를 달지 않은 한, 《第七四帝国議会貴族院委員会議事速記録 2-1》(国立国会図書館議会官庁資料室所蔵)에 따른 것이다.

표 2 만주사변, 중일전쟁, 태평양전쟁에 따른 병역 제도 및 군사 부담 제도의 변화

연월일	법령	개요
1933년 2월 16일	육군이 특별 지원 사관 제도를 채용(칙령)	장교 부족을 예비·후비역에서 보충함
4월 28일	육군 비행 학교 생도 교육령(칙령)	소년 항공병 제도의 시작
1938년 2월 23일	육군 특별 지원병령 공포	
4월 1일	국가 총동원법 공포(법률)	(군사 부담)
상동	조선에서 육군 특별 지원병제 시행	
1939년 3월 9일	병역법 개정·공포(법률)	
7월 8일	국민 징용령 공포(칙령), 7월 15일 시행	(군사 부담)
11월 11일	병역법 시행령 개정·공포(칙령)	징병 합격을 갑종, 제1 을종, 제2 을종 외에 제3 을종까지로 함
1940년 4월 24일	육군 지원병령 공포(칙령)	
10월 19일	국민 징용령 중 개정, 국민 직업 능력 신고령 개정, 선원 징용령 공포	(군사 부담)
1941년 2월 14일	병역법 개정 공포(법률)	
10월 16일	병역법 개정 공포(칙령)	병역법 부칙 제4항을 긴급칙령으로 삭제함 · 1939년 12월 1일 현재 중등학교 이상의 학교에 재학하는 자는 제41조 규정(징집 연기의 단축·정지는 칙령으로 변경할 수 있다는 조항)이 있더라도 이를 적용받지 않는다고 한 규정을 삭제함
11월 15일	병역법 시행령 개정(법률)	
12월	재학 징집 연기 기간 단축에 따른 제1회 임시 징병 검사	
1942년 2월 18일	병역법 개정 공포(법률)	
4월 1일	대만에서 육군 특별 지원병제 시행	
4월	제2회 임시 징병 검사	
5월 10일	조선에서 병역법 시행(1943년 8월 1일 실시)	
9월 26일	육군 방위 소집 규칙 공포	
1943년 3월 2일	병역법 개정 공포(법률)	
5월 11일	'조선인, 대만 본도인(本島人)에게 해군 특별 지원병제 신설 정비의 건' 각의 결정	
8월 1일	해군 특별 지원병제를 조선·대만에서 시행	
9월 21일	육군이 병역법 시행 규칙을 개정(성령[省令])	1930년 이전에 검사한 제2 국민병도 소집함
9월 23일	'대만 본도인(고산족 포함)에 대해 징병제 시행 정비의 건' 각의 결정	
10월 2일	재학 징집 연기 임시 특례 공포(칙령)	문과계 학생·생도의 징집 유예 정지
11월 1일	병역법 개정 공포(법률)	

12월 1일	제1회 학도병 입영	
12월 3일	국민 징용 연령을 45세까지로 올림	(군사 부담)
12월 10일	제1회 학도병 입단	
12월 24일	징병 적령 임시 특례 공포(칙령)	적령을 1년 낮추어서 19세부터도 검사·징집을 실시함
1944년 9월 1일	'대만에 징병제 시행의 건' 각의 결정	
10월 16일	육군 특별 지원병령 개정 공포(칙령)	17세 미만의 지원을 허가함
10월 18일	육군이 병역법 시행 규칙 개정공포(성령)	17세 이상을 병역에 편입함
1945년 2월 10일	병역법 개정 공포(법률)	
6월 23일	의용병역법 공포(법률)	15세 이상 60세 이하의 남성, 17세 이상 40세 이하의 여성을 국민 의용 전투대로 편성함

리고 만약 사범 학교 수험에 실패하면 다른 중학교에 한 번 더 수험할 수 없게 되고 만다. 이처럼 가뜩이나 학제상의 난관이 존재하는데 여기서 다시 소학교 교사의 병역상 특전을 없앤다면 교사가 되고자 하는 사람이 없어진다는 우려였다. 시험 삼아 이번 개정으로 2,400명의 소학교 교원 혹은 그 후보자가 영향을 받게 된다는 계산이었다.

단기 현역병제의 특전

'특전'이란 어쨌든 지원이 아니라 자격이 있는 자는 전원 재영하면서 하사관이나 예비역·후비역 장교로서 교육받고, 교직에 있으면서 재영하는 경우에는 재직 중 봉급의 80%를 지급받으면서 1년만 참고 복역을 마치면 그 뒤로는 제1 국민병역으로 복무하게 되어 있던 것을 가리킨다. 국민병역은 원래 "전시 혹은 사변시에 후비병을 소집하고도 여전히 병사가 필요할 때에 한하여 소집한다"(징병령 제18조)라고 규정되어 있던 병역이었으므로 거의 절대로 전장으로 가지 않아도 된다. 이 부분에서 매력을 느끼고 교원이 된 자가 적지 않았다. 문부성을 대표하여 정부 위원 후지노 메구무(藤野惠, 문부성 보통학무국장)는 이에 답하여 정부로서는 사범 학교 보조비를 증액하고 농업 학교 등으로부터 사범 학교 제2부 수험생을 확보하여 모집을 늘리는 데 힘쓰고 있으므로 교원 부족은 걱정할 필요가 없다고 해명하고 있다.

간부 후보생의 저연령화

개정할 경우에는 그만큼의 합리성이 있어야 한다면서 재학 징집 유예 단축에 의문을 표한 의원도 있었다. 공정회의 마쓰다이라 도요마로(松平外與麿)는 육군이 준비한 1938년 징집 연기 인원 조사에서 판단할 때 이번 개정으로 유예되지 않게 되는 이들은 약 1,000명에 불과한데 1년을 단축하여 이 정도의 인원을 확보하는 개정에 의미가 있겠는가라고 하였다. 어조는 다소 부드러웠지만 개정의 불합리성을 지적한 것으로 주목된다. 이에 대해서는 육군에서 병무국장 나카무라 아케토(中村明人)가 일어나서 답변하였다. 우선 전장에서는 중·소위급의 정신·사기가 중요하다고 말한 뒤 다음과 같이 이어 갔다: '"중·소위급의 가장 중요한 하급 간부 대부분은 간부 후보생 출신 장교에게 기대해야 하는 상태"인데, 이 경우 "가능한 한 간부 후보생 정도를, 연령을 낮추어서 젊은 사람을 채용하고자 한다", "한 살이라도, 한 명이라도 젊은 사람을 간부 후보생으로 받아들이는 것이 이론상 적당"하다'고 개정 배경을 말하였다. 후보생의 교육 기간에 관해서는 1938년에 1년에서 2년으로 연장한 상태이기에 재학자를 1년 빨리 군대에 흡수하고자 한다는 요청이 있었을 것이다.

위원회에서의 논의가 종료되자 2월 4일에 귀족원 본회의에서 위원장 미조구치 나오스케(溝口直亮, 연구회)는 본안은 가결함이 마땅하다는 위원회 보고를 하였다. 중의원에서도 마찬가지로 논의되어 2월 28일에 중의원 의장 고야마 쇼주(小山松壽)가 수상에게 법률안이 가결되었으니 상주를 의뢰한다는 통지를 하여 마무리되었다.[10]

---

10 〈公文類聚 昭和十四年〉(2A/12/類2257).

법학협회에 의한 해설

중일전쟁이 개시되자 정부 제출안에 대한 의회의 심의 기간은 짧아졌고 수정 없이 가결되는 비율은 더할 나위 없이 높아졌다. 이러한 때에 법률 개정 취지를 정확하게 파악해야 하는 법률 전문가, 실무가, 고등 문관 시험(高等文官試驗)[xi] 수험생의 편의를 위해서였는지, 법학협회(法學協會)가 이 무렵부터《신법률 해설》이라는 책을 출판하게 되었다.[11] 이를 통해 개정 이유를 보충해 두고자 한다.

징모과의 개정 이유서에 특별히 언급되지 않은 것으로는, '만주국'이 설립하는 학교 중 일본·'만주국' 양국 발전을 위해 중요한 관계가 있는 학교 생도에게는 국내와 마찬가지로 징집 유예 특전을 부여한다는 점을 들고 있다(제73조). 이는 병역법에서 말하는 '학교'가 종래에는 "제국[일본—옮긴이 주] 외의 지역에 있으면서 제국 신민을 위해 설치한 학교"로서 칙령으로 지정되어 있던 것을, 지정 가능한 학교의 범위를 단지 "제국 외의 지역에 있는 학교"라고 고치고 "제국 신민을 위해 설치한 학교"로 한정하지 않기로 하였다. 열의가 있는 우수한 인재를 만주로 흡수하고자 한다는 취지에서 이루어진 개정이라고 지적하고 있다.

또한 이 책은 의회 질의 및 정부의 답변을 뽑아내어 다음의 각 점에 관해 언급하고 있다.

① 재학 징집 연기 제도 개정: 재학 연한에 관해서는 학생의 태만 때문이 아니라 질병이나 입학시험이 치열한 상황으로 인해 정체되는 자도 있다. 따라서 이번 개정으로 징집 연기의 최고 연한을 낮춘 것은 너무 가혹하지 않은가 하는 질문이 제기되었다.

---

11 法学協会 編,《第七四帝国議会 新法律の解説》(有斐閣, 1939), pp. 220-224.

예를 들어 중학교 재학자의 연기 기간을 22세에서 21세로 낮추거나 고등학교 재학자에 대해서는 25세에게 23세로 낮춘 점을 지적하고 있다. 이에 관해 문부성은 학문을 닦는 데는 유예 기간이 긴 편이 좋지만 국방상의 필요에서 이러한 바람은 삼가길 바란다고 답변하고 있다.

② 단기 현역병 제도 폐지에 관해: 이를 폐지하면 사범 학교 입학 지원자가 줄어들고 그 소질도 낮아지지 않겠는가 하는 질문이 제기되었다.

이미 귀족원 위원회 심의 과정에서 살펴본 문제이기는 하지만 다시 한번 다루도록 하겠다. 정부는 이에 대해 이 제도는 특전이나 우대가 아니라 국가의 필요에 근거한 병역상의 특례이므로 폐지되었다고 해서 지원이 줄어드는 것은 국민정신상 바람직하지 않지만 교원의 대우 개선에 힘씀으로써 지원자를 늘리고 농업 학교 등 실업 학교 졸업자로부터 입학자를 모집하는 길을 여는 등의 노력은 할 생각이라고 말하고 있다.

③ 당장의 교원 부족에 관해: 소학교 교원을 소집하게 되기에 교원 부족이 발생할 듯한데 그 대책은 어떻게 할 것인가.

이에 대해서는 당장은 사범 학교 제2부 생도 모집을 늘림으로써 이를 보충할 것을 고려하고 있다고 정부의 견해를 정리하고 있다.

2. 1941년 2월 14일의 병역법 개정(법률 제2호)

1940년의 징집 수

이 무렵 1년에 징집되는 장정 수는 어느 정도였을까. 육군성 병비과(兵備課)

가 기안한 〈현역병 및 제1 보충병 인원수에 관한 건〉을 이용하여, 1940년 7월 17일에 상주하여 그날 재가된 수치를 제시해 두겠다.[12] 이는 실제로 징집된 인원수가 아니라 징병 검사에 앞서 전국 징병구의 선발률이 같도록 안배한, 징집되어야 할 인원수를 산출한 수치이다. 하지만 지금까지 계획 인원과 징집 인원에는 그다지 큰 차이가 보이지 않았기에 이 수치를 드는 것은 의미가 있을 것이다. 1940년 징집 현역병의 실제 수는 32만 8,811명으로 되어 있다. 한편 육군 특별 지원병이란 후술하겠지만 조선에서 '위로부터 모집한' 지원병을 가리킨다.

현역	
육군 현역병	33만 6,861명
육군 특별 지원병령 제1조 규정에 따른 육군 현역병	900명
(합계)	33만 7,761명
해군 현역병	2만 9,238명
(육해군 합계)	36만 6,999명
육군 보충병	
육군 제1 보충병	14만 7,200명
육군 특별 지원병령 제1조 규정에 따른 제1 보충병	2,100명
(합계)	14만 9,300명
(총계)	51만 6,299명

평화로운 시대에는 현역병으로 징집되어도 실제로 입영해야 하는 자는 절반에 불과하였지만 이 무렵에는 현역은 말 그대로 전원 입영을 의미하였고 제1 보충병이 소집되어 전장으로 가는 확률도 높아져 있었다. 이 수치를 기초로 수검 예상 장정 인원에 대한 비율을 내 보면 현역병이 약 52%, 제1 보

12 〈現役兵及第一補充兵ノ員数ニ関スル件〉(〈陸軍省大日記 甲輯 S15-2〉).

충병이 약 21%, 합계 인원수에서 징집률은 약 73%에 달한다. 10명 중 7명이라는 비율로 병사가 되는 시대가 된 것이다.

개정 취지

이 개정은 제2차 고노에 후미마로 내각에서 이루어졌다. 육군대신은 도조 히데키(東條英機)[xii], 해군대신은 오이카와 고시로(及川古志郎)[xiii]였다. 육군성 병무국 병비과가 개정을 맡은 주무과였는데 〈육군성 대일기(陸軍省大日記)〉에는 이 개정에 관한 내부 사료가 남아 있지 않다. 〈공문유취〉에 수록된 사료[13]에서 판단하건대 도조 육군대신이 수상에게 법률 개정안 및 개정 이유서를 첨부하여 각의를 청하는 서류를 보낸 것은 1940년 12월 28일이었다. 개정 이유에서 개정 취지를 뽑아내 보면 다음과 같다.

① 본적지 징집주의에서 현 재류지 징집주의로 전환하였다. "대륙 개척의 국책에 순응하고 아울러 국방에 이바지하기 위해" 대륙 및 그 밖의 '외지(外地, 조선·대만 또는 제국 외의 지역)'에 재류하는 장정은 본적지와 상관없이 해당 재류지 부대에 입영하도록 할 수 있다(제53조 2).

② '후비병역'이라는 명칭을 삭제하였다. 지금까지 육군 예비역은 5년 4개월, 해군 예비역은 5년이었는데, 종래의 후비역 기간을 여기에 추가하여 예비역 기간을 새로이 각각 15년 4개월 및 12년으로 하였다(제2조 1).

③ 보충병의 교육 소집 기한을 120일에서 180일로 고쳤다(제57조 1).

아나미 고레치카 육군차관의 설명

귀족원 및 중의원 본회의에서 정부 위원 설명은 아나미 고레치카(阿南惟幾)[xiv] 육군차관에 의해 이루어졌다.[14] 예를 들어 ①에 관해서는 조선·대만·

---

13 〈公文類聚 昭和十六年〉(2A/12/類2516).

14 《帝国議会貴族院議事速記録 67》(東京大学出版会, 1984); 《帝国議会衆議院議事速記録

만주에 재류하고 있는 징병 적령자 수가 매년 늘어나고 있고 특히 만주 개척 청소년 의용대원처럼 정착하는 편이 국방에도 도움이 되는 청년도 많기에 그 지역 부대에 입영하는 조치를 하고자 한다고 설명하였다. 지금까지는 엄격한 본적지 징집주의를 택해 왔지만 이번 개정은 거기에 특례를 둔다는 의미가 있다고도 말하였다. 징병 검사를 위한 여비나 입영지까지의 여비는 관비로 지급하였기에 '외지'로부터의 선박·철도 운임 등 만만찮은 지출이 정부(이러한 여비는 내무성 소관 예산에 속해 있었다)의 골치를 썩였다는 점 등도 배경에 있었을 것이다.

②에 관해서는 전시에 필요한 요원이 부족한 가운데 예비니 후비니 하는 구별은 이미 의미가 없어지고 있는데도 "이번 사변의 실적 등에 비추어 보면 유감스럽게도 예비역병과 후비역병 사이에 반드시 마음가짐이 동일한 것처럼 생각되지 않는 점도 없지 않습니다"라고 쓴소리를 하고 있다.

③의 보충병에 대한 교육 소집 기간 연장에 관한 공식 견해로는 오늘날 군대 교육이 복잡해짐에 따라 더 많은 일수가 필요해졌다고 설명하고 있다.

북중국·몽강은 포함되는가

귀족원은 1941년 1월 29일에 병역법 개정 위원회 위원장인 후작 이케다 노부마사(池田宣政, 화요회[火曜會])가 위원회 심의에 관해 보고하였다. 그 가운데 어떤 위원의 질문이라고 단서를 단 뒤 "이번 개정은 참으로 지당한 것이기는 하나, 말하자면 부분적인 것이다. 현재의 시국에서 더 중대한 근본적인 개정이 필요하지 않겠는가"[15]라는 의견을 소개하고 있다. 1918년의 개정 당시 논의를 떠올려 주길 바라는데, 여기서도 의원 측은 육군의 정예주의에 관해 그다지 신뢰하지 않고 발상의 전환을 요구하고 있다. 이 질문에 대한 위원회에서의 육군 측 답변은, 국민개병은 지당하지만 아직 기술적으로 거

76》(東京大学出版会, 1985).

15 《帝国議会貴族院議事速記録 67》, p. 55.

기까지 도달하지 않았다는 것이었다.

위원회 회의록[16]으로 논의를 더욱 보충하고자 한다. 동성회의 마루야마 쓰루키치(丸山鶴吉)는 병역 의무자를 '외지'에서 징집한다고 할 경우의 '외지'란 '만주국'을 의미하는 것인지, '북중국 및 몽강(蒙疆)[xv] 방면'은 이 개정 적용 범위에 들어가는지의 여부를 질문하고 있다. 이는 당연히 나올 법한 질문이지만 도조 육군대신은 이에 대해 현재 연구 중이라고 빠져나갔다. 마루야마의 질문은 군부가 지향하는 방향은 대단히 불충분하다는 함의에서 이루어진 것으로 생각되는데 그의 두 번째 질문도 흥미롭다. 이에 대해 다음에서 살펴보도록 하자.

마루야마 쓰루키치의 질문

내무성 경찰 분야를 거쳐 하마구치 오사치(濱口雄幸)[xvi] 내각의 경시총감(警視總監)[xvii]으로 근무한 뒤 1931년부터 귀족원 칙선 의원이었던 마루야마는 장년단(壯年團) 운동에 적극적으로 관여하였고 고노에 신체제 운동(近衛新體制運動)[xviii]과도 깊은 관계가 있었다. 그러한 마루야마는 국민개병 운동을 추진 중인 민간단체의 활동을 언급하면서 병영 내와는 별도로 의용병 같은 것을 민간단체에서 육성하는 방향을 지지한다는 취지의 발언을 하면서 육군의 의향을 타진하였다. 도조의 답변은 "쉽게 동의할 수 없다"라는 것이었다. 마루야마의 질문은 다음과 같다.

> 입영하여 군의 실무를 직접 맡지 못한 자라도 무언가 특별한 훈련을 거친다면 일단 유사시에 도움이 될 것이니, 국가 제도에서는 불가능하더라도 민간단체에서 그러한 운동을 일으키지 않겠는가 하는 기운도 점점 조성되고 있습니다.

---

16 이하의 기술은 특별히 단서를 달지 않은 한, 《第七六帝国議会貴族院委員会議事速記録》에 수록된 〈兵役法中改正法律案特別委員会議事速記録 第一号〉(国立国会図書館議会官庁資料室所蔵)에 따른 것이다.

이 무렵은 대정익찬회(大政翼贊會)[xix]를 공사 결사(公事結社)[xx]라고 고노에가 인정함으로써 신체제 운동에 대한 비판을 피한 1940년 가을로부터 얼마 지나지 않은 시기였다. 내무성 계열의 마루야마는 신체제 운동을 떠받치는 촌의 청·장년 조직 연합체로서 1941년 3월에 대일본장년단연맹(大日本壯年團聯盟)을 결성하는 데도 관여하고 있었다. 이러한 배경을 고려하면 마루야마의 질문은 병역 제도를 신체제 운동의 사고방식으로 개편하면 어떻게 되는가 하는 중요한 점을 지적하고 있었고 내무성 계열에 의한 지방 청·장년 조직화에 대항 의식을 가지고 있던 육군으로서는 '동의할 수 없다'라고 말할 수밖에 없는 관계에 있었다고 볼 수 있다.

'후비역' 명칭 폐지의 의미

지금까지 질문이라기보다는 육군에 대한 의견에 가까운 것을 봐 왔지만 개정 내용을 진지하게 조사하고자 하는 질문도 당연히 존재하였다. 예를 들어 ②의 예비와 후비의 구별을 없애고 '후비'라는 명칭을 폐지하는 점에 관해서는 다음과 같은 질문이 이루어지고 있다: '지금까지 예비와 후비의 구별에 따라 소집·점호 순위나 횟수·일수에서 구별이 있었는데 후비역이 폐지되면 양자의 복역 기간을 합친 햇수 동안 예비역과 같은 수준의 부담이 부과되지 않겠는가. 즉 부담 증가가 장기간 계속될 뿐이 아닌가' 하고 아사다 료이쓰(淺田良逸, 공정회, 육군 대학교 졸업자로서 제11 사단 참모장 등을 역임한 뒤 1931년에 예비역 편입), 오하시 하치로(大橋八郎, 연구회, 하야시 센주로[林銑十郎][xxi] 내각의 내각 서기관장[內閣書記官長], 칙선 의원) 등이 확인을 구하고 있다.

이에 대해 육군에서는 병무국장 다나카 류키치(田中隆吉)가 일어나서 원래는 현역과 예비역까지가 제일선이고 후비역은 예비군이라는 구별이 있었지만 이번 전쟁에서는 전신병이나 자동차대병(自動車隊兵) 등 특수 기술과 관련이 있는 병사는 인원수가 적은 관계도 있어서 후비병에서도 소집하기에 예비와 후비의 구별을 폐지하였다고 설명하고 있다. 지금은 소집 순서나 의무의 내용에서 구별이 없어졌다는 설명도 하였지만, 그 실태에서는 아사다나 오하시의 의심을 뒷받침하는 답변이 되어 있다.

현 재류지 징집주의

개정 사항 ①에 관해서는 오하시가 질문하고 있다. 이에 대한 답변에서 육군 측이 조선·대만·'만주국'(관동주 포함)의 각 지역에서 1939-1940년의 2년간 징병 검사를 받은 자의 수를 명언하고 있는 점은 참고가 된다. 지금부터 그 수치를 소개해 보겠다. 조선은 1939년은 4,144명에 1940년은 5,295명, 대만은 1939년은 2,766명에 1940년은 3,100명, '만주국'은 1939년은 1만 3,477명에 1940년은 2만 3,283명이다. 전체적으로 1939년에서 1940년에 걸쳐 2만 387명에서 3만 1,678명으로 늘어나서 그 차이는 1만 1,291명에 달해 있고 증가분의 90% 가까이가 '만주국' 내의 장정 증가에 기인하고 있음을 알 수 있다.

16세부터 19세까지 농촌의 차남·삼남을 중심으로 한 만주 개척 청소년 의용대의 이주는 1937년부터 시작되고 있었다. 4년이 지난 1941년 시점에서 슬슬 적령에 도달하는 자가 늘어났기 때문일 것이다. 육군은 '만주국' 대사관 내에 징병 사무를 보는 부서를 설치하였기에 출장지라고 해도 지장은 없다고 답변하였다.

조선·대만 등에 병역법을 적용할 것인가

중의원에서는 2월 4일에 법률안 개정 위원회 위원장 간나 겐와(漢那憲和, 중의원의원클럽[衆議院議員俱樂部], 해군 대학교 졸업, 군함 쓰시마[對馬] 함장, 가토리[香取] 함장 역임)에 의해 위원회 보고가 이루어졌다. 귀족원 부분과 겹치는 점도 있지만 위원회에서의 질의 논점을 항목별로 제시하고 이에 대한 육군의 답변을 간단히 기술해 보겠다.

① (질문) 징병 연령을 낮추는 것을 고려할 생각은 없는가.

(육군) 청년의 심신 발달 현황에서 볼 때 현 상태가 옳다고 보고 있다.

② (질문) 병역을 면제받은 자 등에게 병역세를 부과하거나 노무를 부과할 생각은 없는가.

(육군) 병역세는 건군의 본지에 반하기 때문에 반대한다. 하지만 병역을 면제받은 자가 자발적으로 헌금하는 것은 환영한다. 노무를 맡도록 할지의 여부는 병역법의 근본적 개정을 포함하여 고려하는 중이다.

③ (질문) 징집이 유예된 학생·생도가 약 10만 명 존재하는데, 이들을 간부 후보생으로 양성할 생각은 없는가.

(육군) 그 정도로 절박한 정세는 아니다. 또한 현재로서는 간부가 부족하지 않다.

④ (질문) 청소년 운동의 일부로서 학생·생도가 대정익찬 운동을 하는 것에 관해 군부는 어떻게 생각하고 있는가.

(육군) 군부로서는 반대한다.

⑤ (질문) 입영자 가족 부조를 위해 징병 보험 제도를 도입할 생각은 없는가. 응소자로서 귀환한 자의 대우를 개선하거나 군사 부조비를 증액할 생각은 없는가. 조선·대만 등에 병역법을 적용할 생각은 없는가.

(육군) 전부 그 필요성을 인식하여 연구하는 중이다.

장교는 부족하지 않다고 하는 점, 학생이 대정익찬회 운동에 참가하는 데 반대하는 점 등이 주목된다. 마지막 질문에 관해서는 징병 보험, 군사 부조비 증액, 대만·조선에의 병역법 적용을 연구 중이라고 하고 있는데, 이는 실제로 훗날 실현되는 것이었다. 이러한 논의를 거쳐 1941년 2월 4일에 중의원에서도 가결되었다.

법학협회에 의한 해설

앞서 말한 의회에서의 심의와 겹치지 않도록 하면서 논점별로 정리해 보겠다.[17]

① 재류지 징집주의: 개정 의도에 관해서는 지금까지의 서술에서는 '만주국' 등에 있는 장정의 편의를 꾀한 것으로 해석해 왔지만 이 법학협회에 의한 해설에서는 내실에 더 가까운 설명을 하는 것처럼 보인다. 즉 만주 개척 의용대원 등은 '내지' 인구 증가 억제에 기여하고 있을 뿐만 아니라 오히려 만주에서 대소련 방위상의 의의가 컸다. 그런데 본적지 징집을 기회로 징병 검사나 입영을 위해 '내지'로 돌아온 자가 예전 재류지로 돌아가지 않는 예도 많이 나오고 있었다. 그러한 점에서 '만주국' 내에 묶어 두려는 것이 한 가지 이유라고 보고 있다. 이 개정은 1942년에 징병 검사를 받는 자부터 적용되었다.

② '후비병' 명칭 폐지: 의회에서의 논의에 덧붙일 것은 없지만, 새로 추가되는 의무라는 점에서는 후비병역 때와는 달리 경비(警備) 등의 필요성에서 원래대로라면 후비역이 될 시기가 되어도 소집에 응해야 하게 되었다(제55조 제2항).

지방의 상황

점차 늘어나는 전사자나 전상자에 대해 촌에서는 어떠한 대책을 강구하고 있었을까. 지금까지 몇 번이나 언급해 온 지바현 문서관의 〈미나모토촌 기탁 문서〉[18]에는 촌의 반 관제(半官製) 단체인 총후봉공회(銃後奉公會)의 활동을 보여 주는 문서철이 있다. 촌은 호별세 부과액을 기준으로 일정한 금액을 각호에서 징수한 뒤 전사자 가족에게는 5엔의 조위금, 입영자에게는 10엔의 위자금을 지급하도록 하였음을 알 수 있다.

---

17 法学協会 編,《第七六帝国議会 新法律の解説》(有斐閣, 1941), pp. 283-285.

18 〈千葉県山武郡源村寄託文書〉(源780-10-1).

3. 1941년 10월 16일의 병역법 개정(칙령 제923호)

이 개정은 법률이 아닌 칙령으로 이루어졌다. 그해 11월의 제77 의회 개회를 기다리지 않고 헌법 제8조 제1항의 긴급칙령으로 개정되었다는 점이 특징이다. 추밀원에서 개정 원안이 가결(10월 15일)된 뒤 곧바로 재가되었고 제77 의회에서 승낙(헌법 제8조 제2항에 의거)받고 있다. 제3차 고노에 후미마로 내각에서 이루어졌고 육군대신은 도조, 해군대신은 오이카와로서 둘 다 전 내각에서 유임한 이들이다.

부칙 제4항 삭제

내용은 단 한 가지, 병역법 부칙 제4항을 삭제한다는 점이었다.[19] 제4항에는 "1939년 12월 1일 현재 중학교 또는 종전의 제41조 규정에 따라 중학교 학과 정도와 동등하거나 그 이상으로 인정한 학교에 재학하는 자에 대한 징집 연기는, 그가 현재 재학하는 학교에 계속 재학하는 동안에는 제41조 개정 규정과 상관없이 여전히 종전의 예에 따른다"라고 적혀 있었다. 즉, 1939년 12월 1일 시점에서 중등학교 이상의 학교에 재학 중인 자에 대해서는 제41조는 적용되지 않는다는 것이다.

개정 이유는 병역법 부칙 제4항으로 징집 연기를 보장받고 있는 학생에 대해서도 제41조를 적용하고자 하기 때문이라고 설명하고 있다. 제41조에 관해서는 1939년의 개정을 참조하길 바라는데, 한마디로 말하자면 징집 연기 기간 단축이나 정지를 칙령으로 할 수 있다는, 당시의 학생으로서는 목숨이 좌우되는 것과도 같은 조항이었다. 칙령에 의한 징집 연기 정지라는 사태로부터 학생을 지켜 줄 터인 병역법 부칙 제4항이 긴급칙령으로 삭제되려 하고 있었다.

---

19 〈公文類聚 昭和十六年〉(2A/12/類2516).

추밀원에서의 심리

추밀원 〈위원회록(委員會錄)〉(2A/15-7/樞B26, 국립공문서관 소장)에 의하면 이 병역법 개정은 각종 학교의 재학 연한 및 수업 연한을 6개월 이내에서 단축한다는 칙령과 한 묶음으로 이루어지고 있었다. 〈심사 보고(審査報告)〉(2A/15-7/樞C51, 상동)도 '대학 학부 등의 재학 연한 또는 수업 연한의 임시 단축에 관한 건'과 '1939년 법률 제1호 병역법 중 개정 법률 중 개정의 건'이 한 건으로 다루어지고 있었다.

한편 추밀 고문관(樞密顧問官)들도 잠자코 통과시킨 것만은 아니었다. 시미즈 도루(淸水澄) 고문관은 이 개정에 당국은 어떠한 의도를 담고 있는지 질문하였다. 이에 답하여 도조 육군대신은 "작전 및 사관 학교에서 생도 양성의 관계상 군 간부 요원 부족이 가장 뚜렷해지는 것은 1942년 하반기부터 1943년 상반기에 걸치는 기간이므로, 본안은 이 기간을 당장의 목표로 하여" 장교 요원을 얻기 위해서라고 말하고 있다.

또한 후타가미 효지(二上兵治) 고문관은 최고 연차에 재학 중인 학생을 칙령으로 개정해서까지 억지로 졸업시켜 버릴 것 없이 필요한 군 복무를 마치면 학교로 돌려보내서 종전의 재학 기간을 거쳐 졸업시키면 되지 않는가 하고 질문하였다. 이에 대한 도조 육군대신의 답변은 어떻게든 전부 인용하고 싶어지는 것이었다.

> 징집 유예 제한만으로는 노무상의 수요를 채우기에 충분하지 않을 뿐만 아니라, 졸업에 이르지 못하고 전사하는 자의 보호자의 심정을 헤아려서 징집 유예를 제한함과 동시에 졸업 시기를 앞당기고자 한다.

즉, 어떻게든 졸업한 것으로 하지 않으면 노무 동원에도 생각대로 투입할 수 없고 전사하게 된다면 졸업시켜 두는 편이 낫다는 말까지 하는 것이다.

이처럼 심사 위원회에서 각종 논의가 이루어지기는 하였지만 1941년 10월

9일부로 추밀원 위원회는 본 칙령을 통과시킨다는 심사 보고를 완성하였다. 1941년 3월에 전문학교 이상의 학교를 졸업한 자 외에 현재 최고 학년에 재학하는 자, 내후년 3년에 졸업 예정인 자에 대해서도 재학 중에 징병검사를 마치고 그 입영 시기를 앞당겨서 군 간부를 양성하는 것도 어쩔 수 없다고 하였다.

심사 보고에서 파악할 수 있는 것은 군이 학생을 군 간부 요원으로서만이 아니라 상급 학교 진학자 외에는 "전부 국민개로(國民皆勞)의 일익을 담당하여 기술·사무 및 노무의 대량 수요를 신속히 충족"하기 위한 노동력으로서 매우 중시하고 있었다는 점이다.

제77 의회에서의 승낙

제국의회 귀족원 본회의에서 1941년 11월 16일의 도조 육군대신의 연설을 보도록 하자.[20] 우선 어째서 의회 개회를 기다려서 법률로 개정하지 않았는지에 관해서는 올해 12월의 징병 검사를 새 방침으로 실시하기 위해서는 징집 절차를 늦어도 10월에는 시작할 필요가 있었기 때문이라고 하고 있다. 그리고 "긴박한 시국의 요청"에 응하기 위해서는 금년도 징병 검사에 해당하는 학년의 징집 연기를 폐지해야 하는데 이에 관해서는 구법 부칙 제4항에 의한 보류가 존재하기에 우선 이를 삭제하였다고 설명하였다.

중의원 위원회 회의록에서 육군 측 설명과 의원들의 반응을 확인하겠다.[21] 이 무렵이 되면 속기 정지 부분이 많아져서 쉽사리 전모를 파악하기 어렵다. 우선 기무라 헤이타로(木村兵太郎) 육군차관이 상당히 솔직한 태도로 정세가 마침내 최악의 사태에 이르렀기에 "임기응변의 조치에 의한 하급 간부의 증가 요청" 때문에 교육받은 학생을 징집할 필요가 있다고 답변하였다.

---

20 《帝国議会貴族院議事速記録 68》(東京大学出版会, 1984).

21 《第七七帝国議会衆議院委員会議事速記録》에 수록된 〈昭和一六年勅令第九二三号承諾を求むる件委員会議事速記録 第一~二回〉(東京大学総合図書館所蔵)에 따른 것이다.

고이즈미 준야의 찬성론

의원들 중에는 이러한 개정은 너무 늦었다는 방향에서 육군을 질타하면서 격려하는 이도 있었다.

> 농촌 방면에서는 이러한 점에 관해 중대한 관심을 기울이고 있습니다. 방금 문부차관께서는 실로 학생의 노고는 헤아리고도 남음이 있다고 말씀하셨습니다. 물론 그러한 노고도 있겠습니다만, 농촌 청년 쪽에서 말하도록 한다면 너무나도 느긋한 것이 오늘날의 전문학교 및 대학 학생의 생활이라는 것이 오늘날 국민 태반의 여론을 형성하고 있습니다. 이 정도는 너무나도 당연합니다.

두 번이고 세 번이고 소집되는 자가 있는 데 반해 학생에게는 유예가 지금까지 인정되고 있었던 것 자체가 이상하다면서 이탈리아 학생들의 의용군 등을 언급하여 고이즈미 준야(小泉純也, 익찬의원동맹[翼贊議員同盟])는 농촌의 교육받지 못한 청년의 마음을 대변하는 듯한 질문을 하고 있다. 한편 모가미 마사조(最上政三, 익찬의원동맹, 모가미는《요로즈초호》정치부장 경력의 소유자)처럼 이런저런 무리를 하여 전시 획득 인원을 늘릴 정도라면 병역 적령을 1년 낮추어서 19세에 뽑으면 되고 학생의 징집 유예를 이러한 형식으로 취소하는 것은 바람직하지 않다고 식견 있는 의견을 말한 의원도 있었다.

중국·홍콩·마카오 재류 국민

병역 제도와 국민을 적극적으로 해외로 보내는 이민 정책을 조정하는 것은 상당히 어렵다. 1927년 병역법 성립 당시 재외자의 징집 유예에 관해 상당히 유연한 대방침을 결정하였음은 앞서 말한 바와 같다. 육군 측은 이 시기에 성령(省令)을 개정하여 "중국 및 홍콩·마카오에 재류하는 재외 국민"에 대한 지금까지의 유연한 자세 즉 징집 연기를 중지하고 종래 이러한 지역에서는 실시하지 않았던 근무 연습이나 간열 점호를 새로 실시하기로 하였다. 위원회에서는 장래에 남양(南洋) 위임 통치령[xxii]에서도 마찬가지 조치를 할 것인가 하는 질문이 있었다. 이에 대해 병역법 개정 담당관인 병비과의 이마무라 마사오(今村正夫)는 현지에 군 기관이 설치된다면 남양에서도 실시하고자 한다고 말하고 있다.

예비 장교

가와사키 미노타로(川崎巳太郎, 익찬의원동맹, 《호치신문사[報知新聞社]》 북미 특파원 경력 소유자)의 질문은 의원의 경험담을 살린 매우 탁월한 것이었다. 자기 동료가 이번 여름에 중국 중부를 방문하였을 때 1,000명 정도의 청년 장교들을 만났다. 그런데 그중 육군 사관 학교를 나온 자는 1명밖에 없었다. "그건 그렇다 치더라도, 사관 학교 출신이 아닌 보통 고등학교·전문학교 등을 나온 자들을 이렇게 많이 이용하고 있으면서 이들이 대단히 쓸모가 있다는 점은 참으로 좋은 이야기입니다. 이러한 제도를 마련한 현명함에는 경의를 표합니다만"이라고 한 뒤, 이들이 전쟁을 마치고 돌아왔을 때의 뒤처리, 곧 구체적으로는 원래 직업으로 복귀하기 위한 원조, 급료 보장 또는 군인으로서 육군 대학교 진학을 희망할 경우 등의 대응은 어떻게 할 것인지 이를 묻고자 한다고 질문하고 있다.

따옴표로 인용한 부분은 그 말투 때문이기도 하지만 육군 당국을 상당히 비꼬는 의미가 포함된 것으로 볼 수 있겠다. 즉 육군 사관 학교 출신 장교와 마찬가지로 지금까지 각종 직업에 종사하고 있던 주로 중학교 이상을 졸업한 예비 장교들을 소집하여 전장에서 근무시키고 있다면 군인으로서도 육군 사관 학교 및 육군 대학교 출신자와 마찬가지로 영달의 길을 열어 줄 수 없는가, 또 그것이 불가능하다면 원래 직업으로 복귀하는 데 육군이 무언가 원조하는 조치를 해야 한다는 취지일 것이다. 육군 측은 예비역 장교는 특별 현역 지원을 하면 현역 장교와 동일한 대우를 받게 된다고만 답변하고 있다. 이러한 논의를 거쳐 그해 11월 17일에 귀족원, 11월 20일에 중의원에서 '승낙'의 건이 가결되었다.

임시 징병 검사

이 개정에 의해 대학 및 전문학교 재학자로서 1942년 3월 졸업 예정자를 대상으로 1941년 12월에 제1회 전국 임시 징병 검사가, 1943년 3월 졸업 예정자를 대상으로 1942년 4월에 제2회 전국 임시 징병 검사가 실시되었다. 제1회 수검 인원은 4만 3,700명에 이르렀고 징집률을 그해 일반 징병 검사 당시의 76%와 동률로 하였기에 육군 현역병 2만 5,740명, 제1 보충병 7,673명, 합계 3만 3,413명이 징집되었다.

전문학교 이상의 교육받은 장정만을 분모로 잡고 거기서 76%를 뽑는 것이기에 매우 높은 확률로 징집당하게 된다. 제2회에서도 수검 장정 4만 9,939명 중 육군 현역병 2만 9,705명, 제1 보충병 8,857명, 합계 3만 8,562명이 징집 처분을 받았다.

병역법에 관한 각종 논의

지금까지의 구성에 따라 1927년의 개정 이래 1939년의 개정에 이르기까지 징병제를 둘러싼 논의를 살펴보고자 한다. 군사사 연구자로서 저명한 마쓰시타 요시오가 구 일본군 출신이라는 점은 잘 알려져 있다. 하지만 마쓰시타가 1928년 단계(이미 군무를 떠났다)에서 《군정 개혁론》[22]을 발표하였고 거기서 병역법 개정에 대해 언급하고 있다는 점은 그다지 알려지지 않았다. 그의 주장은 네 가지로 정리할 수 있다.

첫째, 복역 의무를 한층 더 공평하게 하는 것이 바람직하다. 전문학교 이상인 자(이는 당시로서는 유산 계급 출신자가 많았다)는 재영 기간이 줄어들고 장교도 될 수 있는데, 일반 병졸은 2년간 재영하고도 상등병·하사관 적임 증

---

22 松下芳男, 《軍政改革論》(青雲閣書房, 1928). 이 책은 〈杉山元関係文書〉 내에 존재한다.

서밖에 받지 못한다. 따라서 간부 후보생제, 단기 현역병제를 즉시 폐지해야 한다.

둘째, 병역 복무자에게는 그 고통에 충분히 보답하는 정책을 택해야 한다.

셋째, 징병령은 사회 정책적 의미를 철저히 해야 한다. 예를 들어 지금까지의 징병 방법은 체격 위주였지만 지력 위주도 괜찮지 않은가. 매년 수검 장정 55만 명 중 합격자는 22만 명 정도이고 실제로 입영하는 자는 12만 정도가 된다. 이 정도만 뽑을 바에는 추첨을 폐지하고 입영자 결정을 그 생활 사정에 따르도록 하면 되지 않는가. 또한 2년간 재영해서는 생업으로 돌아가지 못하게 될 터이니 1년 재영으로 충분하지 않은가.

넷째, 비(非) 복역자의 병역세를 제정해야 한다. 1927년의 병역법 개정으로는 불충분하다고 보고 예비 장교 양성 제도 폐지, 지력 위주의 병사 선발, 추첨 폐지, 병역세 도입 등 상당히 자유주의적인 내용을 펼치고 있었음을 알 수 있다.

해군 임시조사과의 병역세론

해군 측 종전 공작의 숨은 공로자 역할을 한 것으로 유명한 다카기 소키치(高木惣吉)[xxiii]는 1937년부터 1942년에 걸쳐 어떨 때는 조사과장, 어떨 때는 해군 대학교 교관으로서 해군성 관방(官房)[xxiv]에 설치된 임시조사과의 연구·조사 활동을 이끄는 입장에 있었다. 이 조사과가 남긴 자료군이 일련의 《쇼와 사회 경제 사료 집성》으로 간행된 것에 해당한다. 그중 〈임조 자료 비제92호(臨調資料秘第九二號) 1937년 9월 장정세론 임시조사과(壯丁稅論 臨時調査課)〉[23]가 있는데, 그 내용은 대체로 다음과 같이 정리할 수 있다.

병역 면제자에 대해 병역세를 부과하는 것은 좀처럼 인정되지 않았다. 하지만 시대는 변하고 있고 독일에서도 최근에는 이를 '국방세'라는 명칭으

---

23 土井章 監修,《昭和社会経済史料集成 第4巻 海軍省資料(4)》(大東文化大学東洋研究所刊, 巌南堂書店扱, 1982), pp. 181-183.

로 실시하였다고 들었다(1937년 7월 20일 독일 법률 공보 제85호, 《도이체 알게마이네 차이퉁(Deutsche Allgemeine Zeitung)》 7월 24일부 수록). 지금까지의 반대론은 ① 이로 인해 병역이 화폐 가치로 환산될 우려가 있고 ② 병역 면제자가 이것으로 면제를 당연시하게 되지 않을까 하는 두 가지 염려에서 비롯되지만 이는 방법에 따라 극복할 수 있다. 즉, 거액의 세액을 한꺼번에 납부하지 않고(이렇게 하면 교환이라는 관념이 생긴다) 장정세 부금장(賦金帳) 같은 것을 작성하여 1인당 매달 10센씩 1년에 1엔 20센 정도로 한다. 20세부터 45세까지로 하면 인원도 1,000만 명 정도로 무시할 수 없는 수가 된다. 누진세를 채용하면 5,000만 엔 정도의 수입이 된다.

VIII장까지 살펴본 바와 같은 병역세 발상과는 달리, 각종 명목으로 육해군이 쓰기 쉬운 예산을 낳는 재원을 늘리기 위한 방책의 하나로서 병역세가 고찰되기에 이르렀다. 그건 그렇다 치더라도 독일에서 행하는 것을 주의하여 살피는 신속함에는 놀랄 만하다. 하지만 이러한 종류의 병역세도 결국 도입되지 않고 말았다.

X

태평양전쟁 시기의 병역법

1. 1942년 2월 18일의 병역법 개정(법률 제16호)

개정이 필요하다고 보는 이유

전쟁이 서전의 고비를 넘겼을 때 인원 보충이라는 난제가 기다리고 있었다. 항공기 생산을 떠받치는 기술자의 중요성을 떠올리면 충분하듯이, 군수·민수에 불가결한 노동력 동원과 군 동원 사이에 모순이 발생하였다. 제1차 세계대전의 교훈으로 일본은 국가 총동원상 다른 사람으로 대체하기 어려운 노동력을 확보하기 위해 1927년부터 소집 유예자 제도를 도입하고 있었다. 이 제도로 유보되는 인원이 이 무렵이 되면 눈에 띄게 늘어 갔다.

문제는 그뿐만이 아니었다. 원래대로라면 재향 군인 500만 명이라는 풀에서 필요한 인원을 소집하면 되었다. 하지만 중일전쟁 이래 전쟁이 장기화하였기에 어떤 재향 군인은 두 번이나 출정하는데 어떤 이는 한 번도 응소하지 않는 등의 불공평함이 뚜렷해졌다. 따라서 육군은 1943년에 육아기밀(陸亞機密) 제2280호로, 중일전쟁이 개시된 이래 응소 횟수가 두 번 이상인 자를 소집할 때는 육군대신의 인가가 필요하도록 하여 제한을 걸었다. 이

러한 제한을 단 것으로 인해 500만 명 중 소집할 수 있는 자는 약 130만 명이 되고 말았다.[1]

이리하여 새로 현역병으로 징집하는 자의 수를 늘리는(징집률을 올리는) 방식, 국민병을 단기적으로 교육하여 명색만이라도 기교육자로 해 두는 방식, 징집이 유예된 학생의 유예를 정지하고 간부 후보생으로 채용하여 예비 사관으로 해 두는 방식, '외지인'을 징집하는 방식이 개정 병역법에 포함되어 갔다.

개정 취지

이 개정은 도조 히데키 내각에서 이루어졌다. 육군대신은 도조가 겸임하였고 해군대신은 시마다 시게타로(嶋田繁太郎)[i]였다. 기안을 맡은 것은 지금까지 몇 번 이름이 나온 적이 있는 육군성 병비과의 이마무라 마사오였다. 각의를 청하기 위한 서류는 1942년 1월 9일에 준비되었다. 육군이 준비한 첨부 서류에서 주된 개정 사항은 다음의 네 가지 점으로 정리할 수 있다.[2]

① 국민병의 전역(轉役)에 관해 새로 규정하였다.
② 국민병에게도 간열 점호를 실시할 수 있게 되었다. 제2 국민병역에 있는 자에 대해서도 호적에 약부호를 달 수 있게 되었다.
③ 전시·사변 기타 필요가 있는 경우에는 칙령으로 징병 적령 신고서 제출 기일 및 징병 적령을 변경할 수 있도록 하였다.
④ 해군 제1 보충병역 기간을 늘렸다. 지금까지 제1 보충병역은 1년, 제2 보충병역은 16년 4개월이었던 것을 전자를 17년 4개월로 하였다.

오로지 인원 증가를 노린 개정이라는 것은 개정 이유서를 보지 않고서도

---

1 《支那事変大東亜戦争間動員概史》, p. 47.

2 〈公文類聚 昭和十七年〉(2A/12/類2644).

알 수 있다. 이를 당시 용어로 표현하면 "전시에 필요한 병사 수 유지 및 그 보충에 유감이 없기를 기하기 위해"라는 것이다.

제79 의회에서의 심의

정부가 제출한 법률안은 우선 귀족원으로 송부되었다. 본회의에서 도조 육군대신의 설명은 지극히 간단하여 개정 이유서와 차이가 없었다. 그런데도 귀족원에서는 1월 23일, 중의원에서도 2월 9일에 가결되어 통과하였다. 위원회 회의록을 보아도 개전 직후라는 점도 있어서인지 논의는 지극히 짧고 간단하게 끝났으며 속기 중지도 많았다.

국민병에 대한 평가의 변경

지금까지의 설명과 겹치지 않는 범위에서 법학협회가 엮은《신법률 해설》, 나카이 료타로의《병역법 강요》등을 참고로 하여 설명을 추가해 두고자 한다.[3] 우선 ①과 ②에 관해서는 다음과 같다. 제1 국민병이란 예비역을 마친 자 및 기교육 보충병으로서 보충병역을 마친 자를 말한다. 제2 국민병은 상비병역·보충병역·제1 국민병역에 있지 않은 만 17세에서 40세까지인 자를 가리킨다. 지금까지 국민병은 법문에는 전시·사변시에 소집하는 경우도 있다고 되어 있었지만 이것도 제1 국민병이 대상인 것에 불과하고 제2 국민병은 소집한다는 발상이 없었다. 다만 제1 국민병에 대해서는 "이전의 복역 구분에 따라 소요 명부를 구비하고 등록해 둔다"[4]라고 기재된 점 등에서 호적에 약호가 달려 있었고 소집 명부도 작성되어 있었음을 알 수 있다.

그런데 우선 1941년 11월 15일의 병역법 시행령 개정으로 제2 국민병(20세 이상)도 수시 소집하는 것으로 바뀌었다. 이번 개정은 국민병 소집을 준비하

---

3 法学協会 編,《第七九帝国議会 新法律の解説》(有斐閣, 1942), pp. 279-282. 병역법의 시기는 다르지만 中井良太郎,《兵役法綱要》(松華堂書店, 1928)를 참고할 것. 나카이는 1927년의 병역법 개정을 전면적으로 행한 인물로서 육군 내에서는 '병역법의 신'과 같은 존재였다.

4 《兵役法綱要》, p. 32.

기 위해 매년 한 번 간열 점호를 하기로 하고(제60·61조), 호적의 여백에도 병역에 관한 약부호를 단다는 것이었다(제69조 제1항). 간단히 말하자면 제2 국민병까지도 병적에 편입한 셈이다.

징병 적령의 수시 변경

③에 관해서는 다음과 같다. 병역법은 징병 적령을 만 20세(전해 12월 1일부터 그해 11월 30일 사이에 20세가 되는 때)로 정하고(제23조), 징병 적령 신고서는 호주가 가족 중에 징병 적령자가 있는 경우에는 1월 중에 본적지의 시·정·촌장에게 제출하게 되어 있었다(제24조). 출전 병력이 늘어난 것을 보충하기 위해 제24조 제2항을 신설하여 칙령으로 적령 신고서 제출 시기를 변경할 수 있다는 규정을 넣었다. 하지만 금방 징병 적령을 19세로 낮춘 것은 아니었고 이것이 실시된 것은 1944년도 징집 당시였다.

해군 보충병

④의 해군 보충병역 제도 개정에 관해서는 다음과 같다(제8조). 병역법에 의하면 제1 보충병역이란 현역에 적합하면서도 그해의 소요 현역병 수를 넘긴 자가 복무하게 되어 있었고 육군은 17년 4개월, 해군은 1년이었다. 이처럼 해군이 지금까지 육군과는 달리 제1 보충병을 1년으로 마치도록 한 것은 소요 병사 수가 그다지 많지 않고 임무도 장기 교육을 받지 않으면 불가능하였기에 제1 보충병으로부터 전시 요원을 뽑으려는 발상이 없었기 때문이다. 즉, 이 1년간 복역하는 제1 보충병이란 지금까지는 현역병의 1년당 '소모'를 메우기 위한 것일 뿐이었다. 이를 육군과 마찬가지로 평가하고 적극적으로 확보하게 된 듯하다.

2. 1943년 3월 2일의 병역법 개정(법률 제4호)

제국 방위권 확대

이 소제목은 이번 개정에 관한 공문서에 기재된 문구에서 따왔지만 아이러니와 비애에 가득 찬 것이라고 할 수밖에 없다. 지난해 10월부터 과달카날을 둘러싸고 미군과 사투를 벌여 온 일본군은 이해 2월 1일에 철퇴를 개시하였다. 제국 방위권은 오히려 축소할 수밖에 없게 되었고 단지 절망적인 저항을 떠맡기 위한 요원이 늘어난 것에 불과하였다. 도조 내각에서 도조 육군대신, 시마다 해군대신이라는 조합은 아직 변하지 않았다.

이번 개정 취지는 "제국 방위권 확대"에 따른 군 요원 확보를 위해 조선인에게도 병역 의무를 부과한다는 것이었다.[5] 개정 이유서의 문구에서는 시대의 분위기를 느낄 수 있었다. 즉, "최근 치열해진 조선인의 병역 의무 부담 요망에 부응함과 동시에 제국 방위권 확대에 따른 군 요원을 취득"하기 위해서라고 칭하는 것이다. 각의 결정은 2월 23일에 이루어졌고 그날로 재가되었다.

구체적인 개정은 병역법 조문 중 관련된 부분에 조선에서 징집할 수 있도록 하는 내용을 기입하는 작업이 되었는데, 식민지였던 조선에는 제국헌법이 적용되지 않았다는 점도 있어서 조선의 독자적인 명칭을 지닌 법령과 조정하는 것은 쉽지 않았다. 일본에 병합될 당시 조선에 제국헌법 규정을 적용할 것인지 논의가 벌어졌는데 당시 가쓰라 다로 내각은 헌법을 적용하지 않고 법률이 필요한 사항을 조선 총독의 명령으로 규정하고 이를 '제령(制令)'[ii]이라고 칭하기로 하였다. 즉 조선 총독은 광범위한 입법권을 위임받고 있었던 셈이다.[6] 예를 들어 다음에서 제시하는 것처럼 일본의 호적법(戸籍法)

5 〈公文類聚 昭和十八年〉(2A/12/類2763).

6 이러한 조치는 가쓰라 다로 내각이 긴급칙령으로 1910년 8월 29일에 정한 것이다. 그 후 1911년에 의회의 '승낙'을 받아 법률 제30호로 '조선에서 시행할 법령에 관한 법률'이 되었다. 山崎丹照, 《外地統治機構の研究》(高山書院, 1943)를 참조할 것.

에 해당하는 것은 조선에서는 민사령(民事令)에 규정되어 있었다. 병역법 조문 개정은 다음과 같다.

개정의 구체적 예

① "호적법"이라고 기술된 아래에 "또는 조선 민사령 내 호적에 관한 규정"을 넣었다(제9조 제2항, 제23조 제1항).

② 제52조 제1항은 지금까지는 "호적법을 적용받지 않는 자로서 징병 적령이 지나 호적법을 적용받는 자의 가족(家)에 들어간 자에 대해서는 징집을 면제한다"라고 되어 있었다. 이를 "호적법 및 조선 민사령 내 호적에 관한 규정을 적용받지 않는 자로서 징병 적령이 지나 호적법 또는 조선 민사령 내 호적에 관한 규정을 적용받는 자의 가족에 들어간 자에 대해서는 징집을 면제한다"라고 개정하였다.

실질적으로는 ①과 ② 모두 문장을 손본 것에 불과하다. 더 나아가 병역법에는 징집 사무에 직접 관여하는 자로서 시·정·촌장을 언급한 부분이 많은데 이 점에 관해서도 법문 조정이 필요해졌다.

③ 제72조는 지금까지는 "본 법에서 시장에 관한 규정(제61조 규정을 제외한다)은, 구장을 호적 관련 사무를 관장하는 자로 정한 시에서는 구장에게 적용한다. 본 법에서 정·촌장에 관한 규정은 정·촌장에 준할 자에게 적용한다"라고 되어 있었다. 이를 "본 법에서 시·정·촌장에 관한 규정은 시·정·촌장에 준할 자에게 적용한다. 단 시장에 관한 규정(제61조 규정을 제외한다)은, 구장(이에 준할 자를 포함한다. 이하 상동)을 호적 관련 사무를 관장하는 자로 정한 시(이에 준할 곳을 포함한다)에서는 구장에게 적용한다"라고 하였다.

조선의 지방 제도상 명칭과 일본 국내 명칭을 조정하여 모순이 발생하지 않도록 하고 있다. 시행일은 그해 8월 1일로 되어 있었다.

기무라 헤이타로의 설명

제81 의회 귀족원 위원회는 1월 30일과 2월 2일에 걸쳐 열렸는데 기무라 헤이타로 육군차관은 개정 이유를 설명할 당시 다음과 같은 기이한 수치를 들고 있다. "이번 개정은 조선 동포로 하여금 병역에 복무하도록 하는 것 및 이와 관련된 사항에 그칩니다. (…) 지원자 인원도 매년 폭증하여, 작년 같은 경우에는 채용 인원은 4,500명이었는데 25만 명이 넘는 믿음직스러운 모습입니다."[7] 육군의 경우 조선에서 특별 지원병제를 도입한 것은 이미 1938년 4월의 일이었고, 이 병사들은 중국 전선에서 "혁혁한 무훈"을 올리고 있었다. 지원 제도는 육군 특별 지원병령(칙령 제95호)과 조선 총독부(朝鮮總督府) 육군병 지원자 훈련소 관제(칙령 제156호) 등의 법령에 의거하였다.[8] 25만 명이라는 수치가 허위라는 확증은 없고 각 도지사(道知事)에 의한 지원자 '알선'도 당연히 이루어졌다고 여겨지지만 역시 너무 많은 게 아닐까.

모모세 다카시(百瀬孝)가 밝힌 바와 같이,[9] 총독부나 군 당국 내에도 조선에서의 징집에는 적극론과 소극론 쌍방이 있었던 듯하다. 적극론은 일본인만 다수 전사해 버리면 나중에 조선 민족이 많이 남게 되기에 조선 민족으로부터도 출정자를 내야 한다는 것이었고 소극론은 일본군 병사의 소질이 눈에 띄게 떨어져 있을 때 조선 민족이 다수 군대에 섞여 들어온다면 그들이 군대를 좌지우지하게 되지는 않을지 우려된다는 수준으로, 어느 쪽도 인종적 편견에 가득 찬 견해였다.

---

7 〈兵役法中改正法律案特別委員会議事速記録　第一号〉(《第八一帝国議会貴族院委員会議事速記録》, 国立国会図書館議会官庁資料室所蔵).

8 百瀬孝, 《事典 昭和戦前期の日本》(吉川弘文館, 1990), p. 274.

9 위와 같음.

《조선군 개요사》

방위연구소 전사연구센터 도서관에 소장된《조선군 개요사(朝鮮軍概要史)》는 전후 이른 시기에 구 일본군 관계자가 집필한 것으로 보이는 사료이다. 이 사료에 따르면, 육군 특별 지원병제의 발상은 1937년 12월에 조선군 사령관 고이소 구니아키(小磯國昭)[iii]가 육군대신에게 상신하였다고 되어 있다. 1938년 4월에 이루어진 제1회 모집에서는 각 도지사의 '추천'에 의한 지원자를 모집하여 보병 200명, 치중 특무(輜重特務) 100명, 고사포병 100명, 합계 400명을 채용하였다고 기록되어 있다.

참정권은 대가가 아니다

한편 귀족원 위원회 석상에서는 의원들로부터 조선에서는 호적 조사가 정확하지 않을 터이니 의무 병역을 실시할 경우에 공평함을 기할 수 있을지의 여부를 우려하는 발언, 군대 내에 언어 문제는 없는가 하는 질문, 의무에 대응하는 참정권은 고려하지 않는가 하는 요망 등이 제기되었다. 이에 대해서는 병역법 관련 의무에 관해 참정권은 대가로 고려되지 않는다고 육군은 답변하였다.[10] 귀족원에서는 그 이상의 논의도 없이 2월 2일에 가결되었다.

중의원에서는 2월 11일에 본회의에 상정되어 2월 17·18·20일의 3일간 위원회 논의에 회부되었다. 위원장 이노케 도시에(猪野毛利榮, 익찬정치회[翼贊政治會])의 보고에서 판단하건대 일본어 능력에 관한 점과 호적이 제대로 갖추어지지 않은 문제에 관해서는 귀족원에서의 논의와 다를 바가 없었다. 덧붙여 말하자면 이노케는 히로타 고키(廣田弘毅)[iv] 내각의 외무 정무 차관을 역임하였고 개전 후에는 파견군을 위문하기 위한 의원단 단장으로서 화난(華南)에 파견되었다. 참고로 그 외의 질문 및 이에 대한 육군의 답변을 정리해 두겠다.[11]

---

10 위원회 의장 사이고 주토쿠(西郷従徳)의 위원회 보고,《帝国議会貴族院議事速記録 69》(東京大学出版会, 1984), p. 98.

① 조선 특별 지원병제는 앞으로도 존속하는가: 이는 폐지한다. 하지만 현역 지원 제도는 '내지'와 똑같이 할 생각이다.
② 해군에도 징집할 생각은 없는가: 지금 당장 징집할 생각은 없지만 장래에는 고려하겠다.
③ 대만에서도 시행할 의사는 없는가: 금년도에 실시하는 특별 지원병 제도의 성적을 보고 장래에 채용할지의 여부를 결정할 생각이다.

이리하여 2월 20일에 중의원에서도 가결되었다.

조선에서의 징집

《중일전쟁·태평양전쟁 간 동원 개사(支那事變大東亞戰爭間動員概史)》 434쪽에 따르면, 특별 지원병 모집 인원은 1939년은 600명, 1940년은 3,000명, 1941년은 3,000명, 1942년은 4,500명, 1943년은 6,100명이라고 되어 있다. 특별 지원병 근무 성적은 지극히 양호하였다고 되어 있다. 징병제는 1944년부터 도입되었고 그해에 육군은 4만 5,000명, 해군은 1만 명, 1945년에도 동수를 뽑고 있다. 다만 조선인 병사만으로 이루어진 부대는 없었고 지휘관의 판단으로 일본군 병사들 속에 섞여 있도록 하였다. 일본어 생활 습관에 익숙해지도록 하기 위함이라면서 징집병에 대해서는 군무 예비 훈련소에서 3개월 정도 훈련이 실시되었다.

앞서 인용한 《조선군 개요사》는 1938년부터 1943년까지 특별 지원병을 합산한 수는 1만 6,830명, 임시 채용 특별 지원병(1943년에 채용한 한반도 출신 학도병을 가리킴)은 3,893명이라고 하고 있다. 특별 지원병이 비교적 많은 배경에는 장래의 참정권 부여에 관한 민족적 기대가 존재하였다고 추측할 수 있겠다. 제국의회에서의 논의도 참정권과 관련되어 있던 것이 떠오른다. 흥미로운 사료로서 《기도 고이치(木戶幸一)[v] 일기》 1942년 5월 9일조에 "오후

11 《帝国議会衆議院議事速記録 78》(東京大学出版会, 1985), p. 301.

1시 10분부터 45분[까지] 배알. 조선에서 징병령 실시에 관해 수상이 상주하는 바가 있었는데 이와 관련하여 참정권 문제를 일으키지는 않겠는가 하는 물음이 있으셨다. 참으로 적절한 하문에 감격하였다"[12]라는 기사를 들 수 있다. 이를 통해 정부 내에는 상당히 이른 시기부터 조선에 대한 병역법 적용에 관한 논의가 있었음을 알 수 있다. 사실 기도의 기사 전날인 1942년 5월 8일에 각의 결정되었다. 개정 병역법 성립보다 열 달이나 앞선 일이었다.

3. 1943년 11월 1일의 병역법 개정(법률 제110호)

재학 징집 연기 임시 특례

병역법 개정 논의에 들어가기에 앞서 1943년 10월 2일에 공포된 칙령 제755호 '재학 징집 연기 임시 특례'에 관해 언급해야 한다. 이는 그해 9월 25일에 육군대신이 각의를 청한 것이고 육군성 병비과의 오네타 노보루(大根田登) 소좌(少佐)가 기안하였다. 내용은 중대하지만 문장은 간단하여 "병역법 제41조 제4항 규정에 따라 당분간 재학 사유에 의한 징집 연기는 시행하지 않는다"[13]라는 것이었다. 또한 이는 공포일로부터 즉시 시행하게 되었다. 첨부된 이유서도 간명한 설명뿐이어서 "시국의 요청, 특히 군 간부 보충상의 필요에 의한"다고 되어 있었다. 1941년 10월 16일의 긴급칙령에 의한 병역법 개정이 떠오른다. 이러한 조치의 배경으로는 항공기 조종 관련 예비역 장교를 급속히 증원할 필요성을 생각할 수 있다. 개정의 주된 취지를 간단히 말하자면 전문학교 이상의 학교에 재학 중인 적령을 넘긴 학생에 대해 임시 징병 검사를 실시한다는 것이다. 1943년 12월에 이러한 학생들을 대상으로 하는 특별 갑종 간부 후보생 제도, 경리부 및 법무부 장교 보충 특

---

12 木戸日記研究会 編,《木戸幸一日記 下巻》(東京大学出版会, 1966), p. 961.

13 〈公文類聚 昭和十八年〉(2A/12/類2763).

표 3　교육 관계 사항

연월일	법령	비고
1918년 3월 27일	시·정(町)·촌 의무 교육비 국고 부담법 공포	
1924년 4월 1일	전국 중등학교에 군사 교련 과정을 둠	
1925년 1월 10일	문정(文政) 심의회가 군사 교육 실시안을 가결	
4월 13일	육군 현역 장교 학교 배속령 공포	중등학교 이상의 학교에서 현역 장교에 의한 교련 실시
1926년 4월 20일	청년 훈련소령 공포	
1935년 4월 1일	청년 학교령 공포	
1936년 11월 11일	해군 현역 무관 상선 학교 등 배속령 공포	해군 예비원 양성 교육 실시
1938년 8월 24일	학교 졸업자 사용 제한령 공포	
1939년 3월 30일	문부성이 대학에서 군사 교련을 필수로 함	
	청년 학교가 의무제가 됨	
1941년 11월 22일	국민 근로 보국 협력령 공포	
1942년 1월 9일	학도 근로 동원이 시작됨	
9월 1일	청소년의 국민 등록 실시	
1943년 1월 21일	대학령 개정	대학 예과(豫科) 수업 연한을 2년으로 함
	중등학교령 개정	수업 연한을 4년으로 함
8월 20일	과학 연구의 긴급 정비 방책 요강을 각의 결정	
10월 2일	재학 징집 연기 임시 특례 공포	문과 학생·생도의 징집 유예 정지
10월 21일	출진 학도 장행회(壯行會)	
12월 1일	제1회 학도병 입영	
12월 10일	제1회 학도병 입단	
1944년 1월 18일	긴급 학도 근로 동원 방책 요강을 각의 결정	
2월 25일	문부성이 식량 증산을 위해 학도 500만 명 동원을 결정	
7월 11일	'국민학교 고등과, 중학교 저학년의 동원·심야업(深夜業) 강화' 각의 결정	
8월 23일	학도 근로령, 여자 정신(挺身) 근로령 공포	

례를 마련하였다.[14]

앞서도 본 바와 같이 제41조 제4항 조문은 "전시 또는 사변시에 특별히 필요가 있는 경우에는 칙령이 정하는 바에 따라 징집을 연기하지 않을 수

14 《支那事変大東亜戦争間動員概史》, p. 278.

있다"라는 것이었다. 이 칙령 제755호에 따라 10월 21일에 징집 연기가 정지되면서 입영·입단하는 학도의 장행회(壯行會)가 진구가이엔(神宮外苑) 경기장에서 거행되기에 이른다.

개정 취지

이번 개정도 도조 육군대신, 시마다 해군대신 두 사람에 의해 이루어졌다. 항목별로 제시해 보겠다.

① 복역 연한이 끝나는 것을 만 45세로 한다.

② 대만인을 징집한다.

③ 병사 수 배부, 징병 검사 실시 장소 등 징집 요령을 전시의 요구에 적합하도록 한다. 이는 종래 엄격하게 본적지에서 징병 검사를 받을 것이 예상되는 인원을 기초로 하여 징집 병사 수를 배부하여 전국에서 같은 비율로 현역 및 제1 보충병을 뽑고 있던 것을 중지하기로 한 것이다.

④ 재학 징집 연기를 정지한 자들 중 군사상의 수학을 계속하도록 할 필요가 있는 경우에는 특별히 입영을 연기할 수 있다.

①에 관해 병역법의 법문은 제9조 제2항 및 제18조의 "40세까지"를 "나이가 만 45세가 되는 해의 3월 31일까지"로 개정하게 되었다. 본 개정도 공포일로부터 즉시 시행하는 것으로 되어 있었다. 복역 연한을 5년 연장한 것이다. ③에 관해서는 지금까지는 징집의 공평함을 기하기 위해 전국 일률적인 비율이 되도록 징집하고 있었지만, 이래서는 번잡하고 시간도 많이 들기에 이러한 방법을 택하지 않기로 한 것이다.

④에 관해서는 제45조 2로 "제41조 제4항 규정에 따라 징집이 연기되지 않기에 이른 자가 현역병으로서 입영해야 할 경우에, 군사상 여전히 수학을 계속하도록 할 필요가 있을 때는 명령이 정하는 바에 따라 그 입영을 연기

할 수 있다"라는 문구가 들어갔다. 이는 칙령 제755호가 병기 개발이나 병리(病理) 연구와 관련이 있는 이학부·공학부·의학부 등의 학생들에게도 일률적으로 적용되어 버리는 것을 막기 위한 조치이다. 개정 이유서에는 "제국 방위권 확대에 따라 군 요원, 특히 특수 기술 관련 요원을 확충할 필요에서" 복역 연한을 늘릴 필요가 있고 또 "최근 치열해진 대만인의 병역 의무 부담 요망에 부응하여" 대만인을 징집할 수 있도록 개정하는 것이라고 설명되어 있다.

뒷부분에 관해서는, 이는 말할 것도 없이 도착(倒錯)된 인식이다. 실제로는 대만의 위치상의 중요성을 감안하여 사단 증설을 위한 현지 요원 확보에 주안점을 둔 조치이다.[15] 대만에는 대만군 사령부 휘하에 제48 사단이 있었는데 1944년 5월에 동부 화롄항(花蓮港) 지구에 독립 혼성 제46 여단을, 서부 평지에 제50 사단을 증설하였다. 이를 위한 인원을 대만인 징집병으로 충당하고자 한 것이다.

위원회에서의 논의

귀족원 위원회부터 보도록 하자.[16] 10월 26일에 제출되어 그날 위원회가 열렸고 종료한 뒤 위원장 미조구치 나오스케에 의한 위원회 보고가 본회의에서 이루어졌다. 괄호 안은 육군·문부성 측 답변이다.

① 학생의 입영 연기 조치에 관해, 학과목 선정에 대해 연구할 여지가 있지 않은가(장래에 실정에 따라서는 개정할 의사가 있다).

② 입영이 연기되는 학과목 종류로는 어떠한 것을 상정하고 있는가(의과·이공과·농예화학과[農藝化學科]·임학과[林學科] 및 문리과 대학[文理科大學][vi], 고등 사범 학교, 사범 학교 등 교육자가 될 것을 의무로 하는 학교이다).

---

15 위의 책, pp. 145-146.

16 《帝国議会貴族院議事速記録 70》(東京大学出版会, 1984), pp. 13-14, 18-20.

③ 대만에서 징병제는 언제부터 실시할 생각인가(징병 검사는 1945년 6월, 입영은 그해 12월 예정이다).
④ 대만 총독부(臺灣總督府) 등에서는 어떠한 준비를 하고 있는가(연성소[錬成所] 18곳을 만들어서 그곳에서 '황민 연성' 및 징병 준비를 하고 있다).
⑤ 소년 지원병에 관해, 육해군이 따로따로 경쟁적으로 모집하고 있다면 지방에서 모집을 맡은 자가 곤란할 텐데 이를 육해군이 협조하여 모집할 수는 없는가(절대로 경쟁적으로 모집하는 일은 없고, 지방에 폐가 되지 않도록 하고 있다).

중의원 위원회는 어떠하였는가.[17] 10월 27일에 위원회가 열려서 대체로 다음과 같은 질문이 이루어지고 있다. 괄호 안은 육군·문부성 측 답변 요지이다.

① 현역 연장에 관해, 이미 복역을 마친 자에 대해서는 이 개정을 적용하는가(이미 복역을 마친 자에 대해서도 이번에 즉시 복역시킨다).
② 체력에서 볼 때 복역 연한을 늘리는 것보다는 나이가 적은 자를 징집하는 편이 낫지 않은가(이번 연장의 취지는 기술 관련 요원의 충족에 있으므로, 나이가 적은 자로는 무의미하다).
③ 각국 병역 연한에 관해(소련은 16세에서 50세까지, 영국은 18세에서 50세까지, 미국은 18세에서 45세까지이다).
④ 대만인 병사로부터 장래에 하사관이나 장교도 나오도록 할 것인가(현재 사관 학교에 들어가 있는 자도 있으며, 하사관은 물론 장교도 될 수 있도록 하고자 한다).

대만에서의 징병제

특히 주목되는 것은 나카이가와 히로시(中井川浩, 익찬정치회 중의원부 차장)의 대

17 〈兵役法中改正法律案委員会議事速記〉(《第八三帝国議会衆議院委員会議事速記録》, 国立国会図書館議会官庁資料室所蔵).

만인의 일본어 능력은 어느 정도 수준까지 도달해 있는가 하는 질문에 대해, 대만 총독부 총무장관 사이토 이쓰키(齋藤樹)가 답변하기 위해 일어나서 "대만에서 국어를 이해하는 자는 58%"이고 "국어 강습소는 약 1만 8,000 곳"이며 남녀노소가 배우고 있다고 명확한 수치를 들면서 답변하고 있다는 점이다. 실은 이 일본어 강습소 수는 지나치게 많다. 답변자의 기억이 잘못된 것인지 꾸며낸 것인지, 대만 총독부가 엮은 《대만 통치 개요》[18]에 따르면 1942년 말의 수치에서는 267곳이고 강습 수강 인원은 1만 8,501명으로 되어 있다. 답변자는 어쩌면 강습소 수와 수강자 수를 혼동하였을지도 모른다.

일본어 이해 능력뿐만 아니라 장래에 군무를 맡을 때 필요하다고 여겨지는 자질을 단련하는 것도 당연히 요청되었을 것이다. 이에 관해서는 1944년 4월에 율령(律令) 제15호로 대만 청년 특별 연성령을 공포하여 청년 특별 연성소 27곳을 설치하였는데, 기간은 4개월이고 한 번에 수용하는 인원은 500명이며 1년에 세 번 인원을 교대하였다.[19] 이리하여 패전할 때까지 1년에 4만 500명이 연성을 마쳤다. 1945년 1월(원래는 6월 예정)에는 대만 전역에서 일제히 4만 5,726명의 수검자에게 징병 검사를 실시하여 갑종 4,647명, 제1 을종 1만 8,033명을 뽑았고 그 대부분이 현역으로 입영하였다고 한다. 인원에 관해서는 징병 인원은 8,000명이라는 사료도 존재한다.[20]

특별 지원 제도

대만의 병역에서 오히려 중요한 것은 1942년 4월 1일에 시행된 육군 특별 지원병제 및 이듬해 8월 1일에 시행된 해군 특별 지원병제일 것이다. 육군의 경우에는 17세에서 30세 사이의 지원자를 선발하여 1,000명 남짓을 채용한 뒤 총독부에서 설립한 육군병 지원자 훈련소에 입소하도록 하였고 절

---

18 台湾総督府 編刊, 《台湾統治概要》(原書房, 1973. 台湾総督府, 1945의 복각판), p. 98.

19 위의 책, p. 53

20 《支那事変大東亜戦争間動員概史》, p. 434.

반인 약 500명은 현역병, 나머지는 제1 보충병에 편입하였다. 고산족(高山族)[vii]에만 한하여서도 1943년에는 500명 남짓, 1944년에는 800명을 채용하고 있다. 이 병사들은 남방에서 군부(軍夫)[viii]로 높이 평가받았다고 한다. 전 기간을 통틀어 육군 특별 지원병 수는 약 5,000명 남짓에 달한다.[21]

4. 1945년 2월 10일의 병역법 개정(법률 제3호)

1942년 2월 18일의 병역법 개정은 칙령으로 언제든지 징병 적령을 낮출 수 있도록 하였다. 이에 따라 1944년도 징병 검사는 만 20세 및 19세의 장정들을 대상으로 이루어졌기에, 그해의 징집 현역병은 약 100만 명이 되었다(전년인 1943년은 36만 명). 사이판(Saipan)섬이 함락된 것은 1944년 6월의 일이다.

개정 취지

이번 개정은 병역법 체계에 근거한 개정으로는 마지막에 해당한다. 주된 개정 사항은 다음의 두 가지 점이다.

① 징병 검사 전에 소집된 제2 국민병에 대해, 검사에 의하지 않고 체격에 상당하는 역종을 정한다.
② 질병 등으로 입영할 수 없는 자에 대한 재검사를 폐지한다.

육군 측에서 기안을 맡은 것은 육군성 병비과의 오네타 노보루 소좌였다. 개정 이유서에는 "전황의 요청을 감안하여 제2 국민병이면서 아직 징병 검사를 받지 않은 자를 소집한 경우에는 소집 중에 징병 검사를 대신하는 처분을 하고, 또 정세상 징병 검사를 시행하기 곤란한 경우에는 이를 다음 연

---

21 《台湾統治概要》, p. 72.

도로 연기할 수 있는 길을 연다. (…)"[22] 이를 위한 개정이라고 기재되어 있다. '제2 국민병 중 징병 검사를 받기 전인 자의 소집'이라고만 들어서는 무슨 말인지 알 수 없다. 이는 간단히 말하자면 만 17·18세인 자나 징집 연기자를 군대로 불러들인다는 것이 되겠다.

그 당시 원래는 징병 검사를 거치지 않으면 현역인지 보충병인지 국민병인지 미정으로 되어 있었다. 징병 검사란 엄밀하게 정의하면 "징병 처분을 하기 위해 그 처분의 성립 요건을 조사할 행정 작용"[23]을 말한다. 이번 개정으로 검사하지 않고서도 현역이나 보충병으로서 징병 처분을 할 수 있게 되었다는 것이겠다.

제67조

구체적인 법문상의 수정은 다음과 같이 이루어졌다. 1927년 병역법에서 단기 현역에 관한 규정이었던 제67조는 1939년에 삭제되었다. 이 번호 부분에 앞서 본 ①에 관한 규정을 넣은 셈이다.

> 제67조 제2 국민병이면서 아직 징병 검사를 받지 않은 자(징집이 연기된 자를 포함한다. 이하 상동)를 소집한 경우에는 소집 중에 이에 대해 징병 검사를 하지 않는다.
>
> 제67조 2 제2 국민병이면서 아직 징병 검사를 받지 않은 자를 소집한 경우에는 소집 중에 칙령이 정하는 바에 따라 제32조에서 제35조 규정에 준하여 이를 현역병 혹은 보충병으로 징집하거나 또는 징집 혹은 병역 면제 처분을 할 수 있다.

---

22 〈公文類聚 昭和二十年〉(2A/13/類2936).

23 《兵役法綱要》, p. 79.

장교 보충

예비 장교 보충이라는 점에서는 1945년 1월에 이미 입영 연기 연한의 1년 단축을 계획하여, 문과계 학생에 대한 입영 연기가 전면 폐지되었다. 이 학생들은 그해 4월부터 특별 갑종 간부 후보생 등으로 채용되었다.

5. 1945년 6월 23일의 의용병역법 공포(법률 제39호)

의용병제란

육군의 분류에 따르면 의용병제란 징병 제도와 지원병 제도 개념으로 나누었을 때 후자에 속하고 지원병제 중에서는 '헌신적 지원병제'라고 바꾸어 말할 수 있는 것이다. 참고로 그 외의 지원병 제도로는 '고용적 지원병제'(용병)가 있다.[24] 의용병의 이점은 "그 정신적 소질이 우량"하다는 점에 있지만 군대 전체를 의용병만으로 편성하는 것은 이상이되 실현할 수는 없으므로 "징병을 대신할 의무로, 징병 제도에서의 복역 중 하나의 양태로서 존재하는 것이 통상"이라고 여겨진 듯하다. 확실히 1944년 6월 사이판섬 수비대의 옥쇄(玉碎)[ix]와 주민의 전멸이라는 사태를 계기로 고안되기 시작하여 본토 결전을 앞두고 구체화한 본 법은 병역법을 대체하는 것이 아니라 보완하는 것으로 자리매김되었다.

1945년 6월 23일은 공교롭게도 오키나와 수비군이 전멸한 날이다. 이는 마리아나(Mariana) 제도로부터 B-29, 이오섬(硫黄島)으로부터 P-51 외에 오키나와로부터 엄청난 수의 미군기가 날아오는 것을 의미하였다.

---

24 中井良太郎, 《兵役法要義 前編》(川流堂小林又七, 1922), pp. 2, 4. 이하, 특별히 단서를 달지 않은 한 이 페이지에서 인용하였다.

병역법과의 관계

의용병역에 복무하는 것은 남성은 만 15세가 되는 해의 1월 1일부터 만 60세가 되는 해의 12월 31일까지인 자, 여성은 같은 계산법으로 17세에서 40세까지인 자라고 되어 있었다(제2조).[25] 여성을 복역 대상으로 삼는 한 병역법과의 관계는 문제가 되지 않지만, 남성에 관해서는 "태평양전쟁(大東亞戰爭)에 즈음하여 제국[일본—옮긴이 주] 신민은 병역법이 정하는 바에 따라 병역에 복무한다. (…) 본 법은 병역법 적용에 지장을 주지 않는다"(제1조)라는 규정을 마련하여 그 관계를 명확히 하고 있다. 의용병의 의무로는 "칙령이 정하는 바에 따라 이를 소집하여 국민 의용 전투대에 편입한다"(제5조)라고만 기재되어 있다. 이 무렵의 법이 거의 그렇다시피 공포일로부터 즉시 시행하게 되어 있었다. 하지만 국민 의용 전투대가 편성되기 전에 일본은 패전하였기에 본 법이 실질적으로 기능하였는지의 여부는 의문이다.[26]

병비과의 답변 자료

〈공문유취〉에는 병비과가 작성한 〈의용병역 관계 답변 자료(義勇兵役關係答辯資料)〉라는 것이 있다. 이를 참조하면서 육군으로서는 어떠한 공식 답변을 고려하고 있었는지를 살펴보고자 한다.

① 제도의 취지에 관해: "황토(皇土) 방위를 위한 직접 결전에 참여"하는 것 외에 운수, 통신, 축성, 군수품 생산·보급, 수리 등의 임무를 맡는 것이 기대된다. 이러한 임무를 직업으로 수행하는 경우에는 "현재의 직장에 그대로 있으면서 의용병으로 소집하여 군대로서 복무"하도록 하는 경우도 있다고 고려한 듯하다.

---

25 〈公文類聚 昭和二十年〉(2A/13/類2936). 이하, 특별히 단서를 달지 않은 한 여기서 인용하였다.

26 《事典 昭和戦前期の日本》, pp. 227-228, 270.

② 의용병역과 일반 병역과의 차이는 무엇인가: 의용병역은 운수·생산 등 총동원적인 임무를 맡는 경우도 있으므로 복무상 이들을 통솔하려면 별도의 병역 형태가 바람직하다.

③ 의용병역의 단점은 무엇인가: 만약 운용을 잘못하면 군기를 무너뜨리고 오합지졸이 되어 일반 군대에 악영향을 미치게 된다.

④ 의용병역 의무와 병역 의무를 병존시켜야 하는 이유는 무엇인가: 병역 의무를 지면서도 여러 가지 이유가 있어서 재향(在鄕)하는 자는 국민 의용 전투대의 중핵이 되어 활동하기를 바라고, 또 국민 의용 전투대 운용에서는 병역법에 근거한 계급으로는 지역에서 통솔하거나 지휘하는 데 적당하지 않은 경우도 있으므로 역시 의용병역 의무도 필요해진다.

⑤ 징용과 의용 소집의 관계는 어떠한가: 징용은 의용병역법 적용과는 별개라고 본다. 따라서 의용병임과 동시에 응징사(應徵士, 징용에 응하는 자)일 수는 있다. 다만 그럴 수 있다고는 해도 그 대상인 몸뚱이는 하나이므로 정부 내에서도 문제가 된 듯하여 펜으로 기입한 부분에는 "'징용'도 존속한다고 해야 할 것인가. '징용령'의 문제로서 해결해야 하겠지만 연구가 필요하다(징용의 경우 예전 신분·급여 등의 관계가 남는지의 여부는 후생성[厚生省][X]에서도 미결인 듯하다). 이 문제는 참고하기 위해 연구해 둘 필요가 있다"라고 되어 있다.

징용과 병역

징용과 의용 소집의 관계에 대한 연구가 필요해진 것은 징용과 병역이라는 것이 별개의 개념이었기 때문이다. 이에 대해 약간 보충하겠다. 군사 행정학[27]은 대상을 군 조직(군령 기관, 중앙 기관, 육해군 지방 기관), 군사상의 근무(병역 의무), 군사 부담(군사를 목적으로 국민이 지는 경제적 부담)의 세 가지로 분류한다. 이는 독일에서 이루어진 분류를 답습한 것으로 일본에서 방공법(防空法)이나 국가 총동원법에 근거한 징용은 세 번째인 군사 부담으로 분류되고 병역

27 田上穰治, 《軍事行政法》(日本評論社, 1938), pp. 1-2.

의무는 군사상의 근무로 분류된다. 전쟁이 개별 전투에 그치고 단기간에 결말이 났을 때는 군사상의 근무와 군사 부담이 분명하게 나뉘어 있었다. 하지만 총력전이 되어 병역 의무가 없는 자에게도 국방상의 윤리적 의무를 요구하고 더 나아가 국가 경제 조직을 폭넓게 전쟁 수행 목적에 들어맞도록 편성할 필요성이 발생한 결과, 군사상의 근무와 군사 부담의 구별이 불명확해지는 경향은 예전부터 지적되고 있었다.[28] 병역과 징용의 구별이 불명확해졌다고 해도 지금까지는 국가 총동원법에 따른 위임 입법이 비대해져서 군사 부담=징용의 내용이 점점 확대함으로써, 즉 군사 부담이 군사상의 근무에 접근함으로써 그 구별이 불명확해지고 있었다. 하지만 이 1945년 의용병역제는 군사상의 근무와 군사 부담의 구별을 육군성 스스로 완화할 수밖에 없었던 것으로 평가할 수 있고 병역이 징용에 한 걸음 다가갔다는 의미에서 병역 형태의 말로(末路)에 어울리는 결말이 된 것이다.

28 위의 책, pp. 2-3.

나가며

메이지 초기 징병제의 자리매김, 국민에 대한 징병제의 호소력, 시대사조나 실전 경험과 징병제와의 상관관계, 이 세 가지에 초점을 맞추어 징병령을 읽으면서 어떻게든 70년 남짓을 완주해 왔다. 극히 제한된 시각이기는 하지만 이를 통해 근대 국가의 특질 중 한 부분이 이 책을 끝까지 읽어 주신 분들의 눈앞에 나타난다면 나로서는 더할 나위 없는 기쁨이겠다.

신분제적 군대를 버렸을 때 보인 것은 경제적인 예산으로 다수의 병사를 획득할 수 있는 제도로서의 징병제였을 터이다. 그런데도 징병제는 의외로 그해 남성 적령 인원의 30분의 1에게만 걸리는 의무로 시작하고 있다. 아오키 슈조는 아니지만 그 이유를 생각해 보고 싶어진다. 이 책에서는 오무라 마스지로의 입버릇이었던 병사를 '종으로 길러서 횡으로 쓴다'는 말이나 야마가타 아리토모의 '신진 교환'이라는 발상을 따라가면서 징병제를 내세우며 국민에게 다가오는 국가 강제력의 질(質)이라는 것에 관해 생각해 보았다.

다양한 기피 행위에 의해 국민으로부터 퇴짜 맞은 육군이 병역 면제 조항을 하나하나 없애 가면서 빈틈없이 법망을 씌워 간다: 우리들이 이러한 이미지로 국가 강제력의 질을 파악하였다면 이는 메이지 국가 또는 육군에 대한 지나친 과소평가가 될 것이다. 이노우에 고와시도 지적하듯이 육군은 징집 인원이 부족하였기에 면제 조항을 손보던 게 아닌 것이다.

오히려 1년에 1만 명의 병사만 뽑는다고 정해 두고 세심한 '신진 교환'에 의한 부내 내 교육을 실시하며, 그러는 동안 육군 측이 우수한 병사들 중에서 하사관·사관을 '선발·발탁'하여 채용하는 '자유'를 계속 확보하는 데 중요성이 있었다고 할 수 있지 않을까. 그리고 군대에 유입시키는 이 1만 명의 병사들의 높은 질을 보증하는 수단으로 큰 선출 모체가 항상 확보되어 있어야 했다. 국민에게 집요하게 다가오는 국가 강제력이란 이러한 종류를 말하는 것이다.

'자유'를 한 손에 쥐고 놓지 않기 위해서는 여러 가지 수단으로 군에 대한 동정을 국민들 가운데에 계속 불러일으켜야 한다. 1880년대 후반 이전의 거듭된 개정은 이렇게 자리매김할 수 있을 것이다. 1889년 징병령 제20조로 결실을 본 빈곤한 자의 징집을 유예하는 조항을 둘러싼 법제국장관 이노우에 고와시와 육군 간의 논쟁에서 군의 궁극적인 자세를 볼 수 있다. 인민의 생계 사정에 개입하여 "그 빈부를 식별하고자 하는 것은 법률이 능히 해야 할 바"가 아니라고 이노우에는 주장하였지만 육군으로서는 반드시 이 조항을 징병령에 넣어서 "빈곤하고 무력하지만 순량한 인민" 편에 군이 서 있음을 보일 필요가 있었다.

하지만 육군이 빈곤한 자에게 보인 이러한 이해심 있는 자세도 전쟁이 계속되면 배후로 물러날 수밖에 없다. 전쟁이 일어나면 전투에 이길 수 있는 강한 군대를 유지하는 것이 징병령을 개정하는 제일의 목적이 된다. 청일전쟁에서는 보충병역을 창설하고 예비역 복역 기한을 늘렸으며 러일전쟁에서는 후비역을 늘려서 전시에 획득할 수 있는 요원 수를 늘렸다. 또한 전후에는 전시의 군대 편제 발상을 전환하여 재향 군인에게 많은 것을 의지하는 형태로 하였다. 다나카 기이치 등이 재향 군인회 육성·유지에 조바심을

낸 배경의 한 부분은 이러한 점에 있을 것이다. 일련의 개정은 일단 현역병으로 징집된 청년에게 그 후 17년 4개월이라는 장기간에 걸쳐 부담을 강요하는 것을 의미하였다.

징병제에 대한 제1차 세계대전의 영향은 두 가지 방향을 띠었다. 첫 번째는 중등 이상의 교육을 이수한 자를 어떻게 군대에 흡수할 것인가 하는 점으로 유럽 각국의 예비 장교 육성 시스템에서 학습한 개정이 1918년에 이루어졌다. 이리하여 징병 적령에 도달하기 전의 청년 학생 '교육'에 관해 다양한 시책을 개시하게 되었다.

두 번째는 총력전 체제와 일본 종래의 정병과병주의를 어떻게 조정할 것인가 하는 문제였다. 이에 관해서는 우가키 가즈시게가 주도한 1927년 병역법의 탄생으로 어느 정도는 다병주의가 도입되었다고 할 수 있겠다. 이는 귀휴 기간을 늘리는 형태로 병사 1인당 예산을 경제적으로 활용함으로써 현역 병사 1인의 재영 기간을 줄이면서(이는 징병 사무 조례로 대응할 수 있다) 매년 징집 인원을 늘리는 것으로 이루어졌다.

하지만 교육 기간이 짧으면 아무래도 조병(粗兵)이 되는 경향이 있을 것이다. '신진 교환'도 충분히 발휘되지 못한다. 그렇다면 어떻게 하면 되는가. 이러한 난관을 피하기 위해 이루어진 시책이 조기 교육, 즉 군사 교련과 청년 훈련소였다. 대량의 병사들을 전시에 신속하게 동원·소집하기 위한 시스템도 이때 고안되었다. 병적에 관한 부호를 호적에 단 것이다. 태평양전쟁 말기에는 국민병역에 있는 자에게까지 이 시스템이 미치기에 이르렀다.

1927년 병역법 이후 패전까지 전문(全文) 개정이라 할 수 있는 개정은 이루어지지 않았다. 하지만 만주사변 이후 동원 시스템의 변화(접양지[接壤地] 동원), 중일전쟁의 장기 지구전 방식에 응한 3단위 사단 창설, 1941년 2월의 개정에 의한 현 재류지 징집주의로의 변경, 1943년 11월의 개정에 의한 병력 배부 방법 변경 등 전쟁을 계속하기 위한 중요한 조치는 속속 실행되고 있었다.

그중 가장 중요한 개정 사항은 전문학교 이상의 중등 교육을 받은 자에 대한 취급일 것이다. 1927년 병역법에서는 1년 지원병제에 관한 규정을 삭제하고 칙령인 육군 보충령으로 정하기로 하였다. 이는 이 학생들을 잠재적인 육군 생도의 일부, 예비 장교로 간주하였기에 보충령으로 취급하기로 한 것이다.

또한 1939년의 병역법 개정에서는 사범 학교 졸업생에 대한 단기 현역병제를 폐지하고 있으므로 실제로 병역법에는 전문학교 이상의 학생 및 사범학교 학생에 관한 규정이 빠지게 된 셈이다. 이 책이 학도 출진에 관해 그다지 많은 쪽수를 할애하지 않는 것은 지면 관계도 있지만 앞서 말한 이유에 따르기도 한 것이다. 이 문제에 대해서는 태평양전쟁에 관한 개설도 포함하여 훗날을 기하고자 하지만, 최소한의 이미지를 말해 둔다면 다음과 같을 것이다.

문과 학생에 대한 징집 유예의 전면 정지 조치는 1943년 10월 2일의 '재학 징집 연기 임시 특례'(칙령)로 알려져 있다. 1873년 징병령 이래 일관되게 병역 면제 조항이나 징집 연기 조치로 실질적으로 보호받았고 군대에 들어갔다고 해도 1년 지원병제, 간부 후보생제로 특전을 누릴 수 있었던 과거의 학생들이 달아 둔 외상값을, 이 무렵 재학하고 있던 학생들이 호되게 치러야 했다는 것이다. 학도병 중에는 수업 연한이 6개월로 줄어들면서 1941년 12월과 이듬해 4월의 두 차례에 걸쳐 임시 징병 검사를 받고 입영한 조기 졸업반도 포함된다.

애초에 병역법은 국민의 의무에 관한 것이었기에 아무리 전전(戰前)[i]이라고 해도 원래는 제국의회에서 법률 개정 절차로 이루어질 터였다. 앞서 본 10월 2일의 임시 특례는 의회를 우회한 칙령으로 내려졌는데 그 이유는 1939년의 병역법 개정 당시 징집 연기 개정·폐지나 재학 기한 단축은 칙령으로 할 수 있도록 해 두었기 때문이다. 그렇다고는 해도 바로 그 제국의회 의원들은 어떠하였는가 하면, 학생의 징집 연기 철폐를 논하면서 이것으로 농촌 방면의 불만이 완화된다고 발언하는 면면들이었다.

'불행을 똑같이 당함(均霑)'으로써 고통을 완화한다는, 당시에는 어디서나 볼 수 있었던 구도가 떠오르는 것이다.

옮긴이 후기

이 책은 가토 요코(加藤陽子),《징병제와 근대 일본—1868-1945(徵兵制と近代日本—1868-1945)》(吉川弘文館, 1996)을 한국어로 옮긴 것이다. 현재 도쿄대학(東京大學) 문학부(일본사학) 교수로 재직 중인 저자는 첫 저서인《모색하는 1930년대—미·일 관계와 육군 중견층(模索する1930年代—日米關係と陸軍中堅層)》(山川出版社, 1993)을 발표한 이래, 육군을 중심으로 한 근대 일본의 정치·군사사와 1930년대 중국을 둘러싼 미국과 일본 간의 갈등과 개전에 이르는 과정 등 외교사에 관한 연구를 주로 하였고 최근에는 연구 분야를 근대 천황 및 천황제의 역사와 사학사(史學史)로까지 넓히고 있다. 이러한 저자의 연구 성과는 전문 학술 서적이나 논문뿐만 아니라 대중을 대상으로 한 일반 서적의 형태로도 발표되었고, 연구자로서는 드물게 상업적으로도 큰 성공을 거두었다. 또한 한국에서 가장 많은 저서가 번역 출판된 일본인 역사학자 중 한 명이기도 하다. 이에 관해서는 이 글의 말미에 실은 저서 목록을 참조하길 바란다.

이 책의 구성상의 가장 큰 특징은 시간의 흐름을 날줄, 징병 관련 법령의 변천과 이를 둘러싼 육군, 내각, 의회, 재야 등에서의 논의, 징병제에 대한 지방의 반응 등을 씨줄로 삼아, 근대 일본의 전 시기를 통관하였다는 것이다. 또한 저자는 메이지(明治) 신정부가 예전의 무사 군대를 폐지하고 모든 신분으로 이루어진 군대를 새롭게 편성한 의의를 "병사 수와 예산"이라고 명쾌하게 정리하였다(31쪽). 즉 징병제를 둘러싼 논의의 본질은 한정된 예산 내에서 몇 명의 국민을 병사로 징집하고 이들에게 몇 년간의 병역 의무를 부과하는가에 있는 것이다. 국민의 의무를 규정하는 '법령'과 군대의 규모를 규정하는 '예산'이라고 하면 그야말로 정치사 연구의 주요 대상이다. 이러한 점에서 이 책은 '징병제를 통해 본 근대 일본 정치사'라고도 할 수 있을 것이다.

⁂

이 책의 주된 논지를 정리하면 다음과 같다. 첫 번째는 징병제를 도입할 당시 육군의 의도이다. 종래에는 1873년에 신정부와 육군이 징병령을 제정한 것은 모든 남성에게 병역 의무를 부과하여 훗날의 대외 침략 전쟁을 위한 대규모 군대를 만들기 위함이었고, 그럼에도 불구하고 처음에 병사가 많이 모이지 않은 것은 제도의 미비함과 함께 이를 이용한 민중의 저항인 '징병 기피' 때문이었다는 해석이 일반적이었다. 하지만 저자는 이에 대해 각종 사료와 통계 자료를 구사하여 육군은 병사를 많이 모으지 못한 것이 아니라 처음부터 병사를 많이 모을 의도가 없었다는 반론을 제기한다. 즉 만 20세의 모든 남성에 대해 원칙적으로 징병 검사에 응할 의무를 부과하였음에도 불구하고, 실제로는 상당한 기간 동안 30명 중 한 명의 비율로만 현역병으로 입영시켰다는 것이다. 그러면서 저자는 당시 야마가타 아리토모(山縣有朋)를 비롯한 육군이 징병제를 도입한 것은, 징집 가능 집단(=분모)은 크게 하면서 그중 국가와 군이 보았을 때 우수한 소수(=분자)를 군인으로 선발할 수 있는 '자유'를 확보하기 위해서였다고 결론짓는다.

두 번째는 육군과 국민과의 관계이다. 동서고금을 막론하고 병역 의무는 그 대상이 되는 국민으로서는 틀림없이 고역이자 고통이다. 그러한 점에서 징병제 시행 초기의 제도적 미비함을 보완하여 점차 촘촘한 법망을 씌우려는 육군은 국민에게 원망의 대상이었을 것으로 생각하기 쉽다. 하지만 저자는 육군은 정부 내의 반발을 무릅쓰고 국민의 경제적 상황을 파악하여 빈자의 병역을 면제한다든지, 현역병 수(=분자)는 늘리지 않으면서 부자나 고학력자 등에 대한 면제를 점차 줄여서(=분모를 늘려서) 병역에 걸릴 확률을 낮춤으로써 국민의 불만을 누그러뜨리고자 하였다고 지적한다. 그리고 매년 수십만 명의 장정에 대해 징병 검사를 실시하고 그중 수만 명을 입영시키는 등 국민과 넓은 접촉면을 지니고 있던 육군이 이러한 조치를 병역 의무의 '공평·평등'이라고 호소한다면 의외로 국민의 지지를 조달할 수 있었을 것이라고 설명한다. 이는 일찍이 정치학자 마루마야 마사오(丸山眞男) 등이 지적한 군의 '유사 데모크라시'적 성격, 즉 '비민주적인 군대'라는 사회의 비판에 대해 군대야말로 신분·계급·재산·학력 등과는 상관없이 그 안에서는 모두가 '평등'해지고 능력만 있으면 누구나 출세할 수 있다는 논리와 함께 육군이 국민으로부터 지지받을 수 있는 또 하나의 중요한 계기였다고 할 수 있다.

세 번째는 징병제에 대한 대안이다. 저자는 처음에 징병제 도입이 검토될 무렵부터 오랜 기간에 걸쳐 크게 두 가지 방향에서 대안이 제시되었다고 지적한다. 하나는 국민개병주의를 철저히 하여 병역 면제를 원칙적으로 폐지하고 모든 장정에 대해 사전에 군사 교련을 실시한 뒤 입영시키는(=분모와 분자를 최대한 늘리는) 대신 병역 기간을 크게 줄이자는 것이다. 다른 하나는 현역병(=분자)에서 제외된 나머지 사람들에게 '병역세'라는 다른 형태의 부담을 부과하여 이를 현역병과 그 가족 등에게 지급하자는 것이다. 이에 대해 육군은 전자는 기존의 정예주의에 어긋나고 후자는 병역 의무를 돈으로 면한다는 오해를 살 수 있다면서 일관되게 거부하였다. 하지만 한편으로는 제1차 세계대전 이후 뚜렷해진 '다이쇼(大正) 데모크라시' 속에서 육군에 대한 사회의 비판이 고조되고, 다른 한편으로는 장래의 총력전에 대비하여 전시 동원 능력을 높일 필요성에 직면하자 육군도 징병령 도입 이래 처음으로 현역 기간을 3년에서 2년으로, 재영(在營) 기간을 2년에서 최대 1년 반으로 줄이는 데 동의할 수밖에 없었다. 이와 동시에 입영 전의 학생과 청년에게 군사 교련을 실시하게 되었는데 이는 저자가 설명하는 징병제의 첫 번째 대안이 부분적으로 실현된 것을 의미한다.

마지막으로 네 번째는 징병제의 귀결이다. 근대 일본은 약 10년에 한 번 꼴로 크고 작은 전쟁을 일으켰고 훗날의 더 큰 전쟁에 대비하여 군대의 규모와 동원 능력을 계속 확대하였기에 국민의 병역 부담도 그만큼 더 커질 수밖에 없었다. 우선 현역병으로 입영한 자에 대해서는 제대한 뒤에도 유사시에 동원할 수 있는 예비역과 후비역의 합산 기간이 4년에서 7년으로, 다시 9년, 9년 4개월, 14년 4개월, 최종적으로는 15년 4개월로까지 늘어났다. 또한 현역병 수(=분자)도 점차 늘어나서 처음에는 30명 중 한 명만 입영하던 것이 청일전쟁 이후에는 10명 중 한 명, 러일전쟁 이후에는 5명 중 한 명, 중일전쟁 발발 이후에는 2명 중 한 명이 되었고, 태평양전쟁 말기에는 사실상 전원(=분모와 분자가 일치)이라는 '싹쓸이 동원'의 단계에 이르렀다. 그 과정에서 마지막까지 징집이 연기되고 있던 대학생이나 애초에 징병제의 적용 대상이 아니었던 식민지 조선·대만인도 징집하였고 최종적으로는 여성까지도 '국민 의용 전투대'라는 이름으로 소집하고자 하였다. 이처럼 한편으로는 거의 모든 국민을 전쟁에 동원하면서 다른 한편으로는 병역상의 혜택을 폐지하고 징집 가능 집단을 새롭게 추가한 것에 대해, 저자는 "불행을 똑같이 당함으로써 고통을 완화"(269쪽)한 것이라는 신랄한 평가를 내리고 있다.

⁂

1945년 8월의 패전 후 일본은 군대가 해산되었고 징병제의 법적 근거인 병역법과 '신민'의 병역 의무를 규정한 대일본제국헌법 제20조도 폐지되었다. 그리고 1946년에 제정된 현행 일본국헌법 제9조 2는 군대 보유를 금지하고 있고, 제18조의 '의사에 반하는 고역'에 해당한다는 이유로 징병제도 위헌으로 해석되고 있다. 한편 한국은 1948년의 대한민국 헌법 제30조에서 모든 국민에 대해 '국토방위의 의무'를 규정하였고 이듬해에 병역법이 제정된 이래 오늘날까지 징병제가 실시되고 있다. 한때 징병제가 존재하였던 나라 일본, 그리고 지금도 징병제가 존재하는 나라 한국. 그러다 보니 우리는 자신들이 직접·간접적으로 경험한 징병제를 통해 예전 일본의 징병제를 유추하는 경향이 있다. 하지만 사실은 그렇게 간단하지 않았음을 이 책은 우리에게 가르쳐 준다.

우선 한국 독자에게 가장 놀라운 것은 근대 일본 역사에서 징병제가 존재한 거의 모든 기간에 걸쳐 징병 검사를 받은 이들 중 군대에 가는 사람보다 가지 않은 사람이 훨씬 많았다는 점일 것이다. 즉 군대에서 병역을 체험한 사람은 일본 사회에서는 거의 항상 소수자였다. 일본은 근대 이전에 인구가 이미 3,000만 명이 넘었고 또 섬나라여서 직접 국경을 맞대는 가상 적국이 없었기에 대규모 육군을 보유할 필요성이 작았던 데 반해 한국은 해방 후 남북으로 분단되고 처참한 내전을 치른 뒤에도 여전히 휴전선을 사이에 두고 첨예하게 대치하면서 국력을 뛰어넘는 대군을 보유해야 했기에, 양국은 징병제의 출발점에서부터 크게 달랐던 것이다.

하지만 이러한 차이와 함께 징병제를 바라보는 국민의 시선에는 한·일 양국에 공통점도 존재한다. 아무리 '국민의 숭고한 의무'라고 해도 어차피 대부분 가지 않는 군대라면 나도 가지 않았으면 좋겠다는 마음, 모두가 똑같이 군대에 감으로써 병역 부담을 조금씩 나누거나 군대에 가는 사람에게 금전 등의 형태로 보상을 하기보다는 병역 면제를 줄임으로써 내가 병역에 걸릴 확률을 낮추는 편이 낫다는 마음, 고학력자나 교사 등에 대한 병역상의 혜택이 폐지되는 것을 보고 후련하다고 느끼는 마음, 이것이 바로 이 책에서 저자가 지적하는 '사람의 미묘한 감정'이다. 이러한 감정을 포착하여 일단 현역병으로 입영한 자의 병역 부담은 계속 늘리는 한편, 자신들의 필요에 의해 설정한 병역 면제를 차츰 폐지·축소하면서 이를 '공평·평등'으로 선전하여 국민의 지지를 얻고자 한 것이 바로 일본 육군이었다. 이러한 육군의 논리는 오늘날 한국의 지배적인 화두 중 하나인 이른바 '공정'을 떠올리게 한다. 특히 한국은 근대 일본보다 군대에 갈 확률이 훨씬 높기 때문에 이 '공정'은 종종 병역 의무의 '무임승차자'로 여겨지는 이들에 대한 공격을 정당화하는 논리로 제기되는 경향이 있다.

또한 저자는 아시아·태평양전쟁 당시 농촌 청년 중에는 몇 번이나 소집되는 자가 있다면서 대학생 등에 대한 재학 징집 연기 폐지에 찬성하는 의원의 발언을 소개하고 있다. 오늘날 한국의 저출생을 고려할 때, 현재의 군대 규모를 유지하면서 징병제를 지속하는 것은 조만간 불가능해진다. 그리고 이에 대한 해결책 중 하나로 꾸준히 제기되는 것이 바로 '여성 징병론'이고 이는 병역 의무의 주요 부담 대상인 남성 중 일부로부터 '공정'이라는 이름으로 지지받으면서 젠더 갈등의 또 하나의 불씨가 되고 있다. 과연 한국은 남북 관계의 획기적 개선을 통한 상호 군비 축소를 실현할 것인지, 현재의 징병제를 모병제 혹은 모병·징병 혼용제로 전환하는 데 성공할 것인지, 아니면 여성이나 이민자 등을 징집 대상에 추가함으로써 저자가 말하는 '불행을 똑같이 당함으로써 고통을 완화'하는 길을 선택할 것인지 주목된다.

*
**

이처럼 근대 일본의 징병제 연구에 관한 고전의 반열에 올라 있는 이 책에서 저자가 제기한 물음은 30년 가까운 세월이 흘렀음에도 불구하고 조금도 빛이 바래지 않았을 뿐만 아니라, 현대 한국의 징병제를 바라보는 데도 많은 시사점을 제공한다. 오랜 기간에 걸쳐 저자의 학은(學恩)을 입은 사람으로서, 이번 기회에 저자의 저서를 한국어로 번역 출판하게 된 것을 크나큰

영광으로 생각한다. 부디 이것이 저자에 대한 약간의 보은이 될 수 있다면 옮긴이로서는 더 바랄 것이 없겠다. 혹시 글 중에 오탈자나 오역 등이 있다면 이는 전적으로 옮긴이의 책임이다.

마지막으로 혹독한 출판 환경 속에서 이 책의 번역 출판 제안을 수락하고 많은 도움을 주신 고려대학교출판문화원의 지영래 원장님, 편집에 힘써 주신 편집진 여러분께 진심으로 감사드린다.

2025년 6월

박 완

한국에서 번역 출판된 저자의 저서 목록

《근대 일본의 전쟁 논리—정한론에서 태평양전쟁까지》(2003; 원서: 講談社, 2002).

《만주사변에서 중일전쟁으로》(2012; 원서: 岩波書店, 2007).

《그럼에도 일본은 전쟁을 선택했다—청일전쟁부터 태평양전쟁까지》(2018; 원서: 朝日出版社, 2009).

《왜 전쟁까지—일본 제국주의의 논리와 '세계의 길' 사이에서》(2018; 원서: 朝日出版社, 2016).

《일본은 왜 점점 더 큰 전쟁으로 나아갔을까》(2022; 원서: NHK出版, 2011).

옮긴이 주

이 책에 등장하는 주요 인물, 관직, 기구, 역사 용어 등에 관해 독자의 이해를 돕기 위해 간결함을 중시하면서 옮긴이 주를 작성하였다. 주요 참고 문헌은 다음과 같다.

《広辞苑 第6版》(岩波書店, 2008).
朝尾直弘 他 編,《新版 日本史辞典》(角川書店, 2006).
秦郁彦,《日本陸海軍総合事典(第2版)》(東京大学出版会, 2005).
百瀬孝,《事典 昭和戦前期の日本》(吉川弘文館, 1990).
《精選版 日本国語大辞典》(小学館, 2006, https://kotobank.jp).
《デジタル版 日本人名大辞典+Plus》(講談社, 2015, https://kotobank.jp) 등.

들어가며

i 메이지(明治): 메이지 천황(明治天皇)이 재위한 시기의 연호. 1868년부터 1912년까지 사용되었다.

ii 야마시타 도모유키(山下奉文, 1885-1946): 다이쇼(大正)-쇼와(昭和) 시대 전기의 군인. 고치현(高知縣) 출신. 육군 대학교(陸軍大學校) 졸업. 태평양전쟁 당시 제25군 사령관으로서 싱가포르(Singapore)를 점령하였다. 그 후 제1 방면군 사령관, 제14 방면군 사령관 등을 역임하였다. 패전 후 포로 학대 등의 혐의로 기소되어 전범으로 교수형에 처해졌다.

iii 오오카 쇼헤이(大岡昇平, 1909-1988): 쇼와 시대 후기의 소설가. 도쿄(東京) 출신. 교토제국대학(京都帝國大學, 현 교토대학[京都大學]) 졸업. 1944년에 소집되어 필리핀에서 미군의 포로가 된 뒤 1945년에 귀국하였다. 이때의 체험을 바탕으로 한 전기(戰記) 문학인《부로기(俘虜記)》,《들불(野火)》,《레이테 전기(レイテ戰記)》등을 비롯하여 다채로운 작품을 발표하였다.

iv 다이쇼(大正) 데모크라시: 러일전쟁 이후에 시작되어 다이쇼 시대 말기부터 쇼와 시대 초기까지 뚜렷하였던 정치·사회·문화 면에서 민주주의·자유주의적 경향을 아울러 이르는 말. 다이쇼는 다이쇼 천황(大正天皇)이 재위한 시기의 연호로 1912년부터 1926년까지 사용되었다. 헌정 옹호 운동, 보통 선거 운동, 노동조합 및 농민 조합 운동, 여성 및 피차별민에 대한 차별

철폐 운동, 민본주의(民本主義)·자유주의·사회주의의 유행 등이 특징이다.

v 사토 고지로(佐藤鋼次郎, 1862-1923): 메이지-다이쇼 시대의 군인. 오와리(尾張, 현 아이치현[愛知縣]) 출신. 청일전쟁, 러일전쟁, 제1차 세계대전에 종군하였고 청국 주둔군 사령관 등을 역임하였다. 예비역 편입 후 군사 평론가로 활동하였다.

vi 원훈(元勳): 메이지유신에 큰 공을 세워 메이지 정부에서 중추적 존재가 된 정치가들. 훗날의 겐로(元老)보다 넓은 의미로 사용되었고, 사쓰마(薩摩)·조슈(長州) 출신자들이 많았다.

vii 에도 막부(江戶幕府): 도쿠가와 이에야스(德川家康, 1542-1616)가 1603년에 에도(江戶, 현 도쿄)에 세운 막부. 일본 역사상 세 번째이자 마지막 무가(武家) 정권이다. 1867년에 폐지되었다.

viii 강좌파(講座派): 노로 에이타로(野呂榮太郞, 1900-1934)의 지도하에 간행된《일본 자본주의 발달사 강좌(日本資本主義發達史講座)》의 편집·집필에 참가한 마르크스주의 경제학자·역사학자를 아울러 이르는 말. 1930년대의 일본 자본주의 논쟁에서 메이지유신의 절대주의적 성격 및 일본 자본주의의 군사적·봉건적 성격을 강조하면서 노농파(勞農派)와 대립하였다.

ix 메이지유신(明治維新): 좁은 의미에서는 에도 막부가 무너지고 메이지 천황을 중심으로 하는 신정부가 성립하는 과정, 넓은 의미에서는 일본에 근대적 국민 국가가 창출되는 일련의 과정을 가리킨다.

x 노마 히로시(野間宏, 1915-1991): 쇼와 시대 후기의 소설가. 효고현(兵庫縣) 출신. 교토제국대학 졸업. 프랑스 상징주의, 마르크스주의의 영향을 받았다. 전후파(戰後派) 문학의 중심적 존재였다.《어두운 그림(暗い繪)》,《진공 지대(眞空地帶)》,《청년의 고리(青年の環)》 등의 작품을 발표하였다.

xi 육군성(陸軍省): 전전(戰前) 일본의 육군 일반 군정 사무를 관장한 중앙 행정 기관. 1872년에 태정관(太政官) 병부성(兵部省)에서 육군성과 해군성(海軍省)이 분리되어 설치되었다. 장관은 육군경(陸軍卿)이었고, 1885년에 내각 제도가 실시되면서 육군대신으로 개칭되었다. 패전과 함께 폐지되었다.

xii 대본영(大本營): 전시 또는 사변시에 설치된 천황 직속의 최고 통수 기관. 1893년에 전시 대본영 조례로 제도화되었다. 중일전쟁 당시 1937년에 전시 대본영 조례를 대신하여 대본영령이 제정되면서 사변시에도 설치할 수 있게 되었다. 패전과 함께 폐지되었다.

xiii 우가키 가즈시게(宇垣一成, 1868-1956): 메이지-쇼와 시대의 군인이자 정치가. 비젠(備前, 현 오카야마현[岡山縣]) 출신. 육군 대학교 졸업. 육군대신으로 5년 동안 재직하면서 '우가키 군축'을 단행하였다. 그 후 조선 총독, 참의원 의원 등을 역임하였고 1937년에는 내각총리대신(內閣總理大臣, 수상)으로 지명되어 내각을 조직하려 하였지만 육군의 반대로 실패하였다.

xiv '고 스톱(go stop)' 사건: '고 스톱'은 교통 신호를 뜻한다. 1933년에 오사카 덴진바시(天神橋) 교차로에서 신호를 무시하고 길을 건너려고 한 병사를 순사가 제지하고 파출소로 연행한 것을 계기로, 육군과 경찰 및 내무성(內務省)이 대립한 사건이다.

xv 쇼와(昭和): 쇼와 천황(昭和天皇, 1901-1989)이 재위한 시기의 연호. 1926년부터 1989년까지 사용되었다.

xvi 내무성(內務省): 전전 일본의 경찰·지방 행정을 비롯하여 토목·위생·종교·출판 등을 관장한 중앙 행정 기관. 1873년에 설치되었다. 장관은 내무경(內務卿)이었고, 1885년에 내각 제도가 실시되면서 내무대신으로 개칭되었다. 패전 후 1947년에 폐지되었다.

xvii 문부성(文部省): 일본의 교육·학술·문화·학교 관련 사무를 관장한 중앙 행정 기관. 1871년에 설치되었다. 장관은 문부경(文部卿)이었고, 1885년에 내각 제도가 실시되면서 문부대신으로 개칭되었다. 2001년에 문부과학성(文部科學省)으로 재편되었다.

xviii 제국의회(帝國議會): 메이지 헌법(明治憲法)하에 천황의 입법 행위에 참여하여 입법·재정 등의 사항을 의결한 기관. 귀족원(貴族院)과 중의원(衆議院)으로 구성되었고, 1890년에 개설되었다.

패전 후 일본국헌법(日本國憲法)이 실시되면서 국회로 대체되었다.

xix 해병단(海兵團): 구(舊) 일본 해군의 각 진수부(鎭守府) 등에 설치된 부대. 진수부는 해군구(海軍區)의 경비·방어, 관할 출정 준비에 관한 일을 맡아 담당하고 소속 부대를 지휘·감독하기 위해 각 군항에 둔 해군 기관이다. 해병단은 함선·부대 등의 해군 하사관·병사의 보결 인원을 보충하고 군항을 경비하며, 하사관·신병 교육 훈련을 담당하는 부대였다.

xx 성령(省令): 각 성(省) 대신이 각각의 주임 사무에 관해 내리는 명령.

xxi 장교(將校): 군대에서 전투를 지휘하는 무관. 구 일본 육군에서는 1936년까지는 보병·기병·포병·공병·치중병(輜重兵) 등 각 병과에 속한 이를 장교라고 하여, 경리·위생·수의 등 각 부(部)에 속한 장교 상당관(將校相當官)과 구별하였다. 계급은 소위-중위-대위(위관), 소좌-중좌-대좌(좌관), 소장-중장-대장(장관)으로 구분되었다.

xxii 준사관(准士官): 장교와 하사관 사이의 무관. 구 일본 육군에서는 특무 조장(特務曹長) 계급에 해당하고, 훗날 준위로 개칭되었다.

xxiii 하사관(下士官): 장교·준사관과 병 사이의 무관. 구 일본 육군에서는 1931년까지는 하사라고 하였고, 계급은 오장(伍長)-군조(軍曹)-조장(曹長)으로 구분되었다.

xxiv 병(兵): 병적(兵籍)에 있는 군인 중 무관이 아닌, 국민의 의무로서 병역에 종사하는 자. 구 일본 육군에서는 1931년까지는 병졸이라고 하였고, 계급은 이등졸-일등졸-상등병으로 구분되었다. 그 후 이등병-일등병-상등병으로 개칭되었고, 또 상등병 위에 병장이 신설되었다.

1. 무사는 무엇이 문제였는가

i 쇼군(將軍): 원래는 고대 일본 조정이 도호쿠(東北) 지역의 이민족인 에조(蝦夷) 정복을 위해 임시로 설치한 관직인 세이이타이쇼군(征夷大將軍)의 약칭. 일본 최초의 무가 정권인 가마쿠라 막부(鎌倉幕府)를 세운 미나모토노 요리토모(源賴朝, 1147-1199)가 조정으로부터 쇼군으로 임명된 이래, 무가 정권의 수장을 상징하는 관직이 되었다.

ii 번(藩): 에도 시대에 다이묘(大名)의 영지, 조직, 구성원 등을 아울러 이르는 말. 다이묘는 쇼군 직속으로서 1만 석(石) 이상의 영지를 소유한 자이고 번의 영주라는 뜻에서 번주(藩主)라고도 한다. 또한 번주와 주종 관계를 맺은 무사를 번사(藩士)라고 한다.

iii 질록 처분(秩祿處分): 메이지 신정부의 화족·사족(士族)에 대한 녹봉 폐지 정책. 판적봉환(版籍奉還) 이후 단계적으로 진행되었고 1876년에 녹봉의 몇 년 치에 해당하는 금액의 금록 공채(金祿公債)를 일괄 교부한 것으로 마무리되었다.

iv 사족(士族): 메이지유신 이후 국민의 신분 호칭인 족칭(族稱) 중 하나. 화족의 아래이자 평민의 위였다. 예전의 무사 신분에서 평사(平士) 이상에 해당하고 법률상의 특전은 없었다. 1947년에 폐지되었다.

v 병부성(兵部省): 원래는 고대 일본 율령제에서 태정관 아래에 설치되어 무관 인사 및 군사 일반을 관장한 기관. 메이지유신 이후 1869년에 군령·군정 기관으로 부활하여 육해군, 군비, 병학교(兵學校) 등을 관장하였다. 장관은 병부경(兵部卿)이었다. 1872년에 육군성과 해군성으로 분리되었다.

vi 도쿠가와(德川) 시대: 도쿠가와 이에야스가 1600년에 세키가하라(關ヶ原) 전투에서 승리하고 1603년에 에도에 막부를 세운 뒤, 1867년에 막부가 폐지될 때까지의 시기를 가리킨다. 에도 시대.

vii 후쿠자와 유키치(福澤諭吉, 1835-1901): 에도 시대 말기-메이지 시대의 사상가이자 교육자. 부젠(豊前) 나카쓰번(中津藩, 현 오이타현[大分縣]) 번사 출신. 오가타 고안(緖方洪庵, 1810-1863)의 데

키주쿠(適塾)에서 수학하였으며 난학숙(蘭學塾, 훗날 게이오기주쿠[慶應義塾])을 세웠다. 에도 막부에 통역관, 번역관 등으로 등용되었고 메이지유신 이후에는 재야에 머무르면서 계몽 활동과 교육에 전념하였다.

viii 소가 스케노리(曾我祐準, 1844-1935): 메이지-다이쇼 시대의 군인이자 정치가. 지쿠고(筑後, 현 후쿠오카현[福岡縣]) 출신. 육군 참모본부 차장, 구마모토(熊本)·오사카(大阪) 진대(鎭臺) 사령관, 귀족원 의원, 추밀 고문관(樞密顧問官) 등을 역임하였다.

ix 촌역(村役): 에도 시대에 촌(村)의 유지·운영 및 촌이 부담해야 하는 도로나 용수로 공사를 위해 촌민이 분담한 부역 및 경비.

x 가토 히로유키(加藤弘之, 1836-1916): 메이지 시대의 정치학자이자 교육자. 다지마(但馬, 현 효고현) 출신. 사쿠마 쇼잔(佐久間象山, 1811-1864)에게서 수학하였다. 처음에는 천부 인권, 자유, 평등을 주창하였지만, 나중에는 사회 진화론의 입장에서 천부 인권설을 비판하였다. 제국대학(帝國大學, 현 도쿄대학[東京大學]) 총장, 추밀 고문관, 제국학사원(帝國學士院) 원장 등을 역임하였다.

xi 아오키 슈조(青木周藏, 1844-1914): 메이지 시대의 외교관. 조슈번(현 야마구치현[山口縣]) 번사 출신. 독일 주재 공사, 외무차관, 외무대신, 영국 주재 공사 등을 역임하였다. 외무대신으로서 불평등 조약 개정에 힘썼으나 1891년에 일본을 방문한 러시아 황태자가 순사에게 습격당한 오쓰 사건(大津事件)의 책임을 지고 사직하였다.

xii 야마다 아키요시(山田顯義, 1844-1892): 메이지 시대의 군인이자 정치가. 조슈번 번사 출신. 요시다 쇼인(吉田松陰, 1830-1859)의 쇼카손주쿠(松下村塾)에서 수학하였다. 이와쿠라 사절단(岩倉使節團)을 수행하여 구미의 군제를 시찰하였다. 무진전쟁(戊辰戰爭)과 서남전쟁(西南戰爭)에 종군하였고 도쿄 진대 사령관, 사법경(司法卿), 사법대신 등을 역임하였다.

II. 징병제 확립 전의 병제

i 오무라 마스지로(大村益次郎, 1824-1869): 에도 시대 말기의 병학자. 스오(周防, 현 야마구치현) 출신. 데키주쿠에서 수학하였고 조슈번의 군제 개혁에 참가하였다. 메이지유신 이후 신정부의 병부대보로서 프랑스식 군제를 채용하는 등 근대적 군제 확립에 힘썼지만 수구파 사족에게 습격당하여 사망하였다.

ii 야마가타 아리토모(山縣有朋, 1838-1922): 메이지-다이쇼 시대의 군인이자 정치가. 조슈번 번사 출신. 쇼카손주쿠에서 수학하였고, 기병대(奇兵隊) 군감(軍監)이 되었다. 메이지유신 이후 구미의 군제를 시찰하고 징병 제도를 제정하는 등 근대적 육군을 창설하였다. 육군경, 참모본부장, 내무대신, 사법대신, 내각총리대신(2번), 추밀원(樞密院) 의장 등을 역임하였다. 겐로이자 파벌의 수장으로서 막강한 권력을 행사하였다.

iii 무진전쟁(戊辰戰爭): 1868년(무진년)에 메이지 신정부 측과 구 에도 막부 측 간에 벌어진 전쟁. 교토(京都) 교외의 도바(鳥羽)·후시미(伏見) 전투로 시작되어 이듬해에 홋카이도(北海島)의 하코다테(箱館) 고료카쿠(五稜郭) 전투로 종결되었다. 신정부 측의 승리로 끝났다.

iv 사이고 다카모리(西鄉隆盛, 1827-1877): 에도 시대 말기-메이지 시대의 정치가. 사쓰마번(현 가고시마현[鹿兒島縣]) 번사 출신. 번의 지도자가 되어 조슈번과 삿초(薩長) 동맹을 맺고 에도 막부를 타도하였다. 무진전쟁 당시 신정부군을 지휘하였고 에도성에 무혈 입성하였다. 메이지유신 이후 육군 원수 겸 참의(參議) 등을 역임하였지만 1873년에 정한론(征韓論)을 내세우며 하야하였다. 1877년에 서남전쟁을 일으켰지만 패배한 뒤 사망하였다. 유신 삼걸(維新三傑) 중 한 명.

v 기도 다카요시(木戶孝允, 1833-1877): 에도 시대 말기-메이지 시대의 정치가. 조슈번 번사 출신. 쇼카손주쿠에서 수학하였다. 번의 지도자가 되어 사쓰마번과 동맹을 맺고 에도 막부를 타도

하였다. 그 후 참의 등의 요직을 역임하였고, 신정부 내 개혁파의 중심으로서 판적봉환, 폐번치현(廢藩置縣)에 힘썼다. 유신 삼걸 중 한 명.

vi 아리스가와노미야 다루히토 친왕(有栖川宮熾仁親王, 1835-1895): 에도 시대 후기-메이지 시대의 황족이자 군인. 사친왕가(四親王家) 중 하나인 아리스가와노미야가(有栖川宮家) 출신. 메이지유신 이후 총재(總裁), 병부경, 참모총장, 원로원(元老院) 의장, 좌대신(左大臣) 등을 역임하였다. 또한 무진전쟁 당시 동정대총독(東征大總督), 서남전쟁 당시 정토총독(征討總督)으로 출정하였다.

vii 공경(公卿): 고대 일본 율령제에서 태정대신(太政大臣)·좌대신·우대신(右大臣)의 공(公)과 대납언(大納言)·중납언(中納言)·참의 및 위계(位階)가 3위 이상의 조정 관리인 경(卿)을 아울러 이르는 말.

viii 의정(議定)·참여(參與): 1867년의 왕정복고 직후 설치된 메이지 신정부의 최고 관직. 의정에는 황족·공경·다이묘가, 참여에는 공가(公家)·다이묘 및 유력 번사가 임명되었다. 총재와 함께 삼직(三職)이라고 불리었다. 1869년에 폐지되었다.

ix 산조 사네토미(三條實美, 1837-1891): 에도 시대 말기-메이지 시대의 공경이자 정치가. 공경 중 섭가(攝家) 다음가는 명문가인 청화가(淸華家) 출신. 존왕양이파(尊王攘夷派) 공경의 중심인물이었지만 에도 막부 측의 탄압을 받아 조슈번으로 피신하였다. 메이지유신 이후 의정, 부총재, 우대신, 태정대신, 내대신(內大臣) 등을 역임하였다.

x 이와쿠라 도모미(岩倉具視, 1825-1883): 에도 시대 말기-메이지 시대의 정치가. 교토 출신. 처음에는 공무 합체(公武合體)를 추진하였지만 나중에는 도막파(倒幕派)와 손잡고 왕정복고를 실현하였다. 메이지유신 이후 신정부의 중심으로서 참여, 의정, 부총재, 외무경(外務卿), 우대신 등을 역임하였다. 또한 이와쿠라 사절단의 정사로서 구미 각국을 시찰하였다.

xi 오쿠보 도시미치(大久保利通, 1830-1878): 에도 시대 말기-메이지 시대의 정치가. 사쓰마번 번사 출신. 사이고 다카모리와 함께 번의 지도자가 되어 에도 막부를 타도하였다. 메이지유신 이후 대장경(大藏卿), 참의, 내무경 등을 역임하였다. 신정부의 중앙 집권화 정책 및 식산흥업(殖産興業) 정책을 추진하고 사족 반란을 강경 진압하였지만 불평 사족에게 암살당하였다. 유신 삼걸 중 한 명.

xii 징사(徵士): 메이지유신 직후의 관직명. 1868년에 각 번 번사와 유능한 인재 중에서 선발하였다. 처음에는 참여로 임명하여 하의사소(下議事所) 의사관(議事官)으로 삼을 예정이었지만, 관제가 개정되면서 참여 및 각 국(局) 판사(判事)로 임명되었다. 이듬해에 폐지되었다.

xiii 석고(石高): 근세 일본에서 토지 조사인 검지(檢地)를 통해 법으로 정해진 경지 생산량. '석'은 부피 단위인 섬을 뜻한다. 현미의 양으로 표시되었다. 촌 단위의 수확량이나 가신의 영지 크기는 석고로 나타냈고, 촌에 대한 조세·부역 부과나 가신에 대한 군역 부과 기준이 되었다.

xiv 군무관(軍務官): 메이지유신 직후에 설치된 군정·군령 기관. 1868년에 기존의 군방사무국(軍防事務局)을 군무관으로 개칭하였다. 육해군, 축성, 병기·군함·군마 등을 관장하였다. 장관은 지사(知事)였고 그 아래에 부지사, 판사 등을 두었다. 이듬해에 병부성으로 개편되었다.

xv 군방사무국(軍防事務局): 메이지유신 직후에 설치된 군정·군령 기관. 1868년에 기존의 해륙군과(海陸軍科)를 군방사무국으로 개칭하였다. 장관은 독(督)이었고 그 아래에 보(輔), 판사 등을 두었다. 얼마 뒤 군무관으로 개편되었다.

xvi 닌나지노미야 요시아키 친왕(仁和寺宮嘉彰親王): 훗날의 고마쓰노미야 요시아키 친왕(小松宮彰仁親王, 1846-1903). 에도 시대 말기-메이지 시대의 황족이자 군인. 사친왕가 중 하나인 후시미노미야가(伏見宮家) 출신. 출가하였다가 메이지유신 이후 환속하였고 무진전쟁 당시 정동대장군(征東大將軍)으로 출정하였다. 그 후 군무에 종사하여 육군 대장, 원수에 이르렀다.

xvii 정체서(政體書): 메이지유신 직후인 1868년에 신정부가 정치 조직을 정한 포고서. 삼권 분립을 원칙으로 의정관(議政官, 입법부), 행정관(行政官, 행정부), 형법관(刑法官, 사법부) 등 7관(官)을 두고 그 위의 태정관에 모든 권력을 집중하였다. 또한 관리 공선제를 도입하였다. 이듬해에 폐지되었다.

xviii 태정관(太政官): 원래는 고대 일본 율령제에서 중앙 관아 및 각 지방을 관할하고 국정을 총괄한 최고 기관. 메이지유신 이후 1868년에 부활하여 1885년까지 존속하였다. 오늘날의 내각에 해당한다. 장관인 태정대신을 중심으로 좌대신, 우대신 및 참의가 국정을 논의하여 결정하였다.

xix 공사(貢士): 메이지유신 직후의 관직명. 1868년에 각 번에 대해 정해진 수의 인원을 선발하여 대의원(代議員)으로 제공하도록 하였다. 하의사소, 의정관 하국(下局) 등의 의원으로서 각 번의 의견을 대표하여 의사에 참여하였다. 이듬해에 하국을 대신하여 공의소(公議所)가 설치되면서 공의인(公議人)으로 개칭되었다.

xx 게이키(京畿): 천황의 궁궐 부근 지역. 혹은 기나이(畿內)와 같은 뜻으로 쓰이기도 한다.

xxi 기나이(畿內): 수도 부근 지역을 일컫는 말. 고대 중국에서는 왕성을 중심으로 사방 500리 이내의 특별 행정구를 뜻하였다. 일본에서는 역대 천황의 궁궐이 세워진 야마토(大和)·야마시로(山城)·가와치(河內)·이즈미(和泉)·셋쓰(攝津)의 5개국(國)을 가리킨다. 오늘날의 나라현(奈良縣), 교토부, 오사카부, 효고현에 걸친 지역에 해당한다.

xxii 량(兩): 척관법(尺貫法)에서 금은의 무게 단위. 1수(銖)의 24배, 1근(斤)의 16분의 1에 해당한다. 근세 일본에서는 금화의 단위가 되어 금 1량=4분(分)=16주(朱)였고 은 60문(匁), 전(錢) 4관(貫, 1관=1,000닢)과 같았다. 메이지유신 이후 금 1량이 1엔으로 정해졌다.

xxiii 관인(官人): 관리. 특히 고대 일본 율령제에서는 각 성(省)의 관직에 있으면서 위계가 초위(初位)에서 6위까지인 자들을 아울러 이르는 말이었다.

xxiv 오우에쓰 열번 동맹(奥羽越列藩同盟): 무진전쟁 당시 메이지 신정부에 맞선 여러 번들의 동맹. 1868년에 오우(奥羽, 현 도호쿠 지역)의 25개 번, 에치고(越後, 현 니가타현[新潟縣])의 6개 번이 맹약하였다. 신정부의 아이즈번(會津藩, 현 후쿠시마현[福島縣]) 공격 중지를 요구하고 사쓰마·조슈 측에 맞서 싸우기로 하였다. 신정부군에 패하면서 와해되었다.

xxv 판적봉환(版籍奉還): 메이지유신 직후인 1869년에 이루어진 중앙 집권화 정책. 사쓰마·조슈를 비롯한 여러 번들이 지도와 호적에 등록된 토지와 인민을 천황에게 반환할 것을 상주하자 신정부는 이를 허가하고 나머지 번에도 이를 명하였다. 하지만 예전의 다이묘가 여전히 지번사(知藩事)로 임명되었기에 불충분한 조치였다.

xxvi 대납언(大納言): 고대 일본 율령제에서 태정관의 차관. 우대신 다음가는 고관이자 공경의 일원이었고, 국정을 심의하여 가부를 상주하고 천황의 명을 전달하는 것을 관장하였다.

xxvii 형부성(刑部省): 원래는 고대 일본 율령제에서 태정관 아래에 설치되어 재판 및 형 집행을 관장한 기관. 메이지유신 이후 1869년에 중앙 사법 기관으로 부활하였다. 장관은 형부경(刑部卿)이었다. 1871년에 사법성(司法省)으로 재편되었다.

xxviii 민부성(民部省): 원래는 고대 일본 율령제에서 태정관 아래에 설치되어 호적, 조세, 부역 등 전국의 민정과 재정을 관장한 기관. 메이지유신 이후 1869년에 부활하여 호적, 조세, 광산, 지방 행정부터 토목, 역체(驛遞)까지 관장하였다. 장관은 민부경(民部卿)이었다. 1871년에 폐지되어 대장성(大藏省)과 공부성(工部省)으로 흡수되었다.

xxix 외무성(外務省): 일본의 외교 정책, 통상·항해, 외교 사절, 조약 등 대외 관계 사무를 관장하는 중앙 행정 기관. 1869년에 기존의 외국관(外國官)을 외무성으로 개칭하였다. 장관은 외무경(外務卿)이었고 1885년에 내각 제도가 실시되면서 외무대신으로 개칭되었다.

xxx 경(卿)·보(輔)·승(丞)·녹(錄): 고대 일본 율령제의 사등관(四等官) 제도에 따른 관직 구분. 각 성(省)의 경우 장관은 경, 차관은 보, 그 이하는 승과 녹으로 구분하였다. 또한 보 이하는 앞에 대(大)·소(少) 등을 붙여서 차등을 두었다.

xxxi 히로사와 사네오미(廣澤眞臣, 1833-1871): 에도 시대 말기-메이지 시대의 정치가. 조슈번 번사 출신. 기도 다카요시와 함께 번을 지도하여 에도 막부를 타도하였다. 메이지유신 이후 참여, 민부대보, 참의 등을 역임하고 판적봉환을 추진하였지만 암살당하였다.

xxxii 소에지마 다네오미(副島種臣, 1828-1905): 에도 시대 말기-메이지 시대의 정치가. 히젠번(肥前藩, 현 사가현[佐賀縣]) 번사 출신. 메이지유신 이후 참여, 외무경 등을 역임하다가 정한론을 내세우며 하야하였다. 이타가키 다이스케(板垣退助)와 함께 〈민선 의원 설립 건백서(民撰議院設立建白書)〉를 제출하였다. 그 후 추밀 고문관, 내무대신 등을 역임하였다.

xxxiii 마에바라 잇세이(前原一誠, 1834-1876): 에도 시대 말기-메이지 시대의 정치가. 조슈번 번사 출신. 쇼카손주쿠에서 수학하였고 존왕양이 운동에 가담하였다. 메이지유신 이후 참의, 병부대보 등을 역임하다가 정한론을 내세우며 하야하였다. 1876년에 하기(萩)의 난을 일으켰지만, 진압당한 뒤 참수형에 처해졌다.

xxxiv 실제 석고(實高·內高): 에도 시대에 막부가 공인한 표면상의 석고(表高)에 대해, 번이 독자적인 토지 조사를 통해 실제 생산량을 파악한 석고. 조세 부과의 기준이 되었다.

xxxv 중대부(中大夫): 에도 시대에 쇼군 직속 가신으로서 고케슈(高家衆)와 고타이요리아이(交替寄合)를 아울러 이르는 말. 고케슈는 막부의 각종 의식·전례를 세습하여 관장하는 명문가 출신을, 고타이요리아이는 석고가 3,000석 이상인 하타모토(旗本)로서 관직에 있지 않으면서 영지에 거주하고 참근교대(參勤交代)의 의무가 있는 등 다이묘에 준하는 자를 뜻한다.

xxxvi 하대부(下大夫): 에도 시대에 쇼군 직속 가신으로서 요리아이(寄合)·료반(兩番) 이상, 그리고 석고가 1,000석 이상인 무사들을 아울러 이르는 말. 요리아이는 석고가 3,000석 이상인 하타모토로서 관직에 있지 않은 자를, 료반은 하타모토로 이루어진 군사 조직으로서 에도성과 쇼군을 수호하는 쇼인반(書院番)과 고쇼구미반(小姓組番)을 뜻한다.

xxxvii 정(町): ① 일본 행정 구역상 시와 촌의 중간에 위치하는 지방 자치 단체. 한국의 읍(邑)에 해당한다. ② 일본에서 시·구(區)를 구성하는 한 구역. 한국의 동(洞)에 해당한다. 일본어로 '조' 혹은 '마치'라고 한다.

xxxviii 실제 조세 수입(現米高·現米·現石高·現石): 에도 시대에 영지의 실제 총 수확량(草石) 중 영주의 조세 수입이 되는 석고.

xxxix 국사략(國史略): 신대(神代)부터 1588년에 고요제이 천황(後陽成天皇, 1571-1617)이 도요토미 히데요시(豊臣秀吉, 1537-1598)의 저택인 주라쿠다이(聚樂第)에 행차할 때까지를 기록한 한문 편년체 역사서. 에도 시대 후기의 유학자 이와가키 마쓰나에(巖垣松苗, 1774-1849)가 총 5권으로 1826년에 편찬하였다.

xl 리(里): 일본의 거리 단위. 약 3.9273km에 해당한다. 한국 이수(里數)로는 약 10리이다.

xli 웅번(雄藩): 세력이 강한 번. 특히 에도 시대 말기에 정국에 큰 발언력을 지닌 사쓰마, 조슈, 도사(土佐), 히젠의 '서남 웅번'을 비롯하여 우와지마(宇和島, 현 에히메현[愛媛縣]), 에치젠(越前, 현 후쿠이현[福井縣]), 오와리, 미토(水戶, 현 이바라키현[茨城縣]) 등을 가리킨다.

xlii 졸족(卒族): 메이지유신 이후 족칭 중 하나. 주겐(中間), 아시가루(足輕) 등 하급 무사를 사족과 구분하기 위해 두었다. 1872년에 폐지되어 일부는 사족, 나머지는 평민으로 편입되었다.

xliii 부교(奉行): 무가(武家)의 관직명. 정무를 분담하여 하나의 부서를 담당하는 자. 에도 막부의 경우에는 간조부교(勘定奉行, 재정), 지샤부교(寺社奉行, 종교 행정), 마치부교(町奉行, 도시 행정·사법)가 대표적이었다. 또한 에도 시대 말기에는 필요에 따라 가이코쿠부교(外國奉行, 외교), 리쿠군부교(陸軍奉行, 육군), 가이군부교(海軍奉行, 해군) 등이 신설되었다.

xliv 이지치 마사하루(伊地知正治, 1828-1886): 에도 시대 말기-메이지 시대의 관료. 사쓰마번 번사 출신. 무진전쟁에 종군하였다. 메이지유신 이후 좌원(左院) 의장, 참의, 일등 시강(侍講), 궁중 고문관(宮中顧問官) 등을 역임하였다.

xlv 요시이 도모자네(吉井友實, 1828-1891): 에도 시대 말기-메이지 시대의 관료. 사쓰마번 번사 출신. 무진전쟁에 종군하였다. 메이지유신 이후 원로원 의관(議官), 일등 시보(侍補), 공부대보, 궁내대보, 추밀 고문관 등을 역임하였다.

xlvi 덴쇼(天正)·게이초(慶長): 일본의 연호. 덴쇼는 1573년부터 1593년까지, 게이초는 1596년부터 1615년까지 사용되었다. 즉 '덴쇼·게이초 무렵'이란 16세기 말에서 17세기 초를 뜻한다.

xlvii 하타모토(旗本): 에도 시대에 쇼군 직속 가신 중 영지의 석고가 1만 석 미만이면서 쇼군을 알현할 수 있는 자.

xlviii 요리키(與力): 에도 시대에 각 행정·군사 부서에 속하면서 도신(同心)을 지휘하고 상관의 사무를 분담·보좌한 관직.

xlix 도신(同心): 에도 시대에 각 행정·군사 부서에 속하면서 요리키의 지휘하에 서무·경찰 일을 맡은 하급 관리.

l 가록(家祿): 메이지유신 직후인 1869년에 화족·사족·졸족에게 기존의 녹봉을 대신하여 신정부가 지급한 녹미(祿米). 그 후 단계적으로 축소되다가 1876년에 폐지되었다.

li 사사키 다카유키(佐佐木高行, 1830-1910): 에도 시대 말기-메이지 시대의 관료. 도사번(현 고치현) 번사 출신. 사카모토 료마(坂本龍馬, 1835-1867) 등과 함께 대정봉환(大政奉還)에 힘썼다. 메이지유신 이후 참의, 사법대보, 공부경(工部卿), 궁중 고문관, 추밀 고문관 등을 역임하였다. 메이지 천황의 두터운 신임을 받았다.

lii 대참사(大參事): 1869년의 판적봉환 이후 설치된 지방 관직. 부(府)·번·현(縣)의 장관인 지사(知事) 아래의 차관에 해당한다. 부와 번의 경우에는 앞에 정(正)과 권(權)을 붙여서 차등을 두었다. '권'은 고대 일본 율령제에서 관직명 앞에 붙어서 정원 외의 임시직임을 나타내던 말이다. 또한 번의 대참사는 공의소의 공의인 등을 겸하였다.

liii 이타가키 다이스케(板垣退助, 1837-1919): 에도 시대 말기-메이지 시대의 정치가. 도사번 번사 출신. 무진전쟁에 종군하였다. 메이지유신 이후 참의 등을 역임하다가 정한론을 내세우며 하야하였다. 이듬해에 〈민선 의원 설립 건백서〉를 제출하고 자유 민권 운동을 지도하였으며 자유당(自由黨) 총리가 되었다. 그 후 내무대신을 역임하고 오쿠마 시게노부(大隈重信)와 공동으로 내각을 조직하였다.

liv 고토 쇼지로(後藤象二郎, 1838-1897): 에도 시대 말기-메이지 시대의 정치가. 도사번 번사 출신. 대정봉환에 힘썼다. 메이지유신 이후 참의 등을 역임하다가 정한론을 내세우며 하야하였다. 이타가키 다이스케와 함께 〈민선 의원 설립 건백서〉를 제출하고 자유당을 결성하였다. 그 후 체신대신(遞信大臣), 농상무대신(農商務大臣) 등을 역임하였다.

lv 사이고 쓰구미치(西鄕從道, 1843-1902): 메이지 시대의 군인이자 정치가. 사쓰마번 번사 출신. 사이고 다카모리의 동생. 무진전쟁에 종군하였다. 메이지유신 이후 구미의 군제를 시찰하였고, 1874년에 이른바 '대만 출병'을 강행하였다. 그 후 참의, 육군경, 해군경, 해군대신, 농상무대신, 내무대신 등을 역임하였다. 겐로 중 한 명.

lvi 포고(布告)·포달(布達)·달(達): 메이지 시대 전기의 법령 종류. 포고는 정부에서 전국 일반에 발포한 최고 법령, 포달은 행정관이 직권으로 발포한 명령, 달은 행정 관청에서 그 내부 혹은 관할 관청에 내린 훈령을 뜻하지만, 엄밀하게 구분하여 사용되지는 않았다. 1885년의 내각 제도 실시 및 이듬해의 공문식(公文式) 제정으로 폐지되었다.

lvii 조합촌(組合村): 에도 시대의 촌락 연합 조직. 처음에는 수리(水利)나 임야 이용 등 일상적인 생산 활동을 원활하게 하기 위해 결성되었지만, 나중에는 제방 공사, 역참, 매사냥터 등의 비용을 공동으로 부담하는 것이 중심이 되었다.

lviii 시마즈 나리아키라(島津齊彬, 1809-1858): 에도 시대 말기의 다이묘. 사쓰마번 11대 번주. 일찍부터 개국(開國)할 뜻을 품고서 번에서 운영하는 공장인 슈세이칸(集成館)을 설립하고 식산흥업 및 부국강병 정책을 추진하였다. 쇼군과 인척 관계를 맺고 쇼군 후계자 문제에도 관여하는 등 정치적 발언력을 높였지만 급사하였다.

lix 모리 모토나리(毛利元就, 1497-1571): 전국시대의 무장. 스에 씨(陶氏), 오우치 씨(大内氏), 아마고 씨(尼子氏) 등을 멸망시키고 혼슈(本州) 서쪽인 산인(山陰)·산요(山陽) 지역의 10개국을 지배하였다.

lx 신호(神號): 신에 대한 호칭. 시마즈 나리아키라와 모리 모토나리는 사후에 각각 데루쿠니다이묘진(照國大明神)과 고토쿠다이묘진(仰德大明神)이라는 신호가 부여되었다. 단《메이지 천황기(明治天皇紀)》에 따르면, 이때 조정에서 칙사를 파견하여 두 사람을 모시는 신사에 하사한 것은 신호가 아니라 검(劍)이었다고 한다.

lxi 폐번치현(廢藩置縣): 메이지유신 직후인 1871년에 이루어진 중앙 집권화 정책. 전국의 번을 폐지하고 부·현을 두었다. 또한 기존의 지번사는 해임하고 도쿄로 이주시켰으며, 새로 부지사(府知事)와 현령(縣令)을 중앙 정부에서 임명하여 파견하였다. 이로써 완전한 중앙 집권화가 달성되었다.

lxii 진대(鎭臺): 메이지 시대 전기에 국내 치안 유지 및 외적 방어를 위해 둔 육군 편제상의 최대 단위. 1871년의 폐번치현 이후 도쿄, 오사카, 진제이(鎭西, 고쿠라[小倉]), 도호쿠(이시노마키[石巻])에 4개 진대를, 1873년의 징병령 실시 이후 도쿄, 센다이(仙臺), 나고야(名古屋), 오사카, 히로시마(廣島), 구마모토에 6개 진대를 두었다. 또한 진대 아래에 14개 영소(營所)를 두고 각 영소마다 1개 보병 연대를 두었다. 1888년에 사단으로 개편되었다.

III. 징병제 도입 당시의 논리와 병사 수

i 가와무라 스미요시(川村純義, 1836-1904): 메이지 시대의 군인. 사쓰마번 번사 출신. 무진전쟁과 서남전쟁에 종군하였다. 메이지유신 이후 해군대보, 해군경 등을 역임하면서 근대적 해군 창설에 힘썼다.

ii 대인료(代人料): 1873년에 제정된 징병령의 병역 면제 조항 중 하나. 병사 1명의 1년 치 경비 90엔의 3년 치에 해당하는 270엔을 납부하는 사람은 상비군과 후비군이 모두 면제되었다. 1883년에 징병령이 개정되면서 폐지되었다.

iii 가족(家) 제도·가독(家督): 가족 내 질서를 전제로 하여 일본 구 민법·형법에 의해 규정된 제도. 가장인 호주가 재산이나 가족 구성원의 거주·결혼·이혼 등에 관해 강력한 권리를 지니는 점이 특징이다. 일본어로 '이에 제도'라고 한다. 또한 동 제도에서 호주의 신분에 딸린 모든 권리와 의무를 가독이라고 한다.

iv 호장(戶長): 메이지유신 직후인 1872년에 기존의 정·촌을 폐지하고 새롭게 설치된 소구(小區)의 장으로서 호적 관련 사무를 담당한 지방 관리. 예전의 쇼야(庄屋)·나누시(名主) 등 촌의 유력자가 임명되는 경우가 많았다. 1878년에 군·구·정·촌 편제법이 시행되면서 정·촌의 장이 되었고, 1889년에 시제·정촌제 시행에 따라 시장 혹은 정·촌장이 되면서 폐지되었다.

v 메이지 헌법(明治憲法): 1889년에 제정된 흠정 헌법. 정식 명칭은 '대일본제국헌법(大日本帝國憲法)'. 총 7장 76조로 이루어졌고, 천황 대권(大權), 국민의 권리·의무, 제국의회 조직, 보필 기관, 사법 기관, 회계 등에 관해 규정하였다. 패전 후 1947년에 일본국헌법으로 대체되었다.

vi 소네 아라스케(曾禰荒助, 1849-1910): 메이지 시대의 관료이자 정치가. 조슈번 번사 출신. 무진전쟁에 종군하였다. 메이지유신 이후 프랑스에서 유학하였다. 그 후 중의원 의원, 사법대신, 농상무대신, 대장대신(大藏大臣), 한국 통감, 귀족원 의원, 추밀 고문관 등을 역임하였다.

vii 미우라 고로(三浦梧樓, 1847-1926): 메이지-다이쇼 시대의 군인이자 정치가. 조슈번 번사 출신. 무진전쟁과 서남전쟁에 종군하였다. 메이지유신 이후 육군 중장에 이르렀지만, 야마가타 아리토모 등과 대립하여 예비역에 편입되었다. 그 후 가쿠슈인(學習院) 원장, 조선 주재 공사, 귀족원 의원, 추밀 고문관 등을 역임하였다. 을미사변의 주범이다.

viii '4장군': 다니 다테키(谷干城), 도리오 고야타(鳥尾小彌太), 미우라 고로, 소가 스케노리 등 네 명의 육군 장관을 아울러 이르는 말. 메이지 시대 전기에 사쓰마·조슈 출신자 중심의 번벌 정부(藩閥政府)와 육군 내 주류파에 맞서 활발한 정치 활동을 전개하였다.

ix 이누카이 쓰요시(犬養毅, 1855-1932): 메이지-쇼와 시대 전기의 정치가. 빗추(備中, 현 오카야마현) 출신. 입헌개진당(立憲改進黨) 결성에 참가하였고, 중의원 의원으로 19번 당선되었다. 제1차 헌정 옹호 운동, 보통선거 운동에서 활약하였다. 그 후 국민당(國民黨) 당수, 혁신클럽(革新俱樂部) 당수, 입헌정우회(立憲政友會) 총재 등을 거쳐 1931년에 내각총리대신이 되었지만 이듬해의 5·15 사건 때 해군 청년 장교들에게 살해당하였다.

x 대장성(大藏省): 원래는 고대 일본 율령제에서 태정관 아래에 설치되어 각지에서 거둔 직물과 특산물 수납, 도량형, 시장 가격, 기구·의복 제작 등을 관장한 기관. 메이지유신 이후 1869년에 재무, 통화, 금융, 외국환, 증권 거래를 관장하는 기관으로 부활하였다. 장관은 대장경(大藏卿)이었고, 1885년에 내각 제도가 실시되면서 대장대신으로 개칭되었다. 2001년에 재무성(財務省)으로 개편되었다.

xi 다이칸(代官): 에도 시대에 막부와 각 번의 직할지를 지배하는 지방관. 막부의 경우에는 하타모토가 임명되었고 간조부교의 지휘를 받았다. 에도나 부임지의 다이칸쇼(代官所)에서 조세 징수, 사법·검찰 등 민정을 담당하였다.

xii 반쇼시라베쇼(蕃書調所): 에도 시대 말기에 막부가 세운 서양 학문 교육·연구 기관. 1856년에 설치되었고 이듬해에 개교하였다. 서양 학문 교육·통제 및 서양 서적 번역을 관장하였다. 1862년에 요쇼시라베쇼(洋書調所)로 개칭되었다.

xiii 고부쇼(講武所): 에도 시대 말기에 막부가 세운 무예 연습소. 막부는 1854년에 고부조(講武場)를 설치하여 하타모토·고케닌(御家人) 등 직속 가신에게 무술, 서양식 조련, 포술 등을 가르쳤고, 1856년에 고부쇼로 개칭하였다. 1866년에 리쿠군쇼(陸軍所)로 개칭되어 포술 훈련장이 되었다.

xiv 다카스기 신사쿠(高杉晋作, 1839-1867): 에도 시대 말기의 무사. 조슈번 번사 출신. 쇼카손주쿠에서 수학하였다. 존왕양이 운동의 선봉이었고 기병대(奇兵隊)를 조직하였다. 4국 연합 함대가 시모노세키(下關)를 포격하였을 때 강화 교섭을 맡았다. 번 내 보수파를 타도하여 막부에 맞서는 것으로 번의 방침을 통일하였고, 제2차 조슈전쟁 당시 막부군을 격파하였다.

xv 기병대(奇兵隊): 에도 시대 말기에 조슈번에서 조직된 비정규군 중 하나. '기병'은 적을 기습하는 군대라는 뜻으로서 '정병(正兵)'의 반대말이다. 1863년에 다카스기 신사쿠가 창설하였다. 지원 제도였고 하급 무사나 호농 및 상인의 유지(有志)들로 이루어졌다. 제2차 조슈전쟁과 무진전쟁에서 활약하였다.

xvi 삼병(三兵): ① 활, 검, 창 혹은 이를 쓰는 병사를 아울러 이르는 말. ② 보병, 포병, 기병을 아울러 이르는 말. 여기서는 후자를 가리킨다.

xvii 조슈전쟁(長州戰爭): 에도 시대 말기에 막부가 2차례에 걸쳐 조슈번을 공격한 사건. 조슈 정벌, 조슈 정토(征討), 바쿠초전쟁(幕長戰爭)이라고도 한다. 막부는 금문(禁門)의 변(變) 당시 조슈군이 교토의 천황 궁궐을 포격한 것을 명분으로 하여 1864년에 출병하였고, 조슈번이 항복하면서 싸우지 않고 끝났다. 하지만 다카스기 신사쿠 등 번 내 급진파가 권력을 잡고 막부에 맞서자 1866년에 재차 출병에 나섰지만, 막부군의 참패로 끝났다.

xviii 난학(蘭學): 에도 시대 중기 이후 네덜란드어로 서양 학술을 연구하고자 한 학문. '난'은 홀

란트(Holland)의 포르투갈어 표기인 '오란다(Holanda, 和蘭·阿蘭陀)'에서 유래하였다. 어학, 의학, 천문학, 역법, 지리학, 물리학, 화학, 군사 기술 등이 수용되었다.

xix 치중병(輜重兵)·치중수졸(輜重輸卒): 치중병은 구 일본 육군에서 군수품 수송·보급을 담당한 병과이고, 치중수졸은 치중병의 지휘하에 실제로 군수품 운반 등에 종사한 병사이다. 하나의 부대에는 치중병의 10배 이상의 치중수졸이 존재하였다. 보급을 경시한 일본 육군에서 양자 모두 보직, 진급, 군 학교 진학 등에서 많은 차별과 멸시를 당하였다.

xx 내각(內閣): 일본에서 행정권을 총괄하는 최고 기관. 수장인 내각총리대신과 나머지 국무대신이 조직하는 합의체이다. 1885년에 기존의 태정관을 대신하여 설치되었다. 메이지 헌법에서는 각 국무대신은 행정권을 보유하는 천황을 보필하는 존재에 불과하였지만, 패전 후 일본국헌법에서는 내각이 행정권을 보유한다.

xxi 원로원(元老院): 메이지 시대 초기의 신정부 내 입법 자문 기관. 1875년에 기존의 좌원을 대신하여 설치되었다. 의관(議官)은 화족, 관료, 학자 중에서 칙임되었다. 내각이 교부한 법률안 의정(議定), 입법 관련 건백 수리 등을 관장하였다. 메이지 헌법 제정 후 1890년의 제국의회 개설을 앞두고 폐지되었다.

xxii 법제국(法制局): 정식 명칭은 내각 법제국(內閣法制局). 각의(閣議)에 회부될 법령의 입안·심사를 하는 기관이다. 1885년에 내각 제도가 실시되면서 기존의 참사원(參事院)을 대신하여 설치되었다. 장관은 법제국장관이다.

xxiii 군인칙유(軍人勅諭): 1882년에 메이지 천황이 육해군 군인에게 내린 칙유. 군 통수는 대원수(大元帥)인 천황이 직접 맡는다고 하였고, 군인의 덕목으로 충절, 예의, 무용(武勇), 신의, 검소를 제시하면서 천황에 대한 절대복종을 강조하였다. 패전 후 실효하였다.

xxiv 독법(讀法): 구 일본 육해군 군인·군속(軍屬)이 입대하거나 임용될 때 읽어서 들려준 뒤 선서하도록 한 것. 1872년에 처음 제정되었다. 성심, 충절, 경례, 신의, 복종, 무용, 근면, 분별, 도덕, 검소, 명예, 염치, 준법 등을 제시하였다. 1934년에 폐지되었다.

xxv 군대 내무서(軍隊內務書): 연대장 이하의 직책 등과 육군 병영 내 생활 등에 관한 지도 원칙을 집대성한 것. 1872년부터 각 병과별 내무서가 작성되기 시작하였고, 1888년에 전군에 대한 군대 내무서가 제정되었다. 몇 차례 개정을 거친 뒤 1943년에 군대 내무령(軍隊內務令)으로 대체되었다.

xxvi 오야마 이와오(大山巖, 1842-1916): 메이지 시대의 군인. 사쓰마번 번사 출신. 사이고 다카모리의 사촌. 무진전쟁과 서남전쟁에 종군하였다. 메이지유신 이후 구미의 군제를 시찰하였고 근대적 육군 건설에 힘썼다. 육군경, 육군대신, 내대신 등을 역임하였고, 청일전쟁 당시 제2군 사령관, 러일전쟁 당시 만주군 총사령관으로 출정하였다. 겐로 중 한 명.

xxvii 가쓰라 다로(桂太郎, 1847-1913): 메이지-다이쇼 시대의 군인이자 정치가. 조슈번 번사 출신. 야마가타 아리토모의 아래에서 육군 군제 개혁을 추진하였다. 청일전쟁에 종군하였다. 그 후 육군대신, 내각총리대신(3번) 등을 역임하면서 영일 동맹, 러일전쟁, 한국 강제 병합 등을 단행하였다. 제1차 헌정 옹호 운동으로 하야한 뒤 병사하였다. 겐로 중 한 명.

xxviii 육군 사관 학교(陸軍士官學校): 구 일본 육군의 장교 양성 기관. 1868년에 교토에 설치된 병학교(兵學校)가 기원이다. 1874년에 육군 병학료(陸軍兵學寮) 사관 학교를 독립시켜서 도쿄 이치가야(市ヶ谷)에 설치하였다. 패전과 함께 폐지되었다.

Ⅳ. 프랑스·독일의 영향

i 가이세이조(開成所): 에도 시대 말기에 막부가 세운 서양 학문 연구·교육 기관. 1863년에 기존

의 요쇼시라베쇼를 개칭하였다. 메이지유신 직후인 1868년에 가이세이학교(開成學校)로 부활하였고, 그 후 몇 차례의 개칭을 거쳐 1877년에 제국대학의 일부가 되었다.

ii 니시 아마네(西周, 1829-1897): 에도 시대 말기-메이지 시대의 사상가. 이와미(石見, 현 시마네현[島根縣]) 출신. 네덜란드에서 유학한 뒤 귀국하여 가이세이조 교수가 되었다. 메이지유신 이후 병부성·육군성에 출사하여 근대적 군제 정비를 담당하였고, 군인칙유 기초에 관여하였다. 또한 서양 학문·사상을 일본에 소개하는 등 계몽 활동에도 힘썼다.

iii 슈타인(Lorenz von Stein, 1815-1890): 독일의 법학자이자 행정학자. 슐레스비히(Schleswig) 출신. 베를린(Berlin) 대학 졸업. 빈(Wien) 대학 교수 등을 역임하였다. 헌법 조사를 위해 유럽으로 온 이토 히로부미에게 헌법과 행정법을 강의하여 메이지 헌법 제정에 큰 영향을 미쳤다.

iv 관(官): 태정관의 약칭이다. 즉 '관·성·부·현'이란 중앙 정부인 태정관 및 그 아래의 각 성, 그리고 지방 정부인 전국의 부·현을 뜻한다.

v 공부성(工部省): 메이지 시대 초기에 식산흥업 정책을 관장한 중앙 행정 기관. 1870년에 기존의 민부성 소관이었던 광산, 제철, 조선, 철도, 등대, 전신 등 관영사업을 관장하기 위해 설치되었다. 장관은 공부경(工部卿)이었다. 1885년에 폐지되었다.

vi 개척사(開拓使): 메이지 시대 초기에 홋카이도, 가라후토(樺太) 등의 개척·경영을 관장한 기관. 1869년에 설치되었고 서양식 농법·기계 도입, 관영 공장 설치, 탄광 개발, 사족·둔전병 이주 등을 추진하였다. 1882년에 폐지되었다.

vii 참사원(參事院): 메이지 시대 전기에 법령 기초·심사, 행정관과 사법관 및 지방관과 지방 의회 간 권한 다툼의 재정(裁定)을 관장한 기관. 1881년에 설치되었다. 장관은 참사원 의장이었다. 1885년에 내각 제도가 실시되면서 내각 법제국으로 개편되었다.

viii 칙령(勅令): 메이지 헌법에서 천황 대권에 근거하여 천황의 명령으로 제국의회의 협찬(協贊)을 거치지 않고 국무대신의 보필만으로 제정된 법령 형식. 패전 후 일본국헌법이 제정되면서 폐지되었다.

ix 법률(法律): 메이지 헌법에서 제국의회의 협찬을 거친 뒤 천황이 재가하여 제정된 법령 형식. 패전 후 일본국헌법에서는 국회 양원의 의결만으로 성립한다.

x 협찬권(協贊權): 메이지 헌법에서 제국의회에 부여된 권한. 법률안 및 예산안을 유효하게 성립시키기 위해 통치권자인 천황에 대해 동의·승낙의 의사 표시를 하는 것. 오늘날의 의결에 해당한다.

xi 대원수(大元帥): 메이지 헌법에서 육해군 통수권자로서 천황의 칭호. 구 일본 육해군에서 원수와 대원수는 계급이 아닌 칭호였다.

xii 그나이스트(Heinrich Rudolf Hermann Friedrich von Gneist, 1816-1895): 독일의 법학자이자 정치가. 베를린 출신. 베를린 대학 졸업. 동 대학 교수, 독일 제국의회 의원 등을 역임하였다. 헌법 조사를 위해 유럽으로 온 이토 히로부미에게 헌법을 강의하고 군주제 및 행정권 강화 이론을 설명하였다.

xiii 뢰슬러(Karl Friedrich Hermann Roesler, 1834-1894): 독일의 법학자이자 경제학자. 바이에른(Bayern) 출신. 에를랑겐(Erlangen) 대학 졸업. 로스토크(Rostock) 대학 교수 등을 역임하였다. 스승인 그나이스트의 추천으로 1878년에 외무성 법률 고문 및 내각 고문으로 일본에 초빙되어 1893년까지 머무르면서 메이지 헌법, 구 상법 등을 기초하였다.

xiv 이토 히로부미(伊藤博文, 1841-1909): 에도 시대 말기-메이지 시대의 정치가. 스오의 농민 출신으로 조슈번 번사가 되었고, 쇼카손주쿠에서 수학하였다. 존왕양이 운동에 가담하였지만 영국 유학 후 개국론자가 되었다. 메이지유신 이후 참의, 공부경, 내무경, 내각총리대신(4번), 추밀원 의장, 입헌정우회 총재, 한국 통감 등을 역임하였다. 메이지 헌법 제정을 주도하고 불평등 조약 개정을 실현하였으며 청일전쟁을 지도하였다. 한국의 외교와 내정에 간섭하다가 안중근에게 사살당하였다. 겐로 중 한 명.

xv 후시미노미야 사다나루 친왕(伏見宮貞愛親王, 1858-1923): 메이지-다이쇼 시대의 황족이자 군인. 메이지유신 이후 육군 군인이 되어 서남전쟁, 청일전쟁, 러일전쟁에 종군하였다. 그 후 육군 대장, 원수에 이르렀고 대일본농회(大日本農會), 제국재향군인회(帝國在郷軍人會) 등의 총재를 역임하였다.

xvi 히지카타 히사모토(土方久元, 1833-1918): 에도 시대 말기-메이지 시대의 정치가. 도사번 번사 출신. 존왕양이 운동에 가담하고 삿초 동맹 성립에 힘썼다. 메이지유신 이후 일등 시보, 원로원 의관, 궁중 고문관, 농상무대신, 궁내대신, 추밀 고문관 등을 역임하였다.

V. 대일본제국헌법의 성립까지

i 해군 병학교(海軍兵學校): 구 일본 해군의 장교 양성 기관. 1869년에 설치된 해군 조련소가 기원이다. 1876년에 해군 병학료(海軍兵學寮)를 개칭하여 설치되었다. 1888년에 도쿄 쓰키지(築地)에서 히로시마현 에타지마(江田島)로 이전하였다. 패전과 함께 폐지되었다.

ii 멕켈(Klemens Wilhelm Jakob Meckel, 1842-1906): 독일의 군인. 쾰른(Köln) 출신. 1885년에 육군 소좌로서 일본 정부에 초빙되어 육군 대학교 교관, 참모본부 교관이 되었다. 1888년까지 머무르면서 육군 군제를 독일식으로 개혁하고 참모 장교를 육성하였다.

iii 사가(佐賀)의 난: 메이지 시대 초기의 사족 반란. 1874년에 사가현의 불평 사족이 정한론을 내세우며 하야한 전 참의 에토 신페이(江藤新平, 1834-1874) 등을 옹립하여 봉기하였다. 신정부에 의해 진압당하였고, 에토 등은 참수형에 처해졌다.

iv '대만 출병': 근대 일본 최초의 해외 출병. 1871년에 류큐(琉球)의 배가 대만에 표착한 뒤 원주민에게 습격당한 것을 명목으로 1874년에 메이지 신정부가 군대를 파견하여 살인·약탈·방화를 자행하였다. 한때는 청·일 간에 개전 위기를 초래하였지만, 청 주재 영국 공사의 알선으로 화의가 성립하여 일본은 철병하였다.

v 구장(區長): 메이지유신 직후인 1872년에 기존의 정·촌을 폐지하고 새롭게 설치된 대구(大區)의 장으로서 호적 관련 사무를 담당한 지방 관리. 1878년에 군·구·정·촌 편제법이 시행되면서 도시 지역 내에 구가 설치되었고 그 장을 구장이라고 불렀다. 1889년에 시제·정촌제가 시행되면서 시장 혹은 구장이 되었다. 또한 정·촌 합병 후 정·촌 내에 편의적으로 설치한 구의 장을 가리키기도 한다.

vi 정원(正院): 1871년의 폐번치현 이후 관제 개혁에 의해 설치된 최고 기관. 입법 심의 기관인 좌원(左院), 각 성 간의 연락·조정 기관인 우원(右院)의 상위에 있으면서 함께 태정관을 구성하였다. 태정대신, 좌대신, 우대신, 참의로 이루어졌다. 1877년에 폐지되었다.

vii 이와쿠라 사절단(岩倉使節團): 메이지유신 직후인 1871년부터 1873년까지 신정부가 구미에 파견한 사절단. 불평등 조약 개정 준비 교섭, 해외 시찰 등을 사명으로 하였다. 대사는 이와쿠라 도모미, 부사는 기도 다카요시, 오쿠보 도시미치, 이토 히로부미 등이었다. 그 외에 다수의 관리와 유학생이 동행하여 총 100여 명에 이르렀다.

viii 시마즈 히사미쓰(島津久光, 1817-1887): 에도 시대 말기-메이지 시대의 무사. 시마즈 나리아키라의 이복동생. 시마즈 다다요시(島津忠義, 1840-1897)가 사쓰마번 번주가 되자, 그의 친아버지로서 번의 실권을 장악하고 공무 합체 운동에 힘썼다. 메이지유신 이후 좌대신 등을 역임하였지만 신정부의 서구화 정책에 반대하여 은퇴하였다.

ix 민권가(民權家): 자유 민권 운동가로 활동한 이들을 뜻한다. 자유 민권 운동이란 메이지 시대 전기에 인민의 권리와 자유 확대를 내세우며 번벌 정부에 맞서 정치에 참가하고자 한 광범

위한 정치 운동이다. 1874년의 〈민선 의원 설립 건백서〉 제출에서 시작되었다. 사족, 도시 지식인에서 호농, 빈농까지 참가한 전국적인 운동이 되었고 1881년에 정부로 하여금 국회 개설을 약속하도록 하였다. 1883년 이후 쇠퇴하였다.

x 교도단(教導團): 구 일본 육군의 하사관 양성 기관. 1870년에 오사카 병학료(大阪兵學寮) 내에 설치된 교도대(教導隊)가 기원이다. 1871년에 도쿄로 이전하였고 교도단으로 개칭되었다. 1899년에 폐지되었다가 1927년에 육군 교도학교(陸軍教導學校)로 부활하였다.

xi 간병졸(看病卒): 구 일본 육군에서 위생부에 속하면서 부상병 간호나 위생 근무를 담당한 병사. 1884년에 간호졸, 1931년에 간호병, 1937년에 위생병으로 개칭되었다.

xii 나카지마 노부유키(中島信行, 1846-1899): 에도 시대 말기-메이지 시대의 정치가. 도사번 번사 출신. 사카모토 료마가 세운 무역 회사인 가이엔타이(海援隊)에 참가하였다. 메이지유신 이후 원로원 의관 등을 역임하였고, 그 후 자유 민권 운동에 투신하여 자유당 부총리, 초대 중의원 의장 등이 되었다.

xiii 고노 도가마(河野敏鎌, 1844-1895): 에도 시대 말기-메이지 시대의 정치가. 도사번 번사 출신. 메이지유신 이후 문부경 등을 역임하였지만 1881년에 메이지 14년 정변으로 하야한 뒤 입헌개진당 부총리가 되었다. 그 후 농상무대신, 사법대신, 내무대신, 문부대신 등을 역임하였다.

xiv 사노 쓰네타미(佐野常民, 1822-1902): 에도 시대 말기-메이지 시대의 정치가. 히젠번 번사 출신. 유럽 시찰 후 귀국하여 메이지 신정부에서 해군 창설에 힘썼다. 하쿠아이샤(博愛社, 현 일본 적십자사)를 창립하였고 원로원 의장, 농상무대신 등을 역임하였다.

xv 화족(華族): 메이지유신 이후 족칭 중 하나. 황족의 아래이자 사족의 위였다. 원래는 예전의 공경(公卿) 및 다이묘 가문의 신분 호칭에 불과하였지만 1884년에 화족령이 제정되면서 메이지유신의 공신과 실업가 등에게도 적용되어 작위가 수여되었고 특권을 수반한 사회적 신분이 되었다. 1947년에 폐지되었다.

xvi 서남전쟁(西南戰爭): 1877년에 사쓰마번 번사 출신인 사이고 다카모리가 일으킨 사족 반란. 메이지 신정부에 대해 불평 사족이 일으킨 최대이자 최후의 무장 반란이다. 반란군은 구마모토성을 점령하지 못한 채 정부군의 반격으로 패퇴하였다. 신정부 측의 승리와 사이고의 사망으로 끝났다.

xvii 참군(參軍): 정토총독 본부에서 그 군사에 참가하여 계획을 입안한 관직. 참모에 해당한다. 1868년의 무진전쟁 당시 처음 설치되었다.

xviii 시보(侍補): 메이지 시대 전기인 1877년에 궁내성에 설치된 천황 측근 관직. 천황을 상시 보좌하면서 간언하는 것을 임무로 하였다. 천황 친정 운동을 전개하면서 정부 주류파와 대립하였기에 1879년에 폐지되었다.

xix 궁내성(宮內省): 원래는 고대 일본 율령제에서 태정관 아래에 설치되어 천황과 황실에 관한 모든 사무를 관장한 기관. 메이지유신 이후 1869년에 황실·황족·화족 사무를 관장하는 기관으로 부활하였다. 장관은 궁내경(宮內卿)이었고, 1885년에 내각 제도가 실시되면서 궁내대신으로 개칭되었다. 패전 후 1947년에 궁내부(宮內府), 1949년에 궁내청(宮內廳)으로 개편되었다.

xx 어용괘(御用掛): 예전에 궁내성 등의 관청으로부터 명을 받아 용무를 관장한 관직. 혹은 그 관직에 있는 자.

xxi 영세록(永世祿): 메이지유신 당시 화족·사족에게 하사된 무기한의 가록. 막부 타도에 공을 세운 화족·사족에게 상으로 수여된 것, 혹은 1869년의 판적봉환 이후 예전의 번주·번사에게 기존 가록의 10분의 1이 지급된 것이 있다. 1876년에 폐지되었다.

xxii 초병(鍬兵): 메이지 시대 초기에 구 일본 육해군에 설치된 공병과 같은 임무를 맡은 병사. '초'는 괭이를 뜻한다. 부대에서 일부 병사를 선발하여 초병으로 편성한 뒤, 본대가 요구하는 간단한 토목 공사를 하거나 공병을 지원하여 대규모 작업을 하도록 하였다.

xxiii 지사(知事): 일본 지방 자치 단체인 도(都)·도(道)·부·현의 장관. 1871년의 폐번치현 이후 도쿄·교토·오사카의 3부에는 부지사, 현에는 현령이 설치되었다. 현령은 1886년에 현지사(縣知事)로 개칭되었다.

xxiv 신율강령(新律綱領): 1870년에 공포된 메이지 신정부 최초의 형법전. 고대 일본의 다이호율(大寶律), 에도 막부의 구지카타오사다메가키(公事方御定書)부터 중국의 명률(明律)·청률(淸律)까지 폭넓게 참조하여 작성되었다. 1882년에 구 형법이 시행되면서 폐지되었다.

xxv 중금고(重禁錮): 일본 구 형법의 형벌 이름. 경죄(輕罪)의 주형(主刑) 중 하나. 금고장(禁錮場)에 유치하여 일정한 노역을 시킨다는 점에서 경금고(輕禁錮)와 다르다. 형기는 11일 이상에서 5년 이하였다.

xxvi 지조(地租): 토지를 대상으로 한 조세. 1873년의 지조 개정에 의해 도입되었다. 토지 수익에서 지가(地價)를 산정한 뒤 그중 일정한 비율을 토지 소유자가 현금으로 납부하도록 하였다. 세율은 처음에는 3%였고 시기에 따라 변동이 있었다. 한때는 국세 수입의 80-90%를 차지할 만큼 메이지 정부의 주요 세원이었다.

xxvii 칙어(勅語): 메이지 헌법에서 천황이 대권에 근거하여 국무대신의 부서 없이 친히 신민에 대해 발표한 의사 표시. 교육칙어(教育勅語) 등.

xxviii 이노우에 고와시(井上毅, 1843-1895): 메이지 시대의 관료이자 정치가. 히고번(肥後藩, 현 구마모토현) 번사 출신. 메이지유신 이후 유럽의 사법 제도를 시찰하였다. 오쿠보 도시미치, 이와쿠라 도모미, 이토 히로부미의 브레인으로서 활약하였고 메이지 헌법, 황실전범(皇室典範), 교육칙어, 군인칙유 등을 기초하였다. 추밀 고문관, 문부대신 등을 역임하였다.

xxix 부아소나드(Gustave Émile Boissonade, 1825-1910): 프랑스의 법학자. 뱅센(Vincennes) 출신. 파리(Paris) 대학 졸업. 파리 대학 교수 등을 역임하였다. 1873년에 일본 정부 고문으로 초빙되어 1895년까지 머무르면서 구 민법, 구 형법 등을 기초하였다.

xxx 부현회(府縣會): 부·현의 공선 의회인 부회(府會)와 현회(縣會)를 아울러 이르는 말. 1878년에 제정된 부현회 규칙에 따라 부지사·현령의 자문 기관으로 설치된 것이 시초이다. 그 후 점차 권한이 확대되었고 직접 선거제, 보통 선거제 등도 도입되었다. 오늘날의 부의회(府議會)와 현의회(縣議會)에 해당한다.

xxxi 미쓰쿠리 린쇼(箕作麟祥, 1846-1897): 메이지 시대의 정치가. 에도 출신. 난학을 배운 뒤 막부의 신하가 되어 파리 만국 박람회에 파견되었다. 귀국 후 메이지 신정부에 출사하여 나폴레옹(Napoléon) 법전 번역, 구 민법, 구 상법 등의 기초에 힘썼다. 사법차관, 행정재판소 장관 등을 역임하였다.

xxxii 후쿠오카 다카치카(福岡孝弟, 1835-1919): 에도 시대 말기-메이지 시대의 관료. 도사번 번사 출신. 고토 쇼지로와 함께 대정봉환에 힘썼다. 메이지유신 이후 5개 조 서문(誓文), 정체서를 기초하였다. 참의, 문부경, 추밀 고문관 등을 역임하였다.

xxxiii 교주고슬(膠柱鼓瑟): 아교풀로 비파나 거문고의 기러기발을 붙여 놓으면 음조를 바꿀 수 없다는 뜻으로, 고지식하여 조금도 융통성이 없음을 이르는 말이다. 《사기(史記)》 〈인상여전(藺相如傳)〉에 나오는 말이다.

xxxiv 하라 다카시(原敬, 1856-1921): 메이지-다이쇼 시대의 정치가. 모리오카번(森岡藩, 현 이와테현[岩手縣]) 출신. 사법성 법학교 중퇴. 외무차관, 조선 주재 공사, 《오사카마이니치신문(大阪每日新聞)》 사장 등을 역임한 뒤 입헌정우회 결성에 참가하였고, 중의원 의원으로 8번 당선되었다. 1918년에 입헌정우회 총재로서 최초의 본격적인 정당 내각을 수립하여 '평민 재상'이라고 불리었지만 도쿄역에서 암살당하였다.

VI. 헌법과 징병령

i 공문식(公文式): 1886년에 제정된 법률·명령의 공포 절차 및 시행 기한, 각령(閣令)·성령 제정권의 근거 등을 정한 칙령. 1907년에 공식령(公式令)이 제정되면서 폐지되었다.

ii 친서(親署)·부서(副署): 친서는 천황이 친히 서명하는 것을 가리킨다. 한편 부서는 메이지 헌법에서 천황의 문서적 행위에 관해 보필하는 자가 천황 이름에 덧붙여 서명하는 것을 가리킨다.

iii 추밀원(樞密院): 메이지 헌법에서 천황의 최고 자문 기관. 1888년에 메이지 헌법 초안 심의를 위해 설치되었다. 의장, 부의장, 고문관으로 조직되었고 국무대신 및 성인 남성 황족도 참석할 수 있었다. 자문 사항은 황실전범, 헌법 및 부속법, 외국과의 조약, 계엄 선포, 긴급칙령 등이었다. 패전 후 1947년에 폐지되었다.

iv 이토 미요지(伊東巳代治, 1857-1934): 메이지-쇼와 시대 전기의 관료이자 정치가. 나가사키(長崎) 출신. 이토 히로부미에게 등용되어 메이지 헌법 및 각종 법전의 기초·제정에 관여하였다. 내각 서기관장, 농상무대신, 추밀 고문관 등을 역임하였다.

v 가네코 겐타로(金子堅太郎, 1853-1942): 메이지-쇼와 시대 전기의 관료이자 정치가. 지쿠젠번(筑前藩, 현 후쿠오카현) 번사 출신. 미국에서 유학하였다. 이토 히로부미의 비서관으로서 이노우에 고와시, 이토 미요지 등과 함께 메이지 헌법을 기초하였다. 농상무대신, 사법대신, 중의원 의원 등을 역임하였다.

vi 모세(Albert Mosse, 1846-1925): 독일의 법학자. 그레츠(Grätz) 출신. 베를린 대학 졸업. 베를린시 재판소 판사 등을 역임하였다. 스승인 그나이스트를 대신하여 이토 히로부미에게 헌법·행정법을 강의하였다. 1886년에 내각 및 내무성 법률 고문으로 일본에 초빙되어 1890년까지 머무르면서 시제(市制)·정촌제(町村制) 원안을 기초하였다.

vii 대권(大權): 넓은 의미로는 메이지 헌법에서 천황이 국토와 인민을 통치하는 권한, 즉 통치권을 뜻한다. 한편 좁은 의미로는 헌법상의 대권으로서 제국의회의 참여에 의하지 않고 보필 기관의 참여만으로 행사하는 천황의 권한을 뜻한다.

viii 유악 상주(帷幄上奏): 유악은 진영 내에 장막을 치고 작전 계획을 세우는 곳으로 유막(帷幕)이라고도 한다. 즉 유악 상주는 메이지 헌법에서 일반 국무 외에 속한 군 지휘·통수 관련 사항에 관해 육해군 군령 기관의 장이 각의를 거치지 않고 천황에게 직접 상주하는 것을 뜻한다.

ix 구로다 기요타카(黑田淸隆, 1840-1900): 메이지 시대의 정치가. 사쓰마번 번사 출신. 무진전쟁과 서남전쟁에 종군하였다. 1876년에 일본 정부 대표로서 조일수호조규(朝日修好條規, 일명 강화도 조약)를 체결하였다. 개척장관(開拓長官)으로서 홋카이도 개척에 힘썼지만 훗날 개척사 관유물 불하 사건으로 여론의 비난을 받았다. 참의, 내각총리대신, 체신대신, 추밀원 의장 등을 역임하였다. 겐로 중 한 명.

x 마쓰카타 마사요시(松方正義, 1835-1924): 메이지-다이쇼 시대의 정치가. 사쓰마번 번사 출신. 대장경 혹은 대장대신으로서 10년 이상 재직하면서 '마쓰카타 재정'을 단행하여 서남전쟁 이후의 재정 위기를 극복하였다. 또한 일본은행(日本銀行)을 설립하고 금 본위 제도를 실시하였다. 내각총리대신(2번), 추밀 고문관, 내대신 등을 역임하였다. 겐로 중 한 명.

xi 직접 국세(直接國稅): 국가가 경비를 지출하기 위해 국민에게 부과하고 징수하는 조세 중 납세 의무자와 실제 조세 부담자가 동일한 것을 아울러 이르는 말. 근대 일본에서는 지조, 소득세, 법인세, 상속세 등이 이에 해당하였다.

xii 지방세(地方稅): 지방 자치 단체가 부과하는 조세. 근대 일본에서는 1878년에 지방세 규칙을 제정하면서 기존의 민비(民費)를 지방세와 협의비(協議費)로 구분하였다. 지조 부가세, 영업세 및 잡종세(雜種稅), 호별세(戶數割)를 세원으로 하여 부·현에서 징수하였다.

xiii 정촌비(町村費): 지방세의 일종. 최하급 지방 자치 단체인 정·촌 내에 한정된 경비로서 주민의 협의에 맡겨졌기에 협의비라고도 하였다. 토지 가격 및 면적, 호수(戶數) 등에 따라 할당된 금액을 세원으로 하였다.

xiv 군장(郡長): 일본에서 부·현과 정·촌의 중간에 위치한 지방 행정 단위인 군(郡)의 장관. 1878년에 행정 단위로 인정되면서 군장과 군청(郡役所)이 설치되었지만 1921년의 군제(郡制) 폐지로 군이 단순한 지리상의 행정 구역이 되면서 폐지되었다.

xv 모리 아리노리(森有禮, 1847-1889): 메이지 시대의 외교관이자 정치가. 사쓰마번 번사 출신. 번의 명령으로 영국·미국에서 유학하였다. 메이지유신 이후 메이로쿠샤(明六社)를 결성하고 계몽 활동에 힘썼다. 또한 외무대보, 영국 주재 공사, 문부대신 등을 역임하였고 학교령(學校令)을 제정하여 교육 제도를 확립하였지만 서구화주의자로 간주되어 암살당하였다.

xvi 오토리 게이스케(大鳥圭介, 1833-1911): 에도 시대 말기-메이지 시대의 외교관. 하리마(播磨, 현 효고현) 출신. 난학과 병학을 배운 뒤 막부의 호헤이부교(步兵奉行)가 되었다. 무진전쟁 당시 신정부에 맞서 싸웠지만 패배한 뒤 귀순하였다. 청일전쟁 당시 청 및 조선 주재 공사로서 전쟁의 발단이 되는 외교 공작을 하였다. 추밀 고문관 등을 역임하였다.

xvii 내각 서기관실(內閣書記官室): 전전 일본에서 내각의 활동을 보좌한 부서. 1879년에 설치되었다. 내각총리대신의 명을 받아 기밀문서를 관리하고 각내(閣內) 서무를 총괄하였다. 장관은 내각 서기관장이었고 내각 서기관 등으로 조직되었다. 1924년에 내각 관방(內閣官房)으로 개칭되었다.

xviii 도리오 고야타(鳥尾小彌太, 1847-1905): 메이지 시대의 군인이자 정치가. 조슈번 번사 출신. 무진전쟁과 서남전쟁에 종군하였다. 오사카 진대 사령관, 근위도독(近衛都督) 등을 역임하였고, 육군을 떠난 뒤 보수중정파(保守中正派)라는 정당을 조직하였다. 추밀 고문관, 귀족원 의원 등을 역임하였다.

xix 다니 다테키(谷干城, 1837-1911): 메이지 시대의 군인이자 정치가. 도사번 번사 출신. 무진전쟁에 종군하였고, 서남전쟁 당시 구마모토 진대 사령관으로서 사이고 다카모리의 군대를 막아냈다. 그 후 농상무대신, 가쿠슈인 원장, 귀족원 의원 등을 역임하였다. 국수주의자로서 이노우에 가오루(井上馨) 외무대신의 불평등 조약 개정안에 반대하였다.

xx 월요회(月曜會): 1881년에 결성된 육군 내 군사 연구 단체. 호리에 요시스케(掘江芳介, 1845-1902), 미우라 고로, 도리오 고야타, 다니 다테키, 소가 스케노리의 '4장군'이 중심이었다. 육군 내 주류파에 맞서 세력을 급속히 확대하였지만, 1889년에 해산당하였다.

xxi 참모본부(參謀本部): 전전 일본에서 천황에 직속하여 국방·용병 등을 관장한 육군 군령 기관. 1878년에 육군성 외국(外局)이었던 참모국(參謀局)을 대신하여 설치되었다. 장관은 참모본부장이었고, 나중에 참모총장으로 개칭되었다. 패전과 함께 폐지되었다.

xxii 메이지 천황(明治天皇, 1852-1912): 근대 일본 최초의 천황. 고메이 천황(孝明天皇, 1831-1866)의 아들로서 이름은 무쓰히토(睦仁). 1867년에 천황위를 계승하였고, 그해 말에 천황의 이름으로 막부 폐지 및 왕정복고가 선포되었다. 그의 재위 중에 폐번치현, 메이지 헌법 제정, 제국의회 소집 등 각 분야에서 근대화가 추진되었다. 또한 '대만 출병', 청일전쟁, 러일전쟁, 한국 강제 병합 등 대외 팽창도 이루어졌다.

xxiii 이노우에 가오루(井上馨, 1835-1915): 에도 시대 말기-다이쇼 시대의 정치가. 조슈번 번사 출신. 쇼카손주쿠에서 수학하였다. 이토 히로부미와 함께 영국으로 건너간 뒤 양이론자에서 개국론자가 되었다. 메이지유신 이후 신정부의 중심으로서 대장대보, 외무경, 외무대신, 농상무대신, 내무대신, 대장대신 등을 역임하였다. 불평등 조약 개정을 추진하였지만 좌절하였다. 겐로 중 한 명.

VII. 제국의회에서의 공방

i 귀족원(貴族院): 제국의회를 구성하는 양원(兩院) 중 하나. 황족 의원, 화족 의원, 칙임(勅任) 의원(국가 유공자, 학자, 다액 납세자)으로 조직되었다. 중의원과 권한은 대등하였다. 패전 후 1947년에 폐지되었다.

ii 중의원(衆議院): 제국의회를 구성하는 양원 중 하나. 유권자로부터 직접 선출된 의원으로 조직되었다. 귀족원과 권한은 대등하였다. 패전 후 일본국헌법에서 참의원(參議院)과 함께 국회를 구성하지만 참의원보다 우월한 권한을 지닌다.

iii 긴급칙령(緊急勅令): 메이지 헌법에서 제국의회 폐회 중에 공공의 안전을 유지하거나 재난을 피하기 위해 긴급한 필요에 따라 법률을 대신하는 것으로 천황이 내리는 칙령. 추밀원에의 자순(諮詢)을 거쳐야 했고, 또 다음 회기의 제국의회에서 승낙받아야 했다.

iv 기류(寄留): 예전에 90일 이상 본적지 외의 일정한 장소에 거주할 목적으로 주소 또는 거처를 두는 것. 또한 그러한 곳을 기류지(寄留地)라고 하였다.

v 동청 철도(東淸鐵道): 청일전쟁 이후 제정 러시아가 중국 둥베이(東北) 지방에 부설한 철도. 동부 시베리아의 치타(Chita)에서 북만주를 횡단하여 블라디보스토크(Vladivostok)로 이어지는 본선과 하얼빈(哈爾濱)에서 분기하여 뤼순(旅順)으로 이어지는 남부 지선으로 이루어졌다. 일본은 러일전쟁 이후 창춘(長春) 이남의 남부 지선을 획득하고 남만주 철도(南滿洲鐵道)라고 불렀다.

vi 다나카 기이치(田中義一, 1864-1929): 메이지-쇼와 시대 전기의 군인이자 정치가. 조슈 출신. 육군 대학교 졸업. 러일전쟁 이후 제국재향군인회 강화에 힘썼다. 참모차장, 육군대신 등을 역임한 뒤 정치가로 변신하여 입헌정우회 총재가 되었다. 1927년에 내각총리대신이 되어 사회주의를 탄압하고 대중국 강경 외교를 추진하였지만, 장쭤린(張作霖, 1875-1928) 폭살 사건 처분 문제로 쇼와 천황의 질책을 받고 사직하였다.

vii 이구치 쇼고(井口省吾, 1855-1925): 메이지-다이쇼 시대의 군인. 스루가(駿河, 현 시즈오카현[靜岡縣]) 출신. 독일에서 유학하였다. 청일전쟁과 러일전쟁에 종군하였고 육군 대학교 교장, 조선주차군(朝鮮駐箚軍) 사령관 등을 역임하였다.

viii 데라우치 마사타케(寺內正毅, 1852-1919): 메이지-다이쇼 시대의 군인이자 정치가. 조슈번 번사 출신. 무진전쟁과 서남전쟁에 종군하였고, 프랑스에서 유학하였다. 육군대신으로 9년 동안 재직하였고 한국 통감으로서 강제 병합을 단행한 뒤 초대 조선 총독이 되었다. 1916년에 내각총리대신이 되어 초연 내각(超然內閣)을 조직하였지만 1918년에 쌀 소동(米騷動) 발발의 책임을 지고 사직하였다.

ix 야마모토 곤베에(山本權兵衛, 1852-1933): 메이지-다이쇼 시대의 군인이자 정치가. 사쓰마번 번사 출신. 근대적 해군 창설에 힘썼다. 해군대신으로 7년 동안 재직하였다. 1913년과 1923년에 내각총리대신이 되었지만, 각각 해군 군인의 수뢰 사건인 지멘스(Siemens) 사건과 섭정 히로히토 친왕(裕仁親王, 훗날의 쇼와 천황) 암살 미수 사건인 도라노몬 사건(虎ノ門事件)으로 사직하였다.

x 고토쿠 슈스이(幸德秋水, 1871-1911): 메이지 시대의 사회주의자. 고치현 출신. 나카에 조민(中江兆民, 1847-1901)에게 사사하였다. 러일전쟁 당시《평민신문(平民新聞)》을 창간하여 반전론을 전개하였다. 점차 무정부주의에 접근하였지만, 메이지 천황 암살을 계획하였다는 대역사건(大逆事件)의 주모자로 검거되어 교수형에 처해졌다.

xi 이시모토 신로쿠(石本新六, 1854-1912): 메이지 시대의 군인. 하리마 출신. 프랑스에서 유학하였다. 데라우치 마사타케에게 등용되어 육군총무장관, 육군차관, 육군대신 등을 역임하였다.

xii 제단(梯團): 대규모 부대가 행진할 때 편의상 몇 개의 부대로 나누었을 경우의 각 부대를 가리키는 말.

xiii 사이온지 긴모치(西園寺公望, 1849-1940): 메이지-쇼와 시대 전기의 정치가. 교토 출신. 무진전쟁에 종군하였고, 프랑스에서 유학하였다. 문부대신, 외무대신, 추밀원 의장, 입헌정우회 총재 등을 거쳐 내각총리대신(2번)이 되어 가쓰라 다로와 함께 게이엔(桂園) 시대를 열었다. 파리 강화 회의에 수석 전권 위원으로 참석하였다. 최후의 겐로.

xiv 사이토 마코토(齋藤實, 1858-1936): 메이지-쇼와 시대 전기의 군인이자 정치가. 미즈사와번(水澤藩, 현 이와테현) 출신. 해군대신으로 8년 동안 재직하였다. 조선 총독을 거쳐 1932년에 내각총리대신이 되었고, 그 후 내대신 등을 역임하였다. 1936년의 2·26 사건 때 육군 청년 장교들에게 살해당하였다.

xv 고노에 아쓰마로(近衛篤麿, 1863-1904): 메이지 시대의 정치가. 교토 출신. 관백(關白) 고노에 다다히로(近衛忠熙, 1808-1898)의 손자이자 고노에 후미마로(近衛文麿)의 아버지. 청일전쟁 이후 대러시아 강경론 및 청·일 동맹론을 주장하고 동아동문회(東亞同文會)를 조직하였다. 귀족원 의원, 가쿠슈인 원장, 귀족원 의장, 추밀 고문관 등을 역임하였다.

xvi 동아동문회(東亞同文會): 청일전쟁 이후 결성된 국가주의 단체. 1898년에 고노에 아쓰마로가 조직한 동문회(同文會)와 동아회(東亞會)가 합병하여 성립하였다. 청·일 제휴 및 중국 보전을 표방하였다. 일본 정부의 보조금으로 청·일 양국에 동아동문서원(東亞同文書院)을 세우는 등 교육 및 중국 관련 출판 사업에 종사하였다.

xvii 오가와 헤이키치(小川平吉, 1869-1942): 메이지-쇼와 시대 전기의 정치가. 시나노(信濃, 현 나가노현[長野縣]) 출신. 제국대학 졸업. 동아동문회, 대러동지회(對露同志會)에 가담하여 대러시아 주전론을 내세웠다. 중의원 의원으로 10번 당선되었다. 입헌정우회의 영수로서 사법대신, 철도대신 등을 역임하였다.

xviii '내지(內地)'·'외지(外地)': 일국 내에서 헌법이 정하는 통상적인 법률이 시행되는 본래의 영토를 '내지', 그렇지 않은 새롭게 획득한 영토를 '외지'라고 한다. 근대 일본의 경우에는 일본 열도가 전자, 식민지 대만·조선, 가라후토(樺太) 등이 후자에 해당하였다.

xix 가라후토(樺太): 사할린(Sakhalin)의 일본명. 일본은 처음에는 러시아와 사할린을 공유하였지만, 1875년에 가라후토·지시마(千島) 교환 조약으로 사할린을 포기하였다. 러일전쟁 이후 일본은 북위 50도 이하의 사할린 남부를 획득한 뒤 코르사코프(Korsakov, 일본명 오도마리[大泊])에 가라후토청(樺太廳)을 설치하여 지배하였다.

xx 관동주(關東州): 랴오둥반도(遼東半島) 남쪽 끝에 있었던 일본의 조차지. 러일전쟁 이후 일본은 러시아의 조차권을 계승한 뒤 뤼순에 관동 도독부(關東都督府)를 설치하여 지배하였다. 제2차 세계대전 이후 소련이 점령한 뒤 중국에 반환하였다.

xxi 청국 주둔군(淸國駐屯軍): 의화단(義和團) 운동 이후 1901년의 신축 조약(辛丑條約)에 따라 공사관 및 거류민 보호, 교통의 요충지 확보를 위해 일본이 톈진(天津), 베이징(北京) 등에 주둔시킨 군대. 톈진군 혹은 중국(支那) 주둔군이라고도 한다. 1937년의 중일전쟁 발발 직후 북중국(北支那) 방면군으로 개편되었다.

xxii 헤이룽 철도(黑龍鐵道): 시베리아 철도 중 치타에서 분기하여 헤이룽강(黑龍江, 아무르강) 북쪽 기슭을 따라 우회하여 블라디보스토크로 이어지는 노선. 아무르 철도라고도 한다. 제정 러시아는 러일전쟁으로 동청 철도 남부 지선의 대부분을 잃은 뒤, 자국 영토 내의 철도 본선을 연장하여 1916년에 개통하였다.

xxiii 제국재향군인회(帝國在鄕軍人會): 각지의 재향 군인 단체를 통합한 전국 조직. 1910년에 육군의 지도하에 결성되었고 1914년에는 해군 단체도 흡수하였다. 재향 군인의 군사 교육, 일반 국민에 대한 군사사상 보급 등을 목적으로 하였다. 회원은 300만 명을 칭하였고, 기관지 《전우(戰友)》를 발행하였다. 패전과 함께 해산하였다.

xxiv 구스노세 사치히코(楠瀨幸彦, 1858-1927): 메이지-다이쇼 시대의 군인. 도사 출신. 프랑스에서 유학하였다. 청일전쟁 당시 임시 경성 공사관 소속 무관이었고 이듬해에 을미사변에 가담한 혐의로 투옥되었다가 무죄 판결을 받았다. 러일전쟁에 종군하였고 그 후 가라후토청 장관, 육군대신 등을 역임하였다.

xxv 봉공(縫工)·화공(靴工): 구 일본 육군에서 경리부에 속하면서 군복·군화 등의 제조·수선을 담당한 이들. 하사관은 봉공장·화공장, 병은 봉공졸·화공졸이라고 하였다.

VIII. 제1차 세계대전의 영향

i 오시마 겐이치(大島健一, 1858-1947): 메이지-다이쇼 시대의 군인. 미노(美濃, 현 기후현[岐阜縣]) 출신. 야마가타 아리토모의 부관을 지냈고 러일전쟁에 종군하였다. 그 후 육군대신, 귀족원 의원, 추밀 고문관 등을 역임하였다.

ii 가토 도모사부로(加藤友三郎, 1861-1923): 메이지-다이쇼 시대의 군인. 아키(安藝, 현 히로시마현) 출신. 해군 대학교(海軍大學校) 졸업. 청일전쟁과 러일전쟁에 종군하였다. 해군대신으로 7년 동안 재직하였고, 워싱턴(Washington) 회의에 수석 전권 위원으로 참가하여 해군 군축 조약에 조인하였다. 1922년에 내각총리대신이 되었지만, 재직 중에 병사하였다.

iii 〈육군성 대일기(陸軍省大日記)〉·〈밀대일기(密大日記)〉: 〈육군성 대일기〉는 1868년에서 1945년에 걸쳐 육군성이 발송 혹은 접수한 공문서를 육군대신 관방(官房)이 편찬한 부책 등을 가리키고, 현재 일본 방위성(防衛省) 방위연구소 전사연구센터에 약 7,700권이 소장되어 있다. 그 중 〈밀대일기〉는 육군의 각종 비밀 사항과 관련된 명령·통첩 문서를 편찬한 것이다.

iv 이치키 기토쿠로(一木喜德郎, 1867-1944): 메이지-쇼와 시대 전기의 법학자이자 정치가. 도토우미(遠江, 현 시즈오카현) 출신. 제국대학 졸업. 독일에서 유학한 뒤 제국대학 교수가 되었다. 천황 기관설(天皇機關說)을 창시하였다. 귀족원 의원, 내각 법제국장관, 문부대신, 내무대신, 궁내대신, 추밀원 의장 등을 역임하였다.

v 오카 이치노스케(岡市之助, 1860-1916): 메이지-다이쇼 시대의 군인. 나가토(長門, 현 야마구치현) 출신. 육군 대학교 졸업. 청일전쟁과 러일전쟁에 종군하였다. 제2차 오쿠마 시게노부 내각의 육군대신으로서 식민지 조선 상주 2개 사단 증설을 실현하였다.

vi 스기야마 하지메(杉山元, 1880-1945): 메이지-쇼와 시대 전기의 군인. 후쿠오카현 출신. 육군대학교 졸업. 만주사변 당시 육군차관, 중일전쟁 발발 당시 육군대신으로 재직하였다. 태평양전쟁 당시 참모총장으로서 전쟁을 지휘하였다. 패전 직후 자결하였다.

vii 가토 다카아키(加藤高明, 1860-1926): 메이지-다이쇼 시대의 외교관이자 정치가. 오와리 출신. 제국대학 졸업. 미쓰비시(三菱) 재벌 창업자인 이와사키 야타로(岩崎彌太郎, 1834-1885)의 사위. 영국 주재 공사 등을 거쳐 제2차 오쿠마 시게노부 내각의 외무대신으로서 '21개 조 요구' 수락을 중국에 강요하였다. 헌정회(憲政會) 총재로서 1924년에 내각총리대신이 되어 보통 선거법 및 치안 유지법을 제정하였지만 재직 중에 병사하였다.

viii 모토노 이치로(本野一郎, 1862-1918): 메이지-다이쇼 시대의 외교관. 히젠 출신. 프랑스에서 유학하였다. 프랑스 주재 공사, 러시아 주재 대사로서 러일전쟁 전후의 외교에서 활약하였다. 그 후 데라우치 마사타케 내각의 외무대신으로서 이른바 '시베리아 출병'을 주장하였다.

ix 오카다 료헤이(岡田良平, 1864-1934): 메이지-쇼와 시대 전기의 관료이자 정치가. 도토우미 출신. 제국대학 졸업. 이치키 기토쿠로의 친형. 교토제국대학 총장, 문부대신, 귀족원 의원, 추밀 고문관 등을 역임하였다. 고등 교육 제도를 개혁하고 의무 교육비 국고 부담의 길을 열었으며, 또 중등학교 이상의 학교에 군사 교련을 도입하였다.

x 고마쓰바라 에이타로(小松原英太郎, 1852-1919): 메이지-다이쇼 시대의 관료이자 정치가. 비젠 출신. 게이오기주쿠 중퇴. 언론인에서 관료로 변신하여 사이타마현(埼玉縣) 지사, 내무차관, 귀족원 의원, 《오사카마이니치신문》 사장, 문부대신, 추밀 고문관 등을 역임하였다.

xi 〈공문유취(公文類聚)〉: 1882년에서 1954년에 걸쳐 태정관 혹은 내각에서 편찬한 부책. 1882년부터 1885년까지는 이전의 〈태정유전(太政類典)〉을 답습하여 공문서에서 선례와 법령 등을 채록하여 정서하였고, 1886년 이후에는 주로 법률·규칙의 결재 공문서 원본을 분류하여 시대순으로 편찬하였다. 현재 일본 국립공문서관에 약 4,060권이 소장되어 있다.

xii 도쿠가와 이에사토(德川家達, 1863-1940): 메이지-쇼와 시대 전기의 정치가. 에도 출신. 아명은 다야스 가메노스케(田安龜之助). 에도 막부의 마지막 쇼군 도쿠가와 요시노부(德川慶喜, 1837-1913)의 뒤를 이어 도쿠가와 종가를 상속하였다. 영국에서 유학하였다. 귀족원 의원, 귀족원 의장, 워싱턴 회의 전권 위원, 일본 적십자사 사장 등을 역임하였다.

xiii 칙선 의원(勅選議員): 메이지 헌법에서 귀족원을 구성하는 의원 중 하나. 국가에 훈공이 있거나 학식이 있는 만 30세 이상의 남성 중에서 칙임되었다. 임기는 종신이었다. 관료 출신자가 많았고, 화족 의원과 함께 귀족원의 중심 세력을 이루었다.

xiv 다카하시 사쿠에(高橋作衛, 1867-1920): 메이지-다이쇼 시대의 법학자. 시나노 출신. 제국대학 졸업. 해군 대학교 교수, 도쿄제국대학 교수, 내각 법제국장관, 귀족원 의원 등을 역임하였다. 청일전쟁 당시 국제법 고문으로 종군하였고, 러일전쟁을 앞두고 대러시아 강경론을 주장한 '7박사' 중 한 명이다.

xv 오쿠마 시게노부(大隈重信, 1838-1922): 메이지-다이쇼 시대의 정치가. 히젠번 번사 출신. 메이지유신 이후 대장경, 참의 등을 역임하면서 질록 처분, 지조 개정 등을 추진하였다. 메이지 14년 정변으로 하야한 뒤 입헌개진당 총리가 되었고, 도쿄전문학교(東京專門學校, 현 와세다대학[早稻田大學])를 세웠다. 그 후 외무대신, 내각총리대신(2번) 등을 역임하면서 최초의 정당 내각을 조직하고 제1차 세계대전에 참전하였다.

xvi 해군 대학교(海軍大學校): 구 일본 해군의 최고 교육·연구 기관. 1888년에 도쿄 쓰키지에 설치되었고 나중에 메구로(目黑)로 이전하였다. 고급 지휘관 양성을 목적으로 하였다. 패전과 함께 폐지되었다.

xvii 은급(恩給): 일정 기간 근속한 뒤 퇴직한 공무원이나 구 군인·군속 본인 또는 그 유족의 생활을 보전하기 위해 은급법에 근거하여 국가나 국가가 지정하는 단체에서 지급하는 일시금 또는 연금.

xviii 육군 대학교(陸軍大學校): 구 일본 육군의 최고 교육·연구 기관. 1883년에 참모본부 내에서 개교하였고 나중에 독립하여 도쿄 아카사카(赤坂)에 설치되었다. 육군 사관을 대상으로 고등 용병에 관한 학술 교수 및 연구를 목적으로 하였다. 패전과 함께 폐지되었다.

xix 오쿠 시게사부로(奧繁三郎, 1861-1924): 메이지-다이쇼 시대의 정치가이자 실업가. 야마시로(현 교토) 출신. 중의원 의원으로 8번 당선되었고 중의원 의장 등을 역임하였다. 또한 교토 가스, 게이신 전기 궤도(京津電氣軌道) 등을 설립하고 사장이 되었다.

xx 무토 산지(武藤山治, 1867-1934): 메이지-쇼와 시대 전기의 실업가. 미노 출신. 게이오기주쿠 졸업. 미쓰이은행(三井銀行)에 입사한 뒤 가네가후치 방적(鐘淵紡績) 사장 등을 역임하였다. 또한 '정계 정화'를 표방하면서 실업동지회(實業同志會)를 결성하고 중의원 의원으로 당선되었다. 그 후 시사신보사(時事新報社) 사장이 되었지만 암살당하였다.

xxi 마쓰나미 진이치로(松波仁一郎, 1868-1945): 메이지-쇼와 시대 전기의 법학자. 이즈미(현 오사카부) 출신. 제국대학 졸업. 해군성·육군성의 전시 국제법 고문, 해군 대학교 교관 등을 거쳐 도쿄제국대학 교수, 니혼대학(日本大學) 교수 등을 역임하였다. 일본 해사법학(海事法學)의 창시자이다.

xxii 와카쓰키 레이지로(若槻禮次郎, 1866-1949): 메이지-쇼와 시대 전기의 관료이자 정치가. 이즈모(出雲, 현 시마네현) 출신. 제국대학 졸업. 대장차관, 귀족원 의원, 대장대신, 헌정회 및 입헌민정당(立憲民政黨) 총재, 내각총리대신(2번) 등을 역임하였다. 또한 런던(London) 해군 군축 회의에 수석 전권 위원으로 참가하였다.

xxiii 다카라베 다케시(財部彪, 1867-1949): 메이지-쇼와 시대 전기의 군인. 휴가(日向, 현 미야자키현[宮崎縣]) 출신. 해군 대학교 졸업. 야마모토 곤베에의 사위이다. 대본영 참모, 해군차관 등을 거쳐 총 6개 내각의 해군대신으로 재직하였다. 또한 런던 해군 군축 회의의 전권 위원 중 한 명으로서 군축 조약에 조인하였다.

xxiv 《법령전서(法令全書)》: 메이지유신 이후 각종 법령을 월별로 편집하여 간행한 법령집. 1885년 1월에 태정관 문서국(文書局)에서 편찬한 것이 시초이고 1867-1884년간의 법령도 소급하여 편찬되었다. 그 후 내각 관보국(官報局)을 거쳐 국립 인쇄국(印刷局)에서 오늘날까지 계속 간행하고 있다.

xxv 야마나시 한조(山梨半造, 1864-1944): 메이지-쇼와 시대 전기의 군인이자 정치가. 사가미(相模, 현 가나가와현[神奈川縣]) 출신. 육군 대학교 졸업. 육군대신으로 재직하면서 '야마나시 군축'을 추진하였다. 그 후 조선 총독이 되었지만 수뢰 사건에 연루되어 사직하였다.

xxvi 수신(修身)·공민(公民): 수신은 천황에 대한 충성심 함양을 주축으로 효행·유순·근면 등의 덕목을 중시하는 교과이고 1880년 이후 중시되었지만 패전 후 폐지되었다. 한편 공민은 국가 혹은 지역 사회의 구성원으로서 필요한 정치·경제·사회 등에 관한 지식이나 자질을 육성하는 것을 목표로 하는 교과이고 1920년에 처음 개설되었다.

xxvii 실업보습학교(實業補習學校): 근로 청소년에게 소학교 교육 보습 및 실업 교육 실시를 목적으로 한 학교. 1893년에 창설되었다. 수업 연한은 3년 이내였고 일요일, 야간, 특정 계절 등에 한정한 교육도 인정하였기에 급속히 보급되었다. 1935년에 청년 훈련소(青年訓練所)와 통합하여 청년 학교(青年學校)가 되었다.

xxviii 나가타 데쓰잔(永田鐵山, 1884-1935): 다이쇼-쇼와 시대 전기의 군인. 나가노현 출신. 육군 대학교 졸업. 국가 총동원 체제를 추진하였고 육군 내 파벌인 통제파(統制派)의 핵심 구성원으로 활동하였다. 육군성 군무국장으로 재직하던 중에 대립하던 황도파(皇道派) 군인에게 살해당하였다.

xxix 교육총감부(教育總監部): 구 일본 육군의 교육 총괄 기관. 육군의 각종 학교 대부분을 관할하였다. 1898년에 기존의 감군부(監軍部)를 대신하여 육군대신의 관할하에 설치되었고, 1900년에 천황 직속이 되었다. 장관은 교육총감이었다. 패전과 함께 폐지되었다.

xxx 사법성(司法省): 전전 일본에서 사법 행정 사무를 관장한 중앙 행정 기관. 1871년에 형부성 등을 대신하여 설치되었다. 장관은 사법경(司法卿)이었고, 1885년에 내각 제도가 실시되면서 사법대신으로 개칭되었다. 패전 후 1948년에 법무청(法務廳), 1952년에 법무성(法務省)으로 개편되었다.

xxxi 우쓰노미야 다로(宇都宮太郎, 1861-1922): 메이지-다이쇼 시대의 군인. 히젠 출신. 육군 대학교 졸업. 영국 주재 대사관 소속 무관, 참모본부 제2 부장, 제4 사단장, 조선군(朝鮮軍) 사령관 등을 역임하였다.

xxxii 우에하라 유사쿠(上原勇作, 1856-1933): 메이지-쇼와 시대 전기의 군인. 휴가 출신. 프랑스에서 유학하였다. 육군대신으로 재직하던 중에 식민지 조선 상주 2개 사단 증설을 강경하게 요구하고 단독 사직하여 제2차 사이온지 긴모치 내각을 와해시켰다. 그 후 교육총감, 참모총장 등을 역임하였다. 육군 내 비주류파인 '우에하라파'의 영수였다.

xxxiii 기요우라 게이고(清浦奎吾, 1850-1942): 메이지-다이쇼 시대의 관료이자 정치가. 히고 출신. 내무 관료로서 야마가타 아리토모의 신임을 받아 귀족원 의원, 사법대신, 농상무대신, 추밀원 의장 등을 역임하였다. 1924년에 내각총리대신이 되어 귀족원을 중심으로 초연 내각을 조직하였지만, 총선거에서 호헌 3파에 패하여 사직하였다.

xxxiv 요시노 사쿠조(吉野作造, 1878-1933): 메이지-쇼와 시대 전기의 정치학자. 미야기현(宮城縣) 출신. 도쿄제국대학을 졸업한 뒤 동 대학 교수가 되었다. '데모크라시'의 번역어로 민본주의를 제시하고 정치·외교·사회의 민주화를 주장하였다. 또한 노동 운동, 식민지 조선 학생 운동 등도 지지하는 등 '다이쇼 데모크라시'의 이론적 지도자로서 활약하였다.

IX. 중일전쟁 시기의 병역법

i 고노에 후미마로(近衛文麿, 1891-1945): 다이쇼-쇼와 시대 전기의 정치가. 도쿄 출신. 교토제국대학 졸업. 고노에 아쓰마로의 아들이다. 귀족원 의장 등을 역임한 뒤 내각총리대신(3번)이 되어 중일전쟁 확대를 용인하고 독일·이탈리아와 3국 동맹을 체결하였지만, 미·일 교섭이 결렬된 뒤 사직하였다. 패전 후 전범 용의자로 체포되기 직전에 자결하였다.

ii 히라누마 기이치로(平沼騏一郎, 1867-1952): 메이지-쇼와 시대 전기의 사법관이자 정치가. 미마사카(美作, 현 오카야마현) 출신. 제국대학 졸업. 검사총장(檢事總長), 대심원장(大審院長), 사법대신 등을 역임하였고, 우익 단체 고쿠혼샤(國本社)를 결성하였다. 1939년에 내각총리대신이 되었지만, 독·소 불가침 조약 체결을 계기로 사직하였다. 패전 후 A급 전범으로 종신형에 처해졌다.

iii 데라우치 히사이치(寺内壽一, 1879-1946): 메이지-쇼와 시대 전기의 군인. 야마구치현 출신. 육군 대학교 졸업. 데라우치 마사타케의 아들이다. 대만군 사령관, 육군대신, 교육총감, 북중국 방면군 사령관 등을 거쳐 태평양전쟁 당시 남방군 총사령관으로 재직하였다. 패전 후 병사하였다.

iv 중립법(中立法): 미국이 유럽의 전쟁에 휘말리는 것을 피하기 위해 1935-1939년에 제정된 법률. 교전국·내란국에 대한 무기·군수품 수출 및 차관 제공을 금지하고 석유·철 등 전략 물자 매각도 현금 거래 및 교전국의 자국 선박 수송으로 한정한다고 규정하였다. 1941년에 미국이 연합국에 대한 무기 대여법을 제정하면서 사실상 폐기되었다.

v 해군성(海軍省): 전전 일본의 해군 일반 군정 사무를 관장한 중앙 행정 기관. 1872년에 태정관 병부성에서 육군성과 해군성이 분리되어 설치되었다. 장관은 해군경(海軍卿)이었고, 1885년에 내각 제도가 실시되면서 해군대신으로 개칭되었다. 패전과 함께 폐지되었다.

vi 왕자오밍(汪兆銘, 1883-1944): 중국의 정치가. 자(字)는 징웨이(精衛). 광둥성(廣東省) 출신. 일본에서 유학하였다. 쑨원(孫文, 1866-1925) 아래에서 혁명 운동에 종사하였고 쑨원 사후 중국국민당(中國國民黨) 좌파 지도자로서 우한(武漢) 국민 정부 주석이 되어 장제스(蔣介石, 1887-1975)와 대립하였다. 중일전쟁 당시 반공 및 대일 화평을 내세우며 충칭(重慶)에서 탈출한 뒤 친일 괴뢰 정권인 난징(南京) 국민 정부를 수립하였다.

vii 병단(兵團): 전시에 사단이나 여단을 몇 개 합쳐서 항상 독립하여 작전할 수 있도록 편성한 부대.

viii 이타가키 세이시로(板垣征四郎, 1885-1948): 메이지-쇼와 시대 전기의 군인. 이와테현 출신. 육군 대학교 졸업. 관동군(關東軍) 고급 참모로서 이시와라 간지(石原莞爾, 1889-1949)와 함께 만주사변을 일으키고 '만주국(滿洲國)'을 수립하였다. 그 후 육군대신, 조선군 사령관 등을 역임하였다. 패전 후 1948년에 A급 전범으로 교수형에 처해졌다.

ix 요나이 미쓰마사(米内光政, 1880-1948): 메이지-쇼와 시대 전기의 군인이자 정치가. 이와테현 출신. 해군 대학교 졸업. 총 7개 내각의 해군대신으로 재직하였다. 또한 1940년에 내각총리대신이 되었지만, 육군의 지지를 받지 못하여 조기 사직하였다. 태평양전쟁 말기에는 도조 히데키(東條英機) 내각 퇴진 및 전쟁 종결에 힘썼다.

x 소학교 심상과(尋常科)·고등과(高等科): 심상소학교(尋常小學校)는 구제(舊制) 소학교 중에서 초등 보통 교육을 실시한 의무 교육 학교로 1886년에 처음 설치되었다. 만 6세에 입학하였고 수업 연한은 처음에는 4년, 나중에는 6년이었다. 한편 고등소학교(高等小學校)는 초등 교육의 연장에서 수공(手工), 실업, 가사 등을 가르쳤고 수업 연한은 2년이 원칙이었다.

xi 고등 문관 시험(高等文官試驗): 근대 일본에서 고등관인 문관이 되기 위한 자격시험. 1887년에 도입되어 주임관(奏任官) 임용 요건이 되었고 1893년에 제국대학 법과·문과 졸업생의 무시험 임용 특전이 폐지되면서 확립되었다. 만 20세 이상의 남성에게 응시 자격이 있었다. 행정과, 외교과, 사법과가 있었다. 패전 후 1948년에 폐지되었다.

xii 도조 히데키(東條英機, 1884-1948): 다이쇼-쇼와 시대 전기의 군인이자 정치가. 도쿄 출신. 육군 대학교 졸업. 제2·3차 고노에 후미마로 내각의 육군대신으로서 대미 개전을 주장하였다. 1941년에 내각총리대신 겸 육군대신·내무대신이 되어 태평양전쟁을 일으켰고 참모총장·상공대신·군수대신도 겸하였지만 지나친 통제와 탄압으로 '헌병 정치', '도조 독재'라고 비판받았다. 1944년에 전황 악화로 사직하였고 패전 후 A급 전범으로 교수형에 처해졌다.

xiii 오이카와 고시로(及川古志郞, 1883-1958): 다이쇼-쇼와 시대 전기의 군인. 이와테현 출신. 해군 대학교 졸업. 제2차 고노에 후미마로 내각의 해군대신으로서 3국 동맹 체결에 동의하였다. 그 후 태평양전쟁 말기에 군령부총장(軍令部總長)으로서 해군 작전을 지휘하였지만 전황 악화로 사직하였다.

xiv 아나미 고레치카(阿南惟幾, 1887-1945): 메이지-쇼와 시대 전기의 군인. 도쿄 출신. 육군 대학교 졸업. 요나이 미쓰마사 내각의 육군차관으로서 3국 동맹 체결에 반대하는 내각을 와해시켰다. 그 후 태평양전쟁 말기에 스즈키 간타로(鈴木貫太郞, 1867-1948) 내각의 육군대신으로서 철저 항전을 주장하였고 패전 당일에 자결하였다.

xv 몽강(蒙疆): 오늘날 중국의 네이멍구(內蒙古) 자치구 중앙부에 해당하는 옛 쑤이위안성(綏遠省)·차하르성(察哈爾省) 및 산시성(山西省) 북부 지방을 가리킨다.

xvi 하마구치 오사치(濱口雄幸, 1870-1931): 다이쇼-쇼와 시대 전기의 정치가. 고치현 출신. 제국 대학 졸업. 대장성에 입사한 뒤 정계에 진출하여 중의원 의원으로 6번 당선되었다. 대장대신, 내무대신, 입헌민정당 총재 등을 거쳐 1929년에 내각총리대신이 되어 긴축 재정, 금(金) 해금, 런던 해군 군축 조약 조인 등을 단행하였지만 우익 청년에게 저격당한 뒤 사망하였다.

xvii 경시총감(警視總監): 도쿄를 관할 구역으로 하여 1874년에 설치된 경찰 행정 관청인 경시청(警視廳)의 장관.

xviii 신체제 운동(新體制運動): 1940년에 육군과 일부 정당 등이 추진한 거국 정치 체제 수립 운동. 고노에 후미마로를 옹립하여 독일의 나치(Nazi)당이나 이탈리아의 파시스트(Fascist)당을 모방한 일국일당(一國一黨)의 강력한 전체주의적 국민 조직 결성을 목표로 하였다. 제2차 고노에 후미마로 내각이 수립되고 정당들이 잇따라 해산하면서 실현되었다.

xix 대정익찬회(大政翼贊會): 1940년에 제2차 고노에 후미마로 내각에서 신체제 운동의 결과 결성된 국민 통제 조직. 고노에가 총재였고 각 정당도 해산한 뒤 합류하였으며 그 후 산업보국회(産業報國會), 대일본부인회(大日本婦人會), 정내회(町內會), 부락회(部落會) 등을 산하에 두었다. 정부의 명령을 하달하고 국민을 전쟁 수행에 동원하는 데 큰 역할을 하였다.

xx 공사 결사(公事結社): 구 치안 유지법에서 자선 사업 등 정치와 무관한 공공의 이익을 목적으로 하는 결사를 가리키는 용어.

xxi 하야시 센주로(林銑十郞, 1876-1943): 메이지-쇼와 시대 전기의 군인이자 정치가. 이시카와현(石川縣) 출신. 육군 대학교 졸업. 만주사변 당시 조선군 사령관으로서 관동군에 호응하여 무단으로 압록강 너머로 병력을 파견하였다. 그 후 교육총감, 육군대신 등을 거쳐 1937년에 내각총리대신이 되었지만 총선거에서 정당 측에 대패하여 조기 사직하였다.

xxii 남양(南洋) 위임 통치령: 오늘날의 미크로네시아(Micronesia). 남양 군도(南洋群島)라고도 한다. 원래 독일의 식민지였지만, 제1차 세계대전 이후 일본은 국제연맹의 위임을 받아 팔라우(Palau) 제도의 코로르(Koror)에 남양청(南洋廳)을 설치하여 통치하였다.

xxiii 다카기 소키치(高木惣吉, 1893-1979): 다이쇼-쇼와 시대 전기의 군인. 구마모토현 출신. 해군대학교 졸업. 태평양전쟁 말기에 요나이 미쓰마사 등을 보좌하여 도조 히데키 내각 퇴진 및 종전 공작에 종사하였고, 또 도조 암살 계획에도 관여하였다.

xxiv 관방(官房): 일본에서 내각을 비롯하여 부·성·청 등의 장관에 직속하여 기밀 사항, 인사, 관인(官印) 보관, 포상, 문서, 통계, 회계 등의 사무를 관장하는 기관.

X. 태평양전쟁 시기의 병역법

i 시마다 시게타로(嶋田繁太郎, 1883-1976): 다이쇼-쇼와 시대 전기의 군인. 도쿄 출신. 해군 대학교 졸업. 군령부차장, 중국 방면 함대 사령장관 등을 거쳐 도조 히데키 내각의 해군대신이 되었고 군령부총장도 겸하였지만, 전황 악화로 사직하였다. 패전 후 A급 전범으로 종신형에 처해졌다.

ii 제령(制令)·율령(律令): 메이지 헌법에서 식민지 총독이 내리는 명령. 제국의회의 협찬을 거치지 않고서도 법률과 동일한 효력이 있었다. 식민지 조선의 경우에는 제령, 대만의 경우에는 율령이라고 하였다.

iii 고이소 구니아키(小磯國昭, 1880-1950): 다이쇼-쇼와 시대 전기의 군인. 도치기현(栃木縣) 출신. 육군 대학교 졸업. 육군성 군무국장으로서 육군의 쿠데타 미수 사건인 3월 사건과 만주사변에 관여하였다. 그 후 조선군 사령관, 척무대신(拓務大臣), 조선 총독, 내각총리대신 등을 역임하였다. 패전 후 A급 전범으로 종신형을 선고받고 복역하던 중 병사하였다.

iv 히로타 고키(廣田弘毅, 1878-1948): 메이지-쇼와 시대 전기의 외교관이자 정치가. 후쿠오카현 출신. 도쿄제국대학 졸업. 소련 주재 대사, 외무대신, 내각총리대신 등을 역임하였다. 독일·이탈리아와 방공(防共) 협정을 체결하였고 중일전쟁 발발 당시 중국에 대한 강경 정책을 추진하였다. 패전 직전에 소련의 중재에 의한 화평 공작을 시도하였지만 실패하였다. 패전 후 A급 전범으로 교수형에 처해졌다.

v 기도 고이치(木戶幸一, 1889-1977): 쇼와 시대의 정치가. 도쿄 출신. 교토제국대학 졸업. 기도 다카요시의 손자이다. 귀족원 의원, 문부대신, 후생대신, 내무대신 등을 역임한 뒤 천황을 상시 보필하는 내대신이 되어 쇼와 천황의 측근으로서 큰 영향력을 행사하였다. 태평양전쟁 말기에 화평 공작에 힘썼다. 패전 후 A급 전범으로 종신형에 처해졌다.

vi 문리과 대학(文理科大學): 구 학제에서 문과와 이과를 병합한 관립 단과 대학 중 하나. 1929년에 고등 사범 학교 전공과를 모체로 하여 도쿄와 히로시마에 설치되었다. 패전 후 1949년에 폐지되었다. 오늘날의 쓰쿠바대학(筑波大學)과 히로시마대학(廣島大學)의 전신 중 하나이다.

vii 고산족(高山族): 대만의 원주민. 언어는 동남아시아와 태평양 지역에서 사용되는 오스트로네시아(Austronesia) 어족에 속한다. 서부 평원에 거주하는 민족은 한족 사회에 많이 동화된 데 반해 산악 지대와 동부 평원에 거주하는 9개 민족은 여전히 고유의 문화를 보존하고 있다. 일본은 대만을 식민 지배할 당시 이들을 다카사고족(高砂族)이라고 불렀다.

viii 군부(軍夫): 예전에 군대를 따라 가면서 보급품 수송 등의 잡역에 종사한 인부. 예를 들어 청일전쟁 당시 일본 육군은 약 24만 명의 군인을 동원하였을 뿐만 아니라, 15만 명이 넘는 군부를 고용하였다.

ix 옥쇄(玉碎): 옥이 아름답게 부서지듯이 명예나 충절을 지키면서 고결하게 죽는다는 뜻이다. 태평양전쟁 당시 일본군이 자살 공격을 미화하여 붙인 말이다. 《북제서(北齊書)》〈원경안전(元景安傳)〉의 "대장부는 차라리 옥처럼 부서질지언정 기와처럼 온전해서는 안 된다"라는 말에서 유래하였다.

x 후생성(厚生省): 전전 일본에서 사회 복지, 사회 보장, 공중위생의 향상·증진을 관장한 중앙 행정 기관. 1938년에 내무성에서 분리되어 설치되었다. 장관은 후생대신이었다. 패전 후 1947년에 후생성과 노동성(勞動省)으로 분리되었다가 2001년에 후생노동성으로 재통합되었다.

나가며

i 전전(戰前): 전쟁이 일어나기 전. 특히 일본에서는 1939년의 제2차 세계대전 발발 이전을 가리키는 경우가 많다. 한편 제2차 세계대전 발발 이후부터 1945년의 패전 이전까지는 전중(戰中), 1945년 이후는 전후(戰後)라고 한다.

참고 자료·문헌

(A) 미간행 사료 및 특수 사료

국립공문서관

〈太政類典 明治四~十年〉(2A/9/太440).
〈太政類典 明治十一~十二年〉(2A/9/太653).
〈公文録 陸軍省之部二 明治十二年十月〉(2A/10/公2533).
〈公文録 明治十六年 陸軍省十二月全〉(2A/10/公3552).
〈公文類聚 明治十六年〉(2A/11/類101).
〈公文類聚 明治二十二年〉(2A/11/類399).
〈公文類聚 明治三十七年〉(2A/11/類976).
〈公文類聚 大正七年〉(2A/11/類1292).
〈公文類聚 昭和二年〉(2A/12/類1624).
〈公文類聚 昭和十四年〉(2A/12/類2257).
〈公文類聚 昭和十六年〉(2A/12/類2516).
〈公文類聚 昭和十七年〉(2A/12/類2644).
〈公文類聚 昭和十八年〉(2A/12/類2763).
〈公文類聚 昭和二十年〉(2A/13/類2936).
〈公文雜纂 昭和七年〉(2A/14/纂1989).
〈公文雜纂 昭和八年〉(2A/14/纂2041).
〈公文雜纂 昭和九年〉(2A/14/纂2094).
〈公文雜纂 昭和十年〉(2A/14/纂2142).
〈公文雜纂 昭和十一年〉(2A/14/纂2207).
〈公文雜纂 昭和十二年〉(2A/14/纂2271).
〈公文雜纂 昭和十三年〉(2A/14/纂2355).
〈公文雜纂 昭和十五年〉(2A/14/纂2547).
〈公文雜纂 昭和十七年〉(2A/15/纂2773).
〈公文雜纂 昭和十八年〉(2A/15/纂2911).

〈単行書記録 法制局書類 兵制軍律 明治八年自十月至十二月〉(2A/34-5/単2015).
〈参事院 十六年 決裁録 陸軍 完〉(2A/34-2/単1534).
〈徴兵事務条例中改正ノ件 会議筆記 明治四十年六月二十六日〉(2A/15-8/枢D249).
〈兵役法改正ノ件 委員会録 昭和十六年〉(2A/15-7/枢B26).

국립국회도서관 헌정자료실

〈伊東巳代治関係文書〉 마이크로필름(Reel 37).
〈杉山元関係文書〉.

국립국회도서관 특별자료실

大蔵省, 〈昭和財政史資料〉 마이크로필름(Reel 132).

국립국회도서관 의회관청자료실

《第七四帝国議会貴族院委員会議事速記録》.
《第七六帝国議会貴族院委員会議事速記録》.
《第七七帝国議会衆議院委員会議事速記録》.
《第八一帝国議会貴族院委員会議事速記録》.
《第八三帝国議会衆議院委員会議事速記録》.

방위성 방위연구소 전사연구센터

〈明治元年三月 諸願窺届留〉(軍務官/雑/M元~4).
〈明治元年従正月至閏四月 諸達書留〉(軍務官/雑/M元~14).
〈明治元年従閏四月至十二月 諸藩徴兵一件〉(軍務官/雑/M元~22).
〈明治二八年三月 弐大日記 乾〉.
〈陸軍省大日記 甲輯 T6-6〉.
〈陸軍省大日記 甲輯 S3-2〉.
〈陸軍省大日記 甲輯 S14-2〉.
〈陸軍省大日記 甲輯 S15-2〉.
《朝鮮軍概要史》(文庫/柚/171).

외무성 외교사료관

〈本邦人徴兵関係雑纂 徴兵法規ノ部 第1·2巻〉(5.1.2.0.1-2).
〈諸外国徴兵令関係雑纂 第1巻〉(5.1.2.0.7).

고쿠가쿠인대학(國學院大學) 도서관

〈井上毅関係文書(梧陰文庫)〉 A68(〈兵役法問答〉), B3326(〈軍令裁可ニ関スルロエスレル答議付問議〉), B3358(〈兵役期限論〉), B3367(〈徴兵ニ関スル河村正平建議書付陸軍省答〉).

지방 사료

〈千葉県安房郡東条村役場文書〉(安房鴨川市役所所蔵).
〈千葉県君津郡小糸村村勢報告書〉(君津市史編纂室所蔵).
〈千葉県山武郡源村寄託文書〉(千葉県文書館所蔵).
〈千葉県印旛郡宗像村関係文書〉(印旛村史編纂室所蔵).

(B) 문헌 사료

전기 사료·관계 문서·일기

井上毅伝記編纂委員会 編,《井上毅伝 史料篇 第2》(国学院大学図書館, 1986).
______,《井上毅伝 史料篇 第4》(国学院大学図書館, 1986).
______,《井上毅伝 史料篇 補遺 第1》(国学院大学図書館, 1994).
国学院大学日本文化研究所 編,《近代日本法制史料集 第3》(東京大学出版会, 1980).
______,《近代日本法制史料集 第8》(東京大学出版会, 1986).
______,《近代日本法制史料集 第10》(東京大学出版会, 1988).
井口省吾文書研究会 編,《日露戦争と井口省吾》(原書房, 1994).
伊藤隆·坂野潤治·竹山護夫 編,〈岡田良平関係文書〉(《社会科学研究》第21巻 5·6合併号, 1970).
伊藤博文 編, 尾佐竹猛 校訂,《秘書類纂 兵政関係資料》(秘書類纂刊行会, 1935).
上原勇作関係文書研究会 編,《上原勇作関係文書》(東京大学出版会, 1976).
大久保利謙 編,《大久保利通関係文書 1巻》(吉川弘文館, 1965).
______,《西周全集 3巻》(宗高書房, 1966).
大山梓 編,《山県有朋意見書》(原書房, 1967).
木戸日記研究会 編,《木戸幸一日記 下巻》(東京大学出版会, 1966).
宮内庁 編,《明治天皇紀 2巻》(吉川弘文館, 1969).
______,《明治天皇紀 4巻》(吉川弘文館, 1970).
______,《明治天皇紀 5巻》(吉川弘文館, 1971).
小林龍夫 編,《翠雨荘日記》(原書房, 1966).
佐佐木高行,《保古飛呂比 4巻》(東京大学出版会, 1973).
角田順 校訂,《宇垣一成日記 I · II · III》(みすず書房, 1968).
日本大学 編刊,《山田伯爵家文書 1巻》(1991).
原敬文書研究会 編,《原敬関係文書 4巻》(日本放送出版協会, 1985).
《福沢諭吉全集 5巻》(岩波書店, 1959).
武藤山治,《軍人優遇論》(実業同志会調査部, 1927).
______,《武藤山治全集 第5巻》(新樹社, 1964).

지방사

《静岡県史 資料編16 近現代1》(静岡県, 1989).
《新編 埼玉県史 資料編19》(埼玉県, 1988).
《長野県史 近代史料編 4巻》(長野県史編纂委員会, 1988).
《広島県史 近代現代資料編 1》(広島県, 1973).
《福井県史 資料編11 近現代2》(福井県, 1985).

원로원·제국의회

明治法制経済史研究所 編,《元老院会議筆記 前期第7巻》(元老院会議筆記刊行会, 1963).
______,《元老院会議筆記 後期第18巻》(元老院会議筆記刊行会, 1974).
______,《元老院会議筆記 後期第34巻》(元老院会議筆記刊行会, 1989).
《帝国議会衆議院委員会議録 明治37年 第21議会》(東京大学出版会, 1988).
《帝国議会衆議院委員会議録 明治38年 第22議会》(東京大学出版会, 1988).
《帝国議会貴族院議事速記録 9》(東京大学出版会, 1979).
《帝国議会衆議院議事速記録 9》(東京大学出版会, 1979).
《帝国議会貴族院委員会議事速記録 8》(臨川書店, 1982).
《帝国議会衆議院委員会議録 16》(臨川書店, 1982).
《帝国議会貴族院議事速記録 34》(東京大学出版会, 1981).
《帝国議会貴族院議事速記録 67》(東京大学出版会, 1984).
《帝国議会貴族院議事速記録 68》(東京大学出版会, 1984).
《帝国議会貴族院議事速記録 69》(東京大学出版会, 1984).
《帝国議会貴族院議事速記録 70》(東京大学出版会, 1984).
《帝国議会衆議院議事速記録 76》(東京大学出版会, 1985).
《帝国議会衆議院議事速記録 78》(東京大学出版会, 1985).

구 일본군 관계

大江志乃夫 解説,《支那事変大東亜戦争間動員概史》(不二出版 복각판, 1988).
小松宮彰仁親王,《欧国軍事見聞録》(陸軍省, 1888).
帝国在郷軍人会 編刊,《帝国在郷軍人会業務指針》(1929).
土井章 監修,《昭和社会経済史料集成 第4巻 海軍省資料(4)》(大東文化大学東洋研究所刊, 厳南堂書店扱, 1982).
台湾総督府 編刊,《台湾統治概要》(原書房, 1973. 台湾総督府, 1945의 복각판).
冨永謙吾 編,《現代史資料 太平洋戦争 5》(みすず書房, 1975).
堀内文次郎·平山正 編,《陸軍省沿革史》(陸軍省, 1905).
陸軍士官学校 編輯,《兵学教程読本》(内外兵事新聞局, 1878).
陸軍省臨時軍事調査委員 編,《欧州交戦諸国ノ陸軍ニ就テ(増補再版)》(1917).
______,《参戦諸国ノ陸軍ニ就テ(第5版)》(1919).
陸軍省 編,《明治三七八年戦役 陸軍政史 2巻》(湘南堂書店 복각판, 1983).

陸軍省 編, 大江志乃夫 解説,《日露戦争統計集 10巻》(東洋書林, 1995).
柳川春三,《西洋軍制》(陸軍部, 中外堂製本, 1868).

기타

色川大吉·我部政男 監修,《明治建白書集成 3巻》(筑摩書房, 1986).
経済安定本部総裁官房企画部調査課 編刊,《太平洋戦争による我国の被害総合報告書》(1949).
《枢密院会議議事録 10》(東京大学出版会, 1984).
田中彰·宮地正人 校註,《日本近代思想大系 歴史認識》(岩波書店, 1989).
中国国民党中央委員会党史委員会 編印,《中華民国重要史料初編 対日抗戦時期 第2編 作戦経過(4)》(1981).
《マルクス·エンゲルス全集 16巻》(大月書店, 1966).
《明治文化全集 第1巻 憲政篇》(日本評論社, 1967).

(C) 저작 문헌

막부 말기·유신 시기에 관한 연구

石井寛治,《大系 日本の歴史 12巻》(小学館ライブラリー版, 1993).
熊沢徹,〈幕末維新期の軍事と徴兵〉(《歴史学研究》 651号, 1993年大会報告).
______,〈幕府軍制改革の展開と挫折〉(《シリーズ日本近現代史 1巻》, 岩波書店, 1993).
園田英弘 編,《士族の歴史社会学的研究》(名古屋大学出版会, 1995).
西岡香織,〈建軍期陸軍士官速成に関する一考察〉(《軍事史学》 第25巻 1号, 1989).
坂野潤治,〈維新政権の成立〉(《日本歴史大系4 近代1》, 山川出版社, 1987).
坂野潤治·宮地正人 編,《日本近代史における転換期の研究》(山川出版社, 1985).
尾藤正英,《江戸時代とはなにか》(岩波書店, 1992).
マーガレット·メール,〈和歌山藩におけるお雇い外国人 カール·ケッペン〉(《日本歴史》 488号, 1989).

메이지 국가 전반에 관한 연구

稲田正次,《明治憲法成立史 下巻》(有斐閣, 1962).
坂井雄吉,《井上毅と明治国家》(東京大学出版会, 1983).
佐々木隆,《藩閥政府と立憲政治》(吉川弘文館, 1992).
牧原憲夫,《明治七年の大論争 建白書から見た近代国家と民衆》(日本経済評論社, 1990).

군 전반에 관한 연구

飯塚浩二,《日本の軍隊》(岩波書店同時代ライブラリー版, 1991. 초판은 東大協同組合出版部, 1950).
大沢博明,〈明治《統合参謀本部》の生成と解体〉(《法学雑誌》[大阪市立大学] 第33巻 4号, 1987).

大沢博明, 〈月曜会事件の再検討(一)·(二完)〉(《法学雑誌》 第35巻 1·2号, 1988).
大濱徹也, 《天皇の軍隊》(教育社, 1978).
黒野耐, 〈明治期における日本軍の戦略思想の変遷—守勢思想から攻勢思想への転換〉(《政治経済史学》 349号, 1995).
桑田悦·前原透 共編著, 《日本の戦争 図解とデータ》(原書房, 1982).
小林道彦, 〈《帝国国防方針》再考—日露戦後における陸海軍の協調〉(《史学雑誌》 第98編 第4号, 1989).
______, 〈日清戦後の大陸政策と陸海軍〉(《史林》 第75巻 第2号, 1992).
小山弘健, 《近代日本軍事史概説》(伊藤書店, 1944).
田上穣治, 《軍事行政法》(日本評論社, 1938).
佃隆一郎, 〈宇垣軍縮と"軍都·豊橋"—"衛戍地"問題をめぐる《豊橋日日新聞》の主張〉(《愛大史学—日本史·アジア史·地理学》 第4号, 1995).
土田宏成, 〈陸軍軍縮時における部隊廃止問題について〉(《日本歴史》 569号, 1995).
永井和, 《近代日本の軍部と政治》(思文閣, 1993).
日本政治学会 編, 《年報政治学 近代化過程における政軍関係》(岩波書店, 1989).
E·H·ノーマン, 《日本における兵士と農民》(白日書院, 1947, 大窪愿二 編訳, 《ハーバート·ノーマン全集》, 岩波書店, 1978).
福地重孝, 《軍国日本の形成》(春秋社, 1959).
藤田嗣雄, 《欧米の軍制に関する研究》(有斐閣出版サービス, 1991).
______, 《明治軍制》(信山社, 1992. 限定版, 1951의 복각판).
Takashi Fujitani, 〈近代日本における権力のテクノロジー—軍隊·〈地方〉·身体〉(《思想》 845号, 1994).
室山義正, 《近代日本の軍事と財政》(東京大学出版会, 1984).
吉田裕, 〈日本の軍隊〉(《岩波講座 日本通史17 近代2》, 岩波書店, 1994).
渡辺幾治郎, 《基礎資料 皇軍建設史》(共立出版, 1944).

징병 제도에 관한 연구

梅溪昇, 〈我が国初期徴兵令に対するフランスの影響〉(《軍事史学》 第12巻 2号, 1976).
______, 《日本近代化の諸相》(思文閣, 1984).
遠藤芳信, 〈十九世紀ドイツ徴兵制の一考察〉(《軍事史学》 第12巻 3号, 1976).
______, 〈19世紀フランス徴兵制研究ノート〉(《北海道教育大学紀要 第一部B》 36巻 第1号, 1985).
______, 《近代日本軍隊教育史研究》(青木書店, 1994).
大江志乃夫, 《徴兵制》(岩波書店, 1981).
______, 《天皇の軍隊》(小学館, 1982).
______, 〈天皇制軍隊と民衆〉(遠山茂樹 編, 《近代天皇制の展開》, 岩波書店, 1989).
菊池邦作, 《徴兵忌避の研究》(立風書房, 1977).
松下芳男, 《軍政改革論》(青雲閣書房, 1928).
______, 《明治軍制史論 上·下巻》(国書刊行会, 1978. 有斐閣, 1956의 복각판).
______, 《徴兵令制定史》(五月書房, 1981. 内外書房, 1943의 복각판).

山田千秋,《日本軍制の起源とドイツ—カール·ケッペンと徴兵制および普仏戦争》(原書房, 1996).

병역에 관한 해설·평론

天野為之 閲, 東洋経済新報社 編,《二年兵役論》(東海堂, 1902).
シュタイン, 木下周一·山脇玄 共訳,《兵制学 2巻》(近藤幸止, 1882).
中井良太郎,《兵役法要義 前編》(川流堂小林又七, 1922).
______,《通俗逐条講話兵役法詳解》(織田書店, 1928).
______,《兵役法綱要》(松華堂書店, 1928).
法学協会 編,《第七四帝国議会 新法律の解説》(有斐閣, 1939).
______,《第七六帝国議会 新法律の解説》(有斐閣, 1941).
______,《第七九帝国議会 新法律の解説》(有斐閣, 1942).

전기

犬養木堂先生伝記刊行会 編,《犬養木堂伝 中巻》(東洋経済新報社, 1939).
大村益次郎先生伝記刊行会 編刊,《大村益次郎》(肇書房, 1944).
春畝公追頌会 編,《伊藤博文伝 中巻》(統正社, 1943).
高倉徹一,《田中義一伝記 上巻》(田中義一伝記刊行会, 1958).
徳富蘇峰 編,《公爵 桂太郎伝 乾》(故桂公爵伝記事業会, 1917).
______,《公爵 山県有朋伝 中·下巻》(原書房, 1969).
美濃部俊吉 編,《西湖曾禰子爵遺稿並伝記資料》(曾禰荒助 稿, 1913, 東京大学史料編纂所所蔵).

평론·회상록·기록 문학

伊藤桂一,《兵隊たちの陸軍史—兵営と戦場生活》(番町書房, 1969).
大岡昇平,《レイテ戦記》(中央公論社, 1971).
佐藤鋼次郎,《国防上の社会問題》(冬夏社, 1920).
______,《軍隊と社会問題》(成武堂, 1922).
沢田茂,《参謀次長 沢田茂回想録》(芙蓉書房, 1982).
清水幾太郎,〈私達は兵隊だ〉(《思想の科学》第5巻 1号, 1949).
沢本孟虎 編,《国家総動員の意義》(青山書院, 1926).
吉野作造,《日本政治の民主的改革》(新紀元社, 1947).
______,《吉野作造選集 第3巻》(岩波書店, 1995).

기타

加藤陽子,《模索する一九三〇年代 日米関係と陸軍中堅層》(山川出版社, 1993).
加藤陽子,〈政友会における《変化の制度化》〉(有馬学 · 三谷博 編,《近代日本の政治構造》, 吉川弘文館, 1993).
升味準之輔,《比較政治》(東京大学出版会, 1990).
百瀬孝,《事典 昭和戦前期の日本》(吉川弘文館, 1990).

山崎丹照,《外地統治機構の研究》(高山書院, 1943).
遅景徳,《中国対日抗戦損失調査史述》(国史館, 1987).
Louis L. Snyder, *Historical Guide to World War II*(Greenwood Press, 1983).
Bryan Perrett & Ian Hogg, *Encyclopedia of the Second World War*(Longman, 1989).

인명 찾아보기

* 원칙상 이 책에 등장하는 모든 인명을 수록하였다.
* 연구자명은 수록하지 않았다. 앞의 '참고 자료·문헌'을 참조하길 바란다.
* 서양 인명에는 알파벳을 병기하였다.
* 독자의 편의를 위해 본문과 함께 옮긴이 주의 해당 쪽수도 표기하였다.

ㅇ

사항 찾아보기

* 각 사항의 해당 쪽수 중 가장 대표적인 것은 고딕체로 표기하였다.
* 독자의 편의를 위해 본문과 함께 옮긴이 주의 해당 쪽수도 표기하였다.

ㅅ

ㅇ

ㅈ

징병제와 근대 일본
1868-1945

초판 발행 2025년 7월 21일
초판 1쇄 2025년 7월 21일

지은이 가토 요코
옮긴이 박완
펴낸곳 고려대학교출판문화원
www.kupress.com
kupress@korea.ac.kr
(02841) 서울특별시 성북구 안암로 145
Tel 02-3290-4230, 4232
Fax 02-923-6311
찍은곳 네오프린텍(주)

ISBN 979-11-6956-114-3 93910

값 28,000원
※ 잘못 만들어진 책은 바꿔 드립니다.